Juan A. Jorge García–Reyes

Cristología

Volumen I:
Fuentes para la Cristología

Santiago
Chile – 2016

CATALOGING DATA

Author: Jorge García–Reyes, Juan Andrés 1957–

Title: Cristología.

Volumen I: Fuentes para la Cristología.

Library of Congress Control Number: 2016932102

ISBN–13: 978-0-9972194-0-1

Published by

Shoreless Lake Press

P.O. Box 157

Stewartsville, New Jersey 08886

"...Dicit illis: *Vos autem quem me esse dicitis?* Respondens Simon Petrus dixit: *Tu es Christus, Filius Dei vivi.* Respondens autem Iesus dixit ei: *Beatus es, Simon Bariona, quia caro et sanguis non revelavit tibi sed Pater meus, qui in cœlis est...*"

(Mt 16: 15–17)

"Respondeo dicendum quod unicuique rei conveniens est illud quod competit sibi secundum rationem propriæ naturæ, sicut homini conveniens est ratiocinari quia hoc convenit sibi inquantum est rationalis secundum suam naturam. Ipsa autem natura Dei est bonitas, ut patet per Dionysium, I cap. de Div. Nom. Unde quidquid pertinet ad rationem boni, conveniens est Deo. Pertinet autem ad rationem boni ut se aliis communicet, ut patet per Dionysium, IV cap. de Div. Nom. Unde ad rationem summi boni pertinet quod summo modo se creaturæ communicet. Quod quidem maxime fit per hoc quod naturam creatam sic sibi coniungit ut una persona fiat ex tribus, verbo, anima et carne, sicut dicit Augustinus, XIII de Trin. Unde manifestum est quod conveniens fuit Deum incarnari".

Santo Tomás de Aquino: *Summa Theologiæ*, III^{a}, q. 1, a. 1, co.

"De ahí la necesidad de la naturaleza humana de Jesucristo. Otra cosa es que esa naturaleza (un cuerpo y un alma humanos) pertenezca a una Persona (que en este caso es divina). Y el amor, como se sabe, se dirige siempre a una persona, en la totalidad de lo que es y a través de esa totalidad (y por lo tanto incluyendo su cuerpo y su alma). Dios ha querido ser amado por el hombre con un amor total, que agote toda la ternura de la que es capaz un corazón que Él ha hecho para el infinito y ha elevado para ello por la gracia. Por eso decidió tomar una naturaleza humana, a fin de poder ser amado por el hombre de esa manera. El hombre, percibiendo sobrenaturalmente, a través de la fe, la naturaleza humana del Señor, se encuentra con la Persona divina de Jesucristo y se enamora de ella. Después, a través de esa Persona, el hombre entra en contacto con la naturaleza divina, que también pertenece a esa Persona. Por último, en esa naturaleza divina, llega hasta la Persona del Padre. *Per visibilia ad invisibilia.* Por Cristo, en el amor del Espíritu, hasta el Padre. Así queda el ciclo cerrado y se hace posible que el hombre se *enamore* de Dios".

A. Gálvez: *Sociedad de Jesucristo Sacerdote. Notas y Espiritualidad,* **Shoreless Lake Press, New Jersey, 2012, págs. 66–67.**

"... Por eso el misterio de la Encarnación del Verbo no es otra cosa que el misterio del Amor. Un misterio que se traduce para el enamorado en el deseo de estar, no ya cerca de la persona amada, sino junto a ella y con ella, compartiendo su vida, llevando a cabo un intercambio de corazones, y haciéndolo todo común en mutua reciprocidad. Aquí hay que decir que, en este sentido, la Encarnación del Verbo es exactamente lo que haría —lo que hizo— un Dios enamorado. El misterio de la Encarnación del Verbo viene a satisfacer así una de las más apremiantes exigencias del amor: la Inmensidad absoluta fue capaz, por amor, de hacer suyas la debilidad y la carencia, con tal de compartir la vida y el destino de la persona amada, o del hombre en este caso. *Tomó sobre sí nuestras flaquezas y cargó con nuestras enfermedades.*[1] La obra de la Creación (el tránsito de las criaturas de la nada al ser, por obra del Poder y del Amor infinitos) no es un misterio mayor que el hecho de que el Ser infinito —un Ser al que nada le falta ni le puede faltar— hiciera suyas la carencia y el no ser por el amor de estar junto a quien ama. Solamente el Amor es capaz de *todo.* Por eso es el Amor la sola fuerza que realmente mueve el Universo:

L'Amor che move il sole e l'altre stelle".[2]

A. Gálvez: *Comentarios al Cantar de los Cantares,* **vol. 1, Shoreless Lake Press, New Jersey, 1994, págs. 75–76.**

---

[1] Mt 8:17, citando a Is 53:4. Cf 2 Cor 13:4; Heb 5:2; 4:15.

[2] *El Amor, que mueve al sol y a las demás estrellas.* Dante: *La Divina Comedia,* "Paraíso".

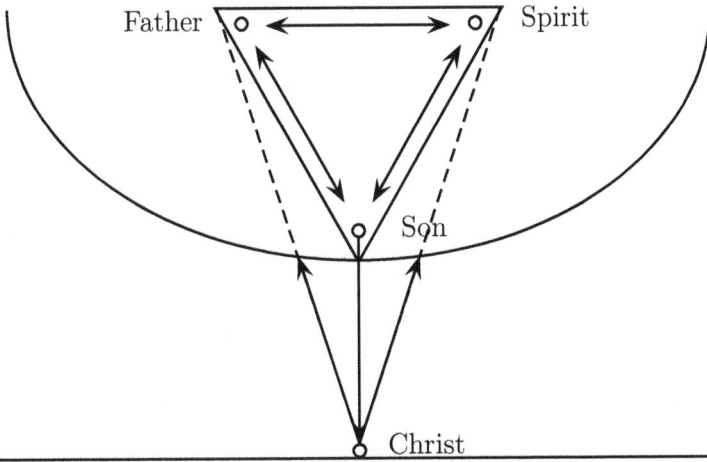

Gráfico de H. U. von Balthasar: *Prayer*, San Francisco, Ignatius Press, 1986, pág. 185.

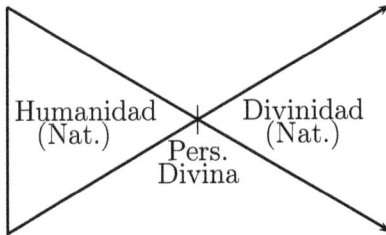

Gráfico de J. A. Sayés: *Señor y Cristo*, Pamplona, Eunsa, 1995, pág. 233.

Presentación

Como ya se hacía ver en la Presentación del Tratado de Dios Uno y Trino y en el de Creación, también el presente curso está preparado y pensando, sobre todo, en la formación de los candidatos al sacerdocio de la *Sociedad de Jesucristo Sacerdote*.

Se trata pues de una obra dirigida a aquéllos que se adentran en el estudio de la teología a nivel universitario, con la intención de proporcionarles una herramienta de conocimiento que brinde a la vez, no solo el respeto más delicado por la ortodoxia y la fidelidad al auténtico Magisterio de la Iglesia, sino también la comprensión más aguda de la teología que se deriva de los escritos del fundador de la *Sociedad de Jesucristo Sacerdote*, el P. Alfonso Gálvez.

Como también se hacía ver en las mencionadas Presentaciones, el tema en el que más ha profundizado A. Gálvez es, sin duda, el del amor. Hay toda una teología, una antropología y una moral en sus escritos que tienen como fundamento último su pensamiento sobre el amor. De este modo, a lo largo de los años y de abundantes escritos y charlas, A. Gálvez ha aportado todos los datos necesarios para poder construir una teoría sistemática del amor,[3] que, sin lugar a dudas, puede ayudar a presentar un estudio orgánico de la teología dogmática desde una perspectiva nueva de extraordinaria profundidad y fecundidad. Creo que nunca se ha intentado, y sería una novedad indudable de gran importancia, ya que anclaría la teología en la realidad última de lo que es Dios. En efecto, siendo Dios el "Ipsum Esse Subsistens", es también "Amor", y si bien se han extraído abundantes consecuencias de la primera afirmación, no se ha sido consecuente con las propias de la segunda, que ha quedado más bien recluida al campo de la moralidad o de la espiritualidad, no dando todos sus frutos en el campo dogmático.

En el tratado de cristología, tal perspectiva va a dar importantes frutos, y así se podrá ver a lo largo de la exposición, donde se puede destacar entre otros los siguientes alcances: la identidad total entre el llamado *Cristo de la historia* y el *Cristo de la fe*; la esencial relación entre el la Divinidad y la Humanidad del Señor de modo que cuando se prescinde de una de ellas, desaparece también la otra y se volatiliza la realidad de Cristo; la explicación de la famosa cuestión *Cur Deus Homo?* desde la perspectiva del amor; la fundamental importancia de la Humanidad de Cristo para que puedan establecerse verdaderas relaciones de amor divino–humano; la permanencia de la Humanidad

---

[3] A pesar de que el autor reconoce, en uno de sus más importantes libros, que su aproximación al mismo es "asistemática": "Este libro intenta esbozar una teoría sobre el amor, aunque de una manera asistemática" (A. Gálvez: *Comentarios al Cantar de los Cantares*, Shoreless Lake Press, New Jersey, 1994, Vol 1, pág. 15). Esta teoría sistemática del amor en A. Gálvez está todavía por hacer. Con todo sí se han realizado estudios parciales, como los de F. Ruiz: *El Estatuto Ontológico del Alma después de la Muerte*, Santiago de Chile, 2002; F. Ruiz: *Santo Tomás de Aquino versus A. Gálvez. Parte I: Existencia de un Problema*, memorándum, Madison 2008; Juan A. Jorge: *Estudios sobre el Amor en A. Gálvez*, memorandum, Santiago de Chile 2009–2010; Juan A. Jorge: *El Espíritu Santo Y La Polémica Sobre La Naturaleza Del Amor*, Lección Inagural del Curso 1998, Seminario de San Bernardo, 19 de marzo de 1998.

de Cristo en el Cielo y su papel en la visión de Dios; el rechazo de la las teologías del *cristianismo anónimo* o de las *teologías de la bondad* que interpretan heréticamente el sentido de la Redención de Cristo y destruyen el concepto verdadero del amor y, en el fondo, de Dios; el verdadero alcance del anonadamiento de Cristo y su relación con las características esenciales del amor; etc.

Teniendo en cuenta tales objetivos, parece útil señalar los principales parámetros que se han seguido en la confección de la presente obra:

1. Es un curso que se sustenta básicamente, y pretende dar a conocer, la teología tomista.

2. Se ha procurado también presentar las polémicas actuales sobre los diferentes aspectos de la teología sobre Jesucristo con el fin de que el alumno pueda tener las herramientas necesarias para conocer, criticar y responder a las presentaciones más modernas (en muchos casos intentos no logrados y, con cierta frecuencia, heterodoxos), que sobre este tratado abundan hoy en día. Un estudio centrado solo en la pura doctrina clásica no prepararía a los alumnos para el mundo y la Iglesia en que les ha tocado vivir.

3. Aparte de la bibliografía que se señala en cada capítulo, los estudios fundamentales que se recogen a lo largo de toda la presente obra son los siguientes: F. Ocariz - L. F. Mateo–Seco - J. A. Riestra: *El Misterio de Jesucristo*, Eunsa, Navarra, 1993 (4 edición 2010); M. Cuervo: *Tratado del Verbo Encarnado*, en "Suma Teológica de Santo Tomás de Aquino", vol. XI, BAC, Madrid, 1960 (hay una reimpesión de la edición de 1959, realizada en 2010 por la misma editorial); A. Colunga: *Tratado de la Vida de Cristo*, en "Suma Teológica de Santo Tomás de Aquino",

vol. XII, BAC, Madrid, 1960 (hay una reimpresión de la edición de 1959 hecha por la misma editorial en el año 2010); J. M. Scheeben: *Los Misterios del Cristianismo*, Herder, Barcelona 1957; I. Solano y J. A. Aldama: *Sacræ Theologiæ Summa III. De Verbo Incarnato. De B. Maria Virgine*, Madrid, BAC, 1955 (la trad. inglesa: *Sacræ Theologiæ Summa IIIA. On the Incarnate Word. On the Blessed Virgin Mary*, U.S.A., Keep the Faith, 2014); R. Garrigou–Lagrange: *De Christo Salvatore. Commentarius in III partem Summæ Theologicæ Santi Tomæ*, Torino, Paris, 1945 (hay una reimpresión en inglés: *Christ the Savior: A Commentary on the Third Part of St. Thomas' Theological Summa* publicada en USA, Ex Fontibus Company, 2015); J. Wilhelm y T. Scannell: *A Manual of Catholic Theology based on Scheeben's "Dogmatik"*, Kegan Paul, Trench, Trubner and Cia, London, 1908; L. Ott: *Manual de Teología Dogmática*, Herder, Barcelona, 2009. Cfr. también, L. Billot: *De Verbo Incarnato*, Roma 1927; C. Héris: *St. Thomas d'Aquin. Somme Théologique. Le Verbe Incarné*, 2 vols, Paris, 1927–1933. Son de gran utilidad los artículos correspondientes a los diferentes temas de Cristología del *Dictionnaire de Théologie Catholique*.[4] De igual modo son de provecho los artículos correspondientes de la *Gran Enciclopedia Rialp*[5]; y los de *The Catholic Encyclopedia*.[6] Para los aspectos más actuales de la teología que ahora nos ocupa, aunque discrepo en algunos de sus alcances, he utilizado sobre todo al mencionado texto de F. Ocariz - L. F. Mateo–Seco - J.A. Riestra: *El Misterio...*, y a J. A. Sayés: *Señor y Cristo*, Eun-

---

[4]30 vols., Paris 1899-1937 (en DVD, ed. Les éditions Letouzey et Ané, 2006).

[5](GER), 24 vols., Madrid, 1979.

[6]17 vols, Robert Appleton Company, New York, 1907 (Online Edition Copyright © 1999 by Kevin Knight).

sa, Pamplona, 1995[7] y A. Fernández: *Teología Dogmática*, BAC, Madrid, 2009, págs. 57–213.[8]

4. Hay que señalar que en la redacción de la presente obra se utilizan con abundancia (que tal vez a algunos pueda molestar), los listados y las enumeraciones, lo que tiene por finalidad la de hacer más fácil a los alumnos no perder los contenidos básicos que se exponen y ayudarles en la asimilación de todos los diferentes aspectos que una determinada cuestión puede presentar, intentando evitar que el alumno se quede en meras generalidades y no profundice en los temas.

5. Es obvio señalar la necesidad de la consulta de los textos bíblicos y magisteriales. Por la misma razón que se indicaba antes, en muchos casos aparecerán citados textualmente con extensión. Se recomienda el uso conjunto de varias traducciones buenas de la Biblia,[9] y, si es posible, del Nuevo Testamento griego. Con respecto a la consulta del Magisterio de la Iglesia, hay varias colecciones de textos magisteriales que se pueden utilizar para contrastarlos y estudiarlos en detalle.

---

[7] Cfr. también sus obras sobre Cristología: *Cristología Dogmática (para uso de los alumnos)*, Ed. Aldecoa, Burgos, 1988; Id.: *Jesucristo, Ser y Persona*, Aldecoa, Burgos, 1984.

[8] Cfr. También, F. Ruello: *La Christologie de Thomas d'Aquin*, Paris, Beauchesne, 1987; E. H. Weber: *Le Christ selon Saint Thomas d'Aquin*, Paris, Desclee, 1988.

[9] A. Gálvez siempre ha recomendado el uso de la *Nova Vulgata Bibliorum Sacrorum Editio*, Roma, 1986; *The New Jerusalem Bible*, Doubleday, New York, 1985; *La Bible de Jérusalem*, Paris, 1983; *La Biblia de Navarra*, Pamplona, 2004; *La Sagrada Biblia* de Nacar–Colunga, Madrid (hasta la edición del año 1955); y *La Sagrada Biblia* de Cantera e Iglesias, Madrid, 1979.

Sin duda alguna, la más conocida y usada es el famoso *Enchiridion* de Denzinger.[10] Es necesario tener en cuenta, no obstante, las vicisitudes por las que pasó la edición del famoso Denzinger desde sus orígenes (primera ed., Würzburg, 1854) hasta el momento actual (La última edición, la 38ª, incorpora los documentos del Concilio Vaticano II y otros, incluidas las encíclicas papales, hasta 1995).[11] Hay que recordar que Karl Rahner estuvo a cargo de las ediciones del Denzinger desde la 26ª (1952) a la 31ª (1958); y que A. Shönmetzer hizo una profunda refundición, añadiendo 150 nuevos documentos, abreviando otros, y eliminando algunos más, intentando seguir las directrices de los especialistas del momento y de los nuevos planteamientos de los problemas teológicos. Refunde completamente los índices ampliando el índice sistemático y adaptándolo a la terminología bíblica. Realiza también una nueva numeración de los documentos. El resultado (desde la edición 32 en 1963), fue polémico.

En efecto, G. Maron, en su recensión publicada en la revista "Materiales Ofrecidos por el Instituto Bensheim para el Estudio de las Confesiones Cristianas",[12] critica el hecho de que Schönmetzer eliminara una serie de textos que, por su dureza, habrían sido contraproducentes para el movimiento ecuménico. La recensión de J. C. Fenton acusa a Schönmetzer de reducir al mínimo la infalibilidad del Magisterio eclesiástico y de convertirse en el propagandista de una deplorable corriente teológica de la época.[13]

En la edición 38, Hünermann defiende la labor de Schönmetzer:

> "En lo que respecta a la refundición del contenido, hay que destacar especialmente cómo Schönmetzer desmonta las exageraciones de Bannwart en cuanto a la autoridad pontificia y recoge en cambio documentos que son importantes para el debate ecuménico y otros documentos que hablan de la tolerancia

---

[10]La última edición a la fecha es: H. Denzinger – P. Hünermann, *Enchiridion symbolorum Definitionum et Declarationum de Rebus Fidei et Morum*, Barcelona, 2000 (corresponde a la 38 edición alemana).

[11]Hay una información completa al respecto en la *Introducción* a la edición de Denzinger–Hünermann, con toda clase de detalles (págs. 35 a 38).

[12]G. Maron: *Materialdienst des Konfessionskundlichen Instituts Bensheim*, 16 (1965) 99s.

[13]J. C. Fenton: *The American Ecclesiastical Review*, 148 (1963) 337-345.

y de la libertad del ser humano y que se dirigen contra la esclavitud, la tortura y la ordalía (o "juicio de Dios")... Frente a estas voces aisladas se alza un amplio asentimiento, el cual se demuestra entre otras cosas por la rapidez con que se van sucediendo las ediciones (la 33ª edición de 1965, la 34ª de 1967) con una tirada total de 25.000 ejemplares. A estas ediciones se incorporan por vez primera extractos de las encíclicas 'Mater et Magistra' y 'Pacem in terris' de Juan XXIII y dos documentos de Pablo VI".[14]

Por su parte Hünermann, como ya se ha dicho, incorporó gran parte de los textos del Concilio Vaticano II y de los documentos papales hasta 1995.

La colección de textos de Denzinger es útil para citar textos magisteriales, de una manera que sea posible comprobar al lector medio y experto en teología la exactitud de la cita y estudiarla. En este sentido, es opinión común que está bien hecha la labor crítica de buscar los textos mejores de los documentos que se escogen, señalando las diferencias que puedan haber entre copias y fuentes diferentes, y mostrando en la mayoría de los casos, el mejor texto magisterial disponible. Siendo la colección más citada por la mayoría de los estudios teológicos, he considerado útil seguirla en los textos que recopilo y que cito en el presente tratado. Se utiliza la abreviatura *D. S.* Con todo, como en este tratado se sigue la teología tomista, es evidente que no utilizo ni concuerdo con el índice sistemático ni la perspectiva teológica que proponen los últimos recopiladores del Denzinger.

Las otras colecciones de textos magisteriales son mucho menos citadas y conocidas, y en bastantes casos sería imposible para el lector medio contrastar las citas que aquí se hacen. Con todo, es útil tener a la vista también la recopilación de J. Ibáñez y F. Mendoza: *La Fe Divina y Católica de la Iglesia*,[15] sobre todo para el estudio de los cursos de dogmática que ambos autores tienen. Su perspectiva tomista coincide con la de este tratado.

Conviene recordar que una colección de textos magisteriales, como la del Denzinger o cualquier otra, no significa que coincida en *todo* con lo que el Magisterio *es en sí*; ni mucho menos. Se trata de un lugar donde se puede

---

[14]Pág. 37.

[15]J. Ibáñez y F. Mendoza: *La Fe Divina y Católica de la Iglesia*, Editorial Magisterio Español, Zaragoza, 1978.

encontrar las citas del Magisterio que se siguen. Por lo mismo, de hecho
hay documentos pueden no aparecer en esas colecciones, y que sin embargo
han de ser citados y tenidos en cuenta en más de una ocasión. Pero casi
todos los textos importantes para explicar dogmática, están recogidos en el
Denzinger.

Finalmente declaro que cualquier afirmación que se haga en la
presente obra que pueda ir en contra del auténtico Magisterio de la
Iglesia, es absolutamente involuntaria, por lo que se ruega se tenga
por no escrita, pues es la intención fundamental del presente estudio
precisamente basarse, seguir y defender la fe de la Iglesia.

1

Introducción

La Cristología trata de profundizar con la ayuda de los datos de
la Revelación y el Magisterio, a través de la fe, en el misterio de Jesucristo, Dios hecho hombre y nuestro Salvador. Se trata de conocer el
ser, la obra y misión de Nuestro Señor, que están íntimamente unidos.
El Hijo de Dios se hizo hombre por nuestra salvación y la salvación
depende de su ser Dios–hombre.

Cristo es el objeto principal de la predicación de los Apóstoles y,
por tanto, de toda la Iglesia a lo largo de su Historia. Conocer al Señor
es imprescindible como pieza clave de toda la teología católica. No sin
razón Él mismo se titulaba "la piedra angular" (Mt 21:42; Mc 12:10;
Lc 20:17; cfr. Sal 118:22; Hech 4:11; 1 Pe 2:7.); y el anciano Simeón re-
cordaba a la Virgen: "Ecce positus est hic in ruinam et resurrectionem
multorum in Israel et in signum, cui contradicetur..." (Lc 2:34).

Para que el estudio de la cristología dé su fruto, es necesario pe-
dirle a Dios la disposición intelectual y espiritual que señalaba San
Buenaventura:

1

"...cum tantum in sexto gradu ad hoc pervenerit, ut
speculetur in principio primo et summo et mediatore Dei
et hominum, Iesu Christo (1 Tim 2:5), ea quorum similia in
creaturis nullatenus reperiri possunt, et quæ omnem per-
spicacitatem humani intellectus excedunt: restat, ut hæc
speculando transcendat et transeat non solum mundum
istum sensibilem, verum etiam semetipsam; in quo transitu Christus est via et ostium (Jn 14:6; cfr. 10:7 y Ex 25:20;
Ef 3:9), Christus est scala et vehiculum tanquam propitiatorium super arcam Dei collocatum et sacramentum a
sæculis absconditum.

Ad quod propitiatorium qui aspicit plena conversio-
ne vultus, aspiciendo eum in cruce suspensum per fidem,
spem et caritatem, devotionem, admirationem, exsultatio-
nem, appretiationem, laudem et iubilationem; pascha, hoc
est transitum (Ex 12:11), cum eo facit, ut per virgam crucis transeat mare rubrum, ab Ægypto intrans desertum,
ubi gustet manna absconditum, et cum Christo requie-
scat in tumulo quasi exterius mortuus, sentiens, tamen,
quantum possibile est secundum statum viæ, quod in cruce dictum est latroni cohærenti Christo: *Hodie mecum eris
in paradiso.*

...In hoc autem transitu, si sit perfectus, oportet quod
relinquantur omnes intellectuales operationes, et apex af-
fectus totus transferatur et transformetur in Deum. Hoc
autem est mysticum et secretissimum, quod nemo novit,
nisi qui accipit (Ap 2:17), nec accipit nisi qui desiderat,
nec desiderat nisi quem ignis Spiritus sancti medullitus in-
flammat, quem Christus misit in terram. Et ideo dicit

Apostolus, hanc mysticam sapientiam esse per Spiritum sanctum revelatam".[1]

Por eso, nunca se puede alcanzar un conocimiento verdadero y profundo del misterio de Cristo, hasta donde le es dado llegar al ser humano, sin tener presente la necesidad de preparar y completar la especulación con la vía de la oración (intentar contemplar el misterio, gozar y amar lo que hemos conocido), y encendidos por esos deseos, esforzarnos con la ayuda de la gracia en imitar a Cristo y ansiar el encuentro definitivo con el Señor. Hay así un triple desafío:

- *Académicamente*: conocer el Misterio de Cristo, de la mano de la virtud teologal de la fe.

  "... ut valeatis comprehendere cum omnibus sanctis quæ sit latitudo et longitudo et sublimitas et profundum, scire etiam supereminentem scientiæ carita-

---

[1]San Buenaventura: *Itinerarium Mentis in Deum*, 7, 1.2.4: "...Cristo es el camino y la puerta. Cristo es la escalera y el vehículo; él, que es la placa de la expiación colocada sobre el arca de Dios y el misterio escondido desde el principio de los siglos.

El que mira plenamente de cara esta placa de expiación y la contempla suspendida en la Cruz, con la fe, con esperanza y caridad, con devoción, admiración, alegría, reconocimiento, alabanza y júbilo, este tal realiza con él la pascua, esto es, el paso, ya que, sirviéndose del bastón de la Cruz, atraviesa el mar Rojo, sale de Egipto y penetra en el desierto, donde saborea el maná escondido, y descansa con Cristo en el sepulcro, muerto en lo exterior, pero sintiendo, en cuanto es posible en el presente estado de viadores, lo que dijo Cristo al ladrón que estaba crucificado a su lado: *Hoy estarás conmigo en el paraíso*.

...Para que este paso sea perfecto, hay que abandonar toda especulación de orden intelectual y concentrar en Dios la totalidad de nuestras aspiraciones. Esto es algo misterioso y secretísimo, que sólo puede conocer aquel que lo recibe, y nadie lo recibe sino el que lo desea, y no lo desea sino aquel a quien inflama en lo más íntimo el fuego del Espíritu Santo, que Cristo envió a la tierra. Por esto, dice el Apóstol que esta sabiduría misteriosa es revelada por el Espíritu Santo".

tem Christi, ut impleamini in omnem plenitudinem
Dei" (Ef 3: 18–19).

- *Espiritual y ascéticamente*: contemplar y gozar del mismo, e intentar hacer de Cristo nuestra vida impulsados por la virtud teologal de la caridad.

  "... vivo autem iam non ego, vivit vero in me Christus; quod autem nunc vivo in carne, in fide vivo Filii Dei, qui dilexit me et tradidit seipsum pro me. Non irritam facio gratiam Dei..." (Gal 2: 20–21).

- *Escatológicamente*: ansiar la visión del Señor y su encuentro definitivo, llevados por la virtud teologal de la Esperanza.

  "Et Spiritus et sponsa dicunt: 'Veni!'. Et, qui audit, dicat: 'Veni!'. Et, qui sitit, veniat; qui vult, accipiat aquam vitæ gratis... Dicit, qui testimonium perhibet istorum: 'Etiam, venio cito'. 'Amen. Veni, Domine Iesu!' " (Ap 22: 17.20).

1.1. Cristo, objeto de la cristología

Cristo es pues el objeto central de la "Cristo–logía" ("tratado sobre Cristo") y de la fe de la Iglesia. Desde distintos puntos de vista, descubrimos la centralidad de Cristo en todo lo que es nuestra fe:

1. Es el centro del tratado de cristología, que puede ser definido como el estudio a la luz de la fe de lo que esta misma fe nos enseña en torno al misterio y a la obra de Cristo.[2] Este papel aparece en los títulos con los que se ha llamado el presente tratado en

---

[2]Cfr. F. Ocariz - L. F. Mateo–Seco - J.A. Riestra: *El Misterio...*, pág. 20.

la historia de la teología, que reflejan la elección o importancia que se da a un aspecto u otro del misterio de Cristo, y que al mismo tiempo priorizan uno u otro de los vocablos que expresan ese misterio en la Sagrada Escritura. En efecto, en el Nuevo Testamento se encuentran las siguientes denominaciones:

- *Aparición*: "epifaneia", "zeofaneia", Tit 2:11; 3:4 (ἐπεφάνη); 1 Tim 3:16 (ἐφανερώθη).

- Anonadación: "kenosis", Flp 2:7 (ἐκένωσεν).

- Asunción: "analepsis", Flp 2:7 (λαβών).

- Humanación: "enanzropesis", Flp 2:7 (ἀνθρώπων γενόμενος).

- Economía, dispensación: "oiconomia", Ef 1:10; 3: 2.9; Col 1:25 (οἰκονομίαν).

- Encarnación: "sarcosis", Jn 1:14 (σὰρξ ἐγένετο); Flp 2:7; Ro 1:3). Esta denominación fue la que predominó hasta Santo Tomás en los Santos Padres y escritores eclesiásticos.[3]

Santo Tomás añadió el sustantivo "Verbo" por considerarlo el nombre más perfecto para la Segunda Persona trinitaria,[4] con lo que después de él se extendió la denominación de Tratado 'De

---

[3]M. Cuervo: *Tratado...*, cit., pág. 4.

[4]Santo Tomás de Aquino: *Cont. Gent.* IV, 11; Id.: *Compendium Theologiæ*, c. 40.

Verbo Incarnato". Se puede comprobar en los tratados clásicos de D'Ales,[5] Billot,[6] Franzelin,[7] Muller,[8] Parente[9] o Sangues.

En época más reciente, se resalta la unidad entre la Encarnación y la Redención y se potencia un título que abarque ambas realidades. Y así encontramos: "De Incarnatione et Redemptione" (Galtier);[10] "De Christo Salvatore" (R. Garrigou Lagrange);[11] "De Verbo Incarnato Hominum Redemptore" (Lohn);[12] "Dios Redentor" (Schmaus);[13] "El Verbo Encarnado y Redentor" (Chopin).[14]

En nuestra época, sugestionados por la perspectiva historicista y crítica, se multiplican los títulos donde aparece el nombre de "Jesús" para indicar su realidad humana, aspecto que se quiere

---

[5] A. D'Ales: *De Verbo Incarnato*, Beauchesne, Parisiis, 1930.

[6] L. Billot: *De Verbo Incarnato*, Ædes Universitatis Gregorianæ, Romæ, 1927.

[7] J. B. Franzelin: *Tractatus de Verbo Incarnato*, Prati: Ex Officina Libraria Giachetti, 1893.

[8] J. Muller: *De Verbo Incarnato. Prima Pars: Christologia*, Oeniponte: Feliciani Rauch, 1904.

[9] P. Parente: *De Verbo Incarnato Schemata Prælectionum*, Libreria F. Lestini, 1933.

[10] P. Galtier: *De Incarnatione et Redemptione*, Parisiis, 1947.

[11] R. Garrigou Lagrange: *De Christo Salvatore*, cit.

[12] L. Lohn: *De Verbo Incarnato Hominum Redemptore*, Ædea Universitatis Gregorianæ, Romæ 1930.

[13] M. Schmaus: *Teología Dogmática*, vol. 2, Rialp, Madrid, 1963.

[14] C. Chopin: *El Verbo Encarnado y Redentor*, Herder, Barcelona 1969.

potenciar: "Jesús de Nazareth";[15] "Jesús el Cristo" (Kasper);[16] etc. Sobre estas nuevas cristologías y su crítica se volverá más adelante.

2. Esta centralidad del misterio de Cristo se manifiesta también en toda la teología que teniendo una unidad en sí y entre todos sus misterios,[17] sin embargo, como veremos, de algún modo encuentra en la Cristología la pieza clave que los relaciona. En la cristología vamos a ver expresados el misterio de Dios Uno y

---

[15]A modo de ejemplo y sin ánimo de ser exhaustivos, cfr.: O. González de Cardenal: *Jesús de Nazaret. Aproximación a la cristología*, BAC, Madrid, 1993; B. Forte, E. Requena Calvo: *Jesús de Nazaret, Historia de Dios, Dios de la Historia: Ensayo de una Cristología como Historia*, Madrid, Ediciones Paulinas, 1983; J. L. Segundo: *El hombre de hoy ante Jesús de Nazaret*, Madrid, Cristiandad, 1982; Id.: *La Historia Perdida y Recuperada de Jesús de Nazaret: de los Sinópticos a Pablo*, Santander, Sal Terræ, 1991; J. Blank: *Jesús de Nazaret: Historia y mensaje*, Madrid, Cristiandad, 1982; J. A. Pagola: *Jesús de Nazaret, el Hombre y su Mensaje*, San Sebastián, Idatz Editorial Diocesana, 1994; P. M. Beaude: *Jesus de Nazareth*, Estella, Navarra, Verbo Divino, 1988; F. Riera i Figueras: *Jesús de Nazaret, el Evangelio de Lucas (i), Escuela de Justicia y Misericordia: Una historia de...* Bilbao, Desclée De Brouwer, 2002; J. R. Guerrero: *El otro Jesús: Para un Anuncio de Jesús de Nazaret, Hoy*, Salamanca, Sígueme, 1978; J. Comblin: *Jesús de Nazaret: Meditación sobre la Vida y Acción Humana de Jesús*, Santander, Sal Terræ, 1989; F. Varo: *Rabí Jesús de Nazaret*, Madrid, BAC, 2006; F. Cuervo–Arango: *Yo Creo en Jesús de Nazaret*, Bilbao, Desclee De Brouwer, 1975; J. L. Martín Descalzo: *Vida y Misterio de Jesús de Nazaret*, Salamanca, Sígueme, 2004; etc.

[16]W. Kasper: *Jesús, el Cristo*, Sígueme, Salamanca, 1986.

[17]Cfr. Santo Tomás de Aquino: *Summ. Theol.*, Iª, q. 1, a. 3, co.: "Respondeo dicendum sacram doctrinam unam scientiam esse. Est enim unitas potentiæ et habitus consideranda secundum obiectum, non quidem materialiter, sed secundum rationem formalem obiecti, puta homo, asinus et lapis conveniunt in una formali ratione colorati, quod est obiectum visus. Quia igitur sacra Scriptura considerat aliqua secundum quod sunt divinitus revelata, secundum quod dictum est, omnia quæcumque sunt divinitus revelabilia, communicant in una ratione formali obiecti huius scientiæ. Et ideo comprehenduntur sub sacra doctrina sicut sub scientia una".

Trino, el del hombre creado y redimido, el de la mariología, el
de la gracia, el de la escatología, etc., pues están estrechamente
vinculados al misterio de Cristo.[18]

3. Por lo mismo el misterio de Cristo ocupa un papel central en los
   símbolos cristianos.[19]

4. Así mismo la relación con Cristo será la clave para el buen hacer
   del teólogo, quien, como se decía antes, tiene que esforzarse por
   comprender el misterio hasta donde sea posible, pero al mismo
   tiempo, tiene que hacerlo objeto de su propia vivencia personal
   (Jn 1: 39.41).[20]

5. Cristo es, por consiguiente, el centro de la vida de la Iglesia,
   quien predica a Cristo y al mismo tiempo lleva a los hombres a
   la salvación operada por Él:

   "Non enim iudicavi scire me aliquid inter vos nisi
   Iesum Christum et hunc crucifixum" (1 Cor 2:2).

6. La realidad Cristo, y su relación con el misterio trinitario, es
   también lo que hace la religión cristiana la única verdadera, ra-
   dicalmente distinta de todas las otras religiones (que no son sino
   intentos humanos de acercarse a la divinidad), y realmente sobrenatural. En Cristo, es Dios el que se acerca al hombre, el que

---

[18]Cfr. *Optatam Totius*, n. 14.

[19]Cfr. el capítulo dedicado a la historia del Magisterio.

[20]Sobre las consideraciones de Santo Tomás de Aquino en torno a la importancia
de la vivencia de la vida de la gracia y virtudes para que el teólogo pueda hacer una
sana teología, cfr. M. A. Tábet: *Una Introducción a la Sagrada Escritura*, Rialp,
Madrid, 1981.

se hace hombre, para hacerle hijo de Dios: Dios se hizo hombre para que hombre pudiera hacerse dios.[21]

En resumen, como recuerda K. Adam:[22]

"...hay que decir que la cristología ocupa el centro de la dogmática católica. la dogmática católica es cristocéntrica. El misterio divino–humano del Señor es el *sancta sanctorum* de la Iglesia".

1.2. Panorama de la Cristología contemporánea

Nos encontramos con dos hechos singulares en relación a los tratados de cristología en los últimos años. Por un lado, junto con la eclesiología, es el tratado que más ha proliferado;[23] y, sin embargo, por otro lado y al mismo tiempo, se encuentran frecuentes desenfoques y no pocos errores y herejías.

---

[21]G. K. Chesterton en su *El hombre Eterno* (publicado en 1925, ed. española, Cristiandad, 2004) muestra con su singular destreza la radical novedad de Cristo y del cristianismo sobre todas las otras religiones. *The Everlasting Man* es un ensayo histórico en dos partes sobre la humanidad, Cristo y el cristianismo. Es hasta cierto punto una consciente respuesta al libro de H. G. Wells *Outline of History,* que envuelve ambos, el origen evolutivo de la humanidad y la mortalidad humana de Jesús. Cfr. la conferencia de Miguel Ángel Tábet: *Torah, Biblia cristiana y Corán: Tres religiones y un solo Absoluto,* en sus conclusiones: "De las consideraciones hechas se sigue que si bien no faltan elementos que asemejan las tres grandes religiones monoteístas, las diferencias que se descubren son mayores..."

[22]K. Adam: *El Cristo de Nuestra Fe,* Herder, Barcelona, 1958, pág. 60, cit. por Ocáriz, Mateo–Seco y Riestra: *El Misterio...,* cit., pág. 22.

[23]A. Fernández: *Teología...,* cit., págs. 63–64; E. Bueno: *Cristología,* en AA.VV. "Teología en el Tiempo", Aldecoa, Burgos 1994, págs. 203–238; Id.: *Cristología,* en "Burgense" 34 (1993) 131–166; J. Vidal Taléns: *Actualidad Cristológica que Sostuvo y Alentó en Concilio Vaticano II,* en "Estudios Trinitarios" 39 (2005) 219–307.

Con el fin de validar las anteriores afirmaciones, y al mismo tener
una visión de la realidad de la cristología en la teología contemporánea, es conveniente dar una visión de los principales autores y estudios
señalando el punto de vista que siguen y sus insuficiencias. Lo cual servirá, además, para justificar los principios teológicos y la perspectiva
que se van a seguir en el presente tratado.

1.2.1. Clasificación de las principales cristologías con-
temporáneas

Diferentes autores han presentado clasificaciones variadas de las
cristologías del momento.

Así por ejemplo, Ocáriz, Mateo–Seco y Riestra, las clasifican en "cristologías
desde arriba" (subrayan los derechos de la Divinidad de Cristo) y "desde abajo"
(que subrayarían los derechos de la Humanidad de Cristo); "Jesuología" (estudios
de Cristo tal como era comprendido por sus discípulos antes de la Resurrección) y
"cristologías propiamente dichas" (estudio del Cristo de la fe); y entre "cristologías
calcedonianas" y "no calcedonianas" (según se acepte la enseñanza del Concilio de
Calcedonia y de la distinción entre naturaleza y persona, o no se acepte).[24]
Unos criterios de clasificación diferentes utiliza E. Bueno[25] quien encuadra las
cristologías en:

---

[24]Cfr. F. Ocariz - L. F. Mateo–Seco - J. A. Riestra: *El Misterio...*, págs. 28–
45. Cfr. M. Brugarolas: *Jesucristo: Ser, Persona y Conciencia. Análisis de los
Manuales Recientes de Cristología en Lengua Castellana*, en "Scripta Theologica"
45 (2013) 759–783.

[25]E. Bueno: *Cristología...*, cit. págs. 236–238; Id.: *Cristología*, en "Burgense"...
cit., págs 131–166.

- Cristologías *de la objetividad* (Barth,[26] Von Balthasar,[27] Bouyer,[28] Galot[29]).

- Cristologías *de la subjetividad* (Bultmann, Rahner,[30] Drewermann).

- Cristologías *de la experiencia* (Gogarten, Schillebeeckx,[31] Küng[32]).

- Cristologías *de la historia* (Pannenberg,[33] Moltmann, Forte,[34] Bodoni, Jünkel, Duquoc[35]).

- Cristologías *de la ortopraxis* (Boff,[36] Sobrino[37]).

---

[26]K. Barth: *Kirchliche Dogmatik*, IV (en este tomo IV, dividido a su vez en tres volúmenes, se encuentra toda la teología de la reconciliación; y la soteriología, la doctrina de la salvación).

[27]Cfr. sobre todo H. U. von Balthasar: *Teodramática*, III, (Madrid, 1993); Id.: *Teología de los Tres Días* (Madrid, 2000); Id.: *Tratado sobre el Infierno. Compendio* (Edicep, Valencia 1999). Un estudio sobre su Cristología en J. A. Sayés: *La Esencia...*, cit., págs. 253–313.

[28]L. Bouyer: *Le Fils Eternel, Théologie de la Parole de Dieu et Christologie*, Paris, Les Editions du Cerf, 1974. Cfr. L. Alonso y Cl. Basevi: *La Cristología de Louis Bouyer*, en "Scripta Theologica", Vol 11 (1) (1979) 49–67.

[29]J. Galot: *Christ, Foi el Contestation*, Chambray, C.L.D, 1981; Id.: *Christ de Notre Foi*, Lovaina, Editions Sintal, 1986; Id.: *Cristo, ¿Tú Quién Eres?* Madrid, Centro de Estudios Teologia Espiritual, 1982; Id.: *Jesús Liberador*, Madrid, CETE, 1982.

[30]K. Rahner y W. Husing: *Cristología. Estudio Teológico y Exegético*, Madrid, Cristiandad, 1975; K. Rahner: *Curso Fundamental sobre la Fe*, Barcelona, Herder, 1979. Cfr. la crítica más arriba.

[31]E. Schillebeeckx: *Expérience Humaine et Foi en Jésus-Christ*, París, Cerf, 1981; id.: *Jesús. La Historia de un Viviente*, Madrid, Trotta, 2002; Id.: *Cristo y los Cristianos. Gracia y Liberación*, Madrid, Cristiandad, 1983.

[32]H. Küng: *Ser Cristiano*, Madrid, Trotta, 2012.

[33]W. Pannenberg: *Fundamentos de Cristología*, Salamanca, Sígueme, 1974.

[34]B. Forte: *Jesús de Nazaret...*, cit.

[35]Ch. Ducocq: *Cristología. Ensayo Dogmático sobre Jesús de Nazaret*, Salamanca, Sígueme, 1985.

[36]L. Boff: *Jesús: el Hombre–Dios y el Dios–Hombre*, Madrid, Cristiandad, 1981; Id.: *Jesucristo y La Liberación Del Hombre*, Madrid, Cristiandad, 1981.

[37]J. Sobrino: *Jesucristo Liberador*, Madrid, Trotta, 1991; Id.: *Fe en Jesucristo. Ensayo desde las Víctimas*, Madrid, Trotta, 1999.

- Cristologías *de la mediación* (Kasper[38]).[39]

J. Galot[40] por su parte, presenta otra clasificación considerando la perspectiva fundamental de estudio de cada teólogos, con el fin de justificar que la cristología debe hacerse complementando los variados puntos de vista:

- *Cristología bíblica* (sistematización doctrinal de los resultados obtenidos por la investigación exegética), *patrística* (estudia la aportación de los padres de la Iglesia, aportación que se basa a su vez en la interpretación de la revelación bíblica) y *especulativa* (con su reflexión sobre el dato revelado, intenta sistematizar la doctrina, organizarla de una manera racional). La cristología verdadera tiene que ser bíblica, patrística y especulativa.

- *Cristología ontológica* (se esfuerza en determinar en qué consiste el ser de Cristo) y *funcional* (se dedica a definir y a explicar la función de Jesús). La cristología debe contar con lo ontológico y lo funcional en Cristo.

- *Cristología desde arriba* (procede del kerigma, de las afirmaciones de la fe y del mensaje de la revelación, de modo que partiendo de la Divinidad de Cristo se llega a su humanidad) y *desde abajo* (parte del Jesús histórico para demostrar su filiación divina); también se ha deninimado *cristología kerigmática* y *cristología histórica*, o *cristología descendente o ascendente*. La cristología debe compaginar ambos aspectos.

- *Cristología dogmática* (fundada en los dogmas definidos por los concilios de los primeros siglos, sobre todo los de Nicea y Calcedonia) y *existencial* (apelaría a la experiencia sobre Cristo, no sólo de los orígenes, sino también de la vida actual de la Iglesia). La cristología verdadera debería ser tanto existencial como dogmática.

- *Cristología kenótica* (su punto de partida es la kénosis que afirma san Pablo en el himno cristológico de la carta a los Filipenses 2:7: Cristo Jesús, que existía en forma de Dios, se despojó de ella) y *cristología de la Resurrección* (se parte de la Resurrección como el acontecimiento escatológico decisivo, en el que Dios se revela personalmente; de esta manera se piensa llegar a una demostración histórica de la Divinidad de Cristo y la vida terrena de Jesús

---

[38]W. Kasper: *Christologie im Prüsens. Kritische Sichtung neuer Entwürfe*, Friburgo–Bále–Viena, 1974; Id.: *Jesús el Cristo*, Salamanca 1999.

[39]Cfr. P. L. Vives Pérez: *La Singularidad de Cristo. Perspectivas Convergentes de la Cristología Católica Contemporánea*, Universidad Gregoriana, Roma 2004.

[40]Cfr. nota supra dedicada a este autor.

sería una simple "prolepsis" o preámbulo). Ambos aspectos son necesarios en la construcción de la ciencia de Cristo.

- *Cristología pneumatológica* (dirigida de forma más insistente y sistemática al papel del Espíritu Santo en la vida de Jesucristo), *escatológica* (Cristo vino a cumplir los anuncios escatológicos de la antigua alianza, por tanto, el aspecto escatológico es esencial para la comprensión del misterio de la Encarnación redentora) y *cósmica* (el misterio de la Encarnación supone la transformación del destino no solamente de la humanidad, sino de todo el universo).

Tal vez, la clasificación más realista sea la de A. Fernández[41] quien al tiempo que señala las raíces filosóficas de alguno de estos movimientos y las correspondientes *notificaciones y declaraciones* hechas por la Sagrada Congregación de la Doctrina de la Fe, advierte que a veces ciertos autores podrían ser considerados no solo en uno de estos grupos, sino de varios, pues sus ideas recogen presupuestos de varios modelos debido a "la profusión literaria y a la confusión doctrinal que caracterizó a la etapa posterior al Concilio Vaticano II". A. Fernández propone el siguiente esquema:

- *Modelo trinitario* (Jesús es la segunda Persona de la Trinidad y se encarnó para salvarnos) que tendría como autores más destacados a Von Balthasar, J. Galot, L. Bouyer, J. Auer[42], A. Grillmeier, W. Kasper, B. Forte, M. González Gil,[43] L. F. Mateo–

---

[41] A. Fernández: *Teología...*, cit., págs. 64–67. Cito ahora solo las obras de los teólogos que no se han citado previamente en notas anteriores.

[42] J. Auer: *Jesucristo Hijo de Dios e Hijo de María*, Barcelona, Herder, 1990; Id.: *Jesucristo Salvador del Mundo — María en el plan salvífico de Dios*, Barcelona, Herder, 1992.

[43] M. González Gil: *Cristo el Misterio de Dios. Cristología y soteriología* I-II, Madrid, BAC, 1976.

Seco, F. Ocáriz, J. A. Riestra, J. A. Sayés, O. González de Cardenal.[44] [45]

- *Modelo histórico–crítico* (se estudia a la persona histórica de Jesucristo con un uso desmedido de los criterios de la *Historia de las Fuentes*, de modo que su divinidad queda oscurecida o negada) que tiene como principales expositores a H. Küng, A. Hulsbosh, P. Schoonenberg, E. Schillebeeckx.[46]

- *Modelo antropológico* (se hace una cristología, de impronta hegeliana, partiendo de Jesús de Nazareth, el hijo de María, hasta confesar el Verbo del Padre), que tiene como representantes a K. Rahner, J. Alfaro y J. L. González Faus.[47]

- *Modelo liberador* (se hace una cristología sin preocupación con su realidad ontológica, sino concentrándose en lo que se imagina fue su misión como Liberador principalmente terreno, desde una perspectiva principalmente marxista) que tiene como represen-

---

[44]O. González de Cardedal: *Cristología*, Madrid, BAC, 2001; Id.: *Jesús de Nazaret. Aproximaciones a la Cristología*, Madrid, BAC, 1993.

[45]Algunas de estas Cristologías presentan algunas dificultades que se irán señalando en su momento.

[46]La Sagrada Congregación para la Doctrina de la fe, ha advertido sobre los errores de estas cristologías: *Declaración Para Salvaguardar La Fe De Algunos Errores Recientes Sobre Los Misterios De La Encarnación Y De La Trinidad, Mysterium Fidei* (21–2–1972); *Declaración Referente a dos Libros del Profesor H. Küng* (15–2–1975); *Declaración Referente a los Coloquios tenidos con el R. P. Edward Schillebeecks acerca de Algunos Puntos de su Doctrina Cristológica* (13–12–1979); *Carta al P. E. Schillebeecks Referente a sus Posiciones Cristológicas* (20–10–1980).

[47]Sobre la influencia de Rahner y su teología, cfr. las notas anteriores sobre el mismo; sobre el libro de González Faus, cfr. J.L. Illanes: *La nueva humanidad. Análisis de un ensayo cristológico*, in "Burgense" 22 (1981) pp. 265-304.

tantes más conocidos los autores de la teología de la liberación, sobre todo a C. Duquoc, L. Boff, J. Sobrino, etc.[48]

- *Modelo de Cristo fundador de una religión más entre otras* (la religión cristiana y su fundador no es esencialmente diferente a las otras religiones); es el caso de J. Hick, P. Knitter, A. Pieris, M. Wiles, R. Pannikar, M. Amaladoss, F. Wilfred, etc.[49]

Como se puede comprobar, muchos de estas perspectivas no conservan la verdadera fe de la Iglesia en Jesucristo, y dependen de visiones filosóficas que son absolutamente inadecuadas para ayudar a exponer el misterio, por lo que se producen errores y herejías. De este modo, se ha negado en Cristo uno o varios aspectos de su realidad: su Divinidad, su Humanidad, su misión salvadora de carácter sobrenatural, su impecabilidad, su ciencia, su conciencia de su Divinidad, su Resurrección, sus milagros, etc., etc. Por eso no deja de sorprender la opinión de A. Fernández cuando concluye su presentación de las distintas teologías contemporáneas diciendo que:

"... las insuficiencias que muestran algunas cristologías son más fruto de la ideología subyacente o de las insuficien-

---

[48]La Sagrada Congregación de la Doctrina de la Fe también ha señalados alguno de los errores de estas cristologías: Instrucciones *Libertatis Nuntius* (6–8–1984) y *Libertatis Conscientia* (22–3–1986); *Notificación sobre las obras del P. Jon Sobrino, S.J. "Jesucristo Liberador" (Madrid 1991) y "La Fe en Jesucristo. Ensayo desde los Cristianos" (San Salvador 1999)* (26–11–2006); *Notificación Sobre la Eclesiología de Leonardo Boff* (11–3–1985).

[49]Sobre estos autores, cfr. A. Fernández: *Teología...*, cit., pág. 127. Es de notar que estos estudios sobre Jesucristo no aceptan la doctrina del Concilio de Calcedonia, y no son católicos. Cfr. Sagrada Congregación de la Doctrina de la Fe: *Declaración sobre la Unidad y la Universalidad de Jesucristo y de la Iglesia "Dominus Iesus"* (6–8–2000); *Notificación a Propósito del Libro del Rvdo. Jacques Dupuis, S. J. "Hacia una Teología del Pluralismo Religioso"* (24–1–2001); *Notificación sobre el Libro "Jesus Symbol of God" del P. Roger Haight, S. J.* (13–12–2004).

cias exegéticas que de la defección de la fe de los autores, todos ellos creyentes en Cristo".[50]

Por eso, algunos intentan escapar a los presupuestos ideológicos, construyendo una cristología sobre los datos fundamentales de la Biblia, la Tradición y el Magisterio de los primeros concilios. Es el caso de A. Fernández o de Ratzinger.[51] Pero, tal vez, no sea suficiente tampoco esta perspectiva: es necesario tener en cuenta todo el Magisterio auténtico de la Iglesia posterior al de los primeros concilios, y además es inevitable partir de unos presupuestos filosóficos que sirven como instrumento del quehacer teológico. Incluso cuando se quiere prescindir de cualquier sistema filosófico previo o pre–determinante, se está utilizando alguno, normalmente de la filosofía moderna o contemporánea, que no han resultado los más adecuados para aproximarse a los misterios del cristianismo.

---

[50] Cfr. A. Fernández: *Teología...*, cit., pág. 66.

[51] Cfr. A. Fernández: *Teología...*, cit., págs. 66–67 "... es preciso volver a elaborar una teología rigurosa, libre de planteamientos previamente asumidos, que parta de una exégesis bíblica también rigurosa, acompañada de la larga tradición patrística y de la doctrina de los cuatro primeros concilios universales: Nicea, Constantinopla, Éfeso y Calcedonia. Tal ha sido el objetivo del teólogo Ratzinger y Papa Benedicto XVI en su reciente biografía sobre la persona de Jesús..." Cfr. J. Ratzinger: *Jesús de Nazaret*, 3 vols., I: *Desde el Bautismo a la Transfiguración*, ed. Madrid, Planeta, 2007; II: *Desde la Entrada en Jerusalén hasta la Resurrección*, Madrid, Editorial Encuentro, 2011; III: *La Infancia de Jesús*, Madrid, Planeta, 2012. El propio Papa, dice en el prólogo a su primer volumen: "Por cierto que no necesito decir que este libro no representa de manera alguna un pronunciamiento del magisterio de la Iglesia, sino únicamente una expresión de mi búsqueda personal del 'rostro del Señor' (Sal 27:8). Por ello quienquiera que opte por contradecirme, podrá hacerlo libremente. Tan sólo solicito de los lectores aquel anticipo de simpatía sin el cual no se logra comprensión alguna" (pág. 20).

1.2.2. Las cristologías inculturizadas

La teología contemporánea también ha intentado explicar la cristología "inculturizándola" en los diferentes zonas geográficas y culturales. Así se han pergeñado cristologías latinoamericanas, asiáticas, africanas, norteamericanas, etc.:

- *El Cristo liberador latinoamericano*. No se pretende entender especulativamente a Cristo, sino hacerlo práctico por la liberación personal y social de las estructuras injustas. Se pueden señalar las obras citadas de L. Boff o de J. Sobrino.[52]

- *Cristología asiática*, tanto en Filipinas,[53] como en la India,[54] Corea,[55], Vietnam, etc. Tratan de hacer una cristología separándose de la sistemática tradicional para intentar aproximar el ser y la obra de Cristo a aquellos pensamientos, bien utilizando la religiosidad popular, o las figuras de otras religiones del continente. Caen con frecuencia en los errores de la teología de la liberación, feminista y en un sincretismo religioso muy peligroso.

- *La cristología africana* intenta presentar a un Cristo que pueda ser entendido por culturas predominantemente imbuidas de reli-

---

[52]Cfr. *supra* las herejías de estos autores, y J. Mejía: *Cristología en Algunos Autores Latinoamericanos*, en Medellín 10 (1984) 176–186.

[53]Cfr. B. Beltrán: *The Christology of the Inarticulate. An Inquiry into the Filipino Understanding of Jesus the Christ*, Manila, Divine Word Publications, 1987; J. M de la Mesa – L. L. Wostyn: *Doing Christology. The Re–appropiation of a Tradition*, Quenzon, Claretian Publications, 1990; etc.

[54]Cfr. por ejemplo, los casos estudiados por K. Gragg: *Christologies and India*, en "The Christ and the Faith", Londres, 1986.

[55]Cfr. por ejemplo, Y. Kim: *Messiah and Minjung*, en "Third World Liberation Theologies", Maryknoll 1986, págs. 373–383; C. H. Kyung: *Who is Jesus for Asian Women?*, en "Asian Faces of Jesus" SCM Press, Londres 1993.

giones muy primitivas tribales o de islamismo, con explicaciones que no se conforman con el dogma católico.[56]

- *En Norteamérica* se ha intentado también la "Black Christology" y la "United States Christology" con profundos errores liberacionistas y feministas.[57]

- etc.

Como se puede ver, estos intentos han desembocado con frecuencia en errores y herejías. La justa y proporcionada "inculturización" es conveniente para las actividades misioneras o evangelizadoras de la Iglesia; pero no se ha de olvidar que lo que en último término tiene que entregar la Iglesia es el misterio completo y verdadero de Cristo, al que no puede traicionar por intentar adecuarlo a los gustos o sensibilidades de los pueblos. Si se produce esa traición, ya no se entrega a Cristo, y no tiene sentido alguno la famosa "inculturización" (¿qué se va a tratar de "inculturizar" si no hay realidad objetiva alguna que transmitir?).

Por otro lado, en Cristo encontramos la doble realidad de que quiso hacerse hombre para estar entre nosotros y salvarnos, y al mismo tiempo, no se identificó con el mundo. En la Encarnación encontramos la antítesis tan específicamente cristiana del extrañamiento–acercamiento, sin el cual ese misterio no tiene contenido ni inteligibilidad. Como dice A. Gálvez:

> "Se suele hablar aquí de encarnacionismo como el medio de ser aceptado por el mundo, a fin de facilitar el mejor

---

[56] Cfr. J. Oniayekan: *Tendencias Cristológicas en la Teología Africana Contemporánea*, en "Scripta Theologica", 2 (1989) 169–184; R. J. Schreiter: *Faces of Jesus in Africa*, SCM Press, Londres 1992.

[57] Cfr. K. B. Douglas: *The Black Christ*, Maryknoll, New York, 1994; J. J. Muller: *Practical Discipleship. A United States Christology*, Collegeville, 1992.

cumplimiento de la misión encomendada. Sin embargo, no es lícito olvidar que la Encarnación no supone la identificación con el mundo: *Lo mismo que yo no soy del mundo... Vino a los suyos, pero los suyos no le recibieron.*

También en la Encarnación se manifiesta la antítesis, tan específicamente cristiana, de extrañamiento–acercamiento, sin la cual este Misterio carecería de contenido y de inteligibilidad..."[58]

"...la necesidad que tiene de dar testimonio de Aquél que, habiéndose hecho uno de nosotros (Jn 1: 11.14; Flp 2:7), permanece siendo sin embargo *el Absolutamente Otro*. Pues no debe olvidarse que la Encarnación es la suprema manifestación (revelación) de Dios, a la vez que es también una tremenda *kenosis* (ocultación) de la Divinidad".[59]

1.2.3. Influencia del modernismo

Es necesario subrayar antes que nada, que en muchas de estas obras se nota la influencia de lo que se denomina el *pensamiento neo–modernista*, que siguiendo los principios del modernismo condenado por la Iglesia, surgió con mucha fuerza en torno a la mitad del siglo pasado y llega hasta nuestros días. Precisamente, la aceptación de muchos de los postulados de la herejía modernista, incluso queriendo mantener la línea de la ortodoxia, ha hecho que algunos teólogos hayan sostenido principios que son contrarios a la dogmática católica.

Es conveniente recordar algunos hechos en torno al movimiento modernista y neo–modernista.

---

[58] A. Gálvez: *El Invierno Eclesial*, Shoreless Lake Press, New Jersey, 2011, pág. 336.

[59] A. Gálvez: *El Invierno...*, cit. pág. 339.

Esta corriente de pensamiento en los siglos XIX y XX,[60] acabó prácticamente con la cristología.

Una visión general con respecto al tema de Jesucristo, en la pluma de sus propios predecesores y seguidores, es la siguiente:

> "Jesucristo, históricamente, sólo era un hombre, pero resultaba útil presentarlo como Dios a los fieles, para que comprendan así que también ellos son en cierto modo hijos de Dios (Kant). Así como el fondo de la religión es el sentimiento de dependencia del Gran Todo, del mismo modo el fondo de la sensibilidad de Cristo es la conciencia de su unidad con Dios. La Divinidad de Jesús es la conciencia que tiene de ella (Shleiermacher). Jesús era en realidad un joven judío entusiasta, que ridiculizaba las formalidades religiosas y denunciaba la corrupción moral de su tiempo y a quien condenaron a muerte (Strauss). Creemos en algo que sucede dentro de nosotros; creemos en la divinidad en Cristo —*Gottheit in Christo*—, pero no en la Divinidad de Cristo —*Gottheit Christi*— (Ritschl). Creo en aquél en quien se ha realizado en grado excepcional la unión de lo divino con la naturaleza humana, Jesucristo, cuya resplandeciente superioridad ha quedado simbolizada

---

[60]La bibliografía sobre el modernismo es inmensa. Para una visión global del mismo, cfr. R. García de Haro: *Historia Teológica del Modernismo*, Pamplona 1972; Id. *Modernismo Teológico*, en GER, cit., t. XVI, págs. 139–147 ; C. Izquierdo: *Cómo se ha entendido el "modernismo teológico". Discusión historiográfica*, en Anales de Historia de la Iglesia, 16 (2007) 35–75; C. Fabro: *La Aventura de la Teología Progresista*, Eunsa, Pamplona 1976 (interesante sitio en la web: /www.corneliofabro.org); S. Ramírez: *Teología Nueva y Teología*, Ateneo, Madrid, 1958; una interpretación que pretende reivindicar lo aparentemente aceptable del movimiento en nuestros días: S. Casas (Ed.): *El Modernismo a la Vuelta de un Siglo*, Pamplona, Navarra, 2008.

para los corazones sencillos por una concepción sobrenatural (Hébert). La Divinidad de Jesús no es un hecho de la historia evangélica cuya realidad podamos verificar críticamente. En un sentido Jesús era el Mesías, y en otro no lo era todavía (Loisy). La contingencia histórica de Cristo, de su Muerte y Resurrección, da sin duda claridad, carácter tangible y concreto a la piedad eclesiástica, pero también vulnerabilidad, porque será siempre un hecho contingente y limitado (Rahner)".[61]

En el fondo es un antropocentrismo radical que contempla la figura de Cristo como un puro hombre y desde la perspectiva de la búsqueda del engrandecimiento y auto–valencia del ser humano:

"El hombre mismo es un ser fundado en el Gran Todo. Entre Jesucristo y nosotros hay una diferencia de grado, porque de hecho, la humanidad tiene en sí misma la fuerza de producir, en su línea de evolución, una tal aparición de Dios en el mundo (Schleiermacher). La humanidad es la unión de dos naturalezas: Dios se hace hombre; la Humanidad es la que muere, resucita y sube al cielo; de la supresión de su mortalidad como espíritu personal, racional y terrestre, procede su unión con el Espíritu infinito de los cielos (Strauss). Se puede representar indistintamente al individuo consciente como la conciencia de Dios en la humanidad, y como la conciencia del mundo subsistente en Dios por una especie de concentración del universo en el hombre (Loisy). En este sentido será la Humanidad un Cristo místico, un Logos colectivo, el Verbo o Manifestación del

---

[61]D. Bourmard: *Cien Años de Modernismo*, Fundación San Pio X, Buenos Aires, 2006, págs. 432–433.

Padre; y cada miembro de esa sociedad será, en esta misma medida, un Cristo o un revelador en el que Dios se habrá encarnado y permanecido entre nosotros (Tyrrell). Con la aparición de los hombres comienza la Historia humana y la Ascensión hace la unidad perfecta de todos los individuos, el Punto Omega de la Historia, el Superhombre tan cierto como misterioso (Teilhard). Al revelar al Padre, y al ser revelado por Él, Cristo terminó por revelar el hombre a sí mismo. Por Cristo la persona se hace adulta, el Hombre emerge definitivamente del Universo (De Lubac). Cuando Dios quiere ser 'no Dios', surge el hombre. La abreviación, la cifra de Dios mismo es el Hijo de Dios y los hombres. La Encarnación es el único caso singular de actualización esencial de la realidad humana (Rahner). Los seres humanos se han creado a sí mismos para experimentar el amor, la inteligencia, la materia y la acción. Hay que preparar el futuro de la humanidad, el Hombre Nuevo, un ser del que aún no podemos tener idea de cómo será (Pigani, New Age)".[62]

Esta herejía no es en absoluto cosa del pasado. En efecto, tras la aparente desaparición del modernismo con las condenas de los Papas de finales del siglo XIX y principios del XX, sobre todo de S. Pío X, el modo de pensar modernista se conservó de un modo disimulado entre círculos de la *intelligentsia* católica, quienes se apoyaban en sus ideas de variados modos. En los años cercanos al Concilio Vaticano II, y en el post–Concilio, muchas de las principales ideas modernistas surgen

---

[62]D. Bourmard: *O. c.*, págs. 429–430.

abiertamente en la teología y en diferentes instancias eclesiales, en la forma que se ha dado en llamar *neomodernismo*.[63]

Aunque se estudiarán más adelante varias opiniones cristológicas de K. Rahner, no conviene subestimar la influencia que ha tenido en la difusión del neo–modernismo en general. A. Gálvez ha descrito la raíz de la teología rahneriana, así como su gran influencia:

> "Karl Rahner fue el personaje más influyente en las delibe-
> raciones y desarrollo del Concilio Vaticano II. Sus intrigas
> doctrinales, antes del Cónclave y durante él, son imposibles
> de ocultar en cuanto que existe documentación histórica.
> Karl Rahner fue el profeta de la duda. Si hubiera que re-
> dactar un brevísimo resumen de su obra habría que decir
> que consistió sobre todo en cuestionar todos los principales
> dogmas del Catolicismo. Incluso hoy día, muchos años des-
> pués de acabado el Concilio, Karl Rahner, además de ser
> el Gran Patriarca y Definidor de toda la Teología Católica,
> es también, precisamente por eso, el principal responsable
> de la difusión del neomodernismo en la Iglesia actual".[64]

---

[63]Una descripción del *modus operandi* de lo podríamos llamar "cripto– modernismo", tras las condenas papales, se puede ver con todo lujo de detalles, por ejemplo, en A. Malachi Martin: *The Jesuits*, Touchstone, New York, 1988, págs. 259–335; o en R. de la Cierva: *Las Puertas del Infierno. Historia de la Iglesia Jamás Contada*, Fenix, Toledo, 1995, págs. 220–230, 477–532.

[64]A. Gálvez: *Esperando a Don Quijote*, New Jersey, Shoreless lake Press, 2007, pág. 437. Id: *El Amigo Inoportuno*, New Jersey, Shoreless Lake Press, 1995, pág. 73; Id: *Siete Cartas a Siete Obispos*, New Jersey, Shoreless Lake Press, 2009, págs. 169. 316–317. Una buena síntesis de la posición teológica de Rahner, en C. Fabro: *La Aventura...*, cit.; *La Svolta Antropologica di Karl Rahner*, Rusconi, Milán 1974 (*El Viraje Antropológico de Karl Rahner*, Ediciones CIAFIC, Buenos Aires 1981); J. A. Sayés: *La Esencia del Cristianismo. Diálogo con Karl Rahner y H. U. von Balthasar*, Ed. Cristiandad, Madrid, 2005; J. F. X Kanassas: *Esse as the Target of Judgement in Rahner and Aquinas*, en "The Thomist", 51 (1987) págs. 222–245;

La presencia de esta herejía en el mundo y en la teología actuales, es inmensa. No es de este lugar el tratamiento detallado de la misma. Con todo sí hay que señalar que A. Gálvez ha denunciado con frecuencia el peligro de esta herejía, describiendo sus manifestaciones más señeras:

1.– Este modo de pensar hace un uso inteligente y artero de los términos teológicos clásicos, pero los vacía de contenido, para darles un sentido completamente diferente del tradicional, engañando a no pocos:

> "El lenguaje ambivalente, ambiguo y equívoco, es un arma eficaz utilizada hoy por el neomodernismo dentro de la Iglesia, tanto en la Dogmática como en la Pastoral. Suele emplear términos tradicionales, aunque con la posibilidad de ser interpretados en el sentido en que lo entienden las doctrinas modernistas. De este modo se convierten en conceptos *blindados*, inmunes a las posibles reacciones de la sana doctrina. Después corresponde a la praxis, inteligentemente manejada, orientarlos en la dirección modernista. Así pueden ser empleados como armas ofensivas y defensivas a la vez. Lo cual significa que se difunde su sentido modernista entre la mayoría, al mismo tiempo que se mantiene en reserva el tradicional ante la posibilidad de que aparezca algún tipo de contestación. El procedimiento emplea muchas variantes, todas bien estudiadas y utilizadas oportunamente, y cuya descripción pormenorizada

---

P. de Rosa: *Rahner's Concept of 'Vorgriff': an Examination of its Philosophical Background and Development*, (tesis doctoral), Oxford University, 1988; y en D. Bourmaud: *Cien Años de Modernismo*, Buenos Aires, 2006, págs. 275–301. Su influencia en el Concilio Vaticano II, en R. Wiltgen: *El Rin Desemboca en el Tiber. Historia del Concilio Vaticano II*, trad. esp. Criterio Libros, Madrid, 1999, 344 págs.

requeriría un manual. Se emplea con toda normalidad en la Pastoral diaria, aunque su mayor influencia se ejerce a través de multitud de Documentos emitidos por variadas fuentes a partir del Concilio Vaticano II. Parece innecesario añadir que ha logrado su propósito de confundir a una gran multitud de fieles.

Son pocos los que se dan cuenta de que la manipulación del lenguaje —realizada mediante una inteligente operación de disfraz y camuflaje— llevada a cabo tanto por los Poderes políticos como por la Teología *progre*, además de medio eficaz para destruir la Fe del Pueblo cristiano, supone un ataque directo a los métodos didácticos del Evangelio".[65]

"Sucede que podría elaborarse una larga lista de conceptos, extraídos todos ellos de lo más medular del Cristianismo (todos los auténticos valores, naturales o sobrenaturales, se fundamentan en Cristo), pero que han sido rebajados a categorías puramente humanas, una vez despojados de su proyección y alcance sobrenaturales. En realidad habría que asegurar que han sido vaciados de contenido, mejor que contentarse con decir que han sido falsificados o remedados. Es lo que ocurre con ideas tan elevadas como la justicia, la naturaleza humana, los derechos humanos, la paz, la caridad (ahora solidaridad), la generosidad con el prójimo (ahora compromiso social), la libertad (ahora exoneración de toda ley humana y sobre todo divina), etc. Ya puede comprenderse que nadie va a acusar a la moderna Pastoral de descreimiento. Aunque por el hecho de ir a la zaga, más o menos conscientemente, de una teo-

---

[65]A. Gálvez: *Siete...*, cit., pág. 383–384. Id.: *El Invierno...*, cit., pág. 322.

logía impregnada de modernismo, se sitúa con frecuencia
en posiciones ambiguas que podrían resultar peligrosas. Es
así como viene a desembocar en lugares en los que, como
avanzada y motor del Cristianismo que se supone que es,
no puede pretender para los fieles sino lo que es conforme
a un mundo mejor, a saber: una mayor madurez humana,
según suele decirse. Con lo que se coloca a un paso de ma-
nejar únicamente aquellos conceptos que pueden resultar
más afines al Cristianismo: como la justicia, por ejemplo;
la paz, o tal vez la solidaridad..., aunque entendidos casi
siempre de un modo tan ambiguo —o en clave *progre*—
como para dar ocasión al peligro de malentendidos. Con la
consiguiente posibilidad de que algunos cristianos se que-
den, con respecto a tales conceptos, a ras de tierra".[66]

A pesar de la extensión, vale la pena releer con cuidado la descripción y ejemplos que A. Gálvez aporta sobre los métodos de actuación del Neomodernismo:

> "Su extraordinaria habilidad para utilizar el disfraz la emplea uti-
> lizando *términos y expresiones idénticos a los utilizados por el Ca-
> tolicismo*. Aunque en un sentido ambiguo y capaz de admitir otros
> significados, los cuales resultan siempre bien distintos a los empleados
> tradicionalmente y conocidos por los fieles. Tales significados ocultos
> son los verdaderamente pretendidos y no aparecen nunca de primera
> intención, permaneciendo como larvados hasta que llega el momento
> adecuado para ser descubiertos y utilizados, una vez que el terreno
> ha sido abonado y preparado convenientemente.
>
> Las técnicas utilizadas, dentro del procedimiento general de la
> ambigüedad, se diversifican en otras más concretas entre las que po-

---

[66]*Ibidem*, págs. 11–12. También ocurre con la exégesis: "Es frecuente en la exégesis moderna el empeño en hacer que ciertos textos de la Escritura sean más ac-
cesibles a espíritus proclives al escándalo. O al menos eso es lo que parece. Aunque
no en todos los casos, viene a ser una manifestación más, entre tantas, de la ola de
racionalismo–modernismo que actualmente permeabiliza la teología católica". (A.
Gálvez: *Esperando...*, cit., pág. 181).

demos destacar: la del *doble o múltiple sentido*, capaz de manifestar, llegado el momento, el que estaba oculto pero que es el que realmente se pretende; la del *silencio*, con respecto a alguna verdad determinada que se pretende ocultar o hacer olvidar para negarla claramente cuando la ocasión sea propicia; la del *vaciado de contenido*, cuando se mantiene el nombre y la terminología a costa de despojar el dato revelado de sentido sobrenatural, a fin de dejarlo reducido a una verdad puramente natural. A ellas quizá habría que añadir la de la coacción, consistente en apelar a un pretendido sentido de estar con la Iglesia mediante la obediencia al llamado *espíritu del Concilio* (en referencia al Vaticano II), o especie de comodín que vale para todo y que es utilizado como arma para silenciar y reducir a espíritus rebeldes o pusilánimes.

Una breve exposición de algunos ejemplos ayudará a comprender la naturaleza y funcionamiento de estos procedimientos. Los cuales son dignos de notar, tanto por el ingenio que muestran y el modo inteligente como son tratados como por el especial peligro que representan.

La técnica del *silencio*, por ejemplo, es extraordinariamente sutil y pasa casi siempre desapercibida. Suele utilizarse en Documentos eclesiásticos importantes, así como también en tratados de índole dogmática y de gran extensión.

A este respecto, un sistema utilizado por la teología modernista para negar la Divinidad de Jesucristo, consiste en repetir con insistencia que el Espíritu Santo *procede del Padre*; lo que es una afirmación absolutamente correcta, en cuanto que el Espíritu efectivamente procede del Padre. Sin embargo pasa en silencio que *simultáneamente también procede del Hijo*, como cosa que jamás se dice, aunque la ingenuidad natural de muchos lo da inconscientemente por expresado.[67] La razón de tan manifiesta omisión no es difícil de adivinar, puesto que se trata en último término de conducir, mediante pasos bien estudiados, a *la negación de la Divinidad de Jesucristo*, que es quizá la meta más soñada por la teología progresista o modernis-

---

[67]El método puede verse utilizado con frecuencia en las tres Encíclicas conocidas como Trinitarias, del Papa Juan Pablo II.

ta.[68] Y por la misma razón, circulan en la bibliografía católica actual
gruesos tratados en los que se pormenoriza todo lo que Jesucristo
significa para nosotros, pero en los que no se encuentra jamás una
sola referencia a *su divinidad*.

Como caso el más conocido de utilización del equívoco o doble
sentido, pueden servir de ejemplo las palabras empleadas en el ofertorio de la Misa según el *Novus Ordo*.[69] En las cuales se dice que *él
será para nosotros pan de vida*, en referencia al pan, o que *él será
para nosotros bebida de salvación*, para referirse al cáliz con el vino.
Como fácilmente puede verse, la expresión *para nosotros* puede indu-
cir a pensar —además de la interpretación correcta, que en este caso
no puede ser otra que la de *para nuestra utilidad*— que se trata de
un sentimiento puramente subjetivo por parte de los oferentes, en el
sentido de *según tendemos a creerlo nosotros*, útil para nuestra salvación. De hecho los protestantes lo interpretan de este último modo, y
de ahí que no tengan inconveniente en utilizar estos formularios para
la celebración de sus Eucaristías.

En cuanto al *vaciado de contenido*, el ejemplo más significativo y
actual es el de Müller, cuya doctrina con respecto a la virginidad de
la Virgen María se encuentra en sus obras escritas con anterioridad a
su actual cargo.[70] Para Müller, la virginidad de María *no concierne
tanto a específicas propiedades fisiológicas del proceso natural del nacimiento (tales como la ausencia de apertura, el desgarro del himen
o la ausencia de dolores durante el parto) cuanto al influjo salvífico
y redentor de la gracia de Cristo en la naturaleza humana.*

---

[68]Como puede verse, el Modernismo es el compendio de todas las herejías, tal
como decía San Pío X. En este caso no es difícil adivinar su afinidad con el arrianismo.

[69]En realidad ya no se denomina actualmente ofertorio u oblata, como expresión de la idea de sacrificio (tal como se hacía en el Rito antiguo llamado ahora
Extraordinario), sino que la expresión ha sido sustituida por la de *presentación de
ofrendas*, en la que se difumina cualquier referencia a una ofrenda sacrificial.

[70]El Arzobispo Gerhard Ludwig Müller, en el momento de la redacción de estas
páginas, es el Prefecto de la Sagrada Congregación para la Doctrina de la Fe. Las
opiniones contenidas en sus escritos sobre la Eucaristía y la Transubstanciación,
también harto problemáticas pero de las que aquí no vamos a hablar, discurren
igualmente en la línea de la teología progresista.

Estrictamente hablando, no se puede acusar de herejía al Arzobispo dado que estas palabras no niegan expresamente el dogma de la virginidad de la Virgen María. Incluso parece que el Arzobispo se apresuró a aclarar (sobre todo después de su nombramiento al cargo que actualmente ocupa) que cree y confiesa en la *virginidad* de la Madre de Dios.

Con todo, es importante notar que su doctrina siembra la duda y la sospecha, por decir lo menos, sobre el dogma de la virginidad de María; de tal manera que deja a tan elevada, multisecular y sublime creencia de la Iglesia en algo vacío de contenido: si la virginidad *en el parto* no tiene nada que ver con fenómenos naturales de carácter fisiológico, ¿en qué consiste entonces...? Una virginidad puramente espiritual —preciso es reconocerlo— es algo que cualquiera con sentido común tiende razonablemente a identificar con la nada. Tampoco puede olvidarse lo dicho más arriba acerca de que el Modernismo *nunca niega directamente un dogma.* En cuanto al hecho de que, según propia y expresa confesión, el Arzobispo admite la *virginidad* (así, sin más explicaciones), también hay tener en cuenta que para la teología progresista es absolutamente normal el uso del doble sentido en las palabras. Lo que dicho de otro modo significa que habría que saber, dada su forma de pensar y si acaso no lo explica con claridad, lo que entiende exactamente el Arzobispo por *virginidad.*

Como hemos dicho más arriba, el gran peligro de la herejía modernista deriva precisamente de su habilidad para el mimetismo. La utilización del disfraz, mediante el empleo de términos a primera vista ortodoxos y reconocidos tradicionalmente por los fieles, junto a su cuidado de no negar nunca expresamente una verdad dogmática, facilitan grandemente su aceptación por los fieles menos avisados... y también, por lo que muestra la experiencia, por los más avisados. Todo lo cual se explica, como primera razón, porque el Modernismo se presenta siempre como el verdadero intérprete de la Tradición, del Cristianismo más auténtico y el más conforme a sus más puros orígenes. Los cuales parten siempre, según él, de una comunidad primitiva más soñadora que atenta a la única realidad que existe: el hombre como tal. A lo que hay que añadir la normal tendencia de la naturaleza humana a seguir el camino más fácil, evitando la senda estrecha que conduce a la Cruz y a la negación de uno mismo en

favor del verdadero amor, tal como lo exige el auténtico seguimiento
de Jesucristo. En definitiva, el Cristianismo *naturalista* que propugna el Modernismo, en total sintonía con los criterios del Mundo y
más acorde con las apetencias de una naturaleza humana dominada
por la concupiscencia, aparece como una doctrina agradable y hasta
liberadora. Su difusión en la Iglesia actúa a la manera de las drogas
utilizadas con carácter terapéutico, en cuanto que se asimila gradualmente a semejanza de un sedante tranquilizador que sumerge en la
inconsciencia. De esta forma, quienes lo han recibido se encuentran,
en un momento determinado y quizá sin haberse apercibido, en una
situación distinta de cuyo cambio no poseen conciencia clara. Así se
explica que millones de católicos hayan dejado de serlo sin enterarse..., y sin apenas darse cuenta de que la que ahora practican es
la Religión de una Iglesia nueva, que apenas si tiene que ver con la
fundada por Jesucristo y practicada por el Pueblo cristiano durante
veinte siglos.

Tal como se desprende de lo dicho, lo que hace del Modernismo
un sistema especialmente peligroso es el hecho demostrado de que,
así como las sucesivas herejías aparecidas anteriormente en la Iglesia
siempre habían negado *una determinada verdad de fe*, lo que aquí
se rechaza es *el conjunto de lo sobrenatural*. Por lo demás, el Modernismo actúa larvadamente y hasta con apariencias de una fe más
auténtica y depurada, que es lo que le proporciona la posibilidad de
engañar a muchos..., hasta que encuentra el momento propicio para
mostrar sus verdaderos propósitos. Los antiguos herejes eran gentes
de profunda fe que, sin embargo, se negaban a admitir alguna o algunas de las verdades del Depósito revelado y reconocido como tal;
de forma errónea y equivocada creían obrar según su conciencia y a
favor de la pureza e integridad de la fe, consistiendo su mayor pecado
en su actitud rebelde contra el Magisterio de la Iglesia. El Modernismo, en cambio, aunque trata de disimularlo utilizando el equívoco,
el silencio programado y otros variados procedimientos de disfraz, en
realidad *nunca rechaza abiertamente una realidad sobrenatural*".[71]

---

[71] A. Gálvez: *Siete Cartas a Siete Obispos*, vol. II, Shoreless Lake Press, New
Jersey, 2015, págs. 97–102.

2.– Se propone y defiende en realidad una religión horizontalista y sólo para este mundo:

"La herejía modernista, o neomodernismo, que parece haber hecho mella en el catolicismo actual, conduce a lo mismo [a la ausencia de la Alegría consecuencia del Amor]. Al fin y al cabo, como decía San Pío X, el modernismo es el *compendio de todas las herejías*. Está demostrado que todos los principales postulados de los que ha hecho bandera la *revolución* teológica, litúrgica y pastoral, posterior al Concilio Vaticano II, son reproducción exacta, casi uno por uno, de los principios condenados en el Decreto *Lamentabili* y en la Encíclica *Pascendi*. El problema está minuciosamente detallado, y ampliamente demostrado, en el breve pero importante libro de Rudolf Graber (consagrado como Obispo de Ratisbona por el Papa Juan XXIII en 1962).[72]

En una religión puramente horizontalista y para este mundo en la que el culto a Dios ha sido sustituido por el culto al hombre; en la que se ha intentado reabrir el Paraíso del Edén, aunque esta vez para siempre, después de haber creído descubrir que no es posible esperar otro, más allá del terreno; en la que la razón humana ha decidido que no existe nada que la pueda transcender; en la que se ha hecho desaparecer la noción de un Dios ofendido por el pecado..., y consiguientemente, por lo tanto, la idea de la misericordia y de la redención han sido desterradas para siempre; en la que ha sido eliminada toda posibilidad de una relación de intimidad y amor divino–humana; en

---

[72]Existe una traducción inglesa del libro: *Athanasius and the Church of our Time*, Van Duren Contract Publications, Inglaterra, 1974.

la que las ideas del sacrificio y de la muerte, como suprema demostración de amor, han sido borradas e impedida
cualquier posibilidad de su reaparición en el horizonte del
pensamiento humano. . .

En ambiente semejante, toda la Alegría que llevaba
consigo una religión de *Amor* y de *Salvación* para el hombre, ha desaparecido".[73]

3.– Sus efectos prácticos son incontables:

"En la actualidad todo parece indicar que la Iglesia se encuentra inmersa en una situación de inconsciencia colectiva, aunque en tal grado de gravedad como jamás había
ocurrido antes en su Historia. Impregnada de neomodernismo, cuando parecía que la herejía modernista había sido
definitivamente desterrada, y aquejada de una grave crisis
en todos sus ámbitos (desprestigio y puesta en cuestión
del Magisterio; deserciones en masa de la vida consagrada
y ausencia casi total de vocaciones; descrédito y desdoro
del sacerdocio; confusión general en el laicado con respecto a su papel en la Iglesia; crisis general de fe en cuanto
a los dogmas y abandono de la práctica de los sacramentos; legitimación *de facto* del divorcio y de las prácticas
anticonceptivas; desconcierto y confusión sobre conceptos
fundamentales de la Ley Natural, con admisión de abe-
rraciones como la de la homosexualidad; ecumenismo radical, animado por un *entreguismo* no menos total y que
ha conducido a los católicos a la creencia de que todas las
religiones son igualmente valederas; anarquía y desacrali-
zación de la Liturgia; etc., etc.), contempla, sin embargo,

---

[73] A. Gálvez: *Siete. . .*, Vol I, cit., págs. 122–123.

un ambiente general en el que los fieles respiran con satisfacción el conocido triunfalismo de la llamada *Primavera
de la Iglesia.*"[74]

4.– En el fondo nos encontramos con la negación o perversión de
dos de las realidades fundamentales de la esencia del cristianismo: el
sentido verdadero del Amor, y la propia realidad de Dios. En efecto:

- "De donde se infiere que dar de lado a la Fe, como hace el neomodernismo, es un atentado directo contra el Amor. En definitiva
  contra Dios mismo".[75]

- A. Gálvez insiste en que el final ideológico del modernismo es el
  ateísmo[76] o el agnosticismo:

  "Pero el modernismo rechaza la Fe o prescinde de
  ella. Su esfuerzo se centra en introducir en el mundo
  una religión *razonable*, en modo alguno necesitada de
  acudir al recurso de la transcendencia ni de lo sobrenatural y capaz, por lo tanto, de ser aceptada por el
  hombre de la *New Age*. En la que el culto a Dios sea
  sustituido por el culto al hombre. Estación término de
  un itinerario intelectual en el que, o bien Dios no exis-

---

[74] *Ibidem*, págs. 20–21.

[75] *Ibidem*: pág. 435.

[76] Ya la Encíclica *Pascendi* señalaba tal término final de la herejía: "... por cuán-
tos caminos el modernismo conduce al ateísmo, y a suprimir toda religión. El primer
paso lo dio el protestantismo; el segundo corresponde al modernismo; muy pronto
hará su aparición el ateísmo" (Enc. *Pascendi*, *A.A.S.*, 40, 1907, p. 634).

te (ateísmo), o bien es imposible conocerlo en el caso de que existiera (agnosticismo)[77]"[78]

"Puesto que lo que hace, en realidad, el Modernismo es *atacar a la misma raíz y fundamento de la Fe.*[79] Dicho de otra forma, el Modernismo significa la negación, total y absoluta, de todo el mundo de lo sobrenatural. La relación *Dios hecho Hombre*, llevada a cabo en la Encarnación del Verbo y proclamada por la Fe, ha sido invertida por el Modernismo por la del *Hombre hecho Dios*.

No se trata de hacer un cristianismo más y mejor adaptado a la mentalidad del hombre moderno, de tal manera que pueda ser aceptado por él. Tampoco de una más completa aplicación de las técnicas modernas de investigación para el mejor entendimiento de la Escritura Revelada. Tales eslóganes, y aun otros por el estilo, son los que proclama el Modernismo con miras a engañar a los ingenuos (los cuales, al fin y al cabo,

---

[77]Obsérvese que el agnosticismo es una doctrina aún más irracional que el ateísmo. El Dios de los agnósticos, incapaz de darse a conocer a sus criaturas y de solicitar su adhesión en el caso de que existiera, sería un Dios perfectamente inútil. Lo cual equivaldría a proclamar la *imposibilidad* de que Dios exista. Y de donde se desprende que, si para el ateísmo Dios *no existe*, para el agnosticismo en cambio Dios *no puede existir*.

[78]A. Gálvez: *Siete...*, vol. I, cit., págs. 424–425.

[79]Las palabras del Santo Papa eran exactamente las siguientes: *Añádase que han aplicado* [los Modernistas] *la segur no a las ramas, ni tampoco a débiles renuevos, sino a la raíz misma; esto es, a la fe y a sus fibras más profundas. Mas, una vez herida esa raíz de vida inmortal, se empeñan en que circule el virus por todo el árbol, y en tales proporciones que no hay parte alguna de la fe católica donde no pongan su mano, y ninguna que no se esfuercen en corromper* (San Pío X, Encíclica *Pascendi*, n. 2).

son la especie más abundante en el mundo). Lo que pretende la Religión de la *Nueva Edad* es la deificación del hombre, mediante la liberación y superación de todos los mitos y creencias del pasado que se referían a una Divinidad trascendente. Dios no es, en realidad, sino una Idea que ha sido elaborada por el mismo Hombre; la cual ha ido evolucionando con él y que ahora, una vez que se ha llegado a la madurez humana en esta Tierra, es el momento de guardarla en el desván de los trastos viejos".[80]

En conclusión, esta herejía "compendio de todas",[81] como se acaba de afirmar, ha creado una situación que podría ser comparada a la que ocurrió en la Iglesia con la crisis arriana:

"Pero la Iglesia, siendo el Cuerpo de Cristo y poseyendo como Alma al Espíritu Santo, está formada por hombres capaces de hacer mejor o peor uso de su libertad; y de ahí la multitud de variadas vicisitudes por las que ha pasado a lo largo de su historia. Hubo un tiempo, por ejemplo, en el que estuvo a punto de hacerse enteramente arriana; y ahora mismo, en los momentos actuales, se encuentra bastante impregnada de modernismo".[82]

---

[80] A. Gálvez: *El Invierno...*, cit., pág. 321.

[81] El Papa S. Pío X la llamó en la Encíclica Pascendi: *Compendio de todas las herejías*. Cfr. A. Amado Fernández: *A los Cien años de la Encíclica Pascendi*, en Humanitas, 47 (2007).

[82] *Ibidem*, pág. 120. Una manifestación del neomodernismo serán los escritos de algunos teólogos de la llamada *teología holandesa de los años 70*, quienes presentaron unas disquisiciones sobre Jesucristo y el Espíritu Santo que son inaceptables, por poner en peligro la divinidad de los mismos. Así se vio también en el famoso, por aquellos años, *Catecismo Holandés* (*Nuevo Catecismo*, en su título original).

1.2.4. El Jesús de la historia y el Cristo de la fe

Otro de los grandes temas que está influyendo en las cristologías contemporáneas es el de la distinción entre el Cristo de la historia y el Cristo de la fe. Esta disyuntiva se ha planteado en la teología contemporánea como un hecho que no se puede obviar. Sin embargo, creo que es un error incluso el aceptar el planteamiento de esta posibilidad. De alguna manera, la investigación y exposición de la Cristología queda sesgada por tal hipótesis. Y, aunque se intente responder ortodoxamente,[83] al menos supone un gasto innecesario de energía.

Es necesario afirmar rotundamente la identidad de ambas realidades: Cristo es uno y el mismo en la historia y en la fe. Los testimonios bíblicos sobre Cristo son absolutamente verdaderos. Para ello, contamos con el dogma de la inspiración bíblica, que hay que aceptar en todas sus consecuencias (verdad, inerrancia, santidad, etc.). Si uno cuestiona, incluso como hipótesis, tal identidad, acaba por derroteros que nublan la realidad de Cristo y con frecuencia se cae en errores y herejías.

Ocurre con este tema como sucede en filosofía con el famoso problema crítico. Una vez que se duda de que el pensamiento puede captar la

---

Cfr. C. Pozo: *El Credo del Pueblo de Dios*, BAC, Madrid, 1968, pág. 64; E. Dhanis, J. Visser y H. J. Fortmann: *Las Correcciones al Catecismo Holandés*, BAC, Madrid, 1969; C. J. de Vogel: *A los Católicos de Holanda, a Todos*, Eunsa, Navarra, 1975. La tímida respuesta a las excentricidades y errores de este *Catecismo*, vendría de un *Informe* encargado por una Comisión de cardenales a la Comisión Teológica, que prácticamente no tuvo efecto alguno, pues no se aceptaron la mayoría de sus propuestas. Posteriormente, Pablo VI promulgó el *Credo del Pueblo de Dios*, contra los errores que se estaban propagando, pero afirmando la doctrina católica, más que condenando los abusos.

[83]Cfr. G. L. Müller: *Dogmática. Teoría y práctica de la teología*, Herder, Barcelona, 1998, pág. 275 "...la cristología sistemática no puede ya seguir aceptando la alternativa *Jesus histórico* o *Cristo de la fe* como punto de arranque. Se trata más bien de asumir las dos dimensiones".

realidad, y se introduce uno en la hipótesis racionalista, es imposible alcanzar la misma realidad objetiva, que queda para siempre oculta de la visión del filósofo, quedando éste encerrado en su propio pensamiento, como se ha podido comprobar en la historia de la filosofía moderna y contemporánea, para llegar a la situación actual de post–modernismo y de escepticismo total.[84]

Nosotros partimos de tal identidad, y prescindimos de construir un tratado de cristología que parta de la duda o de la simple hipótesis de una diferencia entre el Cristo de la historia y el de la fe. Creo que es el sistema que hubiera seguido Santo Tomás de Aquino ante una tal hipótesis. Con ello, nos separamos del modo en que suele hacerse la cristología hoy en día.

1.2.5. Cristología fundamental y dogmática

Hoy en día se tiende a explicar la cristología fundamental y la dogmática unidas. Tal vez semejante opción se deba a la aceptación de las tesis que distancian al Jesús de la historia del Cristo de la fe, por lo que se hace necesario justificar la realidad y la historicidad, verdad y objetividad de la figura, palabras y obras del Señor cada vez que se aborda algún tema dogmático. No sorprende, pues, que K. Rahner considere que existe "una perijoresis entre cristología fundamental y cristología sistemática". Para este modo de pensar, la cristología fundamental,

"...no solo garantiza la fundamentación histórico–crítica de los elementos más significativos del acontecimiento Cristo (existencia histórica, títulos mesiánicos, milagros, Muerte–Resurrección), sino que ofrece una primera apor-

---

[84]La mejor exposición de estas ideas es la de C. Cardona: *Metafísica de la Opción Intelectual*, Rialp, Madrid, 1973 y *Metafísica del Bien y del Mal*, Eunsa, Pamplona, 1987.

tación reveladora para conocer la autoconciencia de Jesús, tal como surge del dato neotestamentario".[85]

Como aquí no se acepta esta perspectiva, lógicamente no se va a seguir tal método en la presente obra. Damos por aceptados y supuestos los datos de la cristología fundamental, para concentrarnos en el estudio de la dogmática.

1.2.6. Cristología "en sí" y "para mí"

Conviene recordar una dicotomía que hunde sus raíces en el pensamiento protestante, y que pretende distinguir lo que Cristo fuera "en Sí", de lo que Cristo es "para mí", despreciando lo primero como pretensión absurda de abarcar un misterio que supera la capacidad de la razón humana, que está irremisiblemente corrompida por el pecado, y concentrando la atención en el segundo, esto es en la obra redentora de Cristo, lo que Cristo hizo para mí, la famosa *theologia crucis*.[86]

En efecto, fue Lutero y toda la tradición protestante, los que apostaron por reducir el tratado de cristología a la pura soteriología.

Sin embargo, Cristo no puede ser el verdadero Salvador del hombre caído, si no es el Hijo de Dios hecho hombre. El obrar sigue al ser. El único modo de justificar razonablemente una soteriología es sobre la base de una reflexión sobre la realidad del Verbo Encarnado. Por eso, ambos tratados deben de estar relacionados y unidos. Por otro lado, todo el ser de Jesús es soteriológico. Como dice, A. Amato:

---

[85] A. Amato: *Jesús...*, cit. pág. 92. Este sesgo, se nota también en las obras cristológicas de J. A. Sayés y en las de A. Fernández.

[86] Cfr. B. Gherardini: *Theologia Crucis. L'Eredità di Lutero nell'Evoluzione Teologica della Riforma*, Roma, Ed. Paoline, 1978; M. Lienhard: *Au Coeur de la Foi de Luther: Jésus–Christ*, Paris, Desclee, 1991; M. Bourgine: *Crux Sola. La Christologie de Luther à la Lumière de la Theologia Crucis*, en "Irénikon" 70 (1997) 476–495.

"La reflexión ontológica y la soteriológica y funcional van estrechamente unidas... El aspecto soteriológico es constitutivo del acontecimiento mismo de la Encarnación. No solo la Muerte, sino también la Encarnación y toda la existencia terrena de Jesús es 'pro–existencia', 'existencia por nosotros'. Los grandes momentos cualitativos del acontecimiento Cristo —De Dios a hombre, de vivo a muerto, de sepultado a resucitado— son intrínsecamente soteriológicos".[87]

A. Gálvez ha insistido mucho en este aspecto, pues la consideración del *Cristo o Dios para mí* no es sino una manifestación de una profunda falta de fe, de un desconocimiento de la revelación, de un antropocentrismo que sustituye al verdadero teocentrismo que debe de presidir la verdadera teología y religión, de un fideísmo de cuño protestante y modernista, etc. Pero sobre todo, porque acaba destruyendo el verdadero concepto del amor, clave y corazón de la sana teología:

"La moderna concepción del Dios *para mí*, que arranca de Lutero y alcanza su auge con Rahner, y que tiende a olvidar, o a despreciar como no significativo, lo que es el Dios *en sí*, tiene mucho que ver con la idea que los Antiguos se hacían de los dioses.[88] Así es como prescindiendo como inútil, o tal vez como imposible de conocer, de la idea del Dios *en sí*, se desemboca en la concepción de un Dios unilateral en el que no existe ya atisbo alguno de bilateralidad; y con el que se hace imposible, por lo tanto, cualquier

---

[87] A. Amato: *Jesús...*, cit., pág. 96.

[88] Ya se ve que muchas de las modernas concepciones, consideradas como *progresistas*, no son sino rememoraciones de ideas antiguas y superadas largo tiempo ha.

tipo de diálogo entre personas. Pero, una vez desaparecido el sentido y la posibilidad del diálogo, queda destruido el amor; y con él, el Dios que es Amor.

La limitación de la idea de Dios al concepto del Dios *para mí*, no solamente es contraria a la Revelación, sino que destruye por completo la doctrina del amor. Puesto que estos Comentarios giran en torno al libro bíblico del *Cantar de los Cantares*, conviene advertir aquí, limitándose a ese contexto, que lo que el Esposo es *para ella* es justamente lo que menos importa a la esposa. Lo verdaderamente cierto es que ella se siente enamorada *del Esposo*: de Él mismo y como tal Esposo, y no de los dones y gracias que lo adornan. A pesar de que tales dones y prebendas pueden haberla ayudado a conocer al Esposo, y hasta haberla conducido junto a Él, es solamente *de Él, y de Él como Esposo*, de quien ella se ha enamorado locamente. Nadie se enamora jamás de dones o adornos por preciosos que sean, sino en todo caso de la *persona* que los posee.[89]

El santo poeta de Fontiveros lo sabía muy bien, y por eso deseaba ardientemente olvidarse *de todas las cosas*, a fin de estar junto al Amado y sentirse ya libre y para siempre de cualesquiera otros cuidados. Quedan ahora muy atrás las cosas que el Amado pudiera hacer por él y hasta cualquier presente con que quisiera regalarle, desde el momento en que es el Amado lo único que le importa. No los regalos, sino únicamente el Amado. Aquí ya no se

---

[89] O que no los posee. Que por algo se dice también que el amor es ciego o que alguien se ha enamorado ciegamente. De ahí se puede llegar a la conclusión, una vez más, de que el amor se justifica en sí mismo y se fundamenta en sí mismo; puesto que un amor que hallara y fundamentara sus razones *fuera de él* ya no sería amor: *Causa diligendi Deum, Deus est*, decía San Bernardo.

trata, por lo tanto, de lo que pueda significar el Amado *para mí*, puesto que es solamente Él —y por ser Él quien es— lo que es amado y deseado. El santo poeta lo dice muy hermosamente en sus poesías:

> *Quedéme, y olvidéme,*
> *el rostro recliné sobre el Amado,*
> *cesó todo, y dejéme,*
> *dejando mi cuidado,*
> *entre las azucenas olvidado.*[90]
>
> . . . .
>
> *Descubre tu presencia,*
> *y máteme tu vista y hermosura;*
> *mira que la dolencia*
> *de amor, que no se cura*
> *sino con la presencia y la figura.*[91]

Como puede verse en la última estrofa, la presencia y la figura del Esposo es *lo único* que interesa a la esposa enamorada. ¿Y cómo podría alguien enamorarse de alguien sin importarle *lo que realmente es, y quién es ese alguien*? El santo poeta carmelita es consciente de que es inútil cualquier intento de describir al Amado. Como así mismo sabe la esposa enamorada que, mucho más allá de lo que se diga, siempre hay algo nuevo y mejor que admirar en el Esposo. Si no queda conforme nunca con lo que puedan decirle, o con lo que ella pueda llegar a conocer de Él, es porque desea llegar hasta Él mismo para verlo tal cual es (1 Cor 13:12; 1 Jn 3:2) y poseerlo plenamente:

---

[90]San Juan de la Cruz, *Noche Oscura*.

[91]San Juan de la Cruz, *Cántico Espiritual*.

> *Y todos cuantos vagan,*
> *de Ti me van mil gracias refiriendo,*
> *y todos más me llagan,*
> *y déjame muriendo*
> *un no se qué que quedan balbuciendo.*[92]

Es evidente que a la esposa del *Cantar* solamente le interesa el Esposo tal como Él es, y no lo que pueda ser o significar para ella. La misma enunciación del verso lo dice claramente si se lee con ánimo carente de prejuicios:

> *Introdúceme, rey, en tus cámaras*

Donde queda claro que lo que ella desea no es otra cosa que estar con Él, pero para gozar plenamente de Él en la intimidad recatada del amor.

En realidad la teoría del Dios *para mí* desconoce por completo la ley de la reciprocidad absoluta en el amor. Cuando la esposa del *Cantar* proclama que el Amado es para ella y ella para el Amado, es evidente que está pensando en plenitudes y totalidades; y de ninguna manera en lo que cualquiera de ellos *pueda significar para el otro*:

> *Mi amado es para mí y yo soy para él.*
> *Pastorea entre azucenas.*[93]

---

[92]San Juan de la Cruz, *Cántico Espiritual*. El *nunca*, o el *jamás*, de Jn 1:18 es probable que tenga un sentido temporal omniabarcante, y no sólo referente al pasado. Según lo cual el texto significaría que es imposible conocer al Padre, o llegar hasta Él, si no es a través de Jesucristo. Aunque de todos modos queda bien claro que es el Dios Unigénito, que está en el seno del Padre, *quien lo ha dado a conocer*.

[93]Ca 2:16.

> *Yo soy para mi amado*
> *y a mí tienden todos sus anhelos.*[94]

Si la esposa reconoce que todos los anhelos del Esposo son para ella, es porque todos los anhelos de ella son igualmente para Él, sin lugar a dudas. Y es de suponer que la plenitud de anhelos de la esposa enamorada no se va a detener en lo que el Esposo pueda *significar para ella*; sino en el Esposo como tal y únicamente en Él. La doctrina del Dios *para mí* tiende a olvidar que los enamorados se entregan en totalidad y recíprocamente, sin reservarse nada. Y si esto es verdad en cualquier amor que sea verdadero, ¿qué decir del perfecto amor? ¿Cómo suponer que el Amor esencial —precisamente el Amor esencial— pueda entregarse sólo parcialmente?

Por si acaso aún quedara alguna duda, el Esposo también proclama —clara y ardorosamente— que Él no desea otra cosa que pertenecer plenamente a la Esposa. En propiedad plena, total, y para siempre:

> *Ponme como sello sobre tu corazón,*
> *ponme en tu brazo como sello.*
> *Que es fuerte el amor como la muerte*
> *y son como el sepulcro duros los celos.*[95]

Por otra parte, la doctrina del Dios *para mí* es abiertamente contraria al contenido de la Revelación del Nuevo Testamento. El Señor dice con claridad en la oración sacerdotal, dirigiéndose a su Padre y hablando de los discípulos:

---

[94]Ca 7:11.
[95]Ca 8:6.

Yo les he dado a conocer tu nombre[96], *y se lo daré a conocer; para que el amor con que tú me amaste esté en ellos y yo en ellos.*[97] Y poco antes le había dicho al apóstol Felipe: *Tanto tiempo como estoy con vosotros, ¿y no me has conocido, Felipe? El que me ve a mí, ve al Padre. ¿Cómo dices tú "Muéstranos al Padre"?*[98]

1 Cor 13:12 opone dos maneras de conocimiento de Dios, por parte de la creatura humana, en esta vida y con respecto a la otra. Se trata del conocimiento confuso de ahora y del conocimiento claro y cara a cara del Reino, de una parte; y del conocimiento parcial actual y el conocimiento pleno de entonces, de otra. Por supuesto que se supone al ser humano en el Reino elevado por la gracia y dotado de especiales auxilios de Dios. Y, aunque nunca rebase su condición de creatura —aunque elevada, conviene insistir, y de un modo singular por ahora inimaginable—, incapaz de agotar la infinitud, para los textos no cabe duda de que alcanzará un conocimiento de Dios *tal como es.* Pero si el conocimiento de Dios, alcanzado por la creatura en el Reino, fuera meramente parcial, el amor y la posesión consiguientes serían también meramente parciales. El hecho de que la creatura no sea capaz de abarcar la infinitud de la esencia divina no significa que no pueda ver a Dios tal como es. La esposa gozará de un conocimiento, de un amor y de una posesión del Esposo *según su condición de esposa y de creatura, tal como ella es*; así como el Esposo

---

[96]No es necesario insistir aquí en el significado y el sentido del concepto *nombre* en la Sagrada Escritura.

[97]Jn 17:26.

[98]Jn 14:9. Cf también Mt 11:27.

le corresponderá con un amor según su condición de Esposo y tal como es Él. De este modo los dos amantes siguen siendo tales, sin confundirse el uno con el otro y sin dejar de ser ellos mismos; y ninguno de ellos va a desear que *el otro* sea diferente, o que no sea lo que es. Es evidente que, para que la creatura pueda amar a Dios, no es preciso que se convierta en Dios; y hasta sería más exacto decir que es necesario que no sea Dios y que conserve su propia identidad de persona distinta, según rezan las tan repetidas leyes del amor.[99],[100]

1.2.7. Sobre el "biblicismo" y la helenización del cristianismo en los primeros Concilios de la Iglesia

Para continuar presentando el panorama actual de la cristología y perfilar bien la perspectiva del presente tratado, es necesario referirse a otras dos de las perspectivas contemporáneas que se han extendido mucho entre los teólogos al tratar de la figura de Cristo y que son criticables. Es el caso del "biblicismo" y de la supuesta "helenización" de la fe primitiva.

1.– El error del "biblicismo".

La tesis que se denomina "biblicista" sostiene que el Magisterio de la Iglesia desfiguró los datos bíblicos, y por lo tanto, la única manera

---

[99] A pesar de que la creatura nunca va a poder convertirse en Dios, está destinada a amarlo en totalidad: con todo su corazón, con toda su mente y con todas sus fuerzas. El amor siempre tiene lugar entre personas *diferentes* en cuanto personas. En el seno de la Trinidad sería más exacto hablar de que el Padre ama al Hijo, o el Hijo al Padre —más bien que decir que el Padre o el Hijo aman a Dios—, en el único Amor, espirado por ambos, que es el Espíritu Santo; aunque los tres se identifiquen con la única esencia divina.

[100] A. Gálvez: *Comentarios...*, Vol 2, cit., págs. 131–134.

de acceder a la fe es ir directamente a la Palabra de Dios sin atender al Magisterio. Esta tesis no se sostiene en absoluto.[101] En efecto:

- Van en contra de la propia Biblia, donde ya se encuentra la realidad del Magisterio operante. Una Biblia sin Magisterio, ni siquiera es Biblia. Así se encuentran en las Cartas de San Pablo verdaderas profesiones de fe y homologías de la primitiva comunidad cristiana:[102]

  - Ro 3: 1–6, "... de Filio suo, qui factus est ex semine David secundum carnem, qui constitutus est Filius Dei in virtute secundum Spiritum sanctificationis ex resurrectione mortuorum, Iesu Christo Domino nostro, per quem accepimus gratiam et apostolatum ad oboeditionem fidei in omnibus gentibus pro nomine eius, in quibus estis et vos vocati Iesu Christi,..."

  - 1 Cor 15: 3–4, "Tradidi enim vobis in primis, quod et accepi, quoniam Christus mortuus est pro peccatis nostris secundum Scripturas et quia sepultus est et quia suscitatus est tertia die secundum Scripturas..."

---

[101]Se pueden consultar las declaraciones de la Instrucción *Libertatis Nuntius* de la Sagrada Congregación de la Doctrina de la fe, de 6 de agosto de 1984, X, 5–8; Comisión Teológica Internacional: *Cuestiones Selectas de Cristología*, 1979, I, 2; y la Declaración de la Comisión Bíblica Pontificia: *Bible et Christologie*, Paris 1984, 1, 1.

[102]Su valor como expresión de la normativización de la fe desde los primeros momentos es grande, pero no nos puede llevar a considerarlas, en sentido protestante, como de mayor valor que el resto de las Escrituras, como una especie de "canon especialmente importante dentro del Canon", ya que esto supondría aplicar la trampa de la búsqueda de capas de inspiración o autoridad más o menos importantes en la Sagrada Escritura, al estilo de la famosa e inútil búsqueda de las "ipsissima verba Iesu".

- La Biblia, el Magisterio y la Iglesia son realidades íntimamente unidas. La Iglesia es el lugar donde nace y donde se guarda la Biblia y la Tradición, lo que exige que el órgano de la Iglesia encargado del cuidado de la fe de la misma sea protagonista esencial en su interpretación. Fuera de la Iglesia la Escritura no puede ser entendida.[103] En efecto, la Iglesia, la Tradición y el Magisterio tienen el mismo origen: Dios, sostienen la única verdad (que no puede ser diferente en uno u otro lugar) y se sustentan sobre la nota de la apostolicidad de la Iglesia, que une ininterrumpidamente la Iglesia durante la historia a la Iglesia de los Apóstoles.

- El intento de hacer una teología bíblica prescindiendo del Magisterio es de impronta protestante ("sola Scriptura"), que rechaza la existencia del mismo.

- Estas teologías, a pesar de su proclamado y pretendido interés por encontrar al Cristo en estado puro, antes de que fuera re–interpretado por el Magisterio con las diferentes ideologías y filosofías del momento en que éste actuó, no son "asépticas" por así decir, sino que responden ellas mismas a verdaderas ideologías que intentan "reinventar" la figura de Cristo haciéndola concorde con sus prejuicios. Ya ocurrió en tiempos del gnosticismo, y llega hasta nuestros días, con la, por ejemplo, reinterpretación marxista de la figura y la obra del Señor.

2.–   El error de la supuesta "helenización".

---

[103]Cfr. F. Ocáriz, L. F. Mateo–Seco y J. A. Riestra: *El Misterio...*, cit., pág. 37 quienes citan esta frase de J. A. Möhler: *L'Unità nella Chiesa. Il Principio del Cattolicesimo nello Spirito dei Padri della Chiesa dei Primi tre Secoli*, Città Nouva, Roma, 1969, pág. 34.

En los últimos tiempos se ha extendido la opinión de que el Magisterio de los siete primeros concilios ecuménicos (desde Nicea en el año 325 al III Concilio de Constantinopla en 681), en los que se va a expresar el misterio cristológico de un modo definitivo en sus bases esenciales, en realidad fue una interpretación propia de las condiciones e ideas imperantes en ese momento, a la sazón, las ideas de la cultura griega. Según este modo de pensar, es necesario hoy en día la re–interpretación de los datos esenciales cristológicos prescindiendo de tal Magisterio, sobre todo, del fundamental Concilio de Calcedonia. Se intentan, en consecuencia, proponer "cristologías no–calcedonianas".

Estas ideas surgirán en un Congreso celebrado en 1951 con motivo del decimoquinto centenario del Concilio de Calcedonia. Curiosamente, se propuso ahí la necesidad de prescindir de Calcedonia, o mejor, con el nuevo lenguaje de impronta neo–modernista, de comprender las dicciones del Concilio como muy adecuadas a su época, pero no ya útiles para la nuestra, que necesitaría una nueva formulación con las categorías del momento. La distinción entre *naturaleza* y *persona*, no sería adecuada para la actualidad, ni tampoco la inserción del misterio en el orden del ser. El teólogo que lo proponía era K. Rahner.

Él y sus discípulos procederán sistemáticamente a la re–interpretación del dogma. Y así se declaraba que la labor de Calcedonia habría sido:

- Establecer una serie de conclusiones teológicas que desvirtuarían el sencillo y primordial mensaje evangélico.

- Proponer una explicación teológica más, compatible con otras diferentes que se podrían hacer. Sería necesario proceder frente a esa "ex–plicación" (desarrollar los pliegues, *plicas*, de un vestido) a avanzar una "re–plica" que llevara a una nueva "ex–plicación".

- Podría verse incluso como una desvirtuación del Evangelio, por la helenización del mismo.

La propuesta no es en realidad de solo método, sino que contiene en sí toda una diferente cristología (se pone en juego la realidad y recto entendimiento de la unión hipostática), eclesiología (desvirtuando el papel esencial del Magisterio auténtico en la Iglesia) y tratado de revelación (en concreto, el sentido correcto del "desarrollo homogéneo del dogma").

Frente a estos intentos hay que afirmar que las propuesta anti–calcedonianas, se sustentaban en postulados históricos y teológicos absolutamente erroneos, a saber:

1. En primer lugar, porque la concepción que se tiene del Concilio de Calcedonia en particular, y de los siete primeros Concilios ecuménicos en general, por parte de esta teología revisionista es equivocada. En efecto, se le achaca a los mismos que asumirían el problema helénico de la divinización de un hombre (en parangón con las divinizaciones paganas), por las que un héroe acabaría convertido en dios (en este caso, Jesús acabaría siendo considerado como Dios). Sin embargo, la preocupación real de esos Concilios era justo la contraría: establecer cómo Dios se habría hecho hombre; no se habla de un hombre divinizado, sino de "un Dios hecho carne".

2. Por otro lado, el concepto de "homoousios" de Nicea y de Éfeso es en realidad anti–helénico. El pensamiento propiamente griego es el sustentado por las herejías, quienes en consonancia con las filosofías del momento, veían como lógico el monarquianismo, el docetismo o el subordinacionismo, pero nunca el "consubstancial" del Hijo con el Padre. Estos Concilios iban en contra de las ideas helénicas. Recuérdese, que el concepto más depurado de la filosofía griega del momento sobre la divinidad, era el del Ser totalmente otro, aislado y alejado de la creación (cfr. el "Uno"

de Plotino; la necesidad de las "enneadas"; etc.); por lo que la concepción, por ejemplo, del Verbo como un "deutero–theos" de Arrio sería la más concorde con este pensamiento, y no el dogma proclamado en los Concilios.

De igual modo ocurre con el concepto de "persona", que para la filosofía griega carecía prácticamente de importancia al no distinguirlo en realidad de la naturaleza, y que en los tratados de trinidad y cristología tiene un papel esencial.

3. El uso de alguna terminología no bíblica como era el "homoousios" por ejemplo, no se hacía para traicionar el pensamiento bíblico, sino precisamente para defenderlo de las falsas interpretaciones del momento, como hicieron ver los Santos Padres.[104]

4. La Iglesia, al proponer un dogma, lo hace como punto de partida imprescindible y como verdad con la que contrastar las investigaciones teológicas que se quieran hacer dentro de lo insondable que es el Misterio. No se puede prescindir de una declaración dogmática y permanecer en la teología católica.

5. En el proceso de devenir de los siete primeros Concilios es homogéneo: el punto de llegada no es diferente del punto de partida. Simplemente se va profundizando en el dogma y aclarándolo frente a los desafíos que le formulaban las sucesivas herejías del momento.

1.2.8. El error de la "jesuología"

Otra de las perspectivas frecuentes desde las que se intenta construir una cristología actual es la de partir del estudio de Jesucristo

---

[104]Cfr. la interpretación del concilio de Éfeso que hace San Vicente de Lerins.

como puro hombre, sin negar en principio su Divinidad, sino prescindiendo de ella, de modo que se pretende reproducir el proceso por el que los discípulos y algunos contemporáneos del Señor pasaron de contemplarlo como un profeta u hombre extraordinario a descubrirlo como Dios. Se habla del Jesús pre–pascual, como contrapuesto al Jesus post–pascual con lo que estamos de nuevo ante la tesis del Jesús de la historia y el Cristo de la fe, aunque de una forma más radical. Esta teología se detiene en su presentación de Cristo antes del momento del descubrimiento de su Divinidad. De ahí que se la haya llamado "jesuología".[105]

Sin embargo esta posición es muy criticable, pues es imposible entender la figura de Cristo sin su Divinidad (lo mismo que sería inaceptable construir una cristología de la Divinidad de Cristo prescindiendo de su Humanidad). En efecto, Cristo es el "Unigénito del Padre", "Luz de Luz, Dios de Dios", aparece en la Biblia como Dios y como hombre, y así es transmitido por la Tradición y el Magisterio. Una "jesuología" acaba por hacer incomprensible a Cristo, lo evapora y lo esfuma.

Es necesario pues remarcar el hecho de que el Cristo hombre es también y al mismo tiempo el Hijo de Dios, Dios perfecto y perfecto Dios, y la segunda Persona de la Santísima Trinidad. En efecto:

En relación con el misterio de Dios–Uno. Jesucristo es Dios hecho hombre, y como tal Dios, con todos los atributos que son propios de la divinidad. Así se puede comprobar entre otros aspectos que se estudiarán en su lugar en el presente tratado (la naturaleza divina de Cristo) y que se investigan también en el de Dios Uno y Trino (la consubstancialidad del Hijo con el Padre):

- Jesús es preexistente como Dios:
  - Jn 1.

---

[105]Un ejemplo de tal cristología es la de J. Comblin o la de J. Sobrino ya citados.

- Flp 2: 5ss.
- Col 1: 15ss.

▪ El Verbo es Creador y Conservador de lo creado:

- Jn 1:3.
- Col 1: 16–17.

▪ Cristo conserva íntegros los atributos divinos:

- Así en los famosos adverbios del Concilio de Calcedonia:

    "Unum eundemque Christum Filium Dominum unigenitum, in duabus naturis *inconfuse, immutabiliter, indivise, inseparabiliter* agnoscendum, nusquam sublata differentia naturarum propter unitionem magisque salva proprietate utriusque naturæ, et in unam personam atque subsistentiam concurrente, non in duas personas partitum sive divisum, sed unum et eundem Filium unigenitum Deum Verbum Dominum Jesum Christum: sicut ante Prophetæ de eo et ipse nos Jesus Christus erudivit, et Patrum nobis symbolum tradidit".[106]

- Y así ha de concluirse con el correcto sentido de la *kenosis* del Verbo, que nunca puede entenderse como pérdida o disminución de los atributos divinos, frente a las tesis protestantes o las de los racionalistas.

En relación con el misterio de Dios Trino. Jesucristo es también la Segunda Persona de la Trinidad, el Hijo. Tampoco puede entenderse al Señor sin este aspecto de su ser. En efecto:

▪ Es Jesucristo el que nos revela el Misterio Trinitario, fundamental en la teología. El Antiguo Testamento nos muestra

---

[106]*D. S.* 302. Cfr. *D. S.* 125, 150.

al Dios Uno, y solo cabrían encontrar en la Antigua Ley meros vestigios del gran Misterio Trinitario, preparadores de la revelación neotestamentaria.

- Cristo nos revela al Padre: Jn 1:18.
- Dios es "el Padre": Mt 6:9; Lc 11:2.
- El Padre nos ama: Tit 3:4.
- Los atributos divinos invisibles se revelan en Cristo, en su obra y sobre todo en su Muerte y Resurrección.
- El fin del hombre es el Padre: Jn 17:3.
- Cristo revela y envía al Espíritu Santo:
  - Jn 16: 12–14.
  - Derrama su amor sobre nosotros: Ro 5:5.
  - Produce la filiación adoptiva: Ro 8: 15–16.
- Por otro lado, solo el Hijo es el que se encarna, como se verá. Pero la Encarnación es obra de toda la Trinidad (del Padre, Jn 3: 16–17; del Espíritu Santo, Lc 1:35).

1.2.9. Sobre la cristología "desde fuera"

En continuidad con los diferentes intentos de construcción de una cristología nueva y en sintonía con el pensamiento del momento, hay que citar lo que se ha denominado la *cristología desde fuera* (reflexión del misterio de Cristo elaborada desde fuera del cristianismo), como contrapuesta a la *cristología desde dentro* (reflexión del misterio de Cristo elaborada dentro del cristianismo).[107]

---

[107]Una exposición detallada y bibliografía al respecto en A. Amato: *Jesús...*, cit., págs. 5–40, donde se puede encontrar la figura de Jesucristo en el hinduismo, budismo, judaísmo, Islam, religiones tradicionales y esotéricas y en las sectas. También en los filósofos que han intentado una cristología filosófica, y en los intentos de interpretación marxista de Cristo; en los literatos contemporáneos y en las ciencias psicológicas.

Se trata de estudiar lo que piensan de Cristo los que no creen en Él, es decir, las otras religiones y el pensamiento filosófico y literario. Se pretende de este modo, hacer ver cómo la figura de Cristo es valorada por los no cristianos, y fomentar el movimiento ecuménico, de diálogo inter–religioso y el encuentro con la cultura.

No deja de sorprender la propuesta, pues difícilmente, por decir algo, podemos servirnos para la construcción de una cristología verdadera de las falsas ideas que propugnan los que niegan a Cristo. Como no tienen fe, a lo más que aciertan es a ver a Nuestro Señor como un hombre religioso, si se quiere extraordinario, pero uno más entre los "santones" que han existido o entre los fundadores de otras religiones puramente humanas. Sencillamente, da la impresión de que se quiere encontrar algún valor a lo que hasta el momento se rechazaba como herejías o absurdos errores.

Por otro lado, esta posición se sustenta sobre la idea de la unión de Dios con toda la humanidad, y consiguiente salvación universal, realizada por el mero hecho de la Encarnación, con lo que todos los seres humanos, lo sepan o no, lo acepten o no, serían "cristianos anónimos". Se busca aprender de ellos, para valorar la realidad de Cristo, ya que ésta estaría presente en todo ser humano, en todas las religiones o en todos los pensamientos, en una concepción muy diferente del tradicional cristocentrismo de la creación y de la teología. Este modo de pensar potencia el eclecticismo actual y la confusión de ideas, y al mismo tiempo, no deja de reflejar las tendencias antropocéntricas de la teología de moda en el momento actual.

Por eso, no parecen suficientes ni convincentes las razones que aduce A. Amato, para justificar su exposición de las *cristologías desde afuera*:

> "Esta 'cristología desde fuera' ('von aussen', 'from the outside', 'dal di fuori') o ese 'Jesús de los otros' constituye

la fatigosa peregrinación del hombre contemporáneo a la
búsqueda del verdadero rostro de Dios y de la propia identidad. Es una cristología en camino hacia la patria trinitaria. Y es también una saludable provocación a la cristología
cristiana 'de dentro' —es decir, dentro de la experiencia y
del reconocimiento explícito de Jesucristo como Señor (cf.
Rom 10: 9.13)— para que se ponga a escuchar esta voz y
responda con un anuncio y un testimonio adecuados".[108]

1.2.10. De la cristología–ficción a la blasfemia

El ser humano en tiempo de crisis es capaz de los mayores dispa-
rates. Esto ha pasado también en otras obras que tratan de la figura
de Cristo. En efecto, y como prueba de lo que A. Gálvez ha repeti-
do tantas veces, cuando se niega en Jesucristo su Humanidad o su
Divinidad, el resultado no es que quede resaltada la naturaleza que
se afirma (divina o humana), sino que desaparece el Cristo completo:
simplemente no se cree que haya existido. Ya no se trata de negarle
su divinidad, sino su misma existencia histórica.

Es lo que ha ocurrido en una serie de autores que abiertamente
afirman que Jesucristo nunca existió en la historia, y solo fue producto inventado por un grupo religioso. Se superan los alcances de las
famosas posiciones de Reimarus,[109] quien afirmaba que Jesús fue un
mesías fracasado y que los Evangelios son un fraude elaborado por sus
discípulos, y de Strauss, para quien en lugar de un fraude lo que tuvo

---

[108] A. Amato: *Jesús...*, cit., págs. 8–9.

[109] H. S. Reimarus: *The Goal of Jesus and his Disciples*, Leiden, 1970 (son notas
publicadas postumamente por Lessing en 1778).

lugar fue una mitificación más o menos consciente por parte de los mismos.[110] Los hitos más importantes de este pensamiento son:

- C. F. Voleny, en 1791, sostuvo que Cristo era producto de una fabulación popular, un mito del zodiaco.[111]

- Ch. F. Dupuis, en 1805, consideró que Jesús fue un mito solar como los egipcios habían creado el dios Horus.[112]

- B. Bauer, en 1877, sostuvo que Jesús fue un mito que personificaba las ideas de las comunidades cristianas del siglo II.[113]

- A. Drews, en 1909, repetiría la teoría del mito de Jesús.[114]

- P. L. Couchous, en 1934, concebiría a Jesús como uno de los dioses ideales creados por la fantasía humana de Pablo y de los evangelistas.[115]

- P. Alfaric, en 1955, sostuvo la tesis de la mitología sobre Jesús como creación del movimiento social de confrontación entre libres y esclavos.[116]

- F. Carotta, en 2005, niega la existencia histórica de Jesús, afirmando que no es sino una invención judía de la historia mitificada de Julio César.[117]

---

[110]D. F. Strauss: *Das Leben Jesu Kritisch bearbeitet*, Tubinga 1840; cfr. M. A. Tabet: *David F. Strauss: la Vida de Cristo*, Madrid, Ed. Magisterio Español, 1976.

[111]C. F. Voleny: *Les Ruines ou Méditations sur les Révolutions des Empires*, Paris, Garnier, 1791.

[112]Ch. F. Dupuis: *Origiene de tous les Cultes, "Zodiaque"*, Paris, Leclére, 1805.

[113]B. Bauer: *Christus und die Cäsarem*, Hildesheim, Georg Olms, 1877.

[114]A. Drews: *Die Christusmythe*, Jena, E. Diedenchs, 1909.

[115]P. L. Couchous: *Le Mystère de Jésus*, Paris, A. Houtin, 1938,

[116]P. Alfaric: *Origines Sociales du Christianisme*, Paris, Payot, 1955.

[117]F. Carotta: *Jesus was Caesar*, Soesterberg, Aspekt, 2005.

- Etc.[118]

Por otro lado, el ser humano, enloquecido y lleno del espíritu del Mal, también ha sido capaz de imaginar las mayores blasfemias contra Jesucristo, que hasta hace poco, eran rechazadas como absolutamente inaceptables. Es en nuestro tiempo, en una sociedad post o anti–cristiana, cuando tales blasfemias no solo se han tolerado sino que han sido propagadas por los *media* hasta tener un alcance bastante generalizado, no siendo poco admirable, el que muchos entre los llamados creyentes, las conozcan, lean o aprueben. Los casos son demasiado conocidos y no merecen mayor comentario.

1.3. Perspectiva tomista y del presente manual

En consideración de todo lo anterior, en este manual, se opta por una filosofía y una teología que se ha probado eficiente y segura para la exposición de los misterios del cristianismo: el tomismo. Con esta base sólida se puede uno acercar a los misterios cristológicos evitando caer en desenfoques y errores. Pero al mismo tiempo, se van a exponer los grandes desafíos que las cristologías mencionadas antes han presentado a la doctrina tradicional, con el fin de responderlas y conocer el estado de la cuestión teológica actual. Se prestará además, por la índole de este tratado, especial consideración a los alcances de la teología de A. Gálvez.

---

[118]De este cuño, pero todavía con unas concepciones aún más disparatadas, son los libros de J.J. Benítez, P. Rodríguez, F. Sánchez Dragó, J. D. Crosan, etc. que como dice A. Fernández, "por su escaso interés y falta de total rigor histórico, ni siquiera vale la pena que se citen sus títulos, pues en todos aflora el anti–cristianismo" (A. Fernández: *Teología...*, cit., pág. 69. Cfr. M. Martín: *Alegato contra el Cristianismo*, Pamplona, Laetoli, 2007).

1.3.1. La cristología de Santo Tomás

Por lo que respecta a Santo Tomás de Aquino, trata de la cristología principalmente en dos de sus obras más importantes: El *Comentario a las Sentencias de Pedro Lombardo* y la *Suma Teológica*. En la primera de ellas, también una de las más tempranas, el Santo se adapta al orden de exposición de Pedro Lombardo en sus distinciones, y después de exponer el texto del Maestro fija en cada distinción el número de puntos a considerar.

En la *Suma Teológica*, su obra de madurez, introduce una estructura sistemática propia mucho más perfecta que la de los *Comentarios*; el tratado sobre Cristo ocupa en ella la primera sección de la Parte III, a la que sigue la dedicada a los sacramentos por medio de los cuales se nos comunica la gracia obtenida por Cristo en su Pasión, y acaba con la escatología. La sección dedicada a la cristología está dividida a su vez en dos grandes partes: una dedicada al misterio de la Encarnación del Verbo (cuestiones 1 a 26), y la otra a todo lo que que el Salvador hizo y padeció por nuestra redención (cuestiones 27 a 59). La primera parte a su vez se subdivide en tres grandes apartados: La conveniencia de la Encarnación (cuestión 1), la naturaleza de la unión del Verbo divino con la naturaleza humana (cuestiones 2 a 15) y las consecuencias de esa unión (cuestiones 16 a 26).

Como dice M. Cuervo:

> "El pensamiento teológico de Santo Tomás en la *Suma* es sustancialmente el mismo que en su comentario a las *Sentencias* de Pedro Lombardo. Pero en la *Suma* se encuentra mucho más organizado y ordenado, más depurado y aquilatado. Algunas veces, también corregido y rectificado y mucho más condensado. Cada una de las cuestiones que forman la primera parte de este tratado es una síntesis maravillosa que agota el conocimiento de la materia de que

trata, en medio de una claridad y sencillez inimitables, y que cuanto más se estudian más se descubre en ellas, sin llegar nunca a a agotar su fecundidad... Huelga decir que que esta primera parte es mucho más difícil e importante que la segunda, y en ella, el apartado segundo sobre los otros dos".[119]

Además de sus reflexiones en las dos tratados mencionados, se encuentran también exposiciones sobre distintos temas cristológicos en otras de sus obras: Ya en la *Summa contra Gentiles* articuló filosóficamente la fe sobre el misterio de Cristo; y más tarde volvió al tema en la cuestión disputada *De Unione Verbi Incarnati*. Para conocer el clima espiritual en que procedió su reflexión, deben ser leídos sus profundos y delicados comentarios a las Cartas de San Pablo y a los Evangelios de Mateo y de Juan.

Por otro lado, la reflexión de Santo Tomás sobre el misterio de Cristo, nacía de una profunda unión e intimidad con el Maestro. Como nos recuerda J. Espeja:

> "Según sus contemporáneos, Santo Tomás vivió apasionado por la figura y misterio de Jesucristo. Cuando se desencadenaba una tempestad, se santiguaba diciendo: 'Dios vino en la carne, Dios ha muerto por nosotros.'[120] También según sus biógrafos, un día oyó que Jesucristo le decía: 'Bien has escrito de mí, Tomás, ¿qué quieres en recompensa?', y él respondió: 'sólo a ti, Señor.'[121] Estaba redactando entonces las cuestiones sobre la Pasión de Cristo incluidas

---

[119]M. Cuervo: *Tratado del Verbo Encarnado*, cit. , pág. 7.

[120]D. Prümmer: *Fontes Vitæ S. Thomæ Aquinatis, Notis Historicis et Criticis Illustrati*, Toulouse, Privat, 1911, pág. 35.

[121]D. Prümmer: *Fontes,...*, cit., pág. 108.

en esta Tercera Parte de la Suma. Fray Angélico reflejó
esa ferviente devoción en un delicado cuadro donde Santo Tomás mira como extasiado a la Cruz. Cuando llegó
el término de su vida mortal, aquel profundo creyente se
dispuso a comulgar por última vez: 'Yo te recibo, precio de
la redención, por quien he estudiado con amor, velado y
trabajado, predicado y enseñado.'[122] Es acertado el juicio
de quienes convivieron con él: 'Habló de modo extraordinario sobre el Tratado del Verbo encarnado misterio de
Cristo.'[123],[124]

La enseñanza del Doctor Angélico es, pues, pilar fundamental de
la exposición. Es la doctrina teológica segura recomendada por el Magisterio de la Iglesia; por lo que se ha hecho una profusa defensa del
tomismo como exposición ideal de la Teología católica por parte de los
Papas de la Iglesia, especialmente desde León XIII hasta Pío XII.

Así por ejemplo, el Papa León XIII, queriendo "agere de ineun-
da philosophicorum studiorum ratione, quæ et bono fidei apte res-
pondeat, et ipsi humanarum scientiarum dignitati sit consentanea",[125]
remitía, sobre todo, a Santo Tomás, "inter Scholasticos Doctores omnium princeps et magister".[126] El método, los principios, la doctrina
del Aquinate, han encontrado, en el curso de los siglos, el favor prefe-
rencial no sólo de los doctos, sino también del supremo Magisterio de
la Iglesia.[127] El mismo Papa, recomendaba la síntesis tomista también
para la Iglesia actual, a fin de que la reflexión filosófica y teológica

---

[122]D. Prümmer: *Fontes,...*, cit., pág. 205.

[123]D. Prümmer: *Fontes,...*, cit., pág. 19.

[124]J. Espeja Pardo: *Tratado Del Verbo Encarnado. Introducción a las cuestiones 1-59*, en "Santo Tomás de Aquino: Suma de Teología", vol. V., BAC, Madrid, 2001, págs. 49-50.

[125]*Leonis XIII Acta*, vol.1, pág. 256.

[126]Ibid., pág. 272.

[127]Cfr. Encicl. *Æterni Patris*, l.c., págs. 274-277.

no se apoye sobre un "fundamento inestable" que la vuelva "oscilante y superficial".[128] Para ello, es necesario que retorne a inspirarse en la "sabiduría áurea" de Santo Tomás, para sacar de ella luz y vigor en la profundización del dato revelado y en la promoción de un conveniente progreso científico.[129]

Como dice A. Gálvez:

> "El envío al cuarto trastero de la filosofía tomista, tan insistentemente recomendada por los Papas de la penúltima generación (los inmediatamente anteriores al Concilio Vaticano II, a su vez siguiendo la línea de los anteriores) como la más adecuada para el conocimiento y la explicación de los dogmas, ha tenido consecuencias incalculables".[130]

---

[128]Ibid., pág. 278.

[129]Ibid., pág. 282.

[130]A. Gálvez: *Apéndice a las Notas sobre la Espiritualidad de la Sociedad de Jesucristo Sacerdote*, memorándum, Murcia 2009, págs. 20–21. Es cierto que las declaraciones oficiales en favor de la síntesis tomista en los últimos años adolecen de un tono más parecido a un buen consejo o sugerencia a fin de imitar un espíritu de hacer teología, que de exigencia de un contenido concreto a ser enseñado, y carecen de la fuerza que tenían en pontificados anteriores. Se puede comprobar esta afirmación leyendo con cuidado los lugares donde aparece recomendada la enseñanza del Aquinate más recientemente: en el Código de Derecho Canónico, can 1366, 2°; en el Concilio Vaticano II (Decreto sobre la formación sacerdotal *Optatam Totius*) donde, antes de hablar de la necesidad de tener en cuenta la enseñanza de las corrientes filosóficas modernas, especialmente "de las que ejercen mayor influjo en la propia nación", pide que "las disciplinas filosóficas se enseñen de manera que los alumnos lleguen, ante todo, a un conocimiento sólido y coherente del hombre, el mundo y de Dios apoyados en el patrimonio filosófico de perenne validez"; o en la Declaración sobre la educación cristiana *Gravissimum Educationis*: "... teniendo en cuenta con esmero las investigaciones más recientes del progreso contemporáneo, se percibe con profundidad mayor cómo la fe y la razón tienden a la misma verdad, siguiendo las huellas de los Doctores de la Iglesia, sobre todo de Santo Tomás de Aquino" (n. 10). Cfr. Discurso de S.S. Juan Pablo II a los profesores y alumnos de la Pontificia Universidad de Santo Tomás de Aquino, de Roma, 17 de noviembre de 1979.

"Considerar al tomismo como obsoleto, o irrelevantes para la nueva edad en la que vivimos a los errores denunciados por Pío XII, me parece osadía y atrevimiento".[131]

1.3.2. Principios teológicos incuestionables

Finalmente, conviene advertir que hay una serie de principios teológicos que aceptamos desde el inicio y que no se van a transar en modo alguno, porque, de hacerlo, se acaba en el error. Son los siguientes:

1. Absoluta identidad entre el Cristo de la historia y el Cristo de la fe. Con palabras de A. Gálvez:

   "Nadie puede negar la realidad de que ahora, incluso en los ambientes de Círculos los más influyentes de la Religión, se suele distinguir entre el Esposo, según lo presentan los Libros de sus Crónicas, de una parte; y el Esposo, tal como llegó a ser imaginado por las primeras generaciones de sus seguidores, de otra".[132]

   "Pero el Espíritu solamente da testimonio (y solamente habla) del Cristo real y completo, a saber, del Cristo histórico y del Cristo de la fe, que son uno y exactamente el mismo: la Persona del Verbo con su

---

[131] A. Gálvez: *Apéndice...*, cit pág. 24. Cfr. "En cuanto a los resultados de haber sustituido la filosofía tomista del ser por las filosofías derivadas del idealismo (desde Descartes, pasando por Kant y el marxismo hasta ir a parar a las personalistas), están bien a la vista y no hay sino profundizar en las causas de la crisis actual" (pág. 25).

[132] A. Gálvez: *El Invierno...*, cit., pág. 302. En nota 9 dice el autor: "Alusión a las doctrinas racionalistas y modernistas, según las cuales hay que distinguir entre el Cristo histórico, diseñado por los escritos del Nuevo Testamento (que nunca existió como tal), y el Cristo de la Fe, imaginado e inventado por la Comunidad Primitiva cristiana".

naturaleza divina, que ha asumido además como propia una naturaleza humana. El amor de totalidad, o amor que emplea todas las fuerzas y todo el corazón, y que incluso va mucho más allá del amor a la propia vida, propiamente sólo se le tributa a Dios".[133]

2. Necesidad de afirmar en Cristo su verdadera Humanidad y su verdadera Divinidad, extrayendo todas las consecuencias de los dictados del Concilio de Calcedonia: "sin confusión, sin mezcla, sin separación, sin división". Si se niega u olvida una de las dos naturalezas, se acaba negando hasta la existencia real del Señor. Como dice A. Gálvez:

> "Sin embargo no debieran interpretar mal a la esposa quienes la contemplen llorar. Ella ama al Esposo, no tanto por la razón de que sea Dios, ni por el hecho de que también sea Hombre; sino simple y sencillamente porque es *Él.* Pues es de saber que, quien ama, mira siempre y contempla a una Persona. Y la esposa, en efecto, que se goza por el carácter divino del Esposo tanto como por su condición humana, aún más se regocija y le tributa su Amor justamente porque es *Él*: su Esposo. Sabe bien que, si acaso el Esposo fuera desposeído de su carácter divino, o tal vez de su condición humana, *ya no sería Él* y, por lo mismo, habría dejado de ser la Persona de quien ella se siente enamorada. De donde conviene insistir en el hecho de que, siendo el Amor eminentemente *personal* (en cuanto a su procedencia y en cuanto a su objeto), quien ama tiende siempre hacia la Persona amada *por ser precisamente*

---

[133]A. Gálvez: *Sociedad de Jesucristo Sacerdote. Notas...*, cit., pág. 76.

ella, y no otra. Por eso la esposa no ama al Esposo por la principal razón de que sea Dios, ni tampoco por la especial circunstancia de que se haya hecho Hombre; sino que lo ama porque es *Él.* Claro que, para ella, si acaso esa Persona, objeto de su amor, no fuera Dios o tal vez no fuera Hombre, en modo alguno sería ya el Esposo por quien suspira su corazón".[134]

"... es necesario que la catequesis cristiana ofrezca la figura del Cristo *real* (o la del Cristo *completo*, si se prefiere así), sin permitirse ni siquiera enfatizar una u otra de las dos naturalezas que subsisten en Cristo mediante la unión hipostática. Jesucristo no es más Dios que Hombre ni más Hombre que Dios, sino sencillamente, como decían los catecismos antiguos, *Dios y hombre verdadero.* También por lo que a nosotros respecta, tan importante es lo uno como lo otro. El olvido de cualquier aspecto de la Divinidad o de la Humanidad de Cristo conduce al mismo resultado: la desaparición de la figura auténtica. Con las consecuencias trágicas que en seguida se derivan para la fe en general y para el problema del que estoy hablando en particular. Si se escamotea de alguna manera su divinidad, el Cristo del que se habla ya no es el Cristo verdadero, y entonces no es posible amarlo con todo el corazón, con toda el alma, con todas las fuerzas, y hasta incluso más que a la propia vida,[135] pues solamente Dios puede ser amado de esa manera. Y si, por

---

[134] A. Gálvez: *El Invierno...*, cit., pág. 303.
[135] Mc 12:30 y paralelos; Lc 14:26.

el contrario, se escamotea de algún modo su humanidad, los resultados no son menos tremendos, porque ahora, además de no tratarse tampoco del Cristo verdadero, es cuando resulta imposible amarlo de ninguna manera, como vamos a tratar de decir ahora.

El Dios conocido como *El que es*, según la expresión del libro del Éxodo, o como el *Ipsum Esse Subsistens*, según Santo Tomás deducía sabiamente de la vieja expresión del Éxodo, es llamado también *Amor* por San Juan. Para la sana teología, Dios es Aquél cuya esencia consiste en Existir (en perfecta identificación de esencia y de existencia), y es también, al mismo tiempo, Amor. En realidad el Ser infinito y el Amor son la misma cosa. Pero puesto que el hombre, según la Biblia, ha sido hecho a imagen y semejanza de Dios, se sigue de ahí con propiedad que ha sido hecho por y para el amor. La obra más perfecta de la creación visible, por lo tanto, es un producto del Amor, que ha sido hecho para amar... y para ser amado.

Siento el más profundo respeto por la teoría clásica y tomista acerca de los fines de la Encarnación, y admito como motivo fundamental de ese misterio el de la Redención del hombre. Pero confieso también mi simpatía por aquellas formas de pensamiento para las cuales el motivo primordial, aunque no único, de la Encarnación fue el de otorgar al hombre la posibilidad del perfecto amor. Si Dios quería ser correspondido por el hombre con amor de perfección, en reciprocidad perfecta, tal como exige el verdadero amor,[136] tenía que hacerse Él mismo hombre también. Porque el hombre, incluso una vez elevado gratuitamente al orden sobrenatural, no puede amar de otro modo que como hombre, ya que la gracia, como es sabido, eleva la naturaleza pero no la destruye. Desde el momento en que Dios quiso libremente mantener con el hombre relaciones de amor perfecto, tuvo que echar mano para ello de ese necesario instrumento del amor que es el diálogo, porque por su medio es como tiene lugar la intimidad entre un *tú* y un *yo*. Aunque es evidente que el amor no es solamente diálogo. Además, el hombre realiza siempre sus operaciones intelectuales y volitivas a través de los sentidos, siquiera sea para comenzarlas. En realidad nunca prescinde de tales sentidos, y puede decirse con propiedad que ama, como todo lo que hace, según su naturaleza de hombre: con toda su alma..., *y también con todo su cuerpo*, porque, aunque compuesto de espíritu y de materia (de alma y de cuerpo), el hombre es en realidad un todo único y completo. No ama solamente con su alma, ni menos aún solamente con su corazón (si queremos tomar aquí este vocablo como expresión de corporalidad), sino siempre en la totalidad de su ser de hombre. Por eso resulta fácil imaginar que el hombre, para *enamorarse* verdaderamente, necesita que el objeto de su amor sea alguien a quien él pueda percibir por sus sentidos (1 Jn 1:1). Podrá amar a un espíritu puro, pero no quizá *enamorarse*

---

[136] Aunque esta reciprocidad es *secundum quid*, habida cuenta de que el hombre es una creatura.

de él con un amor perfecto de reciprocidad, de intimidad y de ternura; y sobre todo no al modo humano, que es su modo propio y perfecto de amar".[137]

3. Relación necesaria entre el ser y el obrar de Cristo, por lo que la cristología ontológica y la soteriología deben de ser estudiadas unidas.

4. Fe en la inspiración bíblica y por tanto aceptación sencilla y humilde de toda la Revelación bíblica, que nos transmite la verdad completa sobre Jesucristo, su verdadera historia y sus palabras. Evitamos, por tanto, caer en lo que A. Gálvez ha denunciado:

"Como he dicho ya, el pensamiento moderno lo cuestiona todo. No reconoce la existencia de la verdad absoluta. A nadie se le permite pretender que posee certezas y seguridades metafísicas o religiosas. La única certeza que se admite es la de que todo es dudoso, incierto, inseguro y, a lo sumo, probable. Por eso se pone en duda el Evangelio y las palabras del Señor son examinadas al microscopio en laboratorios de exégesis, con resultados lamentables. Y no me refiero aquí, como es lógico, a los éxitos conseguidos por la buena exégesis científica, que tanto ha hecho por profundizar en el conocimiento de la Palabra de Dios; sino a ciertas exégesis de laboratorio que, más animadas por un entusiasmo cientista que por la fe, manejan la Biblia como si fuera cosa puramente humana, consiguiendo resultados que no serían tan desastrosos si no hubiera tan gran número de tontos dispuestos a creerlos. . .

---

[137]A. Gálvez: *Sociedad. . .*, cit., págs. 65–66.

El problema se plantea cuando se olvida que la Biblia es un organismo vivo, un libro inspirado por el
Espíritu Santo que contiene la auténtica Palabra de
Dios dirigida a los hombres. Pretender diseccionarla
a base de escalpelo, como si se tratara de trozos de
un cadáver, es una locura. Un cadáver no es un hombre, y en él se puede encontrar cualquier cosa menos
la vida, por lo que ya no sirve para estudiar lo que era
verdaderamente el hombre al que pertenecía. Se debe
estudiar la Biblia con el mayor bagaje científico posible, con tal que se haga *con fe* y sin olvidar que es la
Palabra de Dios, viva y eficaz (Heb 4:12)...”[138]

5. Aceptación de todo el Magisterio auténtico de la Iglesia, tanto
de los primeros concilios como de los posteriores.

“Dado que, como hemos dicho, no existe en la Iglesia la posibilidad de la interpretación subjetiva de la
Revelación, la única a quien corresponde garantizar
la seguridad y veracidad de los datos revelados y la
encargada de su custodia, es la propia Iglesia. Cuya
infalibilidad en este sentido está garantizada por la
asistencia del Espíritu Santo, a través del auténtico
y legítimo Magisterio; quien ha ido ahondando en la
Doctrina revelada a través de los siglos, aunque manteniendo siempre la inmutabilidad del dato, puesto que
no puede el hombre añadir ni quitar nada a las palabras reveladas por Dios. Pero profundizar en el estudio del dato revelado no significa añadir, ni quitar,

---

[138]A. Gálvez: *El Amigo...*, cit., págs 74–75; cfr. la traducción inglesa, *The Im-
portunate Friend*, Shoreless Lake Press, New Jersey, 1998, pág. 76–77.

ni cambiar nada de él. De ahí la importancia fundamental y transcendental del Magisterio Eclesiástico.
El cual, asistido por el Espíritu, se ha mantenido in-
cólume e inmutable a través de veinte siglos. Lo que
lo constituye como la única garantía que posee el cristiano de que lo enseñado por la Iglesia es exactamente
el contenido fiel de la auténtica Revelación. . .

Si un Concilio previo puede ser atacado por otro
posterior, por la misma razón y según las reglas de la
Lógica, el segundo puede ser también desautorizado
desde el primero. Una vez admitido que un Concilio
es capaz de poner en entredicho las Doctrinas procla-
madas por otro, es evidente que el valor y credibilidad
de todos los Concilios se destruyen por sí mismos y
caen por su propio peso".[139]

6. Necesidad de la fe en todo el proceso del razonar teológico, como
se insistirá un poco más abajo. En efecto, en palabras de nuevo
de A. Gálvez:

"¿Será posible que se haya llegado a pensar en la
posibilidad de describir al Esposo por la mera razón
humana, de tal manera que por todos pudiera ser *entendido*? ¿Tan grande ha llegado a creerse el Hombre
y en perspectiva de tan ridícula pequeñez ha llegado
a imaginar al Esposo? Pero lo que hubiera parecido
increíble ha llegado a suceder: que alguien haya sido
capaz de aceptar la posibilidad de minimizar al Esposo. . . , hasta poder *aprehenderlo* a través de la sola

---

[139]A. Gálvez: *El Invierno. . .*, cit., págs. 249–251.

capacidad de una creatura tan infeliz como es el Hombre. ¿Cómo ha sido posible llegar a imaginar que se podría explicar de modo *mejor y más inteligible*, prescindiendo de los medios venidos de lo Alto, lo que significa que tal Persona asumiera libremente, por Amor a los Hombres, su Muerte en la Cruz?"[140]

Con estos principios hay que rechazar algunos aspectos del modo de hacer teología que se pueden detectar en alguna de las nuevas cristologías antes mencionadas, y que podríamos resumir en los siguientes puntos:

- No hay una preocupación por la defensa de la fe.

- Se percibe una influencia fuerte de las filosofías inmanentistas, racionalistas, idealistas y personalistas, con olvido de la filosofía realista.

- Con frecuencia re–aparecen tesis modernistas.

- Aparece un cierto complejo de inferioridad ante la ciencia y el pensamiento del mundo moderno o post–moderno.

- Se detecta una seria influencia de la teología protestante.

- Es frecuente el uso "prestidigitador" del lenguaje para hacer decir al Magisterio y a la Revelación lo que a cada teólogo le interesa.

- Existe una cierta prevención a la aceptación de la Divinidad de Cristo.

- Se muestra más interés por la Cristología fundamental y bíblica que por la propiamente dogmática.

---

[140] A. Gálvez: *El Invierno...*, cit., pág. 304.

1.3.3. Necesidad de la fe

Conviene insistir en este punto, pues sin fe verdadera e incondicional es imposible acercarse a la realidad de Jesucristo. De un modo general se debe recordar:

1. La fe es punto de partida de la reflexión teológica, lo que supone el estudio atento y profundo de las fuentes de la Revelación y la obediencia al auténtico, íntegro y multisecular Magisterio de la Iglesia.

2. La fe utiliza como instrumento la razón, que ha de ser empleada con los criterios de la sana filosofía realista, y en concreto, la de Santo Tomás de Aquino.

3. La fe también utilizará otras ciencias auxiliares, en la medida en que puedan ser útiles y sean verdaderas ciencias, no siendo sesgados sus hallazgos por prejuicios de ninguna clase. La verdad es única. Y si algo es verdad no puede entrar en contradicción con la Verdad Eterna (Logos).

4. Todos los resultados del quehacer teológico han de ser contrastados con la fe al término de sus razonamientos, con la completa seguridad de que si aquéllos se contradicen con ésta, son erróneos y han de ser revisados.

Específicamente, la fe es absolutamente fundamental en cristología, porque Cristo es el *Misterio de Dios*. La palabra "misterio" puede ser entendida en un doble sentido:

- Negativamente, como mera incomprehensibilidad de Dios.

- Bíblicamente, como el resultado del hecho de que Dios nos revela algo de "su secreto" para introducirnos en su amistad. Así

se puede comprobar en el sentido que San Pablo da a "misterio":
como 1) realidad divina secreta; 2) que es revelada; 3) que procede de su amor y 4) que continúa siendo insondable a pesar de
la revelación:

- Ro 16: 25–26, "Ei autem, qui potens est vos confirmare iuxta
  evangelium meum et prædicationem Iesu Christi secundum
  revelationem mysterii temporibus æternis taciti, manifes-
  tati autem nunc, et per scripturas Prophetarum secundum
  præceptum æterni Dei ad oboeditionem fidei in cunctis gentibus patefacti. . . "

- 1 Cor 2: 7–9, ". . . sed loquimur Dei sapientiam in mysterio,
  quæ abscondita est, quam prædestinavit Deus ante sæcula in gloriam nostram, quam nemo principum huius sæculi
  cognovit; si enim cognovissent, numquam Dominum gloriæ crucifixissent. Sed sicut scriptum est: *Quod oculus non
  vidit, nec auris audivit, nec in cor hominis ascendit, quæ
  præparavit Deus his, qui diligunt illum*".

- Ef 3: 4–10, ". . . prout potestis legentes intellegere pruden-
  tiam meam in mysterio Christi, quod aliis generationibus
  non innotuit filiis hominum, sicuti nunc revelatum est sanctis apostolis eius et prophetis in Spiritu, esse gentes cohere-
  des et concorporales et comparticipes promissionis in Christo Iesu per evangelium, cuius factus sum minister secundum
  donum gratiæ Dei, quæ data est mihi secundum operationem virtutis eius. Mihi omnium sanctorum minimo data
  est gratia hæc: gentibus evangelizare investigabiles divitias
  Christi et illuminare omnes, quæ sit dispensatio mysterii
  absconditi a sæculis in Deo, qui omnia creavit, ut inno-
  tescat nunc principatibus et potestatibus in cælestibus per
  ecclesiam multiformis sapientia Dei. . . "

En conclusión, Dios nos quiere introducir en "su secreto" hasta donde nos es posible, y desea que libremente lo aceptemos. Lo cual explica que:

- Nos encontramos ante el llamado claro–oscuro de la fe.
- Cristo solo fuese acogido por aquéllos que tenían fe.
- Una cristología sin fe, está condenada al fracaso.

2

Jesucristo en las Sagradas Escrituras

2.1. Introducción

Como primer paso en la construcción de una cristología, es necesario recorrer las Escrituras para recabar de ellas los datos de la Revelación escrita. La figura del Señor es el centro de toda la Biblia, la Suprema Revelación de Dios; Jesucristo, es la Palabra del Padre, el "Logos". Como dice San Juan de la Cruz, en esa Palabra, Dios lo dijo todo, y no tiene más que decir:

> "Porque en darnos, como nos dio a su Hijo, que es una Palabra suya, que no tiene otra, todo nos lo habló junto y de una vez en esta sola Palabra...; porque lo que hablaba antes en partes a los profetas ya lo ha hablado todo en Él, dándonos al Todo, que es su Hijo. Por lo cual, el que ahora quisiese preguntar a Dios, o querer alguna visión o revelación, no sólo haría una necedad, sino haría agravio a

Dios, no poniendo los ojos totalmente en Cristo, sin querer otra alguna cosa o novedad".[1]

Por eso, todo el Antiguo Testamento se dirige a preparar su llegada. El Nuevo Testamento nos muestra la realidad de su ser y de su obra.

La figura de Cristo hay que comprenderla dentro del misterioso designio de amor y de salvación de Dios por el hombre. El Verbo Encarnado hace posible, como veremos, no solo la salvación del hombre condenado por su pecado a la perdición eterna y a una vida sin sentido, sino también el hecho de que podamos amar a Dios y ser amados por Él al modo divino y también humano. Con ello, el ser humano encuentra en Cristo, realmente, la plenitud de todo lo que podía desear, esperar y querer.

En Cristo su ser y su obrar están íntimamente unidos. Así se ve en la profesión de fe de Cesarea de Filipo,[2] cuando ante la pregunta de Cristo a sus discípulos, "Vos autem quem me esse dicitis?" responde San Pedro con el famoso: "Tu es Christus, Filius Dei vivi". Su ser (Dios verdadero y hombre verdadero unidos en la Persona del Verbo, "el Hijo de Dios vivo") le hace ser el "Cristo", el Mesías, el Mediador entre Dios y los hombres, para salvarlos y hacer posible al mismo tiempo el Amor divino–humano (a la manera humana y a la divina con todas sus exigencias). Es por eso que el Señor es el Salvador esperado por todos los hombres:

- 1 Tim 2:5, "Unus enim Deus, unus et mediator Dei et hominum, homo Christus Iesus".

---

[1] San Juan de la Cruz: *Subida del monte Carmelo*, 2, 22, 3-5, en "Biblioteca Mística Carmelitana", v. 11, Burgos, 1929, p. 184. Cfr. *Catecismo de la Iglesia Católica*, n. 65.

[2] Mt 16:16; cfr. Mc 8: 27–30; Lc 9: 18–21.

- Jn 3:16, "Sic enim dilexit Deus mundum, ut Filium suum unigenitum daret, ut omnis, qui credit in eum, non pereat, sed habeat vitam æternam".

- Mt 1:21, "... pariet autem filium, et vocabis nomen eius Iesum: ipse enim salvum faciet populum suum a peccatis eorum".

Así pues, el misterio de Jesucristo presupone dos realidades: por un lado, la invitación gratuita de Dios al ser humano a vivir con Él relaciones de amor verdadero, divino–humano, con todas sus consecuencias; y, por otro, el misterio del pecado y del rechazo que los hombres hicieron a Dios. Cristo da sentido a los dos grandes interrogantes del hombre: el amor y la muerte.

De este modo, Cristo da la respuesta última a las grandes preguntas del ser humano:

- La realidad más profunda del propio ser del hombre.

- La razón última de su sed de infinitud.

- El enigma del bien y del mal.

- El deseo y la necesidad que experimenta de ser salvado.

- El sentido último de la historia y de la vida.

- Etc.

El ser humano solo se puede comprender desde la fe, como se puede comprobar por el fracaso de tantos intentos insuficientes o erróneos de interpretación del mismo que nos presenta la historia de la filosofía.[3]

---

[3]Cfr. Las consideraciones hechas en el capítulo anterior, así como las conclusiones a que llega Henri de Lubac: *El Drama del Humanismo Ateo*, Encuentro, Madrid, 1990. Cfr. Juan A. Jorge: *Tratado de Creación y Elevación*, New Jersey, Shoreless Lake Press, 2015, Introducción del capítulo XI.

Veamos algunos rasgos de las promesas de salvación de Dios y del Mesías prometido.

2.2. Anuncios y profecías del Antiguo Testamento

La investigación de los datos de la Biblia sobre el misterio de Jesucristo, se debe iniciar con el Antiguo Testamento, que prepara la venida del Salvador.

Tal perspectiva es muy útil por dos razones.

A.— *En primer lugar* porque Cristo es la *plenitud* de la Revelación de Dios. Siendo Él *plenitud*, es conveniente seguir las huellas de los caminos que preparan esa plenitud, y que iluminarán la grandeza y la importancia de "La Palabra" definitiva del Padre.[4]

A la compresión de tales realidades ayudará el estudio de los "tipos", "figuras" o "símbolos" veterotestamentarios.[5]

---

[4]Cfr. *Catecismo de la Iglesia Católica*, n. 73.

[5]Hay una variedad de palabras que indican esta realidad. Por ejemplo, τύπος, como en Ro 5:14 donde se declara que Adán "es figura (τύπος) del que había de venir", es decir, de Cristo. También se encuentra el término σκιά , traducida "sombra", como en Col 2:17, donde se revela que algunos de los acontecimientos e instituciones de la ley mosaica son "sombras de las cosas que habían de venir" ('ά ἐστιν σκιὰ τῶν μελλόντων) (cfr. en este sentido también Heb 8:5; 10:1). También se usa el término ὑπόδειγμα, esto es "copia", que es usado junto a "sombra" en Heb 8:5 (cfr. Heb 9:23). Además se puede señalar la palabra παραβολή (parábola) que se utiliza en Heb 9:9, para indicar que ciertos elementos del tabernáculo "son símbolo para el tiempo presente" (cfr Heb 11:19). Finalmente, la palabra que es usada en el Nuevo Testamento para afirmar que la plenitud que corresponde al "tipo", es decir, la realidad la cual cumple el cuadro profético, es la de ἀντίτυπος, que se ha traducido de modo variado ya como "figura" o "patrón" en Heb 9:24, o "como figura" o "verdadera semejanza" en 1 Pe 3:21.

B.– *En segundo lugar,* porque Cristo mismo, y luego sus apóstoles, remitirán constantemente al Antiguo Testamento como testigo profético de las realidades que Él traía y que ellos anunciaban.

En efecto, en muchas ocasiones el Señor apela al Antiguo Testamento como instrumento para comprender su Persona y su misión:

- La predicación en la sinagoga de Nazaret, donde Jesús interpreta el pasaje mesiánico de Isaías 61: 1ss., como cumpliéndose en su Persona: "Hodie impleta est hæc Scriptura in auribus vestris…" (Lc 4: 16–21).

- A las gentes de Jerusalén también les subraya que las Escrituras daban testimonio de su Persona: "Scrutamini Scripturas, quia vos putatis in ipsis vitam æternam habere; et illæ sunt, quæ testimonium perhibent de me" (Jn 5:39).

- A los discípulos de Emaús, Jesús les explica que las Escrituras daban testimonio de Él y de su misión: "O stulti et tardi corde ad credendum in omnibus, quæ locuti sunt Prophetæ! Nonne hæc oportuit pati Christum et intrare in gloriam suam? Et incipiens a Moyse et omnibus Prophetis interpretabatur illis in omnibus Scripturis, quæ de ipso erant" (Lc 24: 25–27).

- Etc.

Los Apóstoles, en su predicación, también acudirán con profusión al Antiguo Testamento para manifestar cómo sus profecías se cumplían en Jesucristo:

- De un modo global, por ejemplo en:
  - Ga 3: 8.22, "Providens autem Scriptura, quia ex fide iustificat gentes Deus, prænuntiavit Abrahæ: 'Benedicentur in

te omnes gentes'" (Ga 3:8) "... Sed conclusit Scriptura omnia sub peccato, ut promissio ex fide Iesu Christi daretur
credentibus" (Ga 3:22).

- 2 Tim 3:16, "... et quia ab infantia Sacras Litteras nos-
  ti, quæ te possunt instruere ad salutem per fidem, quæ
  est in Christo Iesu. Omnis Scriptura divinitus inspirata est
  et utilis ad docendum, ad arguendum, ad corrigendum, ad
  erudiendum in iustitia..." (2 Tim 3: 15–16).

- Etc.

■ O de un modo particular, en los diversos acontecimientos de la
vida de Cristo:

- Así se ve en el primitivo credo que recoge San Pablo en
  1 Cor 15: 3ss.:

  > "Tradidi enim vobis in primis, quod et accepi, quo-
  > niam Christus mortuus est pro peccatis nostris se-
  > cundum Scripturas et quia sepultus est et quia
  > suscitatus est tertia die secundum Scripturas..."

- Además de otros libros, se citan con profusión, los Salmos
  (cfr. sobre todo, Sal 2:7; 8: 4–6; 110; etc.) y los profetas
  (Is 6: 9ss.; 40: 3–5; Jer 31: 31–34; Joel 2: 28–32; Zac 9:9;
  Hab 2: 3ss.; etc.); se pueden señalar de un modo particular,
  las referencias a los Cantos del Siervo de Yahvé (Is 42; 49,
  50, 52, 61), los relativos a la escatología (Jl 2–3; Zac 9;
  Dan 7) o los que tratan del Nuevo Israel (Is 6: 1–9; 11:
  1–10; 40: 1–11; Jer 31: 10–34).

***

Algunos teólogos han señalado que la relación entre la Revelación neotestamentaria y la veterotestamentaria corre en una triple dirección[6]:

1. *Una línea de continuidad en la identidad entre la fe cristiana y la obediencia judía.* Cristo revela el significado verdadero y más profundo de la Antigua Ley. Es el caso de la controversia sobre el divorcio (Mc 10: 1–12; Mt 19: 1–12), el diálogo con el joven rico (Mc 10: 17–31; Mt 19: 16–30; Lc 18: 18–30), el mandamiento más importante de la Ley (Mc 12: 28–34), el cumplimiento del Sábado (Mt 12:7), la pureza ritual (Mc 7: 1–24), etc.

2. *La línea de promesa–cumplimiento, o de prefiguración–realización,* donde se subraya la originalidad del mensaje de Jesucristo como plenitud del mensaje veterotestamentario. Es el anuncio de Cristo en el Sermón de la Montaña: "Nolite putare quoniam veni solvere Legem aut Prophetas; non veni solvere, sed adimplere" (Mt 5:17). Así se comprueba en la predicación de San Juan el Bautista, que proclama a Jesús, más que al Dios de Israel, como el que conduce al Pueblo escogido a la Tierra prometida (Mc 1: 2–6, citando a Is 40:3); o el cumplimiento de la profecía de Isaías sobre el Mesías en la persona de Cristo (Lc 4: 16–21, citando a Is 61: 1ss); o las curaciones y expulsiones de demonios considerados como cumplimiento de la misión del Siervo de Yahvé (Mt 12: 18–21, citando a Is 42: 1–4).

---

[6]A. Amato: *Jesús...*, cit., págs. 117–119. El autor propone una cuarta además de las que se citan aquí, que llama "ruptura neta con el Antiguo Testamento", pero me parece que su posición no se sostiene. Más que rechazo, hay que ver la posición primera de superación. P. Grelot: *Relación entre el Antiguo y el Nuevo Testamento en Jesucristo*, en P. Grelot y B. O'Collins: "Problemas y Perspectivas de Teología Fundamental", Salamanca 1982, págs. 272-299; V. Vouga: *Jésus et L'Ancien Testament*, en "Lumière et Vie" 28 (1979) 55–71.

3. *La línea que se puede denominar de tronco–injerto*, donde se subraya el fundamento judío del naciente cristianismo. Así se comprueba en el Evangelio de la Infancia de San Mateo (1–2), donde Jesús es presentado como nuevo Moisés e Hijo de David, y donde se cumple la Escritura anunciada, en frase que se repite con frecuencia (Is 8: 8–10; Mi 5:1; 2 Sam 5:2; Os 11:1; Jer 31;15).

***

La figura y la obra de Jesucristo fue pues prefigurada de variadas maneras en el Antiguo Testamento, por lo que el Nuevo Testamento presenta al Salvador dentro del conjunto de profecías, instituciones, ideas, lenguaje, estructuras, símbolos, etc., del Antiguo.

Se han avanzado diferentes propuestas para estudiar esas prefiguraciones. Por ejemplo:

- Estudio de la preparación de la figura de Jesucristo a través de las *profecías del Señor* que se encuentran en la Ley, los Salmos y los profetas.[7]

- Investigación de las *prefiguraciones históricas* del anuncio de Cristo, a través de la Palabra de Dios dirigida a su pueblo, de las instituciones de Israel y de los títulos de "Siervo del Señor", "Hijo del hombre" y "Mesías".[8]

- Seguimiento del conjunto de *esperanzas históricas de Israel* frustradas en su realización en este mundo e historia, y que apuntan a una esperanza sobrenatural.[9]

---

[7] Cfr. F. Asensio: *Jesucristo, Profecía y Evangelio*, Mensajero, Bilbao, 1954; G. Segalla: *La Preistoria della Cristologia*, en "Il Problema Cristologico Oggi", Cittadella, Asís, 1973, 20–53.

[8] Cfr. L. Bouyer: *Il Figlio Eterno. Teologia della Parola di Dio e Cristologia*, Alba, Turín, 1977, 15–150.

[9] Cfr. M. Bordoni: *Gesù di Nazaret Signore e Cristo. Saggio di Cristologia Sistematica II: Gesù al Fondamento della Cristologia*, Roma 1985, págs. 9–36.

- Recapitulación en Cristo de todas las *formas de esperanza mesiánica* de Israel, a saber, de las esperanzas profética, real, sacerdotal y apocalíptica.[10]
- Prefiguración cristológica en todos los diferentes contenidos y expresiones del *título de "Mesías".*[11]
- Descripción y profundización de los diferentes *modos de Encarnación salvífica* que se encuentran en el Antiguo Testamento, en las instituciones de las alianzas, la relación paterno–filial o la imagen de la unión esponsal entre Dios y su pueblo, la encarnación de la Palabra de Dios en la profecía, en la historia de Israel y en los diferentes símbolos de la tienda, la nube o el templo.[12]
- Estudios de la figura del *mediador de la salvación,* en las categorías del Rey Mesías, el Profeta, el Mesías sacerdotal y el celeste.[13]

En la presente obra se va a seguir la doble línea de *la salvación prometida* por Dios a la que el hombre no puede llegar por sus propias fuerzas, y a la concreción de esa salvación en la figura de *un Salvador* que es descrito en el Antiguo Testamento de modos muy diversos; descripciones que pueden parecer incluso contradictorias, pero que encuentran su cumplimiento de un modo integrado en la figura de Jesucristo en el Nuevo Testamento.

2.3. La salvación prometida

2.3.1. La historia de los orígenes

Para acercarnos a la figura de Jesús y su obra, es necesario recordar los datos que nos aporta el tratado "Creación y Elevación", donde se estudia la historia de los orígenes del hombre, la creación

---

[10]Cfr. N. Füglister: *Fundamentos Veterotestamentarios de la Cristología,* en "Mysterium Salutis", III/I, Cristiandad, Madrid, 1994, págs. 121–243; B. Forte: *Jesús de Nazaret, historia de Dios, Dios de la Historia,* Madrid, 1983, págs. 61–80.

[11]H. Cazelles: *El Mesías de la Biblia,* Herder, Barcelona, 1981.

[12]P. Galot: *¡Cristo! ¿Quién eres?,* CETE, Madrid, 1982, págs. 41–65.

[13]A. Amato: *Jesús...,* cit., págs. 124–164.

de la naturaleza humana y la elevación a la sobrenaturaleza (con los dones naturales y preternaturales), así como la caída de Adán en el pecado original, con el rechazo de Dios por parte del hombre y sus consecuencias (pérdida de los dones preternaturales y sobrenaturales, y el debilitamiento de los naturales).[14]

El hombre quedaba condenado para siempre (a lo largo de toda la historia de su vida en la tierra) y por siempre (para toda la eternidad). Él experimenta la imposibilidad de su auto–salvación, tanto si pertenece al Pueblo Escogido (Israel) como a los gentiles. Y en esta situación, Dios, Amor esencial, que nunca revoca sus promesas, promete un Salvador, un Mesías–Señor, que devolvería al hombre con extraordinaria mejoría su condición sobrenatural perdida y restauraría los dones naturales debilitados por la caída.

2.3.2. El hombre creado a imagen y semejanza de Dios

Dios creó al hombre... "a su imagen y semejanza":

> "Et ait Deus: 'Faciamus hominem ad imaginem et similitudinem nostram; et præsint piscibus maris et volatilibus cæli et bestiis universæque terræ omnique reptili, quod movetur in terra'. Et creavit Deus hominem ad imaginem suam; ad imaginem Dei creavit illum; masculum et feminam creavit eos" (Ge 1: 26–27).

El término *imagen* ("selem") significa reproducción fiel de Dios (es nombre concreto, se utiliza para imagen o estatua que representa fielmente el modelo), y viene atemperado por el de *semejanza* ("demũt"), vocablo que atenúa el carácter excesivamente materialista del primer

---

[14]Cfr. Juan A. Jorge: *Creación y Elevación*, cit., caps. XI, XIV y XV.

concepto[15] y precisa que la "imagen" de Dios en el hombre, aunque se asemeja al original, no es idéntica.[16] En efecto:

> "Según la narración bíblica, el hombre y la mujer han sido creados para su propio bien, de un modo que pone de manifiesto su dignidad: a "imagen" ("selem") de Dios, es decir, como una reproducción fiel de Dios, y a su semejanza ("demũt")... El hombre es, por tanto, la criatura que mejor representa, en su grado más alto, al Dios creador. No ha sido formado para servir a dioses cansados de su trabajo, sino para dominar la creación, con la capacidad inherente al hecho de ser imagen de Dios. Creado a 'imagen y semejanza' de Dios, el hombre posee una participación tal en el ser divino —una naturaleza espiritual dotada de inteligencia y voluntad— que le capacita para gobernar sobre la creación en nombre de Dios..."[17]

Esta afirmación ha sido muy estudiada y comentada a lo largo de toda la historia de la Iglesia, por su evidente importancia.[18] De alguna

---

[15]El vocablo "demũt" es un término abstracto, que procede de "damah", ser semejante.

[16]Ya que para indicar una reproducción perfecta del modelo se hubiera utilizado el hebreo "tabnĩt".

[17]M. A. Tábet: *Introducción al Antiguo. I. Pentateuco y libros proféticos*, Palabra, Madrid, 2004, pág. 98.

[18]Cfr. D. Fraikin: *Resemblance et Image de Dieu*, en "Dictionnaire de la Bible Supplement", por H. Cazelles, L. Pirot, A. Robert, etc. Paris, Letouzey et Ane, 1928; L. Monloubou: *Imagen*, en "Diccionario Enciclopédico de la Biblia", Centre Informatique et Bible, Barcelona, orig. Fr. Turnhout; C. S. Spicq: *Dieu et l'Homme Selon le Nouveau Testament*, Paris, 1961; Fr. Dominique Barthélemy, O.P.: *God and His Image: An Outline of Biblical Theology*, San Francisco, Ignatius Press, 2007.

manera aquí se encuentra la clave de la especificidad del ser humano y de su alta dignidad.

Se podrían resumir las explicaciones posibles sobre el binomio *imagen* y *semejanza* del siguiente modo:

- Ambos términos son sinónimos.

- Ambos términos son deliberadamente distintos.

- *Imagen* solo reflejaría las cualidades espirituales del hombre (racionalidad, conciencia moral, capacidad de lo sobrenatural, inmortalidad, etc.).

- *Imagen* solo se referiría a los rasgos fisico–somáticos (rostro, armonía del cuerpo, figura erguida).

En la historia de la Iglesia podríamos destacar las siguientes posiciones:[19]

- San Ireneo de Lyon (130–200) es el primero que se detiene en la distinción entre los dos términos para indicar el parecido natural y sobrenatural (*imagen* = parecido natural; *semejanza* =

---

[19]Cfr. J. Morales: *El Misterio de la Creación*, Eunsa, Pamplona, 1994, págs. 214–215. Cfr. también, V. Grossi: *Lineamenti di Antropologia Patristica*, Ed. Borla, Roma 1983; H. Hamman: *L'Homme, Image de Dieu. Essai d'une Antropologie Chrétienne dans L'Eglise des cinq premiers siècles*, ed. Descleé, Paris 1987; A. Orbe: *La Definición del hombre en la Teología del siglo II*, en Gregorianum 48 (1967) 522–576. El libro de L. F. Ladaria: *El hombre creado a imagen de Dios*, B. Sesboüé (ed.), "Historia de los dogmas", II, Salamanca, Secretariado Trinitario, 1996, es un intento de proponer una antropología unitaria, que supere el planteamiento del binomio cuerpo–alma, que no comparto.

parecido sobrenatural),[20] y su distinción influirá en la patrística y pasará a la Edad Media.

"Al hombre empero lo plasmó Dios con sus propias manos, tomando el polvo más puro y más fino de la tierra y mezclándolo en medida justa con su virtud. Dio a aquel plasma su propia fisonomía, de modo que el hombre, aun en lo visible, fuera imagen de Dios".[21]

- San Clemente de Alejandría (125–215), siguiendo los criterios de exégesis bíblica de la Escuela de Alejandría, con su tendencia hacia la alegoría, avanza una nueva interpretación: *imagen* = la humanidad entera; *semejanza* = solo en plenitud se encuentra en Cristo.[22]

- San Agustín (354–430): no hay distinción entre los términos. La *imagen* se da en el hombre interior, pero también en el cuerpo:[23]

"Sólo en esto es más excelente el hombre: en haberle hecho Dios a imagen y semejanza de Él, puesto que le

---

[20]Cfr. A. Orbe: *Antropología de San Ireneo*, BAC, Madrid, 1997, págs. 118–148, donde se estudia cómo el concepto de *imagen* tiene una connotación estática (pertenece a la constitución del hombre), y en cambio, el de *semejanza* tiene un sentido más bien dinámico, indicando la progresiva asimilación a Dios.

[21]S. Ireneo: *Demostración de la Predicación Apostólica*, 11.

[22]San Clemente de Alejandría: *Paedagogus*, I, 97, 2; *Protrepticon*, X, 98, 4; XII, 120, 4.

[23]San Agustín: *De Gen. contra Manichœos*, 17; *De Trinitate*, 12: 7. Cfr. J. E. Sullivan: *The Image of God. The Doctrine of Saint Augustin and Its Influence*, Priory Press, Dubuque (Iowa), 1963; I. Bochet: *Saint Augustin et le Désir de Dieu*, Paris, Études Augustiniennes, 1982; P. Agaesse: *L'Antropologie Chretienne selon Sain Augustin: Image, Liberté, Péché et Grace*, Paris, Centre Sèvres, 1986.

dotó de alma intelectual, por lo que aventaja a los animales".[24]

- Santo Tomás de Aquino aporta los siguientes datos:[25]

  - En primer lugar, distingue entre:
    - *Vestigium*, para los seres inanimados y no racionales.
    - *Imago creationis*, para la racionalidad humana reflejo de la naturaleza divina.[26] Es común a todos los seres humanos, y les proporciona la potencialidad natural (que consiste en la misma naturaleza de la mente humana) para entender y amar a Dios.
    - *Imago recreationis* para el hombre en gracia. Es solo para los justos, y les permite desarrollar el hábito y ejercer el acto de conocer y amar a Dios de hecho, aunque de un modo imperfecto.
    - *Imago similitudinis*, para la racionalidad humana reflejo de la Trinidad: memoria, inteligencia y amor. El Aquinate hablará también de la *Imago secundum similitudinem gloriæ* para indicar el conocimiento y amor a Dios de los bienaventurados en el Cielo que es, en comparación con el terrenal, un modo perfecto.

      "Respondeo dicendum quod, cum homo secundum intellectualem naturam ad imaginem

---

[24]San Agustín: *Gen. ad Litt.* VI, 12, 21.

[25]Cfr. I. Hubscher: *De Imagine Dei in Homine Viatore Secundum Doctrinam S. Thomæ Aq.*, Louvain, 1932; M. J. de Beaurecueil: *L'Homme Image de Dieu selon St. Thomas d'Aquin*, en "Etudes et Recherches", 6 (1952) 45–82; G. Lafond: *Le Sens du Théme de l'Image de Dieu dans l'Anthropologie de Saint Thomas d'Aquin*, en "Recher. de Sc. Rel." 47 (1959) 560-569.

[26]Como entendimiento del Dios Uno.

Dei esse dicatur, secundum hoc est maxime
ad imaginem Dei, secundum quod intellectualis natura Deum maxime imitari potest. Imita-
tur autem intellectualis natura maxime Deum
quantum ad hoc, quod Deus seipsum intelli-
git et amat. Unde imago Dei tripliciter potest
considerari in homine. Uno quidem modo, secundum quod homo habet aptitudinem naturalem ad intelligendum et amandum Deum, et
hæc aptitudo consistit in ipsa natura mentis,
quæ est communis omnibus hominibus. Alio
modo, secundum quod homo actu vel habitu
Deum cognoscit et amat, sed tamen imperfecte, et hæc est imago per conformitatem gratiæ.
Tertio modo, secundum quod homo Deum actu cognoscit et amat perfecte, et sic attenditur
imago secundum similitudinem gloriæ. Unde
super illud Psalmi IV, signatum est super nos
lumen vultus tui, domine, Glossa distinguit tri-
plicem imaginem, scilicet creationis, recreatio-
nis et similitudinis. Prima ergo imago invenitur in omnibus hominibus; secunda in iustis
tantum; tertia vero solum in beatis".[27]

- En segundo lugar, afirma que el hombre es imagen imperfecta de Dios, como indica el término *ad imaginem*; solo
  Cristo es imagen perfecta del Padre.

  "Respondeo dicendum quod, sicut Augustinus
  dicit in libro octoginta trium quæst., ubi est imago, continuo est et similitudo; sed ubi est simili-

---

[27]Santo Tomás de Aquino: *Summ. Theol.*, Iª, q. 93, a. 4, co.

tudo, non continuo est imago... Manifestum est autem quod in homine invenitur aliqua Dei similitudo, quæ deducitur a Deo sicut ab exemplari, non tamen est similitudo secundum æqualitatem, quia in infinitum excedit exemplar hoc tale exemplatum. Et ideo in homine dicitur esse imago Dei, non tamen perfecta, sed imperfecta. Et hoc significat Scriptura, cum dicit hominem factum ad imaginem Dei, præpositio enim ad accessum quendam significat, qui competit rei distanti".[28]

"Ad secundum dicendum quod primogenitus omnis creaturæ est imago Dei perfecta, perfecte implens illud cuius imago est, et ideo dicitur imago, et nunquam ad imaginem. Homo vero et propter similitudinem dicitur imago; et propter imperfectionem similitudinis, dicitur ad imaginem. Et quia similitudo perfecta Dei non potest esse nisi in identitate naturæ, imago Dei est in filio suo primogenito sicut imago regis in filio sibi connaturali; in homine autem sicut in aliena natura, sicut imago regis in nummo argenteo; ut patet per Augustinum in libro de decem chordis".[29]

- En tercer lugar, sostiene que la imagen divina en las creaturas es principio dinámico que impulsa y pone en movimiento hacia Dios.

En conclusión, en el hombre:

.

---

[28]Santo Tomás de Aquino: *Summ. Theol.*, Iª, q. 93, a. 1, co.
[29]Santo Tomás de Aquino: *Summ. Theol.*, Iª, q. 93, a. 1, ad 2.

- El cuerpo participa en cierto modo en la condición de *imagen*, pero en sí mismo y globalmente, es únicamente *vestigio*.

- La base y raíz de la imagen es la razón. El hombre ejerce dominio por la razón, y en este sentido es partícipe de la Providencia divina sobre los seres inferiores.

    "Respondeo dicendum quod, cum in omnibus creaturis sit aliqualis Dei similitudo, in sola creatura rationali invenitur similitudo Dei per modum imaginis, ut supra dictum est, in aliis autem creaturis per modum vestigii. Id autem in quo creatura rationalis excedit alias creaturas, est intellectus sive mens. Unde relinquitur quod nec in ipsa rationali creatura invenitur Dei imago, nisi secundum mentem. In aliis vero partibus, si quas habet rationalis creatura, invenitur similitudo vestigii; sicut et in ceteris rebus quibus secundum partes huiusmodi assimilatur. Cuius ratio manifeste cognosci potest, si attendatur modus quo repræsentat vestigium, et quo repræsentat imago. Imago enim repræsentat secundum similitudinem speciei, ut dictum est. Vestigium autem repræsentat per modum effectus qui sic repræsentat suam causam, quod tamen ad speciei similitudinem non pertingit, impressiones enim quæ ex motu animalium relinquuntur, dicuntur vestigia; et similiter cinis dicitur vestigium ignis; et desolatio terræ, vestigium hostilis exercitus. Potest ergo huiusmodi differentia attendi inter creaturas rationales et alias creaturas, et quantum ad hoc quod in creaturis repræsentatur similitudo divinæ naturæ, et quantum ad hoc quod in eis repræsentatur similitudo Trinitatis increatæ. Nam quantum ad similitudinem divinæ naturæ pertinet, creaturæ rationales videntur quodammodo ad repræsentationem speciei pertingere, inquantum imitantur Deum non solum in hoc quod est et vivit, sed etiam in hoc quod intelligit, ut supra dictum est. Aliæ vero creaturæ non intelligunt; sed apparet in eis quoddam vestigium intellectus producentis, si earum dispositio consideretur. Similiter, cum increata Trinitas distinguatur secundum processionem verbi a dicente, et amoris ab utroque, ut supra habitum est; in creatura rationali, in qua invenitur processio verbi secundum intellectum, et processio amoris secundum voluntatem, potest dici imago Trinitatis increatæ per quandam repræsentationem speciei. In aliis autem creaturis non invenitur principium verbi, et verbum, et amor; sed apparet in eis quoddam vestigium quod hæc inveniantur in causa producente. Nam hoc ipsum quod creatura habet substantiam modificatam et finitam, demonstrat quod sit a quodam principio; species vero eius demonstrat verbum facientis, sicut forma domus demonstrat conceptionem artificis; ordo vero demonstrat amorem producentis, quo effectus ordinatur ad bonum, sicut usus ædificii demonstrat artificis voluntatem. Sic igitur in homine invenitur Dei similitudo per modum imaginis secundum mentem; sed secundum alias partes eius, per modum vestigii".[30]

---

[30]Santo Tomás de Aquino: *Summ. Theol.*, Iª, q. 93, a. 6, co.

- Karl Barth y los protestantes en general: no hay imagen o semejanza en sí, sino solo un medio de expresar la diferencia entre Creador y creatura.[31]

A. Gálvez ha señalado la necesidad de considerar que la semejanza con Dios hay que centrarla en la realidad toda del hombre, evitando maniqueísmos larvados, como tal vez pudieran detectarse en algunas doctrinas como la de San Agustín. Y al mismo tiempo, considerar como la mejor analogía de la Trinidad en el hombre la del amor:

"Es de admirar la intuición de San Agustín al relacionar la Trinidad con la semejanza del hombre con respecto a Dios (en referencia a Ge 1: 26–27). Lo que ya no parece tan evidente es el hecho de que la semejanza tenga que ver con el alma humana y con sus tres facultades. Incluso resulta difícil evitar la sensación de gratuidad de este razonamiento. Decir que el alma humana es semejante a la Trinidad en cuanto que está dotada de inteligencia, memoria y voluntad, induce a pensar en un argumento sin demasiado fundamento..., y hasta caprichoso. E incluso hay algo más serio todavía. Porque la semejanza o imagen, de las que habla el texto sagrado, no se refieren en modo alguno al alma humana, sino al hombre en su conjunto (una vez más asoma el subconsciente temor maniqueo de incluir al cuerpo en la idea del hombre). Tal vez fuera más acorde con los textos referir la semejanza al concepto del amor. Puesto que el hombre fue creado por el Amor Infinito para amar y ser amado, quizá convendría inquirir aquí en cuanto al problema de su semejanza con el Dios trinitario. Ya

---

[31]K. Barth: *Dogmatik*, III/1, 1957, pág. 206.

hemos hablado antes de los elementos esenciales que integran la trilogía del amor; a saber: las personas del amante y del amado (en reciprocidad), de un lado; y el nexo que las une, de otro. Este nexo es tan real como es la realidad del amor, aunque en el Amor Sustancial sea también una Persona. El hombre es una participación analogada de esa trilogía. De tal manera que, así como en el Amor Infinito son Tres, en la realidad de una única operación y una sola naturaleza, el hombre en cambio es uno, aunque estructurado en tres operaciones y realidades distintas: la de entregar, la de recibir, y la del amor que hace posible las otras dos. Solamente así el ser humano es un trasunto (analogado) del Dios Uno y Trino".[32]

Es opinión que también sigue J. Morales,[33] al sostener que el ser imagen y semejanza de Dios, hay que aplicarlo a todo el hombre y no solo cualidades físicas o espirituales, por tanto, a la realidad de su persona, a toda su estructura somático–espiritual.

Conviene recordar también que el hecho de haber sido creado el ser humano "a imagen y semejanza" de Dios, supone otras dos conclusiones: por un lado, es el que hace presente de un modo muy especial al Modelo en la creación;[34] por otro lado, manifiesta la relación directa

---

[32] A. Gálvez: *Esperando...*, cit., pág. 151–152. "El verdadero significado de la doctrina de la imagen y semejanza del hombre con respecto a Dios es un problema arduo y complicado, del que se han dado soluciones no siempre muy convincentes. Se puede aceptar, por ejemplo, que el hombre es semejante al Dios Uno y Trino por las tres facultades de su alma (memoria, inteligencia y voluntad), pero es difícil huir de la impresión de que esa explicación no hace otra cosa que eludir el tema. En cambio la semejanza del hombre con Dios a causa del amor parece una idea más firme y fundada" (Id.: *Comentarios...*, cit., vol. I, pág. 248).

[33] J. Morales: *El Misterio...*, cit., pág. 215.

[34] Así en las culturas vecinas: sería como el visir de Dios en la creación.

del hombre con Dios: desde la perspectiva de Dios (Dios quiso amar al hombre) y desde el punto de vista del hombre (el ser humano busca a Dios). El hombre es persona, partner de Dios.

Resumiendo, como dice A. Lorda:

"...se puede decir que esta singular expresión del hombre como imagen de Dios manifiesta tres características de la condición humana:

- su dignidad: al reflejar la gloria de Dios, todo hombre está por encima de los demás seres vivos y debe ser tratado con respeto; su vida es sagrada e inviolable y le pertenece sólo a Dios.

- su fecundidad, bendecida por Dios; es el poder de transmitir la imagen de Dios; como la vida humana es sagrada, también la fecundidad humana adquiere, en cierto modo, un carácter sagrado...

- por último la capacidad de dominio sobre la tierra y sus criaturas; ante ellas, el hombre es representación de Dios y puede dominarlas con el poder que viene — podemos deducir nosotros con una terminología más avanzada— de su inteligencia; el hombre es señor del mundo y realiza en él una labor creativa. Pero es sólo imagen; el verdadero Señor de la creación es Dios. El hombre sólo puede considerarse administrador de lo que Dios le ha dado".[35]

La Iglesia estableció pues que el hombre había sido elevado al orden sobrenatural, dotándolo Dios de dones estrictamente sobrenaturales y

---

[35] J. L. Lorda: *El hombre Creado a Imagen de Dios*, en `http://mmf.campus-virtual.com/contexto/documento.php?codigo=030100000`; J. L. Lorda: *Antropología Bíblica: de Adán a Cristo*, Palabra, Madrid 2005.

preternaturales. Esta condición estaba destinada a ser heredada por la descendencia de Adán.

2.3.3. Consecuencias del pecado

Sin embargo, el pecado transformó profundamente la condición original del ser humano.

En el capítulo tercero del Génesis se nos narra el primer pecado del hombre, el pecado original originante, y la situación en la que queda el ser humano como consecuencia del mismo. Se subraya de un modo muy claro que el origen del mal está en el hombre y no en Dios, puesto que fue el pecado el causante de todos los males del mundo.

En efecto, el relato bíblico manifiesta que el primer pecado trajo consecuencias desastrosas para nuestros primeros padres y sus descendientes: se rompió la intimidad originaria con Dios (son expulsados del Paraiso v. 23; se esconden de Dios v. 8–9), la muerte es castigo del primer pecado (Ge 2:17 "el día que comas de él morirás;" Ge 3:19 "polvo eres y al polvo volverás"), provoca el mal en el interior del hombre ("se les abrieron los ojos" descubrieron que "estaban desnudos" vv. 10–11) y en la convivencia de la primera pareja (Adán culpa a Eva, y ésta a la serpiente, vv. 12–13). Dios impone penas concretas al hombre y a la mujer (el hombre trabajará con sudor y la mujer dará a luz con dolor, vv. 3: 16–18). La misma creación material se rebelará contra el dominio del hombre ("maldita sea la tierra por tu causa. Con fatiga comerás de ella todos los días de tu vida. Te producirá espinas y zarzas, y comerás las plantas del campo. . . " vv. 17–18).

Como dice el Catecismo de la Iglesia Católica:

> "La Escritura muestra las consecuencias dramáticas de
> esta primera desobediencia. Adán y Eva pierden inmedia-
> tamente la gracia de la santidad original (cf. Ro 3:23). Tie-
> nen miedo del Dios (cf. Ge 3: 9–10) de quien han concebido

una falsa imagen, la de un Dios celoso de sus prerrogativas (cf. Ge 3:5).

La armonía en la que se encontraban, establecida gracias a la justicia original, queda destruida; el dominio de las facultades espirituales del alma sobre el cuerpo se quiebra (cf. Ge 3:7); la unión entre el hombre y la mujer es sometida a tensiones (cf. Ge 3: 11–13); sus relaciones estarán marcadas por el deseo y el dominio (cf. Ge 3:16). La armonía con la creación se rompe; la creación visible se hace para el hombre extraña y hostil (cf. Ge 3: 17.19). A causa del hombre, la creación es sometida 'a la servidumbre de la corrupción' (Ro 8:21). Por fin, la consecuencia explícitamente anunciada para el caso de desobediencia (cf. Ge 2:17), se realizará: el hombre 'volverá al polvo del que fue formado' (Ge 3:19). La muerte hace su entrada en la historia de la humanidad (cf. Ro 5:12)".[36]

La teología ha sistematizado los siguientes efectos:

1. Pérdida de la gracia santificante y de todas sus consecuencias: el hombre pierde la amistad con Dios y la posibilidad de ir al cielo.

2. Pérdida de los dones preternaturales, con lo que el hombre queda sujeto a la concupiscencia, al sufrimiento y a la muerte.[37]

3. Daño de los dones naturales, pero no su pérdida.[38]

---

[36] *Catecismo de la Iglesia Católica*, nn. 399–400.

[37] La teología protestante, según su principio del *simul iustus et peccator*, no admite la integridad paradisiaca de la primera pareja, insistiendo que el germen del pecado ya estaba en su corazón. Para Pannenberg lo único que causó el primer pecado es abrirle los ojos de su situación pecaminosa. Cfr. A. Fernández: *Teología...*, cit., pág. 557.

[38] Como es bien conocido, la teología protestante comprenderá este efecto como la total destrucción de éstos dones.

4. Estas consecuencias las heredan todos los descendientes de Adán.

Como dice M. A. Tábet:

> "A una situación de orden y serenidad, en la que el hombre dialoga familiarmente con Dios, vive una relación social basada en el amor y trabaja la tierra dominándola, como la presenta Ge 2, sucede una nueva realidad caracterizada por la discordia y la rebelión: del hombre contra Dios, del hombre contra el hombre y del hombre contra el orden creado. El relato yahvista explica que la causa de este mal se encuentra en el pecado de los primeros padres (vv 1–7), al que siguió la condena por parte de Dios (vv. 8–19), y la expulsión de Adán y Eva del paraíso (vv. 20–24). Pero sobre el pecado del hombre prevalece la misericordia de Dios, quien a pesar de todo, ofrece a la humanidad pecadora una promesa de salvación (3:15). A causa del pecado, sin embargo, el mal se difundirá por toda la tierra (c. 4), también entre los descendientes de Set, a quien Dios había suscitado en lugar del justo Abel..."[39]

El Nuevo Testamento revelará que el pecado de Adán también será heredado por sus descendientes (el pecado original originado).[40]

2.3.4. El ser humano no podía salvarse por sus propias fuerzas

En la Biblia se afirma con toda claridad que solo Dios puede restaurar la justicia destruida por el pecado y solo Él puede perdonar. En efecto:

---

[39]M. A. Tábet: *Introducción al Antiguo...*, cit., pág. 109.

[40]Cfr. J. A. Jorge: *Tratado de Creación...*, cit., XIII y XV.

- En el Antiguo Testamento, se describe el fracaso progresivo de todos los intentos humanos de auto–redención. El hombre vuelve una y otra vez a caer en el pecado. La historia de las Alianzas así lo demuestra con toda claridad. De este modo se concluye que solo Dios nos puede salvar y perdonar (Sal 32: 1ss, "Beatus vir, cui non imputavit Dominus delictum, nec est in spiritu eius dolus... Peccatum meum cognitum tibi feci et delictum meum non abscondi. Dixi: 'Confitebor adversum me iniquitatem meam Domino'. Et tu remisisti impietatem peccati mei").[41]

- En el Nuevo Testamento, Cristo perdona los pecados porque es Dios, y solo Dios puede perdonar los pecados (Mc 2: 5–12... "Quid hic sic loquitur? Blasphemat! Quis potest dimittere peccata nisi solus Deus?").

El ser humano es, por tanto, esclavo del pecado:

- Así aparece en la Revelación:

  - Is 64:6, "Et facti *sumus ut immundus* omnes nos, et quasi pannus inquinatus universæ iustitiæ nostræ; et marcuimus quasi folium universi, et iniquitates nostræ quasi ventus abstulerunt nos".

  - Ro 5:12, "Propterea, sicut per unum hominem peccatum in hunc mundum intravit, et per peccatum mors, et ita in omnes homines mors pertransiit, *eo quod omnes peccaverunt*"; y 1 Cor 15:22 "sicut enim in Adam *omnes moriuntur*, ita et in Christo omnes vivificabuntur".

  - Ef 2:3, "...in quibus et nos omnes aliquando conversati sumus in concupiscentiis carnis nostræ, facientes voluntates

---

[41]Cfr. Sal 65: 4ss.

carnis et cogitationum, *et eramus natura filii iræ, sicut et ceteri"*.

- Ro 6:20, "Cum enim *servi essetis peccati*, liberi eratis iusti-tiæ".

■ Así lo declarará el Magisterio de la Iglesia en Trento.[42]

Es una situación que abarca tanto a gentiles como a judíos (el gran tema de la Carta a los Romanos, caps. 1–7).

En efecto, el hombre es incapaz de auto–salvarse. El pecado había abierto un abismo infranqueable para el ser humano limitado. Solo alguien con poder infinito podía salvarlo, como se concluye de las siguientes tres realidades:

1. *La naturaleza del ser ofendido por nuestros pecados*: el Ser infinito, Dios. Nuestros pecados siendo actos humanos, en sí finitos, sin embargo tienen una malicia infinita por la naturaleza infinita del que recibe nuestra ofensa: Dios. El ser humano por sí solo no puede borrar esa infinita ofensa.

2. *La naturaleza misma del pecado*, que no es un acto instantáneo que no produzca consecuencias estables. El pecado es un acto que produce el estado de muerte espiritual permanente que solo cambia con la intervención del poder divino. No es una realidad transeunte que pueda desaparecer con el mero paso del tiempo.

---

[42] *D. S.* 1521: "...cum omnes homines in prævaricatione Adæ innocentiam perdidissent (Ro 5:12; 1 Cor 15:22; cf. *D.S.* 239), 'facti immundi' (Is 64:6) et (ut Apostolus inquit) 'natura filii iræ' (Ef 2:3), quemadmodum in decreto de peccato originali exposuit, usque adeo 'servi erant peccati' (Ro 6:20) et sub potestate diaboli ac mortis, ut non modo gentes per vim naturæ (can. 1), sed ne Iudæi quidem per ipsam etiam litteram Legis Moysi inde liberari aut surgere possent, tametsi in eis liberum arbitrium minime exstinctum (can. 5) esset, viribus licet attenuatum et inclinatum (cf. *D. S.* 378)".

3. *La naturaleza sobrenatural de la salvación.* En efecto, la salvación implica tres aspectos:

- Remisión del pecado.
- Re–adquisición de la gracia perdida.
- Conversión sobrenatural del corazón humano.

Todo lo cual exige lo sobrenatural para producirse. Pero el hombre había perdido todo lo sobrenatural por su pecado. Para el ser humano, después de haber sido creado con ese fin sobrenatural, solo caben dos situaciones: pecado o gracia, ya que no es posible una salvación puramente natural en un hipotético estado de naturaleza pura (nuestro fin es sobrenatural por voluntad de Dios, como se acaba de explicar).

El hombre pues, quedaba separado de Dios y condenado al infierno..., pero Dios tuvo compasión de él.

2.3.5. La promesa del 'Proto–evangelio'

Dios no abandonó al hombre caído, sino que en una serie de sucesivas intervenciones, va a la búsqueda y rescate del mismo, iniciándose una larga historia de Alianzas entre Dios y el ser humano (las *naciones*, su Pueblo elegido), que desembocará en la llegada del Salvador definitivo y en la Alianza nueva y perfecta.

Toda esta *Historia Salutis*, tiene como comienzo la promesa hecha por Dios a Adán y Eva, que se ha denominado el "proto–evangelio" por contener el primer anuncio de la salvación:[43]

---

[43]Cfr. L. Arnaldich: *Protoevangelio*, en GER, XIX, 300–302.

"Inimicitias ponam inter te et mulierem et semen tuum et semen illius; ipsum conteret caput tuum, et tu conteres calcaneum eius" (Ge 3:15).

Se discute sobre el sentido del "ipsum" (referido al linaje, "semen"): *¿La descendencia* de Eva se refiere a todo el género humano (toda la descendencia de Eva) o bien a una persona singular (un descendiente, el Mesías)?

Para determinar su significado, hay que tener en cuenta:

- En primer lugar los datos que aportan las ciencias lingüísticas. En este sentido, el pronombre personal masculino singular del original hebreo ("hû") concuerda con el masculino singular de "linaje" ("zera"). Al traducirse al griego con los LXX, se usó para el término hebreo el pronombre personal masculino "autós" (αυτός), aunque referido ahora a un neutro (σπερμα traducción de "zera"): tal cambio indicaría más bien un sujeto singular (un descendiente, más que una descendencia), con un sentido más concretamente mesiánico. La traducción de la *Vetus Latina* conservó este sentido al usar "ipse" (un pronombre masculino singular que sustituiría al sustantivo neutro singular "semen").[44]

---

[44]Posteriormente, la *Vulgata* le dará un sentido mariológico, al utilizar el pronombre "ipsa" y concordándolo con "mulier". En este sentido se interpretaba también la figura de la mujer del Apocalipsis 12, donde aparecen todos los personajes de Ge 3: La mujer, el hijo, el dragón infernal. Este texto puede tener también una significación eclesiológica además de mariana. El sentido mariológico de Ge 3:15 es frecuente entre los Santos Padres y la teología medieval quienes ven en María a la Nueva Eva. También será recogido en la bula *Ineffabilis Deus* (1854; *D. S.* 2803) sobre el dogma de la Inmaculada Concepción, y en la constitución apostólica *Munificentissimus Deus* (1950; *D. S.* 3901) de Pío XII sobre el dogma de Asunción de la Virgen.

La traducción de la Neovulgata, usa el término "ipsum" con un sentido más cercano al original hebreo.[45]

Se puede concluir con M. A. Tábet que:

> "La estructura simétrica del texto parece favorecer esta interpretación: en el primer verso se anuncia una enemistad entre dos individuos, la serpiente y la mujer; en el segundo, se habla de las dos descendencias, la de la mujer y la de la serpiente; en el tercero, parece lógico suponer que a la serpiente deba corresponder un personaje individual, un descendiente eminente de la mujer. En cualquier caso, Gen 3:15 proclama con claridad el triunfo de la descendencia de la mujer".[46]

- En segundo lugar, es necesario tener en cuenta la hermenéutica bíblica, con su distinción entre los sentidos literal, espiritual y pleno de los textos sagrados: el sentido literal es que la mujer se refiere a Eva y la descendencia a la humanidad; el sentido pleno estaría referido a María y a Jesucristo. Ambos sentidos se complementan.

---

[45]Como dice M. A. Tábet, este modo de traducir de los LXX es frecuente, siguiendo las tradiciones de los *Targumin*, que interpretaban el texto de Ge 3:15 en sentido claramente mesiánico. Así por ejemplo, el *Targum Neofiti I* comenta: "Y enemistad pondré entre ti y la mujer y entre tus hijos y sus hijos; y ocurrirá que, cuando los hijos de ella guarden la ley y pongan por obra los mandamientos, apuntarán a ti y te quebrantarán la cabeza y te matarán ; pero cuando abandonen los mandamientos de la ley, tú apuntarás a él y le herirás en su talón y le harás enfermar; solo que el hijo de ella tendrá cura y tú, serpiente, no tendrás remedio pues ellos estarán prontos a hacer paces en el futuro, en el día del Rey–Mesías". Cfr. M. A. Tábet: *Introducción al Antiguo Testamento. I. Pentateuco y Libros Proféticos*, Madrid, Palabra, 2004, pág. 114.

[46]M. A. Tábet: *Introducción...*, cit, pág. 114.

- En tercer lugar, es necesario conocer la doctrina de los Santos Padres, que en su mayoría dieron un sentido mariológico y cristológico a este versículo del Génesis.[47]

- En último lugar, conviene recordar que el Papa Pio IX acogió la interpretación mariana de los Santos Padres al definir el dogma de la Inmaculada Concepción de María.[48] También lo hace el Catecismo de la Iglesia Católica:

> "La tradición cristiana ve en este pasaje un anuncio del 'nuevo Adán' (cf. 1 Cor 15: 21–22.45) que, por su 'obediencia hasta la muerte en la Cruz' (Flp 2:8) repara con sobreabundancia la desobediencia de Adán (cf. Ro 5: 19–20). Por otra parte, numerosos Padres y doctores de la Iglesia ven en la mujer anunciada en el 'protoevangelio' la madre de Cristo, María, como 'nueva Eva'. Ella ha sido la que, la primera y de una manera única, se benefició de la victoria sobre el pecado alcanzada por Cristo: fue preservada de toda mancha de pecado original (cf. Pío IX: Bula *Ineffabilis Deus*: *D. S.* 2803) y, durante toda su vida terrena, por una gracia especial de Dios, no cometió ninguna clase de pecado (cf. Concilio de Trento: *D. S.* 1573)".[49]

2.3.6. La preparación de Israel

Desde entonces se inicia entre Dios y el ser humano la "Historia Salutis" donde son fundamentales, de un lado, *el ofrecimiento de una*

---

[47]Cfr. L. F. Mateo–Seco: *María, la Nueva Eva, y su Colaboración en la Redención según los Padres*, en "Estudios Marianos" 50 (1985) 51–69, quien cita a S. Justino, S. Ireneo, S. Cipriano, S. Epifanio, etc.

[48]Bula *Ineffabilis Deus*, 1854.

[49]*Catecismo de la Iglesia Católica*, n. 411.

salvación por parte de Dios a los hombres, sobre todo con la institución de las sucesivas alianzas; y, de otro, la *promesa de un Salvador* que lleve a cabo dicha salvación.

Con relación al ofrecimiento de la salvación por parte de Dios la Revelación señala, que después de la primera alianza con todas las naciones en la persona de Noé, Dios decidió salvar a los hombres escogiendo a un Pueblo pequeño para que fuera el portador de la salvación: Israel. Dios ofreció la misma a través de sucesivas alianzas (con Abraham, Isaac, Jacob, Moisés hasta llegar a David, con la famosa profecía de Natán), ya que, cada vez que se realizaba una, el pueblo elegido era infiel a su promesa; sin embargo, Dios manifestaba su fidelidad, a pesar de la tozudez de su pueblo, con el ofrecimiento renovado de una nueva alianza. Con el transcurso del tiempo, los profetas irán espiritualizando cada vez más el sentido de las alianzas y anunciando una Nueva Alianza, definitiva, en la que el pueblo ya no volvería a fallar.

Las alianzas prepararán la aparición de la figura del Mesías Salvador.

2.3.7. Las Alianzas salvadoras

La realización de una alianza de Dios con su Pueblo implica la elección del mismo como si fuera un hijo primogénito (Ex 4:2); por otro lado, también indica que Yahveh se asocia al pueblo en alianza matrimonial con un mutuo compromiso.

La alianza, en general, en hebreo se designa con el vocablo "berîth", y está descrita por los siguientes elementos:

- Un pacto.

- Entre dos personas.

- Realizado delante de Dios.

- Mediante un sacrificio ofrecido a Dios.

- Del que nacen derechos y obligaciones.

La historia de las alianzas de Dios con la humanidad y con su Pueblo elegido tiene varias fases:

1. En primer lugar con Noé (Ge 9) y con toda la humanidad, caracterizada por los siguientes rasgos:

   - Obligaciones de Dios: no destruir nunca más la humanidad.

   - Obligaciones de Noé: ser fiel a la voluntad de Dios, creced y multiplicarse, no derramar ni comer la sangre.

   - Signo: el arco iris.

2. En segundo lugar con Abraham (Ge 15–17), como Padre del Pueblo escogido:

   - Obligaciones de Dios, quien toma la iniciativa: otorgar una descendencia inmensa, la tierra prometida, y la bendición de todas las naciones en Abraham.

   - Obligaciones de Abraham: ser fiel al monoteísmo y seguir fielmente la voluntad divina.

   - Signo: la circuncisión.

3. En tercer lugar, con Isaac (Ge 26: 2–5) y Jacob (Ge 28: 12ss; 35: 9–12), donde se renuevan los términos de la alianza con el Padre Abraham.

4. En un cuarto momento, con Moisés (Ex 19–34), donde la alianza tiene el sentido de formar un Pueblo a través del cual viniera la salvación necesaria para el ser humano. El sentido de todo el

Éxodo y de la Pascua judía estribaba en la creación de una conciencia nacional de ese Pueblo: a lo largo del los sucesos sufridos y narrados, éste se "des–faraoniza", se desvincula de la cultura y de la influencia egipcia, y adquiere los rasgos propios del Pueblo escogido de Yahveh. Se manifiesta el carácter trabajoso de la salvación y todo es figura de la Redención operada por Cristo.

- Obligaciones de Dios: Ser el propietario exclusivo del Pueblo entre todas las naciones, cuidarle y defenderle, renovar todo tipo de maravillas en su favor, y hacer de él una nación santa y un reino de sacerdotes (Ge 19: 5–6).

- Obligaciones del Pueblo: seguir el Decálogo y el Código de la Alianza (Ge 20–23; 34: 14–27). La Ley será el pedagogo hasta Cristo:

  "Itaque lex pædagogus noster fuit in Christum,
  ut ex fide iustificemur" (Ga 3:24).

- Signo: comida ritual y sacrificio con derramamiento de sangre (Ge 24).

5. Finalmente, con el rey David (2 Sam 7: 5.11–16), cuando la alianza de salvación con el rey, se verá cumplida por el futuro Mesías.

- Obligación de Dios: hacer de uno de sus descendientes el Mesías quien será soberano de Israel y de todos los pueblos. Bendecir al rey y hacer que su casa y su reino permanezcan para siempre.

- Obligación del rey: ser fiel a Dios y hacer de su voluntad la norma de su reino, permaneciendo en su presencia para siempre (2 Sam 7: 18–28).

Las alianzas preparan la realidad de Jesucristo, quien cumple a la perfección los requisitos de las mismas, ya que:

- Cristo es Dios, quien viene con su poder infinito a ofrecernos y a realizar la salvación plena y total.

- Cristo es hombre–perfecto que siendo Cabeza de la Humanidad será fiel para siempre a Dios.

- Signo: su Muerte en la Cruz, como sacrificio perfecto de derramamiento de sangre.

Por eso la Encarnación Redentora es presentada como la "nueva y definitiva Alianza":

> "...hic est enim sanguis meus novi testamenti, qui pro multis effunditur in remissionem peccatorum" (Mt 26:28).

> "Hic calix novum testamentum est in meo sanguine; hoc facite, quotiescumque bibetis, in meam commemorationem" (1 Cor 11:25).

> "Quia hoc est testamentum, quod testabor domui Israel post dies illos, dicit Dominus, dando leges meas in mentem eorum, et in corde eorum superscribam eas; et ero eis in Deum, et ipsi erunt mihi in populum. Et non docebit unusquisque civem suum, et unusquisque fratrem suum dicens: 'Cognosce Dominum'; quoniam omnes scient me, a minore usque ad maiorem eorum, quia propitius ero iniquitatibus eorum et peccatorum illorum iam non memorabor. Dicendo 'novum' veteravit prius; quod autem antiquatur et senescit, prope interitum est" (Heb 8: 10–13).

La alianza es, de este modo, un "tipo" de la Encarnación: Dios quiere relacionarse con el hombre del mismo modo como los hombres se vinculan entre sí, en un nexo amorosísimo y estrecho, al modo como

ocurre con las alianzas, o con la relación de un padre con su hijo
(Ex 4:22; Os 11:1) o la de un esposo con su esposa (Cantar de los
Cantares; Jer 3: 19–22; Is 54: 5–8).

2.4. El Salvador prometido

En el Antiguo Testamento, el tema de las alianzas prepara la revelación de la figura del Mesías Salvador, quien aparece con rasgos
humanos ("hijo de David") pero también divinos ("será llamado dios
fuerte" Is 9: 5–6, "dios con nosotros" —Enmanuel— Is 7:14). En este sentido el mesianismo en el judaísmo nace en el ambiente de las
alianzas, no teniendo su origen ni en el mito ni en ritual alguno.

El mesianismo se presenta de variados modos, pero siempre con la
idea de ser el sujeto que sirve de mediador entre Dios y su pueblo. El
Mesías es, pues, una figura compleja en el Antiguo Testamento, que se
verá realizada en su plenitud con la llegada de Jesucristo, quien trae-
rá la Alianza definitiva y la salvación, no solo para el pueblo elegido,
sino para toda la humanidad (junto con la idea de la mediación mesiánica, también aparecen otras figuras de mediación, que prepararán
y anunciarán por su parte la llegada de Cristo).

Veamos cada una de estas figuras de Jesucristo en el Antiguo Testamento.

2.4.1. La figura del Mesías Salvador

El término "mesías" tiene su origen en una voz de origen arameo
(con duplicación de eses, conservada en varias lenguas, *Messias*), adop-
tada del hebreo *mašiăh* (que significa "ungido"), helenizado posterior-

mente como χριστός, de donde deriva el término latino *Christus*, que pasó a las lenguas modernas.[50]

Se refiere pues al Ungido, prometido en el Antiguo Testamento, que sería enviado al Pueblo como Rey y Mensajero. La unción en el Antiguo Testamento se confería a los que tenían que realizar una función especial en el pueblo. Se aplicó a los miembros del sacerdocio, que recibían la unción, al quedar incorporados a sus funciones y consagrados a Dios (Ex 29:7); al sumo sacerdote, distinguido con una unción especial; al rey, ungido con óleo y considerado como inviolable (1 Sam 9:16); a los profetas (1 Re 19:16); y, a veces, tiene una acepción muy general, p. ej., en el salmo 105:15 se habla de *christos meos*, "mis ungidos", refiriéndose al clan de los abrahámidas, consagrados a Dios por un pacto solemne. En el Salmo 2:2, "contra Yahvéh y contra su Ungido", se encuentra por vez primera en la Biblia el término *mašiăh*, aplicado al lugarteniente de Yahveh en los tiempos mesiánicos.

Como dice Sayés:

> "Pero al hablar del 'Mesías' se entendía sobre todo de un gran legado divino, instaurador del Reino de Dios en los últimos tiempos y que era esperado por el Pueblo de Israel. El Reino que habría de instalar se llamaría el *Reino mesiánico*".[51]

La figura del Mesías aparecerá de tres modos fundamentalmente: como Mesías–Rey, como Mesías–Profeta y como Mesías–Sacerdote.[52]

---

[50]D. Gonzalo Maeso: *Mesianismo*, en GER, vol. XV, pág. 592. T. Larriba Urraca: *Mesías*, en GER, vol. XV, pág. 595.

[51]J. A. Sayés: *Señor y Cristo*, cit., pág. 136.

[52]Cfr. J. Coppens: *Le Messianisme Royal. Ses Origines. Son Développement. Son Accomplissement*, Paris, Cerf, 1968; A. Amato: *Jesús...*, cit., págs. 124–146 y bibliografía de págs. 167–168.

2.4.2. El Mesías–Rey

La realeza en Israel es un fenómeno relativamente tardío y vinculado a la Alianza: era una institución teocéntrica instituida al servicio de la misma, pues era la portadora durante un tiempo de la responsabilidad de la Alianza, al tiempo que —como institución— será juzgada siempre desde la perspectiva de la misma.

A) El mesianismo real comienza propiamente con *la promesa de Natán a David*, en la que se afirma que la dinastía davídica vendría a ser la mediadora de la Alianza: de su actitud de docilidad a Dios o de su rebelión contra Él dependerá el funcionamiento de la Alianza. El rey aparece como el mediador de la salvación entre Dios y su pueblo.

La profecía dice así:

"Et nunc hæc dices servo meo David: Hæc dicit Dominus exercituum: Ego tuli te de pascuis sequentem greges, ut esses dux super populum meum Israel, et fui tecum in omnibus, ubicumque ambulasti, et interfeci universos inimicos tuos a facie tua; fecique tibi nomen grande iuxta nomen magnorum, qui sunt in terra. Et ponam locum populo meo Israel et plantabo eum, et habitabit in eo et non turbabitur amplius; nec addent filii iniquitatis ut affligant eum sicut prius et ex die, qua constitui iudices super populum meum Israel, et requiem dabo tibi ab omnibus inimicis tuis. Prædicitque tibi Dominus quod domum faciat tibi Dominus. Cumque completi fuerint dies tui, et dormieris cum patribus tuis, suscitabo semen tuum post te, quod egredietur de visceribus tuis; et firmabo regnum eius. Ipse ædificabit domum nomini meo, et stabiliam thronum regni eius usque in sempiternum. Ego ero ei in patrem, et ipse erit mihi in filium; qui si inique aliquid gesserit, arguam eum in virga virorum et in plagis filiorum hominum. Misericordiam autem meam non auferam ab eo, sicut abstuli a Saul, quem amovi a facie tua; et stabilis erit domus tua et regnum tuum usque in æternum ante faciem meam, et thronus tuus erit firmus iugiter" (2 Sam 7: 8–16).

El sentido mesiánico lo sugiere el texto de la profecía. En efecto, la fórmula "cumque completi fuerint dies tui, et dormieris cum patribus tuis. . .", indica que el cumplimiento de la promesa ("suscitabo semen tuum post te, quod egredietur de visceribus tuis; et firmabo regnum eius. Ipse ædificabit domum nomini meo, et stabiliam thronum regni eius usque in sempiternum"), se realizará en un tiempo posterior a la muerte de David, en un momento diferente del propio del reinado de su hijo Salomón, quien fue ungido rey cuando todavía vivía David (1 Re 1: 32–40). A esto contribuye también la promesa de un reino eterno (versos 12, 13, 15, 24, 26, 29). Esta conciencia del Mesías rey descendiente de David, está muy acentuada en tiempos de Jesús (Mt 22: 41–45).

Esta profecía se aplicará a Jesus en el Nuevo Testamento en contextos muy variados: en la Anunciación (Lc 1: 32–33); en la Carta a los Hebreos, para indicar la filiación divina del Mesías (Heb 1:5); y en el discurso de San Pedro en Pentecostés afirmando que Cristo es el descendiente prometido al rey David (Hech 2: 29–30). Los contemporáneos de Jesús le llaman "hijo de David" y "rey" (Mt 15:22; 21: 9.15; Mc 10: 47–48).[53]

---

[53]No obstante, Jesús se refiere muy parcamente a este mesianismo davídico, con el fin de no politizar su misión sobrenatural, y huye cuando quieren proclamarlo rey (Jn 6:15), aunque reconoce que lo es (Jn 18:37), y entra en Jerusalén triunfante pero no al modo humano, sino humilde. Sobre la realeza de Cristo, cfr. A. Gálvez: *Meditaciones. . .*, cit., págs. 135ss.; e *infra* cap. IX.4.

Conviene subrayar los siguientes datos de la profecía: David se presenta como el portador del amor divino (vv. 7–9) y como el mediador de las bendiciones divinas (v. 29); el descendiente de David se comportará con respecto a Dios como un hijo con respecto a su padre (v. 14); el texto está redactado en términos de Alianza: el rey aparece como vasallo de Dios, quien se compromete a mantener su reino; el rey se obliga a guardar a Israel como pueblo de la Alianza.

B) La profecía de Natán será contemplada por los llamados *Salmos reales*, insistiendo en su sentido mesiánico, y aclarando los contenidos que le caracterizarán.

- Salmo 89. Es una relectura de la profecía de Natán, en tonos de lamento. Tiene tres partes: la primera es una alabanza a los atributos divinos, sobre todo a su bondad y fidelidad (vv. 1–19); la segunda, repite la promesa a David de la estabilidad de su dinastía (vv. 20–38); finalmente, la tercera parte es una lamentación porque pareciera que Dios se había olvidado de sus promesas.[54]

  La monarquía davídica está en crisis, parece que no tiene futuro y que ha sido abandonada de Dios por su infidelidad. Sin embargo, las promesas de Dios no pueden fallar. Y se cumplirán de todos modos porque se realizará en un descendiente de David que será un rey con un reino eterno ("su estirpe durará por siempre y su trono como el sol ante mí, por siempre se mantendrá como la luna, testigo fiel en el cielo" vv. 36–38); es el Mesías davídico.

  Es necesario recordar los siguientes puntos:

  1. El objeto de la promesa es la duración sin fin de la dinastía davídica (vv. 5, 30 y y 37).

---

[54]Cfr. M. A. Tábet: *Introducción...*, cit., pág. 319.

2. La promesa se basa en el juramento de Yahvéh.

3. La promesa se formula en términos de alianza (vv. 4–5): "Una alianza pacté con mi elegido..."

4. Se hace referencia a la unción (v. 21).

5. La promesa es absoluta: en caso de infidelidad, Yahvéh no retirará su alianza (v. 34).[55]

- Salmo 132. Aquí se exige la condición de fidelidad del rey a la alianza (v. 12), pero con una distinción. En efecto, se recuerda la profecía de Natán, y por un lado, se afirma que existe una promesa divina absolutamente irrevocable de suscitar "un fruto" nacido de David; pero, al mismo tiempo, se habla de que la promesa de perennidad de la dinastía del rey David sí está condicionada a la fidelidad de sus sucesores, de modo que la infidelidad del pueblo y del rey podría hacer vana la promesa sobre tal dinastía. La aporía se resuelve con el vaticinio de un futuro "fruto", fiel, que sí daría cumplimiento a la promesa divina:[56]

> "Iuravit Dominus David veritatem et non recedet ab ea: 'De fructu ventris tui ponam super sedem tuam. Si custodierint filii tui testamentum meum et testimonia mea, quæ docebo eos, filii eorum usque in sæculum sedebunt super sedem tuam'" (Sal 132: 11–12).

- Salmo 2. Es un salmo de exaltación del Rey–Mesías.

  - Yahvé se comportará como un padre para el Rey–Ungido (vv. 2.7).

---

[55]Cfr. J. A. Sayés: *Cristología...*, cap. 1.

[56]M. A. Tábet: *Introducción...*, cit., pág. 319.

- Yahvé lo engendra como hijo en el día de su entronización (vv. 7–9). Esta generación va más allá de la adopción de tipo jurídico, pues el rey participará del poder divino en el dominio de sus enemigos.

- El rey tiene pues un cierto carácter divino.

■ Salmo 110. Es un salmo de exaltación que sigue las líneas de pensamiento del salmo 2.

  - "Siéntate a mi derecha", lo que parece evocar la idea de los faraones que se sientan junto a una divinidad en el trono (v. 1).

  - "Te acompañará el principado desde el día de tu nacimiento, el esplendor sagrado desde el seno, desde la aurora de tu infancia" (v. 3). Se trata de la generación del rey que participa del poder divino, algo que sugiere la filiación mística; en el ambiente egipcio el dios Sol engendra la aurora al amanecer, del mismo modo que Yahvé engendra también al rey.

  - Se le da al rey un cierto sentido sacerdotal en el v. 4: "Tu eres sacerdote para siempre según el rito de Melquisedec".

■ Salmo 72. Salmo que manifiesta un monarca espiritualizado y virtuoso. No solo es el monarca guerrero que domina, sino también el defensor de los pobres y de los indigentes.

C) *Los profetas*, también contribuyen decididamente a la creación de la figura del Mesías–Rey en el judaísmo, aunque ya con la visión de la superación de la perspectiva histórica de una permanencia de la dinastía davídica, que siempre se aparta del camino trazado en la Alianza con Dios. Los textos más significativos son los del llamado "Ciclo del

Enmanuel" de Isaías,[57] a los que se unirán también, posteriormente, los vaticinios de otros profetas.

1.— El *ciclo del Enmanuel*[58] de Isaías está ligado a la profecía que se le hace a Ajaz, quien en lugar de acudir a la confianza en Yahveh ante la invasión de reyes enemigos, busca una alianza humana con otros reyes amigos. A pesar de la traición de Ajaz, Dios quiere permanecer fiel a la promesa hecha a David y a sus descendientes, y le promete el nacimiento del "Enmanuel":

> "Propter hoc dabit Dominus ipse vobis signum. Ecce, virgo concipiet et pariet filium et vocabit nomen eius Emmanuel; butyrum et mel comedet, ut ipse sciat reprobare malum et eligere bonum" (Is 7: 14–15).

Con esta promesa se indica que la fidelidad de Dios se realizará interrumpiendo el linaje de los reyes davídicos y empezando de nuevo. Dios interviene directamente con el nacimiento del seno de una virgen del "Enmanuel", Dios con nosotros,[59] un rey ideal, que a diferencia de Ajaz, será fiel a Dios e inaugurará el reino de paz y felicidad. San Mateo manifestará el cumplimiento de la profecía en el nacimiento virginal de Jesús de Santa María (Mt 1: 22ss.).[60]

---

[57]Is 6–12.

[58]Cfr. G. Odasso: *Il Segno dell'Emmanuele nella Tradizione dell'Antico Testamento*, en "Theotokos" 4 (1996) 151–188; A. Amato: *Jesús...*, cit., págs. 128–130.

[59]Nombre del futuro rey: *Emmanuel*, presentado con un carácter excepcional y divino coincidente con los textos de Is 8: 5–10, 9: 1–6, 11: 1–9. El país se llamará "tierra del Emmanuel" como antes fue llamada "tierra de Yahvé" (Is 8:8).

[60]Se han dado varias interpretaciones sobre quién es esa virgen. Los LXX y la Vulgata traducen por *parthenos, virgo*. Este texto tiene un sentido mesiánico referido a la Virgen María por toda la Tradición cristiana.

Otro de los textos del Ciclo del Enmanuel es el Is 9: 1–6, donde el Rey–Mesías comenzaría una era de justicia y paz que será obra en realidad de Yahveh:

> "Populus, qui ambulabat in tenebris, vidit lucem magnam; habitantibus in regione umbræ mortis lux orta est eis... Parvulus enim natus est nobis, filius datus est nobis; et factus est principatus super umerum eius; et vocabitur nomen eius admirabilis Consiliarius, Deus fortis, Pater æternitatis, Princeps pacis. Magnum erit eius imperium, et pacis non erit finis super solium David et super regnum eius, ut confirmet illud et corroboret in iudicio et iustitia amodo et usque in sempiternum: zelus Domini exercituum faciet hoc".

Aquí el futuro Mesías aparece con los siguientes rasgos:

- "Una criatura nos ha nacido, un hijo se nos ha dado".

- "El señorío está sobre sus hombros".

- "Su nombre será *maravilla de consejero, dios fuerte, padre eterno, príncipe de la paz*".

- "Grande es su señorío y la paz no tendrá fin..., consolidará el reino con la paz y la justicia".

- "Desde ahora y para siempre, el celo de Yahveh *Sebaot* hará eso".

Todos estos rasgos los hará realidad Jesucristo.

Finalmente, en Is 11: 1–9 se continua la descripción del Rey–Mesías con la posesión de la plenitud de las virtudes (v. 2), con espíritu profético (v. 3) y será el reflejo terreno de la santidad de Yahveh (v. 3–5).

Su reino supondrá la recuperación de la paz del Jardín del Edén (v. 6–8):

> "...et requiescet super eum spiritus Domini: spiritus sapientiæ et intellectus, spiritus consilii et fortitudinis, spiritus scientiæ et timoris Domini; et deliciæ eius in timore Domini. Non secundum visionem oculorum iudicabit neque secundum auditum aurium decernet; sed iudicabit in iustitia pauperes et decernet in æquitate pro mansuetis terræ; et percutiet terram virga oris sui et spiritu labiorum suorum interficiet impium. Et erit iustitia cingulum lumborum eius, et fides cinctorium renum eius. Habitabit lupus cum agno, et pardus cum hædo accubabit; vitulus et leo simul saginabuntur, et puer parvulus minabit eos. Vitula et ursus pascentur, simul accubabunt catuli eorum; et leo sicut bos comedet paleas. Et ludet infans ab ubere super foramine aspidis; et in cavernam reguli, qui ablactatus fuerit, manum suam mittet. Non nocebunt et non occident in universo monte sancto meo, quia plena erit terra scientia Domini, sicut aquæ mare operiunt".

2.— *Otros profetas posteriores* aportarán nuevos rasgos del Rey–Mesías, de tonos cada vez más espirituales y sobrenaturales, que completarán el cuadro sobre su verdadero carácter y el de su reino:

1. Miqueas 5:1, quien profetiza que el futuro Mesías, nacerá en Belén.

2. Jeremías, que en las momentos inmediatos al Exilio, perdida la confianza en la familia real reinante (Cfr. Jer 22:29), proclama un inicio nuevo en el futuro en el que el Mesías restaurará a Israel:

- Será un vástago de David (Jer 23, 5–6).

- Restaurará la justicia en Israel (Jer 23: 7–10).

- Se llamará *Yahveh, nuestra Justicia* (relación con rey Sede-
quías (<"sedeq", justicia), pero en sentido real y verdadero
(Jer 23:6).

3. Ezequiel, ya en mitad del Exilio, anunciará al Mesías, pastor
único y rey de todos:

- Un vástago que se convertirá en cedro magnífico (Ez 17:
22–24).

- Descendiente de David, que será pastor único (Ez 34: 23–
24).

- Rey de todos (Ez 37: 24–25).

4. Zacarías, que vive en el momento de la reconstrucción del templo,
proclama un Rey–Mesías espiritual:

- Rey justo y victorioso.

- Pero humilde, montado sobre un asno. (Za 9: 9–10).

D) La realidad del Rey–Mesías sufrirá una distorsión en la concepción *extra–bíblica e inter–testamentaria* de Israel, tornándose una figura política y guerrera, al estilo de los reyes de este mundo, que vendría
no solo a liberar a Israel de la opresión de las potencias a las que estaba
sometido, sino también a establecer un reino político de Israel sobre las
otras naciones. Esta visión, que prendió entre los fariseos y los zelotes,
era la opinión común entre el pueblo cuando aparece Jesucristo, quien
tiene que rechazar con firmeza tal concepción del mesianismo e insistir

en su carácter sobrenatural y espiritual.[61] ¿Cómo pudo producirse tal cambio de perspectiva?

- En primer lugar porque el figura del Mesias–Rey desaparece del horizonte de los profetas más recientes. En efecto, Abdías y Joel por ejemplo, no hablan de la salvación operada por un Mesías humano, sino solo por la que operará Dios. La literatura sapiencial más cercana al Nuevo Testamento no menciona al Mesías (Macabeos, Tobías, Sabiduría, Judit).

- En segundo lugar, porque la literatura extra–bíblica, de carácter muy nacionalista y sin la visión espiritualista de los profetas, anuncian un rey de tipo político. Así se aprecia en la literatura apocalíptica apócrifa (siglos 1 a JC a 1 d. JC: *Testamento de los Doce Patriarcas*, *Salmos de Salomón*, *IV libro de Esdras*, *Apocalipsis de Baruc*, literatura del *Qumram*, etc.).[62] Sobresale, por ejemplo, el salmo 17 de Salomón, donde aparece el Rey–Mesías descendiente de David, que expulsará al invasor romano (Pompeyo, quien anexionó Judea al imperio romano), no solo con sus rasgos espirituales, sino sobre todo con un dominio político y guerrero que destruiría a los invasores.[63] Por su parte, en la literatura descubierta en las cuevas del Qumram, aunque predomina el carácter sacerdotal del Mesías, también aparece el Mesías–Rey.[64]

---

[61]Cfr. "querían llevárselo para proclamarlo rey. . ." (Jn 6:15); sentido del llamado "secreto mesiánico"; preferencia de Jesús en el uso del título *Hijo de Hombre* antes que el de *Mesías*; etc.

[62]Cfr. A. Diez Macho: *Apócrifos del Antiguo Testamento*, Ediciones Cristiandad, Madrid, 1982–1987, I, págs. 205–208.

[63]A. Piñero Saenz, Antonio: *Salmos de Salomón*, en "Apócrifos del Antiguo Testamento III", Ediciones Cristiandad, Madrid, 1982, págs. 9–57.

[64]A. Caquot: *Le Messianisme Qumrânien*, en Delcor: "Qumrâm, Sa Pieté, sa Théologie et son Milieu", Paris–Gemblous, 1978, págs. 213–246.

2.4.3. El Mesías–Profeta

El profetismo está presente en toda la Historia de Israel. El profeta es mediador entre Dios y su pueblo. Es una figura anterior a la del rey o la del sacerdote, que estudiaremos más tarde.

Moisés es el prototipo de profeta, quien aparece con todos sus rasgos en el Deuteronomio 18: por un lado manifiesta la voluntad de Dios hacia su Pueblo; y de otro, intercede por éste ante Dios. En la figura de Moisés se reúne la función real (caudillo del Pueblo), sacerdotal (liturgo) y profética. Pero con la institución del reinado y del sacerdocio, el profetismo quedará circunscrito a la función de la revelación de la palabra de Dios.

La línea del profetismo mesiánico pasará de Moisés a Josué, de los Jueces a Samuel, Elías, Jeremías, etc.; y, a través del Siervo de Yahveh, hasta Jesucristo.

El Siervo de Yahveh

La figura del "ebed yahveh" aparece en los cánticos de Isaías. Se distinguen cuatro cánticos.[65] Is 42: 1–7 contiene el primero, dedicado a la presentación del Siervo y su misión; Is 49: 1–6 recoge el segundo de los cantos, en los que el Siervo presenta su vocación de parte de Dios, su respuesta a la misma y su misión universal; el tercer cántico está en Is 50: 4–9, donde se describe el lamento del Siervo por sus persecuciones y sufrimientos. Finalmente, en Is 52:13 a Is 53:12 encontramos el cuarto de los cantos, con cuatro partes: la primera (52: 13–15) en la que Dios habla del éxito y la exaltación del Siervo; la segunda (53: 1–6) en la que todo el pueblo se lamenta por los padecimientos del Siervo con un sentido de penitencia; la tercera (53: 7–10) donde es el profeta mismo

---

[65]Cfr. P. Grelot: *Les Poèmes du Serviteur. De la Lecture Critique à l'Herméneutique*, Paris: Cerf, 1981; *I Canti del Servo del Signore*, EDB, Bologna, 1983.

el que describe los sufrimientos del Siervo; y la cuarta (53: 11–12) donde es Dios quien alaba lo conseguido por el Siervo.

De estos cánticos se pueden extraer las siguientes conclusiones:[66]

- *Identidad*: es un profeta. En efecto, los profetas eran "siervos de Yahveh". En los cánticos aparecen su predestinación desde su concepción y su elección al ministerio por parte de Dios con el fin de realizar la misión que Él le tiene encomendada.

- *Destinatarios*: abarca una inmensa multitud (los cansados, los ciegos y prisioneros, los "muchos", pueblos, naciones, reyes, islas, los extremos de la tierra entera. . .).

- *Función* es triple:

  - El Siervo servirá como "mediador" de la "alianza del pueblo", lo mismo que antes lo había sido el Rey–Mesías (Is 42:6, 49:8).

  - La personificación de la alianza conlleva una misión liberadora: de los prisioneros, enfermos y pobres (Is 42: 7ss.); devolver el pueblo a Yahveh (Is 49:5).

  - Su misión también es de enseñanza e instauración de la justicia y el derecho (sentido bíblico) (Is 42: 1–4).

- *Medio de salvación y actitud*: la propia de los profetas, es decir, paciencia, confianza en Dios (50: 7–9), mansedumbre (50: 5–6), etc. Aceptación del sufrimiento y de la muerte en favor de los demás. El último cántico describe minuciosamente el tormento del Siervo (52:13–53:12).

---

[66]Cfr. A. Amato: *Jesús*. . . , cit., págs. 143–145; J. A. Sayés: *Señor y Cristo*. . . , cit., págs. 145ss.

- *Significado soteriológico*: su sacrificio es querido por Dios como parte de su misión. Es consecuencia de los pecados de los demás, su sufrimiento es sufrimiento vicario, por causa nuestra y en nuestro lugar. "Iustificabit iustus servus meus multos et iniquitates eorum ipse portabit" (53:11).

- *Recompensa*: Su triunfo será inmenso; la gloria dada por Dios, para siempre. Victoria que se expresa en términos militares (53:12) o jurídicos (50: 8ss.). Después de su muerte "verá la luz" (53:11) y tendrá una "descendencia nueva" (53:10) como cabeza de un nuevo pueblo. Su victoria tiene un valor de salvación también: dará vida a los demás, establecerá la verdad sobre la tierra e intercederá por los pecadores... "et pro transgressoribus rogat" (53:12).

La identidad de este siervo de Yahveh ha sido muy diversamente interpretada, como dice J. A. Sayés:[67]

1. *Interpretación colectiva*: Se identifica con el Israel histórico, con el Israel ideal o con el resto de Israel.[68] Esta interpretación se fundamentaría en que el título se aplica a veces al Pueblo de Israel, pero los rasgos son muy diferentes a los que aparecen en los cánticos del Siervo de Yahveh. Veamos:

   - No es pecador ni culpable (Is 42: 1–4; 50: 4–6)), como sí lo es el Siervo Israel (Is 40:2; 43: 24–28; 44:12; 47:8; 48: 1–14).

---

[67]Cfr. J. A. Sayés: *Señor y Cristo...*, cit., págs. 146–148.

[68]Enumeración de autores que defienden este sentido en J. Coppens: *Le Messianisme Israélite. La Revèle Prophétique, IV. Le Serviteur de Jahvé. Figure Prophétique de l'Avenir*, en Ephemerides Theologicae Lovaniensis, 48 (1972) 21–22.

- Es dócil (Is 42:4; 49:6), y no rebelde como el Siervo Israel (Is 42: 1–4; 50: 4–6).

- El Siervo es luz de las naciones y abre los ojos al ciego (Is 42: 6–7), mientras que Israel está ciego y mudo (Is 42:19).

- El Siervo es libertador (Is 42:7; 49:6). En cambio, Israel está cautivo (Is 42:24).

- El Siervo sufre por los pecados de su pueblo (Is 53: 4–6.11), a diferencia de Israel que sufre por sus propias faltas e iniquidades (Is 43: 27–28).

- El Siervo de Yahveh muere, mientras que Israel no lo hace.

2. *Interpretación individual histórica*: Se identifica con algún personaje del pasado de la Historia de Israel: como Moisés, Jeremías, etc. Pero éstos nunca aparecen vinculados con la idea de una muerte expiatoria. Quizá el más parecido pudiera ser Jeremías, pero éste se queja de su sufrimiento y no parece aceptarlo voluntariamente.

3. *Interpretación de personalidad corporativa*: el Siervo indicaría a la vez a un individuo y al pueblo, pues habría una evolución a lo largo de los cuatro cantos de una idea colectiva a una individual.[69]

4. *Interpretación individual escatológica*: Sería el anuncio de un mesías redentor por sus sufrimientos y muerte (Cristo). Actúa en nombre del pueblo y a favor suyo

---

[69]Cfr. entre otros, H. W. Robinson: *The Cross of the Servant*, London, 1926; H. H. Rowlye: *The Servant of the Lord*, London, 1952; C. R. North: *The Suffering Servant in Deutero–Isaiah*, Oxford, 1948.

y presenta rasgos mesiánicos; su misión aparece como universal, a través de la predicación a todas gentes para vincularlas con Dios; es intermediario de una nueva alianza, liberando a los cautivos y restaurando las tribus de Jacob llevándolas a su patria. Finalmente, muere por los pecados de todos los hombres y es recompensado con su glorificación posterior.[70]

De todo lo anterior, se puede concluir con Amato:

"En todos estos cánticos no podemos dejar de señalar que hay una descripción 'ante litteram' de la Pasión, Muerte, Sepultura y Resurrección de Jesucristo, inocente, entregado a la muerte en medio de sufrimientos atroces, y resucitado después por Dios para ser causa de salvación universal de toda la humanidad".[71]

El Profeta de los últimos tiempos

Los profetas desaparecen después del Exilio. La religiosidad de Israel se centrará en el templo y la Ley. Con ello, también decae la figura del Mesías–Profeta.

Sin embargo, en los ambientes del Qumrán aparece la figura del profeta de los últimos tiempos, que se hacía coincidir o con Elías o con Moisés que volverían a la vida.

Rasgos de este pensamiento se encontrarán en el Nuevo Testamento, entre las variadas opiniones que la gente tenía sobre Jesús: "Ex

---

[70]Sigo aquí una descripción diferente de la que hace J. A. Sayés (*Señor y Cristo*, cit., pág. 148) al tratar de esta interpretación.

[71]A. Amato: *Jesús...*, cit., pág. 145.

illa ergo turba, cum audissent hos sermones, dicebant: 'Hic est vere propheta!'" (Jn 7:40).[72]

2.4.4. El Mesías–Sacerdote

Jesús en el Nuevo Testamento, aparece como el Sumo y Eterno Sacerdote. Existe una corriente en el Antiguo Testamento que vinculaba el mesianismo con el sacerdocio, en la figura del Mesías–Sacerdote. El salmo 110 celebra al Mesías como sacerdote según el rito de Melquisec,[73] con lo que tiene la función de intermediación (en la expiación e intercesión, para conseguir la bendición de Dios y la ayuda en las luchas contra los enemigos) entre en Dios y el pueblo que gobierna.

Esta figura será potenciada sobre todo en la etapa de la restauración del Templo, tras el Exilio: los reyes de la estirpe de David habían fallado, y el templo es el centro del Reino de Jerusalén. Conforme a Ezequiel, el altar está lleno de la gloria de Yahveh, y éste está rodeado del Templo, que a su vez está rodeado de la ciudad Santa (Ez 43: 4–5).

Manifestación de este Mesías con rasgos sacerdotales es la coronación del sumo sacerdote Josué por Zacarías (Za 6:11), quien se convierte en el único representante del pueblo: "Hæc dicit Dominus exercituum: Si in viis meis ambulaveris et ministerium meum custodieris, tu quoque iudicabis domum meam et custodies atria mea; et dabo tibi accessum inter eos, qui nunc hic assistunt" (Za 3:7).

El sacerdocio en el Pueblo elegido se vincula a la tribu de Leví en primer lugar (De 33: 8–11); posteriormente se centra, dentro de los levitas, en la familia de Sadoc, sumo sacerdote, a cuyos hijos se

---

[72]Cfr. Mt 14:2; Mc 6:15; Mt 16:14; Lc 9: 18–19; Jn 9:17.

[73]Sacerdote previo al sacerdocio vinculado con la tribu de Leví (De 33: 8–11); Rey de Salem (Jerusalén) y sacerdote del Altísimo (Ge 14: 17–20).

les promete un sacerdocio eterno (Ex 40:15; Nu 25:13;[74] Eco 45:24); pero la estirpe histórica del sacerdocio sadoquita desaparece con el asesinato de Onías III, con lo que la esperanza en un Mesías–sacerdote histórico se espiritualiza y se proyecta hacia el futuro, en definitiva hacia Cristo, que es *Hijo de David*, pero también *Sacerdote según el rito de Melquisedec* (Heb 5:10).

La idea del Mesías sacerdote estaba muy viva en las comunidades del Qumrán (*Regla de la Comunidad* y *Documento de Damasco*), como se aprecia en la literatura intertestamentaria:

> "La relación entre el Mesías sacerdotal y el real es parango-
> nada a la existente entre el sol y la luna. El Mesías sacerdo-
> tal es considerado superior al davídico. Además del oficio
> cultual, existirá también el de mediador de la revelación
> divina y será portador de paz y de felicidad eterna".[75]

2.5. El Mesías–Celeste

Junto con las concepciones sobre el mesianismo que hemos estudia-
do, también aparece la revelación de un Mesías que vendría de lo alto, quien traspasando las coordenadas del espacio y del tiempo, actúa como mediador entre Dios y el Pueblo elegido.

El tipo de Mesías–Celeste más importante es el del "Hijo del hom-
bre" de Daniel. Pero se han señalado además algunas instituciones que prefiguran a ese Mesías–Celeste y que son también mediadores que vienen de lo alto; en concreto: el angel de Yahveh y la Sabiduría divina. Veamos cada una de ellas.

---

[74]Pinjas, es considerado por los sadoquitas como cabeza de su estirpe (1 Cr 5: 27–41).

[75]A. Amato: *Jesús...*, cit., pág. 136.

2.5.1. Mal'ak Yahveh

La figura del "angel de Yahveh" se encuentra con frecuencia en el Antiguo Testamento encargado de realizar acciones de parte de Dios en favor o en castigo de los hombres.[76] Es una figura que a veces parece identificarse con el mismo Dios que actúa en nuestro mundo (ej. el ángel de la aparición a Agar en Ge 16:13); otras veces se ve con claridad que es diferente de Dios aunque actúa en su nombre (ej. el ángel del Éxodo 20: 20–22); finalmente se habla de ángeles con nombres concretos que son enviados a una misión particular (ej. *Miguel*, en Da 10: 13.21; o *Rafael*, en To 3:17).

"El ángel de Yahveh", quien es enviado por Dios con una misión salvífica concreta, aparece como:

- *Mensajero.* Vgr. los ángeles enviados a Abraham (Ge 18).

- *Protector* de Israel. En el paso del Mar Rojo (Ex 14:19; 23: 20–23; 32:34); de los que temen a Dios como cuando guía a Isaac a buscar esposa (Ge 24: 7.40); ayuda a Elías que huye (1 Re 19: 5–6); el ángel de Yahveh ayuda a la misión de Elías el tesbita (2 Re 1: 3–5).

- *Juez y castigador.* Castigo por pecado de David al hacer el censo (2 Sam 24: 16–18); liberación de Jerusalén del Rey de Asiria (2 Re 19: 35–36).

- *Intercesor por el Pueblo*: "Et respondit angelus Domini et dixit: 'Domine exercituum, usquequo tu non misereberis Ierusalem et urbium Iudæ, quibus iratus es? Iste septuagesimus annus est!' " (Za 1:12).

---

[76]Cfr. P. G. Davis: *Divine Agents, Mediators, and the New Testament Christology*, en "The Journal of Theological Studies", 45 (1994) 479–503.

2.5.2. La Sabiduría divina que desciende

La Sabiduría de Dios en el Antiguo Testamento aparece con frecuencia con rasgos personificadores, que si bien no pueden ser entendidos como una revelación definitiva de la Segunda Persona Trinitaria, sin embargo, es otra de las figuras de mediación desde lo alto entre Dios y su Pueblo que preparan la aceptación de la idea de un Mesías celestial salvador.[77]

Aquí interesa en su papel de mediador venido de lo alto. En efecto, la Sabiduría divina es Palabra de Dios, pero no hacia el exterior de Dios, sino hacia su interior; su propia palabra. Desde antes de la creación ya existe (Pr 8: 23–30); tiene atributos divinos como la inmutabilidad o la omnipresencia (Pr 7: 23.27).

Presenta rasgos muy semejantes al Mesías Salvador: origen divino, engendrados desde toda la eternidad (Sal 2:7; 110:3), ambos son entronizados divinamente (Sal 2:6; Pr 8:23), ambos poseen dones carismáticos (Pr 8:14; Is 11:2), ambos realizan el juicio divino (Pr 1: 24–33; 9: 1–5; Is 25:6; 55: 1–3; 65: 13–14); etc.

2.5.3. El Hijo del hombre

El título ὁ ουἱὸς τοῦ ʼαντηρόπου es desconocido en la literatura profana y griega. Es la traducción literal del arameo *bar nâšâ* y del hebreo *ben–'âdâm*.[78]

---

[77]Cfr. P. E Bonnard: *De la Sagesse Perdonnifiée dans L'Ancien Testament à la Sagesse en Personne dans le Nouveau*, en M. Gilbert: "La Sagesse de l'Ancien Testament", Leuven University Press, Gembloux 1979, págs. 117–149.

[78]Cfr. H. Coppens: *Le Fils d'Homme Daniélique et les Relectures de Dan. VII*, en "Ephemerides Theologicae Lovanienses", 93 (1961) 5–51; Id.: *Les Origines du Symbole du Fils de l'Homme en Dan VII*, en "Ephemerides Theologicae Lovanienses" 100 (1968) 497–502; E. Dhanis: *De Filio Hominis in V. T. et in Judaismo*, en "Gregorianum" 45 (1964) 5–59; A. Feuillet: *Le Fils de l'Homme de Daniel et la Tradition Biblique*, en "Revue Biblique" 60 (1953) 170–202; 321–346; J. R. Scheifler: *El Hijo del Hombre en Daniel*, en "Estudios Eclesiásticos" 34 (1960) 789–804.

Los términos *bar* y *ben*, pueden indicar:

- Descendencia, *hijo de* (*bar Joná*, Mt 16:17).

- Ser habitante de un lugar, cuando se usan delante de términos geográficos ("hijas de Jerusalén", Lc 23:28).

- Un individuo dentro de una comunidad ("bar baqar", una cabeza de ganado) cuando preceden a un nombre colectivo.

Este es el sentido de *bar nâšâ*, indicando que se trata de un individuo de entre la colectividad de hombres. En el Antiguo Testamento se encuentra con frecuencia (como puede observarse, por ejemplo, en Ezequiel, quien es llamado por Dios "hijo de hombre", indicando la debilidad de éste al ser una expresión que usa Dios).[79]

Pero, además de los usos indicados, el Antiguo Testamento utiliza la expresión de un modo muy especial: referida a un Mesías trascendente misterioso. Aparece en Da 7: 9–14 y en los libros de la literatura apocalíptica apócrifa judía de I de Enoc y de IV de Esdras.[80]

---

[79]Sentido de Sal 8:5 "¿Qué es el hijo del hombre para que te acuerdes de él?"

[80]Tanto en el libro I de Enoc como en el IV libro de Esdras, se acentúan los rasgos trascendentes del Mesías apocalíptico de Daniel. El libro I de Enoc (167–164 a JC) describe la preexistencia del Hijo del hombre pues está escondido en Dios antes de la creación del mundo, donde aparece como en Daniel, junto al Anciano. Es designado como revelador de la justicia y protector de los justos. Expulsará a los reyes de sus tronos y de sus reinos, será la luz de los pueblos y la esperanza de los que están abatidos. Salvará a los justos y será también juez escatológico (así pues se reúnen en él los rasgos citados por Daniel y por Isaías). El libro IV de Esdras (final del siglo I de JC), el *hombre* es un personaje muy alto, pero inferior al "hijo del hombre" del libro I de Enoc; tiene un sentido mesiánico claro, pues cuando aparezca con su voz destruirá a sus enemigos, congregando después a un ejército

En el texto de Da 7: 9–14 (que contiene dos apocalipsis: uno el de las cuatro bestias que salen del mar –vv. 2–8– , y el otro el del Hijo del hombre con la sesión celeste y su entronización –vv. 9–14–) y en su explicación de Da 7: 15–28, el misterioso personaje aparece con los siguientes rasgos:[81]

1. No proviene del mar como las bestias (vv. 2–3), sino del cielo (v. 13). Viene a la tierra, al lugar donde son juzgadas las bestias.

2. Aparece entre las nubes del cielo (v. 13) como figura trascendente. Las nubes en el A.T. es la sede de Dios y el vehículo de las teofanías (cfr. Ex 19:9; 24: 16–18; 40: 32–38; Nú 9: 15–23; Ez 1:4; 10:3; Sal 18:12; 92:2; etc.).

3. El Hijo del hombre se acerca al Anciano (v. 13), que aparece con las características (vv. 9–10) con que en otras ocasiones se describe a Yahveh (Is 6: 1–3). Esto acrecienta al carácter trascendente del Hijo del hombre, quien en contraste con los millares de servidores están de pie y sirven al Anciano (v. 10).

4. A pesar de esas notas celestes, es designado como *Hijo de Hombre*; las otras bestias son designadas como *león, oso, leopardo* y la última *con diez cuernos* (vv. 4–8), indicando que el Hijo del hombre tiene una apariencia superior (v. 13).

---

pacífico en torno suyo (Israel en la diáspora), comenzando así la era mesiánica que durará cuatrocientos años, transcurrida la cual morirán todos incluido el Mesías; después habrá una Resurrección y el Altísimo aparecerá en el trono del juicio. Su elevación no es tan grande con el I Enoc, pues, aunque aparece entre las nubes del cielo, no es tan cercano a Dios; su obra es más bien nacional, no se presenta como juez escatológico y muere al final de los tiempos. Cfr. J. A. Sayés: *Cristología Fundamental...*, cit., págs. 106–107.

[81]Cfr. J. A. Sayés: *Señor y Cristo...*, cit., págs. 157–160.

5. El poder es quitado a las bestias, y es concedido al Hijo del hombre, al que se le otorga un reino universal y eterno (v. 14).

Se ha discutido si se trata de un personaje individual o colectivo. La razón de la polémica se fundamenta en que, en el texto, el reino se concede primero al Hijo del hombre que se acerca al Anciano (Da 7: 13–14), y más adelante el trono se da a los Santos del Altísimo (Da 7: 18.27). Los autores se dividen en tres posiciones:

1. Sentido colectivo, identificándolo con los *santos del Altísimo*: las cuatro bestias simbolizarían cuatro reinos, el Hijo del hombre representaría al pueblo de los *santos del Altísimo*. Esta teoría no parece sostenible porque no atiende a todos los datos del texto, ni el sentido en su conjunto.

2. Sentido individual estrictamente hablando, ya que difícilmente se puede considerar que una colectividad de acerque al Anciano; además de que la colectividad tampoco se puede colocar en la nube, que es el lugar de las teofanías. Sin embargo, hay datos de la visión que no termina de explicar esta interpretación.

3. Sentido individual y colectivo, como un personaje individual que representa a todo el pueblo. Es la interpretación más seguida. Se basa en los siguientes datos:

   - De las bestias se dicen que son reyes y que representan a reinos. Del mismo modo, el Hijo el Hombre representa a un rey (v. 14) y a su pueblo (vv. 18–27): un individuo real y cabeza, representante y modelo, del pueblo de los santos del Altísimo.

   - El Hijo del hombre aparece provisto de características que no pueden ser aplicadas a la colectividad (venida sobre las nubes, cercanía del Anciano) y al mismo tiempo representa a los israelitas que juntamente con él dominarán a los pueblos.

- La figura tiene una función escatológica mesiánica: es rey escatológico, vicario de Dios, somete a todas las naciones.

- Aunque el Mesías era esperado en Israel como un hombre,[82] aquí aparece coloreado de notas trascendentales. Estas notas de trascendencia, también las encontramos en profecías anteriores: "admirable consejero, Dios poderoso, príncipe de la paz, grande en su señorío sin fin" (Is 9: 5–6), o "reino de paz y justicia" (Is 11: 3–9).

Cristo utilizó este título de un modo preferente. Era el que más le apartaba de las concepciones mesiánicas de tipo político y horizontalista, al mismo tiempo que señalaba su divinidad. No se puede traducir, como se hace en algunas versiones, como "hombre" simplemente, pues traicionaría el texto original y el significado más profundo que conlleva. Cristo lo aplica a Sí mismo, y no puede significar un puro hombre, porque era evidente su humanidad; por el contrario, subrayaba su condición divina.

Este título, se combina con el de Siervo de Yahveh, de un modo tan claro en sentido de su divinidad, que produce el escándalo de los que rechazaban su mesianismo, condenando al Señor por blasfemo (Cfr. Mt 26:64 y paralelos; Mt 17:12).

2.5.4. Venida de Dios con poder

La idea del Mesías Celeste en el Antiguo Testamento está relacionada también con el concepto de "la venida de Dios".

---

[82]El Mesías aquí tiene que ser un hombre, porque se distingue no solo del Anciano, sino también de los ángeles; tiene rostro humano a diferencia de las bestias.

2.6. Mediadores *ascendientes* y *descendientes*

Como se puede comprobar hay una doble corriente en el Antiguo Testamento en la revelación de los mediadores entre Dios y su Pueblo. Unos son ascendientes, y se subraya su condición humana; otros son descendientes, indicando su trascendencia con respecto a este mundo, al que vienen para otorgarles la salvación. A. Amato[83] presenta el siguiente cuadro:

1. Las corrientes más importantes de mediación salvífica del AT, desde abajo o desde arriba, preparan la venida de Cristo.

2. La línea punteada entre los mediadores veterotestamentarios y Cristo indica la insuficiencia histórica de esta mediación.

3. Jesucristo —verdadero Hijo de Dios, hecho hombre por obra del Espíritu Santo de María Virgen— es el único, verdadero y definitivo Mediador entre Dios y el hombre. Su Encarnación constituye la "plenitud de los tiempos" y cumple las esperanzas mesiánicas veterotestamentarias.

En Cristo se encuentra la personificación, concentración y plenitud de todas estas figuras prefiguradoras, pues lo que a primera vista podría parecer contradictorio, quedaba sublimado e integrado de un modo admirable en su Persona. Jesucristo es le definitivo, verdadero y único Mediador entre Dios y los hombres. La Encarnación del Hijo de Dios es la "plenitud de los tiempos" y realiza todas las esperanzas mesiánicas del Antiguo Testamento.

Ante el fracaso de los mediadores puramente humanos, la figura del Mesías se fue espiritualizando y la idea de que sólo la intervención de Dios podría traer la salvación se abría paso lentamente. Con

---

[83]A. Amato: *Jesús...*, cit., pág. 160.

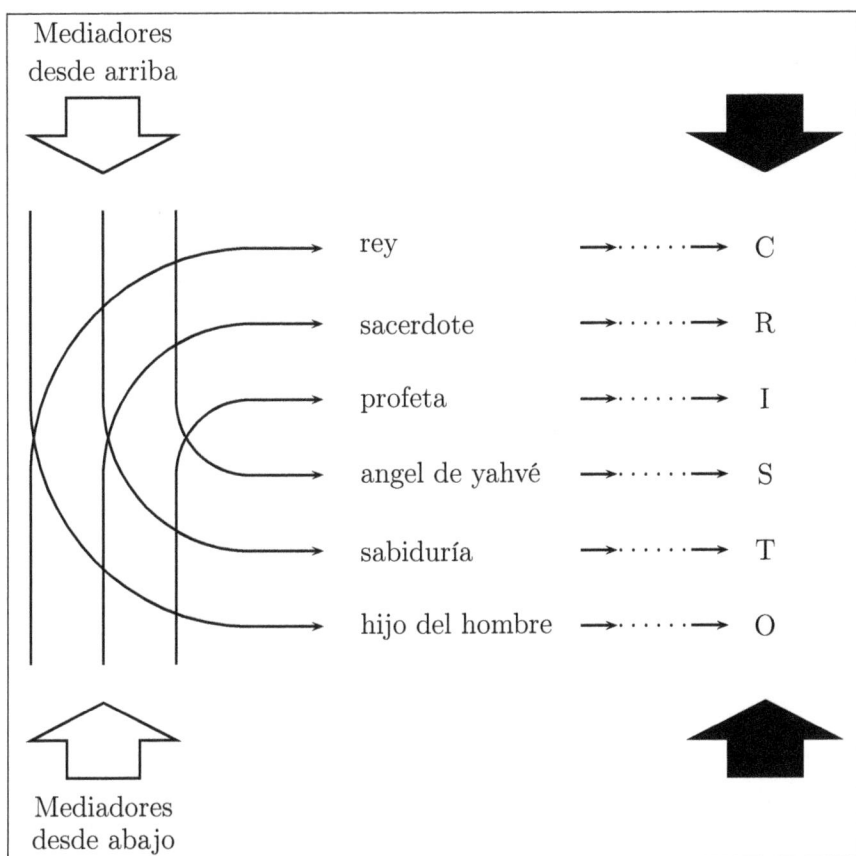

Mediadores desde arriba		
rey	→······→	C
sacerdote	→······→	R
profeta	→······→	I
angel de yahvé	→······→	S
sabiduría	→······→	T
hijo del hombre	→······→	O
Mediadores desde abajo		

A. Amato

todo, jamás podrían imaginar los antiguos que el mismo Dios había decretado su propia Encarnación, dando respuesta verdadera al grito de esperanza que parecía de realización impensable en la boca del profeta: "¡Oh Dios! Si rasgaras los cielos y bajaras..." (Is 63:19).

Como dice A. Amato:

"...el Antiguo Testamento está en relación directa con el Nuevo Testamento, y todas sus mediaciones salvíficas desde abajo y desde arriba encuentran realización y cumplimiento en Cristo. Por eso, Moisés y Elías, exponentes supremos de la Antigua Alianza conversan con Jesús en el Tabor (Mt 17:3) y los 'veinticuatro ancianos' del Apocalipsis (Ap 4:4) sentados alrededor del trono representan adecuadamente las columnas del Antiguo y del Nuevo Testamento. Paradójicamente el fallo de Israel desemboca en una forma más grande que él. El acontecimiento de Cristo no es la conclusión evolucionista o simplemente pedagógica de la historia de Israel y de su esperanza mesiánica. Si el alba de la Resurrección llega después del crepúsculo de la espera, la Resurrección es un paso históricamente indeducible. La *res* de Cristo supera sin medida a la *esperanza* de Israel".[84]

2.7. La preparación de los gentiles

Dios no solo prepara a su pueblo escogido para la llegada del Mesías Salvador, sino que también se acuerda de *los gentiles* (el resto de la humanidad), quienes se encontraban, a su vez, desesperanzados de cualquier salvación humana.

En efecto, San Pablo da testimonio claro del hecho de la ternura de Dios hacia los otros pueblos:

> "Qui in præteritis generationibus permisit omnes gentes ambulare in viis suis; et quidem non sine testimonio semetipsum reliquit benefaciens, de cælo dans vobis pluvias et tempora fructifera, implens cibo et lætitia corda vestra" (Hech 14: 16–17).

---

[84] A. Amato: *Jesús. . .*, cit., pág. 159.

El medio por el que les guió fue a través del conocimiento otorgado de su Ser a través de la analogía (Sab 13: 1ss. y Ro 1: 19–20), así como del testimonio moral de la conciencia (Ro 2: 14–15). El hombre es un ser religioso por naturaleza ("creado a imagen y semejanza de Dios"), y la revelación original anterior a Abrahán fue conocida por los primeros seres humanos. Pero el hombre, a causa de su pecado, fue entenebreciéndose, y su modo de concebir a Dios también; por lo que se llegó a las creencias disparatadas de las distintas religiones con el cúmulo de errores, e incluso, atrocidades que realizaron.

Ante la miseria de la condición humana que experimentaban, los hombres buscaban "salvadores" en las creencias y en los seres más extraños, para descubrir que seguían oprimidos por su propia miseria, o a la merced de divinidades despóticas o caprichosas.[85] La llegada de Je-

---

[85]Cfr. E. B. Allo: *Les Dieux Sauveurs du Paganisme Grèco–Romain*, en "Revue des Sciences Philosophiques et Theologiques" 15 (1926) 5–34. Baste con recordar los "redentores" paganos del tipo de Osiris ("Osiris aparece como un dios de los muertos, de la vegetación y también como un dios cósmico. Estos aspectos de su personalidad encuentran explicación en las circunstancias de su vida, y, más aún, de su muerte: mortal resucitado, era lógico que fuera considerado como un dios de los muertos y como un dios de la vegetación que muere y renace cada año; se había convertido en una viva promesa de Resurrección para los infelices hombres sometidos a la muerte misteriosa y terrorífica. Asimismo sus sufrimientos no tardaron en ser asimilados a los 'sufrimientos' de la Luna,... para la gente del pueblo era, ante todo, el dios de los muertos" Cfr. E. Ripoll Perelló: *Egipto (misr) VII. Religiones No Cristianas*, en GER, vol. VIII, pág. 390), Adonis, Mitra ("Mitra, dios 'mediador'. Mitra nunca fue considerado como divinidad suprema. Es el dios del cielo diurno y nocturno (Irán), del diurno (India), pero siempre distinto del dios supremo y subordinado a él. Esta categoría de dios del cielo en su totalidad corresponde a Ahura-Mazda, Zeus, Júpiter, etc. La posición de Mitra, intermedia entre el cielo y la tierra, junto con su subordinación a Ahura–Mazda (Aur–Mazd, Ormazd, Ormuzd), le convirtieron en mediador entre éste y los hombres, al mismo tiempo que ocupó un puesto medio entre este principio del bien y el del mal, Ahriman. En atención a ambas mediaciones, 'los persas conceden a Mitra el título

sucristo fue para ese mundo también verdaderamente liberadora. Por eso Jesucrito encarga a sus discípulos antes de su Ascensión que hagan discípulos de "todas las gentes".[86] Un mundo pagano tan desesperanzado, recibió la Buena Nueva con gran alegría, como se comprueba fácilmente a través de todas las aventuras apostólicas de San Pablo y en los problemas que hubo de enfrentar el primitivo cristianismo con la llegada a la fe de los paganos.

2.8. Documentos históricos de la existencia de Cristo.

Es de fe que Cristo existió, se encarnó, murió y resucitó, en contra de todas las tesis de una concepción del acontecimiento de Cristo como si se tratara de un Cristo atemporal, objeto de un puro conocimiento místico y no histórico, o de un puro mito más de la unión de la humanidad con la divinidad.[87]

---

de mediador' (Plutarco, *De Isi et Osiri*, 46). En cuanto a los hombres, quizá su función más que de mediación sea de protección, sobre todo en el viaje que deben emprender tras la muerte (aspecto escatológico). Desde luego, no se trata de una mediación al estilo de la de Jesucristo, a través del cual, en virtud de la unión hipostática, pasa todo entre Dios y los hombres" Cfr. M. Guerra: *Mitra*, en GER, vol. XVI, págs. 75-76), etc. y de la idea de salvación a través de la identificación con los ciclos naturales de la vida terrena. Cfr. F. Ocariz, L. F. Mateo–Seco y J. A. Riestra: *El Misterio...*, cit., págs. 71 y 72. Conviene recordar la concepción tan dispar del tiempo y del cosmos que tenía el mundo judío y el pagano. Chesterton insistía en la novedad de la religión cristiana sobre toda otra religión, garantía de su sobrenaturalidad y verdad, como se ve sobre todo en su obra *El Hombre Eterno*.

[86]"Euntes ergo docete omnes gentes, baptizantes eos in nomine Patris et Filii et Spiritus Sancti, docentes eos servare omnia, quæcumque mandavi vobis..." (Mt 28: 19-20). Cfr. Jn 3:16; Lc 24:47; Mc 16: 15-16; Hech 1:8; etc.

[87]Cfr. supra el apartado "De la Cristología–ficción a la blasfemia" del cap. 1.

La fe cristiana es una fe que se ancla en la Historia, en la existencia histórica de Jesucristo, en un momento concreto del transcurrir de los acontecimientos humanos y en un lugar determinado. Así lo recuerdan los Credos de la Iglesia, como por ejemplo, el Símbolo Niceno–Constantinopolitano:

> "...descendió de los cielos y se encarnó por obra del Espíritu Santo y de María Virgen, y se hizo hombre, y fue crucificado por nosotros bajo Poncio Pilato y padeció y fue sepultado y resucitó al tercer día según las Escrituras, y subió a los cielos..."[88]

Prácticamente nadie puso en duda la historicidad del acontecimiento de Cristo hasta el siglo XVIII. A partir de ese momento aparecen algunos autores que, llevados de prejuicios anticristianos, agnósticos y ateos, la cuestionan con argumentos que, como se ha explicado, son disparatados. En efecto, hay que afirmar que podemos conocer sin la menor duda la existencia histórica de Jesús utilizando los criterios propios de las ciencias históricas, que nos aportan tres grandes fuentes de información sobre la misma:[89]

1. Las propias fuentes cristianas:

  - Los Evangelios, cuya historicidad —después de los intentos vanos de negarla por parte de las teologías liberales y neo–modernistas— está más allá de toda duda. El género literario *Evangelio* es verdadera historia (cfr. Lc 1: 1–4); escritos por testigos oculares de los acontecimientos (Jn 21: 24–25)

---

[88] *D. S.* 150.

[89] Cfr. J. M. García Pérez: *Los Orígenes Históricos del Cristianismo*, Encuentro, Madrid, 2007.

o por discípulos de esos testigos (Lc 1: 1–4) con la conciencia de que la vida y la predicación de Jesús eran norma para los cristianos (Jn 20: 30–31). Todo esto además avalado por el carisma de la Inspiración.

- El resto del Nuevo Testamento, donde la figura de Cristo es la piedra angular que explica la doctrina entera de San Pablo o de los otros Apóstoles en sus Cartas; en particular ha de señalarse el libro de los Hechos de los Apóstoles, donde la figura de Cristo es predicada a contemporáneos del Señor que le conocieron u oyeron de Él, con los discursos de San Pedro llenos de referencia a la vida histórica de Cristo, sobre todo su Pasión y Resurrección, o los de San Pablo, con sus desafíos a imitar las virtudes que aparecen en la vida terrena de Jesús.

- Otros documentos cristianos antiguos, como los Santos Padres Apostólicos y Apologetas, y los más antiguos escritores eclesiásticos, la Sagrada Tradición, las liturgias antiguas, etc.

2. La información que nos aportan autores paganos de tiempos muy próximos a los comienzos de cristianismo. En concreto:

- Cornelio Tácito en los "Anales de Roma" (a. 116) menciona a Nerón y escribe:

  "Nerón, con el fin de acallar el rumor que le acusaba como autor del incendio, condenó a los que el pueblo llamaba cristianos, les acusó y les persiguió con penas horribles. Tales cristianos eran odiados por sus crímenes. Su fundador, Cristo, fue condenado, imperando Tiberio, por el procurador Poncio Pilato. Esta superstición destructora apenas se la reprimía, brotaba nuevamente no solo por Judea, donde había nacido dicho mal, sino en la misma ciudad de Roma, adonde confluye de todas partes todas las costumbres bárbaras y escandalosas".[90]

- Cayo Suetonio en su "Vita Claudii" (a. 120), sostenía que el emperador Claudio expulsó a los judíos de Roma a causa de los tumultos habidos entre ellos ".. . por instigación de Cresto".[91]

- Plinio el Joven, Gobernador de Bitinia, en su "Carta a Trajano" (ca. 111–113), escribía:

  ". . . los cristianos se reunen en un día fijo, al alba, y cantan un himno a Cristo como a un Dios, en que se obligan mutuamente y con juramento, no a la maldad alguna, sino a no cometer hurtos, latrocinios ni adulterios, a no faltar a la palabra dada ni a negar el depósito recibido. Una vez hecho esto, se retiran, volviendo de nuevo a participar en una comida inocente".[92]

---

[90]Tácito: *Annales*, Espasa Calpe, Madrid, 1964, XV, 1, 4. Tácito usó las "Actas del Imperio", y su testimonio constata varios hechos de la historia pagana como, el incendio de Roma, el inicio de las persecuciones contra los cristianos con Nerón o el ser acusados de horribles crímenes; además queda constancia de realidades que aparecen en los escritos del Nuevo Testamento: Cristo es el iniciador del nuevo movimiento religioso; su origen en Judea; su condena por Poncio Pilato; y su ubicación histórica en tiempos de Tiberio.

[91]Suetonio: *Vita Claudii*, XXV, 4. Este es el momento en que Aquila y Priscila huyen de Roma, según Hech 18:2. Cfr. también: Suetonio: *Vita Neronis*, XVI, 2: "Los cristianos, clase de hombres de una superstición nueva y maléfica. . ."

[92]Plinio el Joven: *Epist.* X, 96.

- El filósofo sirio Mará bar–Serapión (ca 90) quien menciona la crucifixión del Rey–sabio: "¿Qué provecho sacaron los judíos de haber ajusticiado a su Rey Sabio?"

3. El testimonio de judíos no cristianos. Proviene de dos fuentes: civil y religiosa.

  - La fuente de conocimiento civil es la de Flabio Josefo, quien en sus "Antigüedades Judaicas", y en su "Sobre la Guerra Judía"[93] nos dice:

    "En este tiempo vivió un tal Jesús, hombre excepcional si es permitido llamarle hombre, porque llevaba a cabo obras prodigiosas. Era el maestro de las gentes que se mostraban dispuestas a recibir la verdad; arrastró a muchas gentes entre judíos y griegos. Se pensaba que era el Cristo, pero, según el juicio de los principales entre los nuestros, no lo era. Por ese motivo, Pilato lo crucificó y le dio muerte. Los que desde el principio le entregaron su afecto no dejaron de amarle, porque él se les había aparecido vivo al tercer día, tal como lo habían predicho los profetas, y así muchas maravillas sobre él. Todavía hoy, el grupo de los cristianos no se ha extinguido y se los llama así en razón de Cristo".

  - La fuente religiosa es el Talmud, donde se recogen muchas tradiciones del pueblo judío. Hay varios textos alusivos a Cristo, de los que parece el mejor el siguiente:

    "En la víspera de la fiesta de la Pascua se colgó a Jesús. Cuarenta días había pregonado el heraldo:

---

[93]Flabio Josefo: *Antiquitates Iudicae*, XVIII, 3, 3; XX, 9, 1.

'será apedreado, porque ha practicado la hechice-
ría y ha seducido a Israel, haciéndolo apostatar;
el que tenga que decir algo en su defensa, venga
y dígalo'. Pero como no se alegó nada en su defensa, se le colgó en víspera de la festividad de
la Pascua. Ulla replicó: '¿Crees tú que hacía falta
buscarle defensa? Es un seductor'. Y el misericor-
diosísimo dice: 'No le perdonaréis ni esconderás su
culpa'. Pero en el caso de Jesús, las cosas ocurrie-
ron de otro modo, porque tenía relaciones con el
gobierno. Nuestros rabinos enseñaron: 'Jesús tenía cinco discípulos: Matthai, Nakai, Nezer, Buni
y Todah' ".

2.9. Nuevo Testamento

2.9.1. Introducción

Con el nacimiento de Jesucristo, la época de las largas preparacio-
nes para la venida de un Salvador ha terminado (Lc 2: 10–11; Ga 4:4;
Heb 1:1).

En el pensamiento y visión de Cristo, el misterio de su Encarnación
está unido al misterio de la Redención. Por eso el Verbo de Dios se
encarnó como siervo (Flp 2:6). Es la "kenosis" de Cristo. Realidad que
hemos de tener en cuenta cada vez que contemplemos la figura de
Cristo en el Nuevo Testamento.[94]

---

[94]Cfr. J. M. Casciaro: *Estudios sobre la Cristología del Nuevo Testamento*, Eunsa, Pamplona, 1982.

2.9.2.   Cristo en los Evangelios sinópticos

La figura de Cristo aparece como hombre verdadero y como Dios verdadero. Se revela sobre la base de lo anunciado en el Antiguo Testamento, pero la realidad de Cristo supera con mucho las esperanzas del hombre. Dios mismo se había hecho hombre.[95]

El hombre. La Humanidad

Los Evangelios sinópticos presentan la más clara descripción de la realidad de la Humanidad de Cristo en todo el Nuevo Testamento. Son el mejor antídoto contra la herejía doceta que sostenía que Cristo solo tuvo un cuerpo aparente, pero no real.

Las genealogías de los Evangelios de San Mateo y de San Lucas así como la descripción de su nacimiento ya hablan de esta realidad humana de Cristo.

Y a lo largo de todo el Evangelio vemos dibujada la realidad de la humanidad del Señor. En efecto: Cristo nace y crece (Lc 2:52); está sujeto a necesidades como nosotros (Lc 4:2; Mt 4:2; Mt 11:19; Lc 7:36; etc); se alegra (Lc 10: 20–21) y desalienta (Mt 23:37); está triste (Mc 14:34) y tiene cólera (Mt 21:12); etc. Cristo es nuestro hermano en humanidad (Heb 2: 11-12).

No conservamos una descripción física del Maestro, pero sí una psicológica que refleja un equilibrio y dominio muy sólidos (Mc 3:21; Mc 8: 32–33; Mt 4: 1–11; Lc 11:37; etc.).

El mesías, hijo de Dios. La Divinidad

Cristo se revela en los sinópticos como "Mesías" y como "Hijo de Dios", pero no de en momentos disociados o espaciados en el tiempo,

---

[95]Cfr. J. Caba: *El Jesús de los Evangelios*, BAC, Madrid, 1977.

sino a la vez; y lo hace a través de sus palabras y de sus obras. En efecto:

1. Jesús se declara "Mesías".

- Jesús va a usar los tres títulos mesiánicos del Antiguo Testamento (Rey, Profeta e Hijo del hombre); pero a Él le gustó preferentemente el de "Hijo del hombre", debido a que era el que mejor podía expresar su auténtico mesianismo de orden espiritual y divino en medio de un ambiente popular que esperaba un mesías de tipo político y temporal ("mi reino no es de este mundo", Jn 18:36).

- Por eso, al tiempo que proclama la llegada del reino de Dios (Lc 4:43; Mc 1: 15.38; parábolas del reino; etc), evita todo intento de tergiversación política–guerrera–temporal (esto explica el llamado "secreto mesiánico": Mc 1:44; 5:43; 7:36; Lc 5:14; Mt 8:4; 16:20; etc.). Cuando no hay peligro de tergiversación, entonces acepta el título de "Mesías–Rey" (Mt 21: 5–9; 27:11).

- Pero Jesús prefiere el título de "Mesías–Hijo del hombre" (origen en Daniel), con un sentido propio y particular, y matizándolo de diferente modo según el momento de su vida. Antes de la Confesión de Cesarea de Filipo (Mt 16: 13ss), hay alusiones veladas al "Hijo de Hombre" del profeta Daniel, pero presentándolo como un personaje cuyos poderes rebasan los de simple Mesías (Mc 2: 10.28; Mt 11: 18–19; 12: 31–32; 13: 37–43). Desde Cesarea, se colorea con las notas del "Siervo Sufriente" de Isaías (Mc 8:31; 9:31; 10: 33–34; 9: 12–13.58; etc.). Al final de su vida, aparece como el "Mesías–Celestial" de Daniel (Mc 14: 61–62 y paralelos).

2. Jesús es proclamado "Hijo de Dios": Jesús prefiere aparecer como Dios de hecho; pero no utiliza este título personalmente en los sinópticos (sí en el Evangelio de San Juan), para evitar las malas interpretaciones de los judíos, para quienes este título no significaba que el poseedor tuviera la naturaleza divina, pues hijos de Dios eran, como ya se ha explicado, los ángeles, el pueblo de Israel o el rey (Sal 29:1; Sab 18:13; 2 Sam 7:14).

- Su filiación se revela en los sinópticos de otra manera: por el modo que tiene de llamar a Dios "su" Padre, a diferencia de "nuestro" Padre (Mt 10:32; Lc 22:29); por la actitud de Jesús ante la Ley o el Antiguo Testamento (Mt 5: 22ss; passim); por ciertas declaraciones muy sugerentes (Mt 11: 25–27; 16: 13–21; 24:36; 21: 33ss). Y sobre todo por la declaración final de Caifás (Mt 26: 63–64; Mc 14: 61–62; Lc 22:70; cfr. Jn 19:7).

- Jesús actúa como Dios: los milagros.
  - Los milagros revelan la naturaleza divina del Maestro. Los milagros son "signos", señales, del reino (Mt 11: 2–6); de salvación (la fórmula "tu fe te ha salvado"; cfr. Lc 5: 20–24; Mt 12:28; 10:8).
  - Cristo hace milagros dentro del misterio de su "kenosis" sin estridencias, sencillamente, imponiendo silencio a los que los quieren vocear, o buscando retirarse donde la gente no le viera (Mc 8:11; Mt 12:38; Mc 5: 38–40; 7:33; etc.).
  - A través de los milagros Cristo manifiesta su divinidad, por la soberana autoridad con los que los realiza (Lc 6:19; Mc 1:41; 5:41); por su vinculación con el poder divino de perdonar pecados, o regular el sábado (Mc 2: 1–12; 3: 4–5); Cristo además, dejan que se

le atribuyan los milagros a su propio poder, en contra de lo que harán sus discípulos (cfr. Lc 11:20 con Hech 3: 2ss). La prueba definitiva de su divinidad será su propia Resurrección.

- Jesús vive como Dios: su santidad. El modo de ser de Jesús revela su divinidad. La obediencia a "su" Padre (Lc 2:49; 22:42); su modo de orar (Mc 1:35); su modo de enfocar su misión (Mt 4: 1ss); etc.

2.9.3. Cristo en los Hechos: en la vida de la primera comunidad cristiana

Introducción

Con los sinópticos hemos visto cómo los discípulos van descubriendo progresivamente el misterio de la Divinidad de Jesús; en los Hechos asistimos a la profundización del mismo misterio por la Iglesia primitiva. Esta profundización se realiza en torno a tres temas que provenían del Antiguo Testamento.

Jesús, "El Profeta". La Humanidad

Este título tiene su origen en el Deuteronomio (18: 15ss) y en los contemporáneos de Jesús quienes esperaban la llegada de "un gran profeta" (Lc 7:16; Mt 21:11; Lc 24:19; Jn 4:19; etc.).

La Iglesia primitiva proclama de nuevo que Jesús es el "Gran Profeta" esperado (Hech 3: 19–22; 7: 1–53).

El sentido de este título de Jesús en Hechos es que Cristo logra la instauración definitiva del reino de Dios anunciado por los profetas. Además Cristo tiene un papel fundamental en la fundación y existencia del reino, del cual Él es "el Profeta". Finalmente se destaca la importancia del misterio de la Cruz en la instauración del reino (relación con el entendimiento del "Mesías–Profeta" en el Antiguo Testamento).

Jesús, "El Siervo de Dios". La Humanidad

Este título tiene su origen en la idea de "Mesías–Profeta" y "Siervo de Dios" de Is 42 a 53, y del salmo 22.

Se usa frecuentemente en el libro de los Hechos: 3:13.14; 8: 32–33; 4: 27–28; etc.

El sentido del título es el que describe San Pablo en Flp 2: 6–11 e Is 52: 13–53. Es un título que servía para indicar la totalidad del misterio de Cristo (misión, persona y Cruz con exaltación gloriosa). En efecto, el misterio de la Cruz, hace relación con el "Siervo Doliente", y manifiesta cómo la Iglesia naciente comprende el valor del misterio de la Cruz. Por otro lado, describe bien la exaltación de Cristo, gracias a su Pasión, quien se convierte en autor y modelo de una humanidad totalmente cambiada, renovada y justificada. Finalmente hace relación a la santidad de Cristo, manifestada en los rasgos del "Siervo de Dios".

Jesús, "El Señor". La Divinidad

Es el título cristológico por excelencia en los Hechos. Tiene su origen en Salmo 110. Se utiliza desde el principio (Hech 2: 32–36); y pronto se convierte en el nombre propio de Jesús (Hech 9:5; 8: 16.22; etc.).

En Cristo este título indica la excelencia del Señor glorificado (es el título final del himno de Flp 2:11; el Salmo 110 tiene una gran importancia en todo el N.T.). Como es sabido, en la traducción griega del Antiguo Testamento —la de los LXX— el término "κύριος" traducía la voz "Yahveh", el tetragrama innombrable. En concreto expresa:

- El señorío mesiánico en relación con el título "Mesías–Rey" del Antiguo Testamento. El "Mesías–Rey" se hace ahora realidad (Hech 2: 25ss).

- Las prerrogativas divinas de Jesús (al ser exaltado, goza de todas las prerrogativas divinas de Yahveh (gloria, fuerza, dominación, señor de la historia, etc.).

- Es el proceso inverso al de "kenosis" que sufre el Verbo en la Encarnación.

"El nombre de Jesús". La Divinidad

Entre los semitas el nombre expresaba y representaba la persona: "Jesus" significaba "Dios salva".

Al nombre de Jesús se le dan todas las prerrogativas divinas:

- Es todopoderoso, y obra milagros y prodigios (Hech 3:6; 4: 7.10).

- Es el salvador para todos los que le invocan (Hech 4:12; 2:21).

Por eso, los cristianos son *los que invocan el nombre de Jesús* (Hech 9: 14.21).

2.9.4. Cristo en San Pablo

Introducción: claves de la cristología paulina

La percepción que presenta San Pablo de Cristo[96] depende mucho de su propia experiencia espiritual, como se ve en Flp 3: 7–8.12; Hech 9; Ga 1:11; 2:2. Esta experiencia consta de tres elementos:

1. Un encuentro: San Pablo fue alcanzado por Cristo. Lo conoce. No es menos que los demás Apóstoles (1 Cor 9: 1ss).

---

[96]Cfr. L. Cerfaux: *Jesucristo en San Pablo*, Desclée, Bilbao, 1960; A. Feuillet: *Christologie Paulinienne et Tradition Biblique*, Desclée, Paris, 1973; Id.: *Le Christ Sagesse de Dieu d'après les Épîtres Pauliniennes*, Gabalda, Paris, 1966.

2. San Pablo experimenta a Cristo como Resucitado y Vivo, Cabeza del Cuerpo Místico ("... a quien tu persigues" Hech 9: 4–5); por lo que su punto de vista es diferente del de los sinópticos, puesto que mientras que éstos exponen a Cristo desde su vida mortal hasta su Resurrección, San Pablo va del Cristo glorioso y resucitado al Cristo según la carne.

3. Una conversión: Para San Pablo, la idea de salvación es fundamental en su cristología, así como las llamadas "antítesis paulinas" (carne–espíritu; hombre nuevo–hombre viejo; primero y segundo Adán; luz–tinieblas; etc.). De ahí también la llamada "mística paulina", correspondiente a un auténtico enamorado de Cristo (ver Flp 1:21; Ga 2:20; Ef 2:12; 2 Cor 5:6; etc.).

La divinidad

San Pablo presenta la Divinidad del Señor sobre todo a través de los siguientes títulos:

1. Cristo, "El Señor": "Constituido Señor desde su Resurrección".

   Es fundamental este modo de entender a Jesús. Son muchos los textos de San Pablo al respecto. En Ro 1: 1–4, Flp 2: 6–11 o Heb 1: 3–5 se ve la naturaleza humana de Cristo siendo exaltada a la categoría de "Señor", recompensa por el proceso de "kenosis" sufrida para operar nuestra Redención. Supone la entrada a gozar de la condición normal de Hijo de Dios según la carne. Este título manifiesta la Divinidad de Cristo, puesto que ya no hay más velo, ni más "kenosis".

2. Cristo, "el Señor de la gloria".

   San Pablo habla frecuentemente de que Cristo como "Señor de la Gloria". Como tal, el Señor es descrito de varias formas que manifiestan su divinidad. Por ejemplo:

- Cristo está "a la diestra de Dios", es decir en igualdad con Dios. Ver Ro 8:34; Ef 1:20; 2:5; Col 3:1.

- Por eso "recibe el nombre sobre todo nombre" (Flp 2:.9ss), lo que en el Antiguo Testamento se aplica solo a Yahveh.

- Esta realidad le hace a Cristo ser "juez", ocupando el puesto que le correspondía a "Yahveh–Juez" en el Antiguo Testamento. Comparar Ro 14:10 "tribunal de Dios" con 2 Cor 5:10, "tribunal de Cristo".

- Cristo es también "rey" todopoderoso, con las facultades que corresponden a Yahveh en el Antiguo Testamento. Ver Ro 14:9; Ef 1:10; Col 2:15; 1 Cor 15: 24–25; etc.

3. Cristo es el "Hijo de Dios" preexistente.

La consideración de Cristo como el "Señor de la gloria" le hace afirmar a San Pablo que Cristo es preexistente eternamente con el Padre.

En efecto, en Col 1: 13.15 se habla de Jesucristo como "el Hijo de su amor... primogénito", indicando su realidad de ser engendrado pero no creado, en contra de las tendencias gnósticas del siglo I que afirmaban que Cristo era la primera criatura de Dios. Véase también 1 Cor 8: 5–6 y Heb 1:2.

Como tal Hijo de Dios preexistente, San Pablo aplica a Cristo diferentes títulos:

- "Imagen del Dios invisible". Cristo es imagen de Dios en doble sentido: como hombre glorificado (2 Cor 4: 4–6) y como Hijo desde toda la eternidad (Col 1:15; Heb 1:3).

- "El Hijo". Cristo es "su", "su propio" Hijo (de Dios), con una especial fuerza en estos adjetivos posesivos (Ro 8:29.32; Ga 4:4; Col 1:13); a pesar de ello, Cristo es entregado sin misericordia para la redención de nuestros pecados (Ro 8:32); es Hijo con preexistencia eterna, tal como dijimos (Ga 4:4).

Cristo según la carne

Aunque para San Pablo su consideración fundamental es el Cristo glorioso después de su Resurrección, sin embargo estudia también su existencia temporal, el Cristo según la Carne. Así se ve en Ro 1: 1–3 (hijo de David); Ro 9:5 (profeta, patriarca); Ga 4: 4–5 (vinculación con la ley).

La misión de Cristo: la salvación

San Pablo proclamará de muy diversos modos la obra salvadora de Cristo. Los principales puntos de su exposición son:

- El amor misericordioso de Dios es el origen de nuestra salvación (Ef 2:4).

- La liberación espiritual de la humanidad y la recapitulación de todas las cosas en Cristo son las finalidades de la salvación (1 Tim 1:15; Ef 1:10).

- El medio de la salvación fue la obediencia total de Cristo al Padre (Ro 5:19; Flp 2: 6–11). Una obediencia que se consuma en la Cruz (Heb 9:22), es misterio de amor (Ef 2: 6–11) y le gana a Cristo su propia glorificación (Flp 2:9). Con su glorificación, Cristo nos ganó nuestra propia glorificación (1 Cor 15:28).

- La obra salvadora de Cristo continua en la Iglesia. La salvación de Cristo es un "ya" (Ef 2: 4–6), y al mismo tiempo, un "todavía no" (Ef 4: 10–13).

- La consumación definitiva del misterio será con la segunda venida del Señor, su Parusía (1 Cor 15: 20–28).

2.9.5. Cristo en San Juan

Introducción: El tema central del Evangelio de San Juan es que el Hijo de Dios ha venido a habitar en medio de los hombres

San Juan tiene una perspectiva diferente de San Pablo, quien afirma que creer es aceptar que Jesús es el "Señor de la gloria" porque el Padre lo resucitó y exaltó, centrando su exposición en la importancia de la Resurrección. Para San Juan, creer es aceptar que el Hijo fue enviado por el Padre y habitó entre nosotros, centrando su exposición en la Encarnación.[97]

La misión de Jesús (Jn 16:28)

A.– Su Encarnación es la salvación. "El mundo" está lleno de odio, pecado y pertenece a Satanás (Jn 8: 34.44). La misión de Jesús consistirá en la liberación de la servidumbre de Satanás (Jn 3: 16–17).

- En efecto, en medio de un mundo de pecado, Cristo es la luz que alumbra en las tinieblas (Jn 1:5; 8:12; 14:6). Cristo no trae la luz, sino que es la luz. Su misión es dar testimonio de la verdad (Jn 18:37).

- En medio de un mundo de pecado y muerte, Cristo es la "Resurrección y la vida" (Jn 11: 25–26; 5:21; etc). Cristo es el "agua viva" (Jn 7: 37–39) y "pan de vida" (Jn 4: 35.41).

- En medio de un mundo de odio, Cristo revela a Dios que es amor (1 Jn 4: 8–10).

---

[97]Cfr. A. Feuillet: *El Prólogo del Cuarto Evangelio*, Paulinas, Madrid, 1970.

B.– Medio de salvación: la Encarnación... y Muerte y Resurrección del Señor.

Aunque San Juan parece centrarse más en el aspecto salvífico de la Encarnación, sin embargo le da su importancia al misterio pascual (cfr. Jn 13:1; Jn 12: 24.27), en la línea de San Pablo.

C.– Resultado de la salvación: la comunión de todos los hombres con Dios.

Cristo nos salva y nos otorga la comunión con Él mismo (1 Jn 1:3; Jn 15; 6:36; 15:5; etc. "permanecer en mí"); con la Trinidad (Jn 17: 21–22) y con los hermanos (cfr. Cartas de San Juan, *passim*).

La identidad de Jesús: I.- el Hijo enviado por el Padre

Esta realidad es expresada por San Juan de formas diferentes:

1. Cristo es "el enviado de Dios" (más de 50 veces en los labios de Jesús), según atestiguan las Escrituras (Jn 5:39) y sus obras (Jn 10: 37-38).

2. Cristo es "el Hijo del Padre", término que en algunos lugares significa "Mesías" o "Rey de Israel" (Jn 1:49; 11:27), y en otros significa el misterio filial de Cristo (Cristo nunca habla de "nuestro Padre", manifiesta tener comunión en todo con el Padre —Jn 5:20, acciones; Jn 5:26, vida; Jn 17:10, todo—, y expresa una inmanencia mutua de reciprocidad entre el Padre y el Hijo —Jn 10:38; 17:21—).

3. Cristo es también "el Hijo preexistente" (Jn 8: 56–58; 1:30; etc.).

4. Cristo es el "Verbo de Dios" (Jn 1:1, misterio trinitario; 1: 3–4, papel en la creación; 1: 6–11, misión en el mundo del Hijo; 1: 14.12, la Encarnación ya es redentora). Esta realidad tiene

su origen en las consideraciones sobre "la Palabra de Dios" en el Antiguo Testamento. Cristo es el revelador de Dios, no solo por su preexistencia divina, sino también en cuanto a su Humanidad.

La identidad de Jesús: II.- El Verbo hecho carne. Un hombre verdadero

La realidad de su humanidad se ve por todos lados en los escritos de San Juan (1 Jn 1: 1–2; Jn 11: 33–38). Se podría hacer la siguiene tabla:

	DIVINIDAD	HUMANIDAD
Primero	Del Cielo (Jn 3:6; 6: 33.38).	De Nazareth (Jn 4: 44.46).
Segundo	Solo un Padre, Dios (en muchos sitios de Jn).	Pero también una madre (Jn 2:18; 19:25).
Tercero	Es pan del cielo (Jn 6:50).	Pero se nutre en su cuerpo (Jn 4:31).
Cuarto	Da agua de vida eterna (Jn 4:14).	Pero tiene sed (Jn 4:7; 19:28).
Quinto	Resucita a Lázaro (Jn 11:25).	Pero muere en la Cruz (Jn 19:30).
Sexto	Etc.	Etc

2.10. Cuadro resumen de los títulos cristológicos

Es útil poner en relación todos los títulos cristológicos en un cuadro final que nos haga entender la continuidad de la revelación sobre la figura del Salvador desde el Antiguo Testamento al Nuevo:

Títulos

A. T.	SINÓPTICOS	HECHOS
Preparación	Misterio descubierto progresivamente	Profundización

① "Salvación" ⟶ "Jesús" Dios salva ⟶ "El nombre de Jes
Mt 1:21   Hech 3:6; 4:7.10.12, 2:

② "Mesías-Rey" ⟶ "Mesías-Rey" pero no de este mundo ⟶ "El Señor"
Lc 4:43; Mt 21: 5-9; 27:11

"El Señor"
Título por excelencia
Yahvé = Señor
Heb 9:5; 2: 32-36

③ "Mesías-Profeta" ("Siervo") ⟶ "Hijo del hombre" sufriente
Mc 8:31, 10: 33-34.45
Profeta Lc 7:16, 24:19, Mt 21:11

"El profeta"
Hech 3: 21-23; 7:37

"El siervo de Dios"
Hech 4: 25-28

④ "Mesías-Celestial" ("H de h") ⟶ "Hijo del hombre" Celestial
Mc 14: 61-62; Mt 19:28; Lc 17: 30-37

⑤ "Mesías-Sacerdote" ⟶
Destruid este templo
Mt 26:61

Aquí hay alguien mayor
Mt 12:6

Mi casa es casa de oración
Mt 21: 12–13

Cruz salvadora - Redención
Lc 22:20

⑥ "Venida de Dios en poder" ⟶ "Hijo de Dios"
Mt 16: 13-21; Mc 13:32; Mt 26:63

⑦ "Hombre como nosotros"

De la historia a la teología

██████████ : humano
░░░░░░░░░░ : divino

Cristológicos

S. PABLO	S. JUAN
El Resucitado es "El Señor de la Gloria"	Salvación por Encarnación y por la Cruz y Resurrección

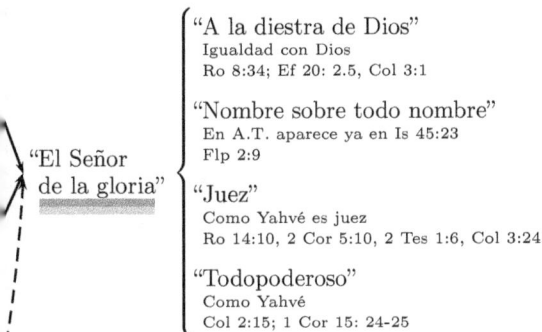

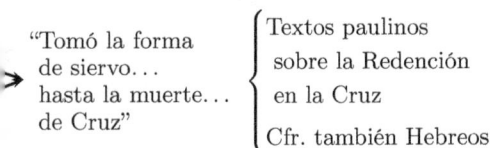

"El Señor de la gloria"

$\left\{\begin{array}{l}\end{array}\right.$

"A la diestra de Dios"
Igualdad con Dios
Ro 8:34; Ef 20: 2.5, Col 3:1

"Nombre sobre todo nombre"
En A.T. aparece ya en Is 45:23
Flp 2:9

"Juez"
Como Yahvé es juez
Ro 14:10, 2 Cor 5:10, 2 Tes 1:6, Col 3:24

"Todopoderoso"
Como Yahvé
Col 2:15; 1 Cor 15: 24-25

"Tomó la forma de siervo... hasta la muerte... de Cruz"

$\left\{\begin{array}{l}\end{array}\right.$

Textos paulinos
sobre la Redención
en la Cruz
Cfr. también Hebreos

"Sacerdote eterno según el rito de Melquisedec"
Heb 7:17

"Hijo de Dios preexistente"

$\left\{\begin{array}{l}\end{array}\right.$

"Imagen de Dios invisible"
Col 1:15; Heb 1:3

"El Hijo"
Col 1:13; Rom 8:32; Ga 4:4

→ "El Hijo enviado"

$\left\{\begin{array}{l}\end{array}\right.$

"Enviado de Dios"
"Hijo del Padre"
"Hijo preexistente"
"Verbo de Dios"

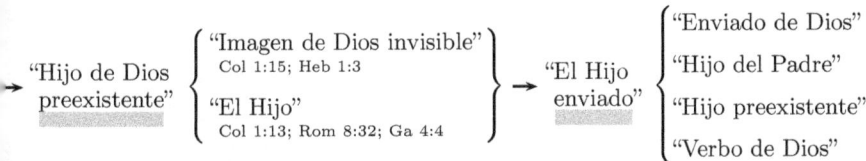

"Cristo según la carne"
2 Cor 5: 16-17; Ro 1: 1-2 Rey David;
Ro 9:5 Profeta; Sa 4:4 La Ley

⟶ "Encarnado"

Profundización teológica

3

Magisterio y herejías cristológicas

3.1. Introducción

Vamos a estudiar el desarrollo dogmático por parte de la Iglesia de los datos aportados por la Revelación. No hace falta insistir en que no se trata de una nueva revelación que la Iglesia "inventara", puesto que todo está ya revelado con Cristo, sino de una profundización en esos datos, a) adquiriendo cada vez más conciencia de los mismos y descubriendo poco a poco sus insondables riquezas; b) trasladando progresivamente los datos cristológicos a la vida de la Iglesia; y c) defendiéndolos contra los que pretenden tergiversarlos. Es una labor que hace la Iglesia acompañada por la asistencia del Espíritu Santo, quien, como decía Jesús "os llevará hasta la verdad completa" (cfr. Jn 16: 13–14).

Debemos de tener en cuenta que el fenómeno de las herejías se produce por un apartamiento del auténtico espíritu de Jesucristo. Además supone una "hairesis", elección, puesto que se seleccionan unos datos en concreto con olvido de otros y de la verdad total (Newman decía que el hereje lo es más por lo que niega que por lo que afirma). Junto a ello se produce un ofuscamiento de la mente debido a la insistencia con la que se afirman los hechos seleccionados, acompañado de la tendencia humana a simplificar la realidad para hacerla más comprensible, con lo que el "misterio" queda destrozado. Normalmente se apoyan en filosofías y modos de pensar del momento que son incompatibles con el dato revelado.

Otro dato interesante es el de la persistencia de las herejías: a veces en las explicaciones teóricas; otras veces en la praxis, como tendencias de pensamiento, de espiritualidad o estados de ánimo (excesivo espiritualismo con olvido de la Humanidad de Cristo, o excesiva insistencia en la humanidad con olvido de la Divinidad de Cristo).

Finalmente, es curioso observar que cuando se niega u olvida cualquiera de las naturalezas de Cristo (divina y humana) acaba negándose la otra también: Cristo desaparece y se volatiliza (negación de su misma existencia).

Podemos distinguir tres grandes momentos en la historia de las herejías y del Magisterio cristológico:[1]

1. Siglos I–IV: Primer periodo de fe vivida y errores cristológicos relacionadas con herejías trinitarias.

---

[1] P. Faynel: *La Iglesia*, 2 vols., Herder, Barcelona, 1975, distingue tres periodos:

- s.I–II Etapa de la "fe vivida" y de "reflexión espontánea".
- s.III–VII Etapa de "las grandes controversias cristológicas", en particular desde fines del siglo IV a primera mitad del siglo V.
- s.VI–XX Etapa de la teología propiamente dicha.

Pero, creo que la división es un tanto artificial y no refleja bien los hechos históricos, puesto que ya en la primera etapa podemos encontrar herejías sobre Cristo, y también en la última etapa; además que la fase trinitaria de la cristología que él ubica a partir del siglo III, tiene sus representantes también en siglos anteriores.

2. Siglos IV–VII: Periodo de los grandes concilios y herejías cristológicas.

3. Siglos VIII–XXI: Periodo de otras controversias cristológicas, con reaparición de algunas herejías antiguas.

3.2. Periodo fe vivida y errores cristológicos relacionadas con herejías trinitarias

En la historia del dogma, primero se solucionó el problema de la unidad de Dios y la trinidad de personas (Santísima Trinidad), y después el propiamente cristológico. Sin embargo los errores trinitarios tienen su repercusión en cristología, como se verá. En esta primera parte de la historia del dogma, la cristología va a estar, pues, en función de la Trinidad.

Por un lado, la Iglesia vive y celebra la realidad de Cristo en su vida y su liturgia. Es una fe sencilla basada en la Revelación. Dios se había hecho hombre y encarnado en Cristo para salvarnos de nuestros pecados. Pero por otro era importante profundizar en ese misterio: la realidad de nuestra salvación dependía del correcto entendimiento de quién era Cristo y quién era Dios–Trinidad.

En efecto, los cristianos se presentan en el mundo pagano como "los que adoran a Cristo", como se ve en el rito bautismal primitivo, en los primeros símbolos con confesiones trinitarias y cristológicas más o menos precisas, y en las primeras liturgias. Y también se puede percibir en sus oraciones, como en la del antiquísimo "Himno a la Luz":

"¡Oh, luz gozosa de la santa gloria del Padre celeste inmortal, santo y feliz, Jesucristo! Al llegar al ocaso del sol y, viendo la luz vespertina, alabamos a Dios: Padre, Hijo y Espíritu Santo. Es digno cantarte en todo tiempo con voces armoniosas, oh Hijo de Dios, que nos das la vida: por eso, el universo proclama tu gloria".[2]

Y así lo entendieron los paganos, como se puede comprobar en los primeros testimonios conservados sobre los cristianos (Plinio el Joven o Celso).

En la Iglesia primitiva hay tres ideas muy claras:

- Cristo es el que salva, el "que da la vida".

- Si lo que dicen las herejías es verdad, entonces Cristo no es nuestro Salvador.[3]

- Por tanto: hay que rechazar las herejías.

Entre los siglos I y el IV, el Magisterio defenderá y expondrá la doctrina trinitaria fundamental. El Hijo es consubstancial al Padre[4] y el Espíritu Santo es Dios como el Padre y el Hijo "... recibe una misma adoración y gloria".[5] A raíz de estas declaraciones, el Magisterio aclarará dos grandes realidades sobre Jesucristo: que es verdaderamente hombre y que es verdaderamente Dios, enfrentando las herejías que negaban uno u otro aspecto. En efecto:

- Para algunos herejes, Jesucristo era un puro hombre, un profeta o el mayor de los profetas, sobre el que operaría la divinidad de un

---

[2]Es el antiquísimo himno del lucernario, llamado *Fôs hilarón*, acogido en la liturgia bizantina armenia y etiópica.

[3]Se afirma claramente el principio que apoya toda la cristología de la Iglesia primitiva: la realidad de nuestra Redención se basa en el hecho de que un Dios–hombre la realice. Es la gran tesis de los Santos Padres griegos: "nada se salvará de lo que no haya sido asumido". Solo un ser infinito puede salvar la distancia infinita que se había abierto por el pecado del ser humano entre éste y Dios. Pero lo humano, solo podía ser salvado si era asumido por esa persona infinita.

[4]Concilio de Nicea a. 325.

[5]Concilio de Constantinopla I, a. 381.

modo especial y transeunte; pero no era Dios (monarquianistas adopcionistas o modalistas). Para otros herejes, Jesucristo no sería hombre verdadero, sino una apariencia de hombre (docetas gnósticos).

- Por otro lado, algunos heresiarcas aceptaban que Jesucristo era dios, pero o se identificaba con el Padre (monarquianismo modalista o patripasianismo), o no lo concebían como Dios igual que el Padre (subordinacionismo arriano y semiarriano).

Veamos estas cristologías primitivas heréticas y sus condenas por el Magisterio.[6]

3.2.1. El Monarquianismo

Estas herejías fueron calificadas así por Tertuliano,[7] porque todas las corrientes de este pensamiento coinciden en afirmar que hay un solo Dios, un solo "monarca", una sola Persona que se llama *Padre, Hijo* o *Espíritu Santo* según las épocas de la Revelación.

Ya al final del siglo I, algunos herejes de origen judío, Cerinto y los ebionitas, sostuvieron firmemente que había un solo Dios y una sola Persona, negando la Divinidad de Cristo. Los ebionitas, según opinión común, serían judíos convertidos al cristianismo que vivían conforme a la Ley judía. Consideraban a Cristo como verdadero profeta, el más

---

[6]Cfr. Juan A. Jorge: *Dios Uno y Trino*, cit., págs. 188–200; A. Orbe: *Cristología Gnóstica. Introducción a la Soteriología de los Siglos II y III*, 2 vols., BAC, Madrid, 1976; Id.: *Errores de los Ebionitas (Análisis de Ireneo: Adversus Haereses, V, 1, 3)*, en "Marianum" 41 (1979) 147–170.

[7]Tertuliano defiende la Humanidad de Cristo frente a los docetas, pero no olvida su divinidad. Su máxima aportación en cristología es que encontró los términos lingüísticos que más tarde servirían para solucionar el problema de la unión de las dos naturalezas en Cristo; además subraya bien el hecho que la unión de naturalezas, no priva a ninguna de sus operaciones y actividades propias.

glorioso, porque incluso habitaría un ángel dentro de él. Pero sería un puro hombre, concebido o no virginalmente, según las diversas corrientes de este pensamiento, y nunca pre–existente a la Encarnación. San Ireneo los enfrentó.[8]

Según San Ireneo, Cerinto, un hombre educado en la sabiduría de los egipcios, decía tener inspiración angélica. Enseñó que el mundo visible y los cielos no fueron hechos por un Ser Supremo, sino por un poder menor (el Demiurgo) distinto de él. No Yahveh sino los ángeles hicieron el mundo y le dieron sus leyes. Estos ángeles–creadores no conocían de la existencia de Dios. La ley judía se volvía entonces sagrada y esencial para la salvación. Cerinto distinguió entre el hombre *Jesús* y el *Cristo*. Negó el nacimiento sobrenatural de Jesús, haciéndolo hijo de José y María, y distinguiéndolo de Cristo, que descendió sobre él en el bautismo y lo dejó de nuevo en su crucifixión. También se decía que Cerinto enseñó que Jesús será levantado de entre los muertos en el Último Día, cuando todos los hombres se levantarán con Él. En ese sentido, era similar a un ebionita en su cristología, pero gnóstico en su doctrina de la creación. Cerinto creía en un milenio feliz que sería realizado en la tierra antes de la Resurrección y en el reinado espiritual de Dios en el cielo.[9]

Hacia el final del siglo II, los llamados "monarquianistas" afirmaron que sólo había una Persona en Dios ("tenemos una monarquía..." era su lema). Cristo no era pues Dios, y según consideraran la realidad de Cristo, los monarquianistas se pueden dividir en dos ramas: el *monarquianismo dinámico o adopcionista* (para el que Jesús sería

---

[8]El recuento más temprano sobre Cerinto lo da San Ireneo en su refutación del Gnosticismo, *Adversus Hœreses* (I: xxvi; III: iii y xi), escrito alrededor del año 170.

[9]De acuerdo con Ireneo, Policarpo de Esmirna contaba la historia de que San Juan el Divino temía tanto a Cerinto que una vez huyó de un baño cuando se enteró que Cerinto estaba dentro, gritando: "¡Huyamos, antes de que el edificio se venga abajo; pues Cerinto, el enemigo de la verdad, está adentro!"

un simple hijo adoptivo de Dios, en el sentido de que habitaba en él la "fuerza" —"δύναμις"— divina) , y el *monarquianismo modalista o patripasianismo* (porque Jesús sería uno de los "modos" como Dios se nos ha revelado, llegando a decir que fue el Padre el que murió en la Cruz ("patripasianismo").

Monarquianismo dinámico o adopcionista

Enseña que Cristo fue un mero hombre, aunque nacido de un modo sobrenatural del Espíritu Santo y la Virgen María. En su bautismo, Dios le otorgó un poder divino en medida extraordinaria, al tiempo que fue adoptado por Dios como si fuera un hijo. Sus principales representantes fueron:

1. Teodoto de Bizancio, quien enseña su doctrina en Roma en el año 190 y fue excomulgado por el Papa Víctor.

2. Pablo de Samosata, Obispo de Antioquía, quien también se sumó a esta doctrina, y fue excomulgado por un Sínodo de Antioquía del año 268. Para este heresiarca:

   - Cristo no es Dios. El "Logos" es la "fuerza divina" impersonal entregada a Cristo para que le guiase.

   - El Hijo y el Espíritu Santo son "fuerzas" divinas que se identifican con el Padre.

   - Ὁμοούσιος es usado aquí en sentido herético: el "Logos" no es una persona distinta del Padre, sino una sola esencia indiferenciada. Por eso el Sínodo de Antioquía del año 269 rechazó este término, que sería posteriormente clave en el Concilio de Nicea, aunque entendido, lógicamente, en sentido ortodoxo.

3. El Obispo Fotino de Esmirna, quien fue depuesto por un Sínodo de la misma ciudad del año 351.

Monarquianismo modalista o patripasianismo

Desde el siglo III se conoce en Oriente como "sabelianismo" a consecuencia de la gran influencia de Sabelio en esta herejía.

Sostiene que Cristo fue Dios, pero al mismo tiempo la divinidad sólo tiene una sola Persona, resolviendo la aporía enseñando que fue el Padre el que se hizo hombre en Jesucristo y el que sufrió en la Cruz ("patri–pasianismo").

El iniciador del modalismo fue el obispo Noeto de Esmirna, quien hacia el año 180 predicaba en esa ciudad (Asia Menor) la identidad del Hijo de Dios con el Padre. A Noeto lo conocemos por la refutación de S. Hipólito, *Homilía contra la herejía de Noeto*, en la que sintetiza así su pensamiento: "Dijo que Cristo era el mismo Padre, que el mismo Padre era el que había nacido, padecido y sufrido".[10]

Un segundo protagonista fue Práxeas. Por Tertuliano sabemos que llegó a Roma procedente de Asia. Desde Roma, Práxeas pasó a Cartago, encontrándose allí con Tertuliano quien, noticioso de sus ideas, escribirá contra él hacia el a. 213 el tratado polémico *Adversus Praxeam*,[11] por el que sabemos que Práxeas, al enfrentarse con los textos

---

[10]San Hipólito: (*Contra Noetum*, 1). Cfr. F. J. Fernández Conde: *Modalismo*, en GER, cit., t. XVI, pág. 89. Expulsado de la iglesia de Esmirna por contumaz, llegó a Roma donde contó con Epígono como discípulo y propagador de sus doctrinas, y éste, a su vez, con Cleómenes "que confirmaba —según Hipólito— la doctrina errónea con una vida y unas costumbres desordenadas" (*Philosophumena*, IX,7).

[11]Tertuliano, quien ya era por entonces montanista, describió en los siguientes términos a Práxeas: "Era hombre de carácter inquieto, hinchado por el orgullo de haber sido confesor, sólo por algunos momentos de fastidio que padeció durante algunos días en la cárcel. En aquella ocasión aun cuando 'hubiese entregado su cuerpo al fuego, de nada le hubiera servido' (1 Cor 13:3), porque no tenía caridad. Había resistido a los dones de Dios y los había destruido" (*Adversus Praxeam*, 1).

de la Sagrada Escritura en los que se establece una distinción real entre el Padre y el Hijo, la interpretó de un modo muy singular: "El Hijo es la carne, el hombre, Jesús; el Padre el espíritu, Dios, Cristo".[12]

Finalmente, Sabelio[13] extendió este pensamiento al Espíritu Santo, enseñando que en Dios había una sola "hipóstasis" (entendido como nuestro concepto actual de persona) y tres "prósopa" (entendido en su sentido original griego de máscara de actor, de papel de una obra de teatro), que correspondería a cada uno de los modos de revelación: el Dios unipersonal se habría revelado como Padre en la creación, como Hijo en la Redención, y como Espíritu Santo en la obra de santificación.

Las teorías modalistas de tipo sabeliano pervivieron durante bastante tiempo, utilizando comparaciones bien singulares para explicar sus errores, como por ejemplo, indica S. Epifanio al describir el pensamiento de dicha secta:

> "El Padre, el Hijo y el Espíritu Santo son una misma realidad, de tal manera que las tres denominaciones corresponden a una misma 'hipóstasis'. Así como en un hombre existe el cuerpo, el alma y el espíritu, de la misma manera el Padre se asemeja al cuerpo, el Hijo al alma, el Espíritu Santo al espíritu humano... El sol tiene una sola 'hipóstasis' y, sin embargo, un triple modo de actuar: iluminar,

---

[12] *Adversus Praxeam*, 27.

[13] Sabelio era originario de la Pentápolis de Libia, llegó a Roma en vida del Papa Ceferino (199–217), probablemente el 217, donde, a través de Cleómenes, entró en contacto con el modalismo, aplicando también al Espíritu Santo las ideas que Noeto y Práxeas habían aplicado sólo al Hijo. Ganó numerosos adeptos y fue combatido por S. Hipólito y el Papa S. Calixto (217–222), quien le excomulgó, debiendo huir a Oriente y Egipto, donde continuó la propagación de sus errores, siendo combatido allí por S. Dionisio de Alejandría y el Papa S. Dionisio (*D. S.* 112–115). Murió en Egipto el a. 260. Cfr. J. M. Revuelta: *Sabelio y Sabelianismo*, en GER, cit., t. XX, pág. 581.

calentar y conformar circularmente; la función de calentar
corresponde al Espíritu, la de iluminar al Hijo y al Padre
la de dar forma personal".[14]

3.2.2. Subordinacionismo

En contraste con el modalismo de Sabelio, el subordinacionismo
admite que existen tres personas diferentes en Dios, pero niega que
sean consubstanciales (poseedoras de la misma y única sustancia) del
Padre, lo que supone la negación en realidad de la Divinidad de la
Segunda y de la Tercera Personas (Hijo y Espíritu Santo). Se pueden distinguir dos grandes herejías, centrada una en la negación de la
Divinidad del Hijo y la otra en la del Espíritu Santo.

Origen gnóstico

El origen del subordinacionismo se encuentra en las teogonías gnósticas y en el dualismo de la época.[15] El gnosticismo, en sus diferentes
modalidades y presentaciones, puede ser descrito como un conjunto
de personas, ideas religiosas y especulaciones que en torno al misterio
de Dios rechazan la verdad de la doctrina trinitaria y de la economía
de la salvación. Su origen es anterior al cristianismo y es producto de
un sincretismo entre el dualismo de las doctrinas orientales, nombres
y conceptos religiosos del pensamiento judío y del gusto especulativo
del pensamiento griego. Tuvo su máxima fuerza entre el siglo II–IV y
su principal opositor en San Ireneo.[16]

---

[14]*Panarion*, 11, 82. Cfr. F. J. Fernández Conde: *Modalismo*, cit., pág. 90.

[15]Cfr. L. F. Mateo–Seco: *Dios Uno...*, cit., págs. 199–202.

[16]San Ireneo ("Adversus Hæreses") insiste en la necesidad de mantener firme la
unidad de Dios, en Sí mismo y en su designio de salvación para el mundo, en contra
de los gnosticismos y dualismos de la época. También ha de ser mantenida la unidad
de Cristo quien es Dios y hombre al mismo tiempo; suprimir cualquiera de las dos
realidades, humana o divina, sería invalidar el principio de nuestra Redención.

La teología gnóstica puede ser sintetizada en los siguientes puntos:

1. Salvación por auto–conocimiento: el hombre se salva a sí mismo al tomar conciencia del parentesco con la divinidad y de su superioridad con respecto al mundo.

2. Teogonía: la divinidad sufre un proceso de *emanación* degradativo en sucesivos *eones*.[17]

3. Origen del mundo: no es por Dios, sino que fue realizado por un subproducto del pecado de uno de los eones divinos: *Sofía*. Fue creado por un *demiurgo* malo, estúpido y ciego. Dios es totalmente ajeno a este mundo, de tal modo que sólo se puede entrar en contacto con Él separándose de todo lo natural.

4. Sostiene un dualismo, bien sea de tipo creador (como el caso de Cerinto), o bíblico (como el caso de Marción): el Dios del Antiguo Testamento es malo e incompatible con el Dios del Nuevo Testamento.

El problema de fondo al que intenta responder el gnosticismo es en realidad el siguiente: ¿Cómo explicar que un Dios tan bueno y tan puro se haya encarnado o que haya sufrido realmente en la carne?

De ahí que en cristología presenten dos tendencias principales:

a) El docetismo: Cristo no era un hombre verdadero. La Encarnación no era sino una apariencia. Cristo parecía ser un hombre, parecía que sufría y que moría. Pero no era así en la realidad. Cristo no podía ser un hombre como nosotros.[18]

---

[17]Se llega hasta treinta eones.

[18]La negación de la Humanidad de Cristo es algo que puede parecer extraño, pero es el reflejo de un miedo que va a aflorar en varios momentos de historia de la Iglesia: lo inexplicable que Dios "se hunda" en la materia mala, comprometiendo su pureza y santidad.

b) El subordinacionismo gnóstico: Cristo es un ser intermediario, ni verdadero Dios ni verdadero hombre. Mientras que los docetas seguían manteniendo la Divinidad de Cristo, éstos también la niegan. Consideraban que Cristo era un demiurgo, un ser creado por Dios cuya misión no era sino comunicar a algunos iniciados los secretos relativos a las emanaciones divinas y a la creación del mundo, de modo que una elite de escogidos pudiera salvarse por el conocimiento (gnosis); por lo tanto, la salvación no se opera por la participación en la vida divina mediante la incorporación a Cristo.

El gnosticismo como actitud ha pervivido a lo largo de toda la historia de la Iglesia, donde reaparece con frecuencia, revestido de diversas formas, pero siempre con el intento de racionalizar la fe y adaptarla al modo de pensar puramente humano, sacrificando todo el misterio y la fe a las exigencias de la pura razón mundana. En este sentido, tal vez sea la peor de todas las herejías.

Arrianismo

El sacerdote de la escuela de Alejandría Arrio (+ 336) enseñó que el "Logos" no existe desde toda la eternidad. No fue generado por el Padre, sino que es una creatura del Padre, producida por Él mismo de la nada antes de las demás creaturas. Según su esencia, el Logos no es como el Padre (ἀνομοίως), es mutable y capaz de desarrollarse. No es propiamente hablando Dios en el verdadero sentido, sino sólo en sentido impropio, en cuanto que Él, en anticipación de sus méritos, fue adoptado por el Padre como un Hijo; no es Hijo de Dios por naturaleza sino por gracia.

Arrio, oriundo de Libia, recibió su formación teológica en Antioquía, en la escuela de Luciano, a quien el obispo Alejandro de Alejandría calificó como uno de los padres del arrianismo. De Antioquía pasó a Alejandría, donde, ordenado diácono y más tarde sacerdote, fue destinado a la iglesia de San Baucalis. Hacia el año 318 empezó a provocar muchas discusiones a causa de una doctrina teológica propia, que él presentaba en sus sermones como creencia de la Iglesia. La situación se hizo grave cuando, al recibir primero una invitación y luego una orden formal de abandonar la innovación, Arrio y sus seguidores se negaron obstinadamente. Alejandro, el obispo de Alejandría, convocó a toda la jerarquía de Egipto. Se reunieron en sínodo casi un centenar el año 318; la reunión se celebró en Alejandría. Arrio fue condenado; él y sus adictos fueron depuestos.

Lejos de aceptar su excomunión, Arrio puso objeciones a la sentencia y trató de ganar adeptos entre sus antiguos compañeros de estudios de Antioquía. Algunos eran ya obispos; el más influyente de todos ellos, Eusebio de Nicomedia, recibió calurosamente al heresiarca y le prestó su más completo apoyo; siendo también él discípulo del maestro de Arrio, Luciano de Antioquía, comulgaba con sus mismas ideas. La disensión se extendió de esta manera a la Iglesia griega, y el peligro iba en aumento.

Para terminar con la división, Constantino convocó en Nicea el primer concilio ecuménico, en el que participaron más de trescientos obispos, donde se confirmó la sentencia de Alejandro contra Arrio, y, se redactó el célebre Símbolo Niceno.

Arrio fue desterrado a Iliria, pero el Emperador volvió a llamarlo el año 328. Los obispos reunidos en el sínodo de Tiro y Jerusalén, el año 335, decidieron admitirle de nuevo en la Iglesia y rehabilitarlo en su rango dentro del clero. Constantino ordenó que el obispo de Constantinopla lo reconciliara solemnemente. Pero Arrio murió repentinamente la víspera del día señalado (a. 336).[19]

Aunque se conservan unos pocos fragmentos de su doctrina porque escribió muy poco, se puede reconstruir su pensamiento bastante bien debido a la gran controversia que suscitó.[20]

---

[19] J. Quasten: *Patrología II. La edad de oro de la literatura patrística griega*, BAC, Madrid 1962, págs. 10–23.

[20] Uno de los textos que se conservan es la Carta de Arrio a Eusebio de Nicomedia: "El Hijo no es engendrado ni es parte del ingénito, ni deriva de un sustrato; sino que, por voluntad y decisión del Padre ha venido a la existencia antes de los tiempos y de los siglos, plenamente Dios, unigénito, inalterable. Y antes de haber sido engendrado o creado o definido o fundado (Pr 8: 22–25), no existía. Porque no era ingénito. Nos persiguen porque decimos: 'El Hijo tiene principio, mientras que Dios es sin principio'. Por eso nos persiguen, y porque hemos dicho: 'Viene de la nada'. Lo hemos dicho porque no es ni parte de Dios ni proviene de un sustrato". (Cfr. M. Simonetti: *Il Cristo, II. Testi Teologici e Spirituali in Lingua Greca del IV al VII Secolo*, Mondadori, Milán, 1986, pág. 73).

Se mencionan como fuentes de su pensamiento:

- Las expresiones deficientes de Santos Padres anteriores. Es necesario distinguir claramente entre el subordinacionismo real u ontológico (el de Arrio) del subordinacionismo verbal (expresiones imperfectas del orden de las procesiones trinitarias, propias de algunos Santos Padres pre–nicenos que no disponían de un lenguaje ni de una teología depurados y usan expresiones incorrectas, que en ningún caso supone la aceptación del subordinacionismo real, pues esos mismos Padres proclamarán firmemente que el Hijo y el Espíritu Santo son verdaderamente Dios).[21]

- Filosofía de Platón y de Plotino y su teoría del demiurgo.

- Teología gnóstica: sus constructos sobre la teogonía y el dualismo que ya se examinaron.

Las tesis principales de Arrio eran las siguientes:

1. El Verbo es ποίεμα, una cosa hecha, una creatura. Tal afirmación la sostenía sobre la base de algunos textos de la Sagrada Escritura mal entendidos: Jn 14:28, "El Padre es mayor que yo"; Eco 24:9, "antes de los siglos me creó" (le aplicaba al Logos los textos del Antiguo Testamento referidos a la Sabiduría).

2. El Verbo no es eterno: por lo tanto, la paternidad de la Primera Persona tampoco es eterna.

3. El Verbo fue hecho por el Padre en vista de la creación del mundo, haciendo una interpretación extrema e indebida de la distinción patrística entre el Λόγος ἐνδιαθετός y el Λόγος προφορικός,

---

[21]Valga como ejemplo las expresiones de Orígenes sobre el Hijo como Δεύτερος Θεός.

con lo que el Padre y el Hijo sólo se relacionan en el plano "económico" pero no en el inmanente.

4. El Verbo se encarnó haciendo las veces del alma racional de la carne de Cristo, utilizando erróneamente el esquema Λόγος — Σάρξ propio de los alejandrinos. Por eso, el Logos sufrió en su misma naturaleza de Verbo... lo cual demuestra que su naturaleza divina no es como la del Padre, esto es, inmutable e impasible. El Logos pues, no es consubstancial con el Padre.

5. El Verbo fue generado, y como lo típico de la divinidad es la eternidad, el ser ἀγεννετός (ser "in–engendrado"), el Verbo no puede ser Dios en sentido fuerte, como el Padre. Además entendía la generación con características materiales, por lo que:

   - El Padre no puede propiamente engendrar, ya que supondría división en el seno de la Trinidad.

   - La generación de la Segunda Persona es una obra "ad extra" de Dios, es una creación, por lo que el Verbo es una creatura de Dios.

   - En conclusión, niega Arrio que en Dios pueda haber una procesión inmanente.

Para sostener sus ideas, Arrio acudía a textos sagrados de la Biblia que utilizaban verbos como "hacer", "crear" o "engendrar" (Pr 8:22; Col 1:15; Hech 2:36; Heb 1:4. 3:1), o que hablaban de los hombres como "hijos de Dios" (1 Cor 8:6; Jn 1:12; De 14:1; Is 1:2), o que consideran al Hijo inferior al Padre (Jn 14:28; 17:3; Mc 10:18), o a que el Hijo estaba sujeto a la ignorancia o a las pasiones humanas (Mc 13:32; Jn 11: 33.39).[22]

---

[22]Cfr. A. Amato: *Jesús...*, cit., pág. 255.

La doctrina arriana, que se extendió muy rápidamente en toda la Iglesia,[23] dividió profundamente a la misma. Se decía que la Iglesia se acostó católica y se levantó arriana. La controversia fue muy dura, pero tras varios incidentes, y gracias a la tenacidad del Obispo San Atanasio, la Iglesia condenará la doctrina arriana en el concilio de Nicea (a. 325), como ya se ha mencionado. En este Concilio se redactó el credo que lleva su nombre, y que confesaba que Jesucristo es el Hijo de Dios, que fue generado de la sustancia del Padre, que era Dios verdaderamente y que era consubstancial (ὁμοούσιος) con el Padre.[24] Sobre el Concilio de Nicea, se tratará en extenso más adelante.

El semiarrianismo

No acaba la controversia con Nicea. En efecto, pronto surge la posición semiarriana, que adoptó una postura intermedia entre los arrianos (ἀνομοίως) y los defensores del credo niceno (ὁμοούσιος). Rechazaban la expresión nicena porque creían que favorecía el sabelianismo, pero admitían que el Logos era similar (ὁμοίως) al Padre, o similar en todo al Padre (ὁμοίως κατά πάντα), o similar en naturaleza (ὁμοιούσιος) al Padre. Poco a poco, finalmente, se extendió la doctrina nicena.

El semiarrianismo, como dice F. Martín Hernández, es más bien una actitud que una doctrina concreta:

---

[23]Se ha propuesto como explicación de tan grande éxito un triple hecho: aparentemente conseguía una simbiosis perfecta con el pensamiento griego; se presentaba como una fe *racionalizada* muy al gusto de la cultura ambiental del s. IV; y proporcionaba una aparente solución a las aporías de los textos bíblicos.

[24]"Creemos en un solo Dios, Padre omnipotente, creador de todo lo visible y lo invisible. Y en un solo Señor nuestro Jesucristo, Hijo de Dios, nacido unigénito del Padre, de la misma substancia del Padre, Dios de Dios, luz de luz, Dios verdadero de Dios verdadero, engendrado, no creado, una sustancia con el Padre (lo que los griegos llaman *homousion*), por el que fueron hechas todas las cosas del cielo y de la tierra" (*D. S.* 125).

"Bajo este vocablo se hace referencia no a una nueva doctrina o herejía concreta, sino más bien a una actitud difusa mantenida por personas o grupos disidentes en el conjunto de las discusiones trinitarias del s. IV, es decir, a quienes, sin ser propiamente arrianos, no se manifestaron, sin embargo, abierta y plenamente católicos. Si el arrianismo consiste en la negación de la consustancialidad de las Tres Personas divinas, se puede designar a los semiarrianos como a aquéllos que ofrecen algunas dudas acerca de esta verdad del dogma católico, diciendo que el Hijo no es consustancial sino solamente semejante al Padre o expresiones parecidas".[25]

3.2.3. Reacción del Magisterio: Nicea (325) y Constantinopla I (381)

El primer Concilio de Nicea fue convocado por el Emperador Constantino por dos motivos: el de dirimir la disputa arriana que comprometía a todo el Imperio oriental y el de fijar para todos la misma fecha para la fiesta de la Pascua.[26]

Ante la crisis provocada por las afirmaciones y actitudes de Arrio, Constantino encargó a su consejero Osio, obispo de Córdoba, que llevara a Alejandro una carta suya en la que le aconsejaba pasar por encima de cuestiones tan sutiles como las planteadas. Otra parecida escribió a Arrio. Naturalmente la solución diplomática de Constantino no surtió efecto, razón por la cual decidió convocar en su palacio de Nicea a los principales obispos orientales, a los que se unieron unos pocos del Occidente, entre éstos los delegados del Papa Silvestre, Vito y Vicente, sacerdotes. Osio era el que propiamente representaba la sede de Roma y el que llevó la dirección eclesiástica del Concilio, aunque la presidencia oficial se la reservó para sí Constantino, quien influyó no poco en el proceso de las sesiones. En total eran unos

---

[25]F. Martín Hernández: *Semiarrianismo*, GER, cit., t. XXI, pág. 148.

[26]Cfr. I. Ortiz de Urbina: *Nicea y Constantinopla*, Eset, Vitoria, 1969.

300 obispos. La tradición algo posterior los ha estereotipado aludiendo al concilio "de los 318 Padres".[27]

Tras la solemne inauguración el 20 mayo 325, se leyó un documento dogmático de Eusebio de Nicomedia que por sus errores fue rechazado. Entonces Eusebio de Cesarea propuso que se aceptara el símbolo bautismal de su Iglesia. El documento fue aceptado; pero los Padres quisieron añadir algunos incisos que estuvieran abiertamente en contra de la doctrina arriana. Así nació el Símbolo Niceno, en cuya elaboración tomaron parte todos los Padres, aunque se pueda reconocer un mayor influjo de parte de Osio.[28]

El texto de este Concilio es el siguiente:

"...Credimus in unum Deum, Patrem omnipotentem, omnium visibilium et invisibilium factorem.

Et in unum Dominum nostrum Iesum Christum Filium Dei, natum ex Patre unigenitum, hoc est de substantia Patris, Deum ex Deo, lumen ex lumine, Deo vero de Deo vero, natum, non factum, unius substantiæ cum Patre (quod græce dicunt homousion), per quem omnia facta sunt, quæ in cælo et in terra...

Et in Spiritum Sanctum.

Eos autem qui dicunt *Erat, quando non erat* et *Antequam nasceretur, non erat* et *Quod de non exstantibus factus est* vel es alia substantia aut essentia dicentes aut convertibilem aut demutabilem Deum, hos anathematizat catholica Ecclesia".

Consta de un Símbolo y de un Apéndice. El origen del contenido fue el mencionado Símbolo de la Iglesia de Cesarea, al que se añadieron

---

[27]Cfr. I. Ortiz De Urbina: *Nicea, Concilios de*, en GER, cit., t. XVI, págs. 806–809.

[28]I. Ortiz De Urbina: *Nicea...*, cit., págs. 806–807.

algunas frases para enfrentar la controversia arriana y un apéndice dogmático rechazando las principales posiciones arrianas.

La estructura del Símbolo es trinitaria:

1. *El Padre.*

   - Se sigue la estructura genética de la divinidad: el Padre es fuente de la Trinidad.

   - "Un Dios": Al Padre se le atribuye tradicionalmente el título de "único Dios", como equivalente a Yahveh, según la revelación del Éxodo. Este título, pues, no se refiere a la naturaleza divina, sino a la Persona del Padre, que es la que se manifiesta en el Antiguo Testamento.

2. *El Hijo.*

   - "De la sustancia del Padre" (ἐξ τῆς οὐσίας τοῦ Πατρός). Se introduce este inciso para afirmar la generación natural, no por gracia, del Hijo por parte del Padre. El Hijo no es algo "hecho" por el Padre, sino comunicación del propio ser del Padre por modo de generación.

   - "Es decir" (τουτέστιν), que introduce el inciso mencionado, con lo cual se quiere resaltar que esos términos no son novedad, sino explicitación de la fe tradicional anterior.

   - "Consubstancial" (ὁμοούσιον): es un término filosófico, no bíblico, que explica la revelación bíblica. Su uso en realidad se debe a la necesidad de luchar contra la helenización del cristianismo que intentaba Arrio.[29]

---

[29]Cfr. A. Orbe: *Hacia la Primera Teología de la Procesión del Verbo*, I/2, Roma 1958.

- "O dicen que Dios es de otra substancia o esencia" (ἢ ἐξ ἑτέρας ὑποστάσεως ἢ οὐσίας). Esta expresión, en la que se hacen equivalentes las palabras substancia (*hypóstasis*, en el texto citado ὑποστάσεως) y esencia (*ousía*, en el texto citado οὐσίας), y que pertenece al apéndice, manifiestan que en este momento no había una clara distinción de ambos términos; posteriormente se diferenciarán claramente, sobre todo por obra de los Padres Capadocios, reservando ὑπόστασις para designar a la persona.

- La lógica de las ideas al utilizar la expresión "consubstancial al Padre" (ὁμοούσιον τῷ πατρί) es la siguiente:

  a) Jesucristo es Hijo, *ergo*...

  b) Jesucristo, el Hijo, es engendrado, *ergo*...

  c) El Hijo proviene de la misma esencia que el Padre, *ergo*...

  d) El Hijo tiene la misma esencia que el Padre pues todo hijo recibe la misma naturaleza del que lo engendra.

- "Dios de Dios, luz de luz" (Θεὸν ἐκ Θεοῦ, φῶς ἐκ φωτός). Son expresiones que están inspiradas en la revelación bíblica (Jn 1: 1–9; 8:12; 12:46; 1 Jn 1:5). La preposición ἐκ indica tanto procedencia, como materia de la que una cosa está hecha. Con estas imágenes se quiere dar a entender que la procedencia del Hijo se produce sin que el originante pierda nada de su sustancia.

- "Engendrado, no creado" (γεννηθέντα οὐ ποιηθέντα). Se rechaza expresamente la palabra ποίημα que usaba Arrio.

3. *El Espíritu Santo.* Solo se afirma su realidad, sin más detalles, porque en este momento no se estaba cuestionando su teología.

Es importante señalar la singularidad e importancia del término ὁμοούσιον. En efecto:

- Es realmente el punto central del Concilio.

- Su significado, en principio, era señalar la unidad genérica de la esencia divina (la misma clase de naturaleza, el Hijo no era creatura del Padre), sin precisar si se trataba también de unidad numérica (una única y sola sustancia divina).

  Sin embargo hay que subrayar que la unidad numérica se encuentra también en Nicea, ya que se dice que Dios es uno solo, y se habla de la perfecta identidad de la sustancia del Hijo con la del Padre.

El término, no siendo bíblico, sin embargo se utilizaba precisamente para evitar que el modo de pensar helénico acabara destruyendo la verdad revelada:

> "... la herejía arriana muestra bien cómo se presentaría el dogma de la Divinidad de Cristo si él tuviera su origen en el helenismo filosófico y no en la Revelación divina. En el concilio de Nicea, el año 325, la Iglesia definió que el Hijo es consubstancial (ὁμοούσιον) con el Padre, rechazando así el compromiso arriano con el helenismo, y modificando profundamente, al mismo tiempo, el esquema metafísico griego, sobre todo el de los platónicos y neoplatónicos. En efecto, la Iglesia desmitificó en cierto modo al helenismo, y realizó una κάθαρσις (purificación) de él, reconociendo solamente dos modos de ser: el del ser increado (no-hecho)

y el del ser creado, puesto que rechazó la idea de un ser intermedio".[30]

Por otro lado, Nicea también salvaguardaba la doctrina auténtica de la Redención. No se podía sostener la doctrina arriana de la salvación como un ejemplo de vida que sería ofrecida por Jesucristo, sino que Cristo es el Salvador absoluto y universal que opera realmente nuestra salvación. Solo si Cristo es Hijo de Dios por naturaleza, puede hacer a los hombres hijos de Dios por adopción. Como decía San Atanasio:

> "Si el Hijo de Dios fuera creatura, el hombre sería solamente mortal, por no estar unido a Dios... Si el Hijo no fuera verdadero Dios, el hombre no podía ser divinizado porque estaría unido a una criatura".[31]

Se debe señalar que quedaron puntos doctrinales sin resolver en Nicea, Concilio que si bien protegerá contra el subordinacionismo y el modalismo, sin embargo no aclararía los siguientes datos:

- No se precisó si el ὁμοούσιον indicaba sólo igualdad de esencia o también identidad numérica, como ya se ha indicado.

- No se determinó si la generación del Verbo era eterna.

- No se aclaró que Pablo de Samosata había utilizado ὁμοούσιον en sentido modalista y heterodoxo.

---

[30]Comisión teológica Internacional: *Cuestiones Selectas de Cristología*, II, A, 2; Texto oficial latino en Commissio Theologica Internationalis, *Documenta* (1969–1985), Libreria Editrice Vaticana, Città del Vaticano, 1988, págs. 254–306.

[31]San Atanasio: *Oratio II contra Arianos*, 69 y 70.

Estos puntos provocarían la controversia semiarriana, ya mencionada. En Oriente, San Atanasio, y en Occidente, San Hilario de Poitiers serán los principales defensores del entendimiento ortodoxo del ὁμούσιον, en el sentido de indicar la unidad de esencia, la identidad numérica y la eternidad del Verbo.

Con todo, el principio dogmático cristológico que queda totalmente claro después de Nicea es que Jesús es verdaderamente Dios.

El Concilio de Constantinopla I

Es el segundo concilio más importante en materia trinitaria.[32]

Al Concilio general Primero de Constantinopla (a. 381), los macedonianos envían treinta y seis obispos, en su mayoría del Helesponto. Fue presidido por Melecio de Antioquía, y a su muerte, por los sucesivos Patriarcas de Constantinopla, San Gregorio Nazianzeno y Nestorio. La asamblea de obispos católicos, en número de 150, confirma solemnemente la doctrina de Nicea y ante la reserva y oposición de cuantos negaban la consustancialidad del Hijo o del Espíritu Santo, considera herejes no sólo a los arrianos, sabelianos y apolinaristas, sino también a los macedonianos, eumonianos, eudoxianos, etc. El 25 julio del año 383, el emperador Teodosio I hace suyas las decisiones del Concilio de Constantinopla condenando públicamente las reuniones y proselitismo de macedonianos, apolinaristas, pneumatómacos, etc., por considerarlos heréticos y perniciosos para la Iglesia católica.[33] Finalmente, Nestorio[34] da a los macedonianos el último golpe de gracia. El celo

---

[32]Este símbolo destaca en la Historia de la Iglesia en relación a la doctrina de Dios Uno y Trino, porque:

- Completa el símbolo niceno.
- Condena la herejía macedoniana.
- Será aceptado solemnemente en el Concilio de Calcedonia del año 451.
- Su credo es probablemente el más conocido y el tradicionalmente profesado en la Santa Misa. Se conoce como "credo niceno–constantinopolitano".

[33]Cfr. *Cod. Theod.* XVI, 5, 11.
[34]Cfr. *P. G.*, 67, 807.

apostólico del nuevo patriarca de Constantinopla (ca. 428) degeneró en abierta
persecución contra las diversas sectas pneumatómicas. Cerradas definitivamente
sus iglesias, los macedonianos dejan prácticamente de existir como secta religiosa
(Cfr. A. Riesgo Terrero: *Macedonio y macedonianos*, en GER, cit., t. XIV, págs.
672–674). Las Actas de este Concilio han desaparecido casi totalmente; su desarrollo se conoce principalmente por las narraciones de los historiadores eclesiásticos
Sócrates, Sozomen y Teodoreto. Hay buenas razones para creer que es un tratado
formal ("tomos") sobre la doctrina Católica de la Trinidad, también en contra del
Apolinarianismo; este documento importante se ha perdido, con la excepción del
primer canon del Concilio y su famoso Credo (Niceno–Constantinopolitano).[35]

Su texto dice así:

... "Symbolum Nicænum Costantinopolitanum:
Credo in unum Deum, Patrem omnipotentem, Factorem cæli et terræ, visibilium omnium et invisibílium.

Et in unum Dominum Iesum Christum, Filium Dei unigenitum et ex Patre natum ante omnia secula: Deum de
Deo, Lumen de Lumine, Deum verum de Deo vero, genitum, non factum, consubstantialem Patri: per quem omnia
facta sunt; qui propter nos homines et propter nostram
salutem, descendit de cælis, et incarnatus est de Spiritu Sancto ex Maria Virgine et homo factus est, crucifixus
etiam pro nobis sub Pontio Pilato, passus et sepultus est,
et resurrexit tertia die secundum Scripturas, et ascendit in
cælum, sedet ad dexteram Patris, et iterum venturus est
cum gloria, iudicare vivos et mortuos, cuius regni non erit
finis.

Credo in Spiritum Sanctum, Dominum et vivificantem,
qui ex Patre Filioque procedit, qui cum Patre et Filio simul
adoratur et conglorificatur, qui locutus est per prophetas.

---

[35]Cfr. Thomas J. Shahan: *First Council of Constantinople*, The Catholic Encyclopedia, Volume I, 1907 by Robert Appleton Company.

> Et unam sanctam catholicam et apostolicam Eccle-
> siam. Confiteor unum Baptisma in remissionem pecca-
> torum. Et exspecto resurrectionem mortuorum, et vitam
> venturi seculi.
> Amen".[36]

Tiene como alcances más importantes en comparación con el Credo
niceno y en particular con respecto al Hijo, los siguientes extremos:[37]

1. *Omisiones cristológicas.* En Constantinopla I se suprimen algunas expresiones, a saber:

   a) "Es decir, de la misma substancia del Padre".

   b) "Dios de Dios".

   c) "... en el cielo y en la tierra".

   d) Los anatematismos antiarrianos.

2. *Añadidos cristológicos.* En cambio se desarrollan otras, en concreto:

   a) "(Engendrado) antes de los siglos".

   b) "(Bajó) del cielo".

   c) "(Se encarnó) del Espíritu Santo y de María Virgen".

   d) "Fue crucificado por nosotros bajo Poncio Pilato".

   e) "Fue sepultado".

   f) "(Resucitó al tercer día) según las Escrituras".

---

[36] *D. S.* 150.

[37] Cfr. A. Amato: *Jesús...*, cit., págs. 283–284; I. Ortiz de Urbina: *La Struttura del Simbolo Constantinopolitano*, en "Orientalia Christiana Periodica", 12 (1946) 275–285; J. N. D. Kelly: *Primitivos Credos Cristianos*, Secretariado Trinitario, Salamanca, 1980.

g) "Está sentado a la derecha del Padre".

h) "(De nuevo vendrá) con gloria".

i) "Y su reino no tendrá fin".

Se introduce la expresión "antes de todos los siglos" (πρὸ πάντων τῶν αἰώνων), con el fin de aclarar bien el concepto de generación y cerrar la polémica que todavía se había suscitado tras Nicea.

Originariamente, en este símbolo no aparece el "filioque" para expresar la procesión del Espíritu Santo. Este extremo es objeto de polémica entre los Ortodoxos orientales y la Iglesia católica, y aunque hace relación al Hijo, por su complejidad, nos remitimos al tratado de Trinidad, donde se explica con detalle.[38]

En este Concilio, además de la Divinidad de la Tercera Persona trinitaria, se quiere subrayar la realidad de la verdadera naturaleza humana de Cristo. En el fondo, estaban las herejías que negaban que Dios se hubiera hecho verdaderamente hombre, tanto las antiguas que ya conocemos, como sobre todo las nuevas formulaciones: por un lado de Apolinar de Laodicea (al que examinaremos más adelante, quien negaba, la verdadera naturaleza humana de Cristo, en una interpretación bien peculiar de símbolo de Nicea, que él, sin embargo, aceptaba), como de Marcelo de Ancira y Fotino (quienes, para afirmar la unidad de la divinidad, negaban la eternidad de la Encarnación, que desaparecería tras la Parusía). Así se explicita la Encarnación, como obra "del Espíritu Santo y de María Virgen" con una intención antiapolinarista y antimacedoniana (al poner al mismo nivel al Espíritu Santo que el Padre y el Hijo); se introduce la cláusula "y su reino no tendrá fin;" y se establece con toda fuerza en el canon primero la condena expresa de eunomianos o amoneos, arrianos, eudosianos, semiarrianos, pneumatómacos, sabelianos, marcelianos, fotinianos y apolinaristas.

---

[38]Cfr. Juan A. Jorge: *Dios Uno...*, cit., págs. 501–527.

En conclusión, así como el Concilio de Nicea establece definitivamente la Divinidad de Cristo, el de Constantinopla I, acogiendo lo definido en Nicea, insistirá en la verdadera Humanidad de Cristo, frente a las herejías que la negaban.

De las controversias trinitarias queda claro, pues, que Cristo era Dios verdadero y también hombre verdadero.

El problema cristológico propiamente dicho surge cuando se quiere encontrar el modo de unión de ambas naturalezas. La solución al mismo ocupará el llamado "periodo de las grandes controversias y Concilios cristológicos".

3.3. Periodo de los grandes concilios y herejías cristológicas

3.3.1. Visión general: Alejandría y Antioquía

Problema que se plantea

Hasta este momento, los herejes negaron que Cristo fuera verdaderamente hombre o fuera Dios, pero no se centraron en estudiar o proponer el modo cómo ambas naturalezas se unen. Los Santos Padres de la época afirman las dos naturalezas, y van aportando algunas explicaciones sobre la unión de ambas, pero de un modo todavía muy rudimentario y sin adecuadas precisiones.[39] El desafío no era menor,

---

[39] Así, por ejemplo, Orígenes trató de profundizar teológicamente el modo de unión entre la realidad humana y divina de Cristo, y lo encontró en el alma humana de Jesús: ésta se une totalmente al Verbo (segunda Persona de la Trinidad), y sirve de intermediaria para que el Verbo se una a la carne; el tipo de unión entre el Verbo y el alma humana de Cristo es descrita con un ejemplo que no es muy afortunado: como el hierro se transforma en fuego a su contacto, así ocurre con el alma humana de Cristo. El peligro de estas reflexiones es que la dualidad perfecta de naturalezas en Cristo quedara desfigurada.

pues los problemas que había que enfrentar eran bien difíciles. En efecto:

- ¿Cómo es posible que un hombre de carne, cuerpo y alma, fuera Dios al mismo tiempo?

- ¿Cómo se han de unir ambas realidades,

  - sin destruir una (la humanidad), y

  - sin rebajar la otra (la divinidad), y

  - sin mezclar ambas, como hacían los paganos y las filosofías de cuño neoplatónico?

Las dos escuelas teológicas orientales principales

Para comprender las respuestas que se irán aportando, es necesario recordar que, en este momento coexisten, dos importantísimas escuelas de pensamiento teológico que van a polarizar toda la controversia cristológica: Alejandría y Antioquía.[40]

Por su parte, Tertuliano, desde el ámbito de la teología latina, se centraría en defender la Humanidad de Cristo frente a los docetas, pero no olvida su divinidad. Su máxima aportación en cristología es que encontró los términos lingüísticos que más tarde servirían para solucionar el problema de la unión de las dos naturalezas en Cristo; además subraya bien el hecho que la unión de naturalezas, no priva a ninguna de sus operaciones y actividades propias.

[40]Cabría señalar también una tercera escuela, la latina, representada por San León Magno y por San Agustín, que haría de puente entre ambos centros orientales, ya que si bien señala con precisión la distinción de naturalezas en Cristo, sin embargo subraya y acepta la comunicación de idiomas. Cfr. B. Studer y A. Ortiz: *Dios Salvador en los Padres de la Iglesia: Trinidad, Cristología, Soteriología*, Salamanca, Secretariado Trinitario, 1993, pág. 305; A. Amato: *Jesús...*, cit., pág. 297.

1. Alejandría seguía el esquema "Logos—Carne" del Evangelio de San Juan: "Y el Verbo de Dios se hizo carne. . ." Se pueden señalar los siguientes rasgos de esta escuela:

   - Tendencia: mística.

   - Sentido General: se parte de lo divino, y se busca la unidad de Cristo en el elemento divino.

   - Exégesis: alegórica, espiritualizante y metafísica.

   - Filosofía: neoplatónica.

   - Ventaja en la controversia: muestra bien la unidad profunda de Cristo ya que contempla primero la unidad del Verbo hecho carne, para considerar a continuación la carne que Él ha asumido.

   - Peligro en la controversia: lo humano se atenúa, y tendencia a absorberlo en lo divino.

   - Representantes ortodoxos: la gran mayoría de Santos Padres Griegos, sobre todo San Atanasio y San Cirilo de Alejandría.

   - Herejías que se apoyan en esta escuela: docetismo, apolinarismo, monofisismo, monoteletismo.

2. Antioquía seguía el esquema "Logos—hombre": El Verbo del Señor se hizo hombre. . . De esta escuela cabe destacar:

   - Tendencia: positiva y realista.

   - Sentido General: Se subraya la realidad humana de Cristo y se tiende a explicar su misterio personal a partir de esa realidad humana.

   - Exégesis: literal e histórica.

   - Filosofía: Aristóteles.

- Ventaja en la controversia: se comprende mejor la doble realidad de Cristo: considera en Cristo separadamente al Hijo de María y al Hijo de Dios, preguntándose luego cómo estos dos hijos no forman más que el único Cristo.

- Peligro en la controversia: dificultad de concebir la dualidad en la unidad, con la tendencia a yuxtaponer ambas naturalezas.

- Representantes ortodoxos: teólogos de la escuela de Antioquía y la teología latina en general.

- Herejías que se apoyan en esta escuela: nestorianismo, adopcionismo, arrianismo.

El problema es que ambas escuelas presentan un aspecto de la verdad sobre Cristo, y complementadas dan una imagen del Señor certera. Pero el espíritu humano tiende a los extremos y se producen las herejías ("hairesis": elección) al sobrevalorar uno y otro de los aspectos con olvido de la verdad total. Además ambas cristologías cuentan con un riesgo común en la elaboración de su proyecto teológico: ni el concepto de naturaleza ni el de persona gozaban entonces de suficiente precisión.[41]

3.3.2. La crisis apolinarista. Apolinar de Laodicea (+ 390)

En su deseo de defender la necesidad de que Cristo fuera al mismo tiempo Dios, para que nos pudiera realmente salvar, y hombre para asumir lo que había de salvar ("lo que no es asumido no es redimido"), Apolinar buscó una manera de explicar la unión de ambas realidades, para lo cual parte del hecho de que dos naturalezas completas (divina

---

[41]J. Ibáñez Ibáñez: *Nestorio y Nestorianismo 1. Nestorio*, en GER, vol. XVI, pág. 759.

y humana) no pueden unirse verdaderamente permaneciendo íntegras: alguna tiene que ceder. Pero no puede hacerlo la Divinidad de Jesús, ya que es Dios verdadero, consubstancial al Padre (como expresó el Concilio de Nicea); tampoco puede ceder el cuerpo humano de Cristo, ya que es verdaderamente real y no apariencia (como habían insistido los Santos Padres más antiguos y los sínodos anteriores en sus condenas al docetismo). Por lo tanto el elemento que ha de ceder es el alma espiritual de la naturaleza humana de Cristo. El Verbo haría las veces de esta alma desde la Encarnación:

> "Pablo proclama muy acertadamente que 'en el único y omnipotente Dios, vivimos, nos movemos y existimos,' y que el Verbo para vivificarla (la carne) y moverla podía hacerlo por su voluntad, ya que ha acampado en la carne; la divina energía ocupaba el puesto del alma y del intelecto humano. Por eso Juan denomina *acampada* su venida del Cielo. Así, después de haber dicho: 'El Verbo se hizo carne' no añade 'y alma'. Es imposible que dos principios intelectivos y volitivos habiten en el mismo lugar: si eso fuera así, cada uno combatiría con el otro con su voluntad y energía. Por tanto, el Verbo no tomó un alma humana, sino solamente la semilla de Abrahán. Por eso, la prefiguración del templo del cuerpo de Cristo fue el templo de Salomón, que era sin alma, sin inteligencia, sin voluntad".[42]

Para entender esta posición tenemos que tener en cuenta que en algunos pensadores de la época de Apolinar, siguiendo el esquema platónico, dividían el alma humana en tres partes: dos inferiores, la

---

[42]Apolinar: fragmento sobre la Unión, de la recopilación de H. Lietzmann: *Apollinaris von Laodicea und seine Schule (texte und Untersuchungen)*, Tubinga, 1904, cit. por A. Amato: *Jesús...*, cit., pág. 275.

vegetativa y la sensitiva, común a vegetales y animales; y la superior, espiritual, propia del hombre. También se conocía la división de Aristóteles entre alma humana racional (*noûs*) y alma humana irracional (*psyché*). Jesús tendría solo alma irracional, realizando el Verbo las funciones del alma racional.[43]

Por otro lado, Apolinar quería asegurar la absoluta santidad ontológica y moral de Jesucristo, por lo que reafirmaba su concepción de un Cristo sin alma racional, principio de libertad para pecar en el ser humano.

De ahí se deducía:

- Cristo no tenía alma espiritual superior.

- Cristo solo tiene una conciencia: la divina.

- La Virgen dio a luz solo al cuerpo de Cristo. . . pero no con alma racional.

- Cristo es "una sola naturaleza" (μία φύσις), "una sola esencia" (μία ὀυσία) y "una sola persona" (ἐν πρόσωπον), puesto que para él, naturaleza significa ser dotado de movimiento propio, potencia que se autovivifica.

- Crea la fórmula "una naturaleza del Verbo de Dios hecho carne" (μία φύσις τοῦ Θεοῦ λόγου σεσαρκωμένη) que, al atribuirse

---

[43]Se discute si Apolinar siguió el esquema de la antropología bíblica (*pneuma–sárx*), es decir, formulación dicotómica (Cristo sería un compuesto del Logos divino y un cuerpo humano); o más bien la tricotómica de la filosofía del momento (Cristo sería un compuesto del Verbo, alma irracional y cuerpo). Parece que Apolinar usó ambas fórmulas, siendo la última también la que aparece en su pensamiento más maduro.

falsamente a San Atanasio, induciría a graves errores en las controversias cristológicas posteriores.[44]

La posición de Apolinar significaba incurrir en las siguientes herejías:

- que Cristo no era verdaderamente un hombre completo, pues le faltaba lo más específico, su alma racional;

- por lo mismo Cristo no podría ser ejemplo de humanidad ni Mediador perfecto;

- la Redención quedaba en entredicho: "lo que no se asume, no es sanado".

Su posición fue contestada por la Escuela de Antioquía (Eustacio de Antioquia y Teodoro de Mopsuestia), así como por San Epifanio, Diodoro de Tarso, San Gregorio Nacianceno y San Gregorio Niseno. El apolinarismo fue condenado por los sínodos de Alejandría (362 y 378), por los de Roma bajo la autoridad del Papa San Dámaso (374, 376 y 379), y por el Concilio ecuménico de Constantinopla I (381).

La controversia con Apolinar dejó claro que Cristo tenía una naturaleza humana completa, con cuerpo y alma. La unión entre naturalezas no podría ser con cambio en ninguna de ellas.

3.3.3. La crisis nestoriana. El Concilio de Éfeso (431)

Frente a las tesis apolinaristas, Nestorio, Patriarca de Constantinopla desde el a. 428, proclama la verdadera Humanidad de Cristo. Pero en su explicación, insistiendo en la realidad de la misma, afirmará que en Cristo hay también una persona humana, con lo que se

---

[44]Sería defendida, por ejemplo, por San Cirilo de Alejandría en plena crisis nestoriana.

desencadenará la crisis nestoriana que preocupará a la Iglesia durante los siguientes décadas.

Los antecedentes de Nestorio hay que buscarlos en algunos de los representantes de la Escuela de Antioquía.

La teoría de los dos hijos de Diodoro de Tarso (Obispo de Antioquía desde 378)

Como reacción frente a Apolinar, Diodoro de Tarso clasifica los rasgos humanos y divinos de Cristo en el Evangelio, y acaba atribuyendo dos naturalezas completas a Cristo, pero separadas: la naturaleza humana es el Cristo "hijo de María"; y la naturaleza divina es el Cristo "hijo de Dios" (teoría de "los dos hijos"). Predica por tanto una yuxtaposición de naturalezas en las que falta la unidad. Utiliza expresiones muy desafortunadas para describir la unión de ambas naturalezas, como son la del templo de Dios que alberga la divinidad, o la del vestido donde se cubre Dios. La unión pues, sería una conjunción accidental y extrínseca, una συνεργεια.

El siguiente gráfico podría expresar sus ideas, donde el triángulo cerrado representa la naturaleza humana y el ángulo con vectores, la divina:

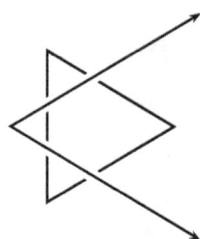

Sus ideas influyeron en Nestorio. En efecto, San Cirilo de Alejandría le acusa en su obra *Contra Diodorum et Theodorum*[45] de ser el responsable de la herejía de Nestorio. Dicha acusación motiva diversas condenaciones *post mortem*. Se habla de condenación en el sínodo de Constantinopla (cuya existencia hoy se niega) del a. 499, y de un Concilio en Antioquía, a. 553.[46]

Su doctrina es condenada en el Concilio Romano de 382:

"Anathematizamus eos, qui duos asserunt Filios, unum ante sæcula, et alterum post assumptionem carnis ex Virgine".[47]

La unión por conjunción de Teodoro de Mopsuestia

Por su parte, Teodoro de Mopsuestia (+ 428) afirmaba en Cristo la realidad de dos sujetos distintos, el Logos y el hombre, estrechamente unidos "por conjunción":

"Nadie reconoce como Dios por naturaleza al que es judío según la carne, o como Dios por encima de todo al que es judío por naturaleza. Sin embargo, hablando de los dos al mismo tiempo manifiesta (San Pablo) claramente la perfecta *conjunción* entre el asumido y el que lo asume, de manera que la diferencia de naturaleza manifieste a todos el honor y la gloria que asumido recibe de la unión con el Dios asumente".[48]

---

[45]*P. G.* 86, 1364

[46]L. F. Mateo Seco: *Diodoro de Tarso*, en GER, vol. VII, pág. 772.

[47]*D. S.* 158.

[48]Teodoro de Mopsuestia: *Homilías Catequéticas*, VI, 6.

La herejía de Nestorio (Ob. de Constantinopla 428)

Nestorio[49] construye su cristología partiendo la negación de la comunicación de idiomas tal como se entiende ortodoxamente. Para Nestorio, María no puede ser ni la "theotokos" (es demasiado), ni la "anthropotokos" (es muy poco), sino que es la "Cristotokos".[50]

La razón la encuentra Nestorio en que Cristo tiene dos "hypostasis" (aquí en su sentido original de naturalezas, divina y humana) distintas y completas. Ninguna usa de la otra ni se mezclan en sus operaciones. Ambas son inmutables. Por lo mismo habrá dos "physis", y dos "prósopon".

Por tanto, el problema es saber cómo se unen ambas naturalezas, una vez que hay que rechazar las tesis de Apolinar o de Arrio de que una de las naturalezas cambie y se disminuya para producir la unión. No cabe unión "en la naturaleza", que supondría que el Padre padecería o que los sufrimientos del Hijo no fueran libres. Por tanto, la unión entre la divinidad y la humanidad en Cristo es propuesta por Nestorio como la unión "in prósopon": cada una de ellas se entrega mutuamente su propio "prósopon", de modo que no obre a no ser sino un único "prósopon", el llamado "prósopon de unión".

De todos modos, Nestorio recalca que una vez realizada tal unión, las dos naturalezas permanecen en su propia hipóstasis (rechaza la expresión "unión hipostática" que para Nestorio significaría la unión de las naturalezas, y supondría el arrianismo), y conserva su propio "prósopon" (puesto que si bien el "prósopon" no es lo mismo que la

---

[49]Cfr. E. Amann: *Nestorius*, en DTC, vol. XI, págs. 76–157.

[50]La doctrina de Nestorio aparece con toda claridad en su tratado *Liber Heraclidis Damasci*, escrito en año 451, después del Concilio de Éfeso y antes de la celebración del Concilio de Calcedonia. Tiene dos partes: la primera en contra de la legitimidad del Concilio de Éfeso, y la segunda donde sostiene sus puntos dogmáticos.

esencia, no se concibe una esencia o una naturaleza sin su propio "prósopon"); y, con todo, afirma que la unión se hace en el "prósopon", en el famoso "prósopon unionis". El problema que aparece evidentemente es saber en qué consiste exactamente este "prósopon de unión". Como dice Ibáñez:

> "¿Cuál es el significado del *prósopon unionis* en la doctrina de Nestorio? A decir verdad, cada una de las naturalezas de Jesús tiene su propio "prósopon" y, después de la unión, aparece uno nuevo denominado *prósopon unionis*. De este *prósopon unionis* se puede afirmar que no se encuentra en su propia esencia, dado que es lazo de unión entre la naturaleza humana y la naturaleza divina y no es idéntico a ninguno de los dos "prósopon" subrayados. Parece ser *aliquid morale*, a semejanza de la única carne entre el varón y la mujer y de la unidad entre el alma y el cuerpo humanos".[51]

El siguiente gráfico podría expresar sus ideas, donde el triángulo cerrado representa la naturaleza humana y el ángulo con vectores, la divina; los vértices con un círculito sólido serían los dos "prósopon" divino y humano, y el círculo hecho de puntos el "prósopon unionis":

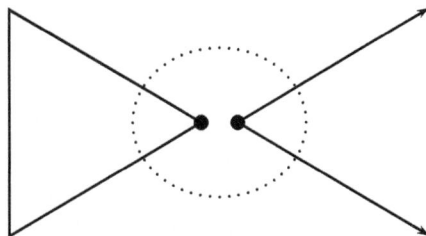

---

[51] J. Ibáñez Ibáñez: *Nestorio...*, cit., pág. 760.

Por lo demás utiliza para expresar la unión de las dos naturalezas, los términos "sumpápheia" (conjunción), "kat' eudokían" (unión por complacencia) y "hombre asumido por el Logos en quien el Logos habita como en un templo".[52]

Cada naturaleza tiene sus propiedades específicas que no pueden ser predicadas de la otra (por ejemplo: la adoración se debe al Verbo, pero no a Jesús; el nacimiento en carne es de Jesús, pero no del Verbo). Las propiedades que traducen la unión entre la divinidad y la humanidad se aplican a Cristo, como por ejemplo, "salvador". Como consecuencia, se niega la llamada "comunicación de idiomas" (la posibilidad de atribuir a la persona divina propiedades o características ("idiomata") tanto humanas como divinas: el Verbo no murió; la naturaleza humana de Cristo no es adorada; etc.

En el fondo, Nestorio cuestiona el misterio de la unión hipostática, y con él toda la cristología. Cristo se presenta como un ser doble, como un santuario ambulante en el que el Sumo Sacerdote humano adoraba a su Dios.

La reacción católica: San Cirilo de Alejandría. Concilio de Efeso (431)

San Cirilo (+444), formado en la escuela de Alejandría, se opuso férreamente a las tesis de Nestorio.

---

[52]Por eso, parece difícil de aceptar, los intentos de rescatar a Nestorio, como ortodoxo, que se han propuesto últimamente: cfr. L. I Scipioni: *Ricerche sulla Cristologia del 'Libro de Eraclide' di Nestorio. La Formulazione Teologica e il suo Contesto Filosofico*, Ed. Univ. Friburgo, 1956; L. Abramowski: *La Historie de la Rechereche sur Nestorius*, en "Istina", 40 (1995) 44–55; A. Amato: *Nestorius, Nestorianismus*, en W. Kasper "Lexikon für Theologie und Kirche", VII, Herder, Friburgo, 1998, págs. 745–749. Recuérdese que Juan Pablo II y el Patriarca de la Iglesia Siria nestoriana, Mar Dinkha IV, suscribieron una declaración común sobre el misterio de la Encarnación, el 11 de noviembre de 1994.

San Cirilo afirma que el movimiento de la Encarnación parte de lo divino y no de lo humano: no es que el hombre Jesús se hizo el Verbo de Dios, sino que el Verbo de Dios se hizo carne. El punto de partida de su doctrina cristológica se sitúa en el primer capítulo del Evangelio de S. Juan: "El Verbo se hizo carne", fijándose más que en la integridad de las dos naturalezas que se unen en Cristo, como hacían los antioquenos, en la unidad de persona que hay en el Verbo, en ese Verbo que existe desde toda la eternidad y que, al fin de los tiempos, se encarnó. Por tanto, el sujeto de la unión entre divinidad y humanidad es el "Yo–Verbo–Logos", el yo divino. En Cristo hay dos "phisis", divina y humana, completas y distintas. Pero es una sola "hypóstasis" o "prósopon", el "yo–Logos" (divino).

Para expresar esta realidad, San Cirilo utiliza una expresión que es problemática: el Verbo ha hecho suya la naturaleza humana de modo que le pertenece "en unión de naturaleza", es decir esencialmente y no en virtud de una acción moral del hombre (como la fe o la caridad; la unión de naturalezas —ἕνοσις φυσική— no es moral, sino "natural", "esencial"); esta expresión podía ser entendida en sentido monofisita (que no era, en absoluto, la intención de San Cirilo). Como dice Aznar Tello:

> "Cirilo rehuye toda explicación que parezca puede comprometer de alguna manera esta unión; no quiere hablar de una simple 'inhabitación' o de una 'conjunción' o de una 'relación'. Entre las dos naturalezas no existe solamente un acercamiento o un contacto (*synápheia*), como decían los antioquenos. 'Nosotros, escribe Cirilo a Nestorio, rechazamos el término *synápheia* porque no es propio para significar la unión (*énosis*)'. El mismo término 'unión' le parece insuficiente, pues no preserva a los teólogos contra la tentación de decir que Cristo es un hombre 'teóforo'. Hace

falta precisar, según él, y hablar de 'unión según la hypóstasis' (*énosis kat'hypóstasin*) o 'unión según la naturaleza'
(*énosis katá physin*), pues las dos palabras, 'hypóstasis' y
'physis', son, más o menos, intercambiables en el lenguaje
de Cirilo. Se trata, en definitiva, según él, de una 'unión
física' (*énosis physikée*) y no 'moral' ".[53]

El Santo subrayaba que si no hay unión de naturalezas en Cristo,
no habría salvación para el hombre.

Como consecuencia de la unión de naturalezas, existe la comunicación de idiomas en Cristo: a la persona se pueden aplicar las propiedades de ambas naturalezas (Cristo es humano y divino; Dios muere
en al Cruz, o sufre en la Pasión, ya que suya es la humanidad que pa-
decía, suyo era el cuerpo y suya el alma; o la Virgen es la "theotokos").
San Cirilo será el gran defensor de la maternidad divina de la Virgen,
considerando que en esa realidad se encuentra la expresión de la más
prístina cristología, al suponer en Cristo, la unidad de persona y la
dualidad de naturalezas. Decir, en efecto, que María es la Madre de
Dios equivale a afirmar que en Cristo no hay más que una persona,
la del Hijo de Dios, y que es a esta persona a la que María ha dado
nacimiento en el tiempo:

> "Como la santa Virgen engendró según la carne a Dios uni-
> do personalmente a la carne, por eso decimos de ella que es
> la Madre de Dios, no en el sentido de que la naturaleza del
> Verbo tomara de la carne el comienzo de su existencia. . .
> sino porque, como hemos dicho antes, habiendo asumido
> personalmente la naturaleza del hombre, aceptó el ser en-
> gendrado de su seno según la carne".[54]

---

[53] S. Aznar Tello: *San Cirilo de Alejandría*, en GER, vol. V, pág. 667–668.
[54] *Epíst.* 17,11.

El siguiente gráfico podría expresar sus ideas, donde el triángulo cerrado representa la naturaleza humana y el ángulo con vectores, la divina; las flechas indican que el movimiento de la Encarnación parte del Logos:

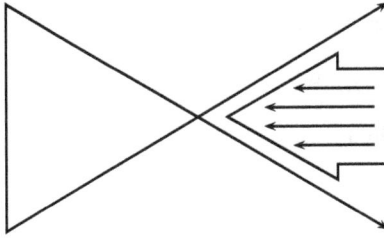

Podemos señalar las siguientes deficiencias en su posición:

1. La utilización de la fórmula μία φύσις τοῦ Θεοῦ λόγου σεσαρκωμένη,[55] creyendo que era de San Atanasio, cuando en realidad era de Apolinar.[56]

2. La utilización de la fórmula ἕνωσις φυσική, que sería entendida en sentido monofisita posteriormente.

3. Todavía no se encuentra el término adecuado para la unión de las naturalezas en Cristo (solo en el Concilio II de Constantinopla del a. 553, se acepta la expresión ἕνωσις καθ᾽ ὑποστασιν).

El Concilio de Éfeso (a. 431)

El Concilio de Éfeso enfrenta la polémica suscitada por las posiciones de Nestorio, Patriarca de Constantinopla, y su enfrentamiento con San Cirilo, Patriarca de Alejandría. Los hechos se precipitan entre los años 429 y 430:

---

[55] *Epíst.* 17; *Epíst.* 46.

[56] Pertenecía a una Carta de Apolinar a Joviano.

- Segunda Carta de Cirilo a Nestorio.

- Tercera Carta de Cirilo a Nestorio con los doce anatematismos.

- Doce contra–anatematismos de Nestorio a Cirilo, acusándole de apolinarista.

- Intervención de Juan, Patriarca de Antioquía, defendiendo a Nestorio de buena fe.

- Intervención de Teodoreto, Obispo de Ciro, en favor de Nestorio, de buena be.

En el año 431, la situación se había hecho tan tensa que el Emperador Teodosio II,[57] pide la convocatoria de un Concilio que resolviera la controversia.[58] Cirilo comienza el Concilio, sin esperar a Juan de Antioquía y sus obispos, y sin aguardar tampoco a los delegados del Papa. Condena a Nestorio, después de que éste expresara su voluntad explícita de no participar en las reuniones del Concilio, siendo inmediatamente depuesto. Se establece el título de la Virgen como "theotokos" con una gran alegría del pueblo de Éfeso.[59]

---

[57]Se une también el Emperador de Occidente, Valentiniano III.

[58]Cfr. Th. Camelot: *Éfeso y Calcedonia*, Ed. Eset, Vitoria, 1971; M. Jugie: *Éphèse (Concile de)*, en DTC, V, págs. 137–163. Cfr. la Encíclica de Pio XI *Lux Veritatis*, para conmemorar este Concilio.

[59]Se ha discutido mucho, y así lo hizo también Nestorio, sobre la validez de este Concilio. Hay que afirmar que Cirilo tenía poder del Papa para actuar como lo hizo, y lo que le llevó a ello fue el peligro que sintió Cirilo de que el Emperador pusiera como presidente del Concilio a Juan de Antioquía, en contra de los deseos del Papa, así como para evitar la influencia indebida del Emperador. Como dice Alcántara A. Mens (*Éfeso, Concilio de*, en GER, vol. VIII, pág. 357): "La sesión primera, que determinó toda la evolución de la parte dogmática del Concilio, tuvo lugar el lunes 22 de junio. En efecto, S. Cirilo, cansado de esperar la llegada del grupo de Juan de Antioquía y de los legados del Papa, declaró abierta la asamblea en presencia de 154 obispos, más el diácono africano Bessula. Creyó que tenía

En el Concilio se leyó y aprobó la segunda Carta de Cirilo a Nestorio:

"Neque enim dicimus Verbi naturam per sui mutationem carnem esse factam; sed neque in totum hominem transformatum ex anima et corpore constitutum; asserimus autem Verbum, unita sibi secundum hypostasim carne animata rationali anima, inexplicabili incomprehensibilique modo hominem factum, et hominis Filium exstitisse, non per solam voluntatem, sive per solam personæ assumptionem. Et quamvis naturæ sint diversæ, vera tamen unione coeuntes unum nobis Christum et Filium effecerunt; non quod naturarum differentia propter unionem sublata sit, verum quod divinitas et humanitas secreta quadam ineffabilique coniunctione in una persona unum nobis Iesum Christum et Filium constituerint... Non enim primo vulgaris quispiam homo ex Virgine ortus est, in quem Dei Verbum deinde se demiserit; sed in ipso utero carni unitum secundum carnem progenitum dicitur, utpote suæ carnis generationem sibi ut propriam vindicans... Ita (sancti Patres) non dubitaverunt sacram Virginem Deiparam appellare, non quod Verbi natura ipsiusve divinitas ortus sui principium ex sancta Virgine sumpserit, sed quod sacrum illud corpus anima intellegente perfectum ex ea traxerit, cui et Dei Verbum, secundum hypostasim unitum, secundum carnem natum dicitur.

(c. 3) Credimus, inquiunt illi (scl. sancti Patres), et in Dominum nostrum Iesum Christum Filium eius unigenitum. Prævides quomodo Domini et Iesu Christi et unigeniti Filii prius communia deitatis et humanitatis nomina tamquam fundamenta ponentes, tunc suscepti hominis (accuratius: inhumanationis) et resurrectionis et passionis superædificant traditionem, ut nominibus quibusdam utriusque naturæ communibus et significativis propositis, neque quæ generationis Filii et dominationis, dissecentur neque quæ naturarum sunt

---

derecho para hacer esto, pues, por una parte, el citado Juan acababa de declarar que el sínodo podía comenzar si él tardaba demasiado, y como, por otra parte, los legados pontificios no habían llegado, quedaba él como representante jurídico del Papa, quien le había encargado en el Concilio romano de agosto del 430 que ejecutase la sentencia infligida a Nestorio..."

propria, in singularitate nativitatis Filii ulla confusionis abolitione periclitentur nomine unionis.

(c. 4) In hoc apud illos Paulus doctor est factus; qui cum divinæ incarnationis memoriam faceret, incipiens subiungere quæ sunt passionis, prius posuit 'Christus', commune, ut paulo ante dixi, nomen naturarum: tunc decentem infert sermonem sive rationem utriusque. Quid enim ait? 'Hoc sentiatur in vobis quod et in Christo Iesu, qui cum in forma Dei esset, non rapinam arbitratus est esse æqualis Deo, sed', ne ad unumquodque loquar, 'factus oboediens usque ad mortem, mortem autem crucis' (Flp 2: 5–8). Quoniam igitur coeperat mortis facere mentionem, ut ne quis hinc Verbum Deum passibilem suspicetur, posuit 'Christus', tamquam inpassibilis et passibilis essentiæ in singularitate personæ significativum vocabulum, ut inpassibilis et passibilis Christus sine periculo nominetur, inpassibilis quidem deitate, passibilis vero natura corporea.

(c. 5) Multa super hoc cum possim dicere et primo omnium quod nec nativitatis in dispensatione, sed susceptionis humanitatis tantum meminisse sanctos illos Patres ostendere valeam; ... (brevitati studens statim) venio nunc et ad secundum caritate tua capitulum motum, in quo naturarum quidem laudabam factam discretionem secundum deitatis et humanitatis rationem et in una persona consortium nec non et illud quod Deum Verbum secunda nativitate ex muliere minime diceret eguisse <et> quod passionis incapacem profitebatur deitatem. Catholica enim re vera sunt hæc et omnino sectis omnibus circa Domini naturas adversa. In reliquis vero si aliquam latentem et profundam atque incomprehensibilem rationem legentium auribus adferebas, tuæ sit examinatæ prudentiæ scire: mihi enim priora destruere videbaris. Eum enim qui in primis inpassibilis et secundam non recipere nativitatem fuerat prædicatus, iterum passibilem et noviter creatum nescio quomodo inferebas, tamquam quæ Deo Verbo naturaliter inessent, consortio templi corrupta sint, aut forsitan paulo minus hominibus putari illud ipsum absque peccato templum et inseparabile divinæ naturæ nativitatem et mortem pro peccatoribus (non) pertulisse, tamquam voci dominicæ ad iudæos clamanti 'Solvite templum hoc, et in triduo suscitabo illud' (Jn 2:19) non debeat credi. Non dixit: solvite deitatem meam, et in triduo suscitabitur.

(c. 6) ... Ubique per divinas Scripturas, quotiens meminerint dominicæ dispensationis, non divinitatis Christi, sed humanitatis eius
passio et nativitas traditur, ut magis secundum liquidissimam rationem convenientius aptiusque sit sanctam Virginem non genetricem
Dei, id est *theotokon*, sed Christi genetricem, id est *Christotokon* vocari, ad hæc Evangeliis quoque vociferantibus: 'Liber generationis
Iesu Christi filii David filii Abraham' (Mt 1:1). Evidens est quia
Deus Verbum David non erat filius. Accipe, si videtur, et aliud testimonium: 'Iacob autem genuit Joseph virum Mariæ, de qua natus est
Jesus qui dicitur Christus' (Mt 1:16). Intende etiam in aliud dictum:
'Christi autem generatio sic erat. Cum esset desponsata virgo Maria,
inventa est in utero habens de Spiritu Sancto' (Mt 1:18). Creaturam
autem esse Spiritus Sancti Unigeniti deitatem quis vel debeat suspi-
cari? Quid etiam his superfundi debeat, audi: 'Et erat mater Iesu ibi'
(Jn 2:1) et iterum 'cum Maria matre Iesu' (Act 1:14), illud quoque
'Quod in ea natum est, de Spiritu Sancto est' (Mt 1:20) et iterum 'Accipe puerum et matrem eius et fuge in Ægyptum' (Mt 2:13) et illud
'De Filio eius unigenito, qui factus est ei ex semine David secundum
carnem' (Ro 1:3) et iterum de passione eius quia 'Deus Filium suum
misit in similitudinem carnis peccati et de peccato damnavit peccatum in carne' (Ro 8:3) et iterum 'Christus mortuus est pro peccatis
nostris' (1 Cor 15:3) et denuo 'Christo passo in carne' (1 Pe 4:1) et
illud 'Hoc est corpus meum et hic est sanguis meus' (1 Cor 11:24),
non dixit hæc est deitas mea.

(c. 7) Et decem milia alia sunt, aliis atque aliis vocibus prote-
stantibus humanum genus in eo, non Filii deitatem recentem putare
aut novellam aut corporalium passionum esse capacem, sed illam divinæ naturæ coniunctam carnem ex qua <et dominum et> filium
se David nominat Christus. Quid enim ait? 'Quid vobis videtur
de Christo? Cuius est filius? Responderunt: David. Et respondit
Iesus et dixit: Quomodo ergo David in spiritu dominum eum vocat dicens: dixit, inquit, Dominus Domino meo, sede ad dexteram
meam?' (Mt 22: 42–44). Tamquam filius profecto David secundum
carnem, secundum divinitatem vero Dominus. Esse quidem templum
divinitatis Filii corpus et templum secundum excellentem quandam
et divinam unitum coniunctionem certissimum est, ita ut ea quæ
sunt Dei, adsciscere sibi et ad se revocare divinam naturam profiteri

sit bonum et dignum evangelica traditione; huius autem familiaritatis nomine confricare et coniunctæ carnis proprietates, generationem scilicet et passionem et mortalitatem Deo tribuere, aut errantis gentilitatis, frater, est sensus aut mente capti Apollinaris et Arii aut reliquarum pestium hæreticarum et harum aliquid peius. Necesse est enim huiusmodi homines adtractos familiaritatis nomine et lactationis socium propter familiaritatem et ætatis quæ paulatim accessit, incrementorum participem Deum Verbum facere et passionis in tempore ex timiditate auxilii angelici indigentem. Taceo circumcisionem et sacrificium et sudorem et famem, quæ quidem carnis pro nobis evenerunt (hæc tamen, cum illi coniunguntur, et adoranda sunt) in deitate autem ista etiam mendaciter accipiuntur nobisque tamquam calumniatoribus iustas damnationis causas important..."[60]

También se leyeron los doce anatematismos contra Nestorio, pero no constan en las actas del Concilio. Con todo se consideran la enseñanza cristológica del Concilio:

"1.– Si quis non confitetur, Deum esse veraciter Emmanuel, et propterea Dei genitricem sanctam virginem (peperit enim secundum carnem carnem factum Dei verbum), an. sit.

2.– Si quis non confitetur carni secundum subsistentiam adunatum ex Deo Patre Verbum, unum esse etiam Christum cum sua carne, eundem ipsum videlicet Deum simul et hominem, an. sit.

3.– Si quis in uno Christo dividit subsistentias post adunitionem, soli iungens eas contiguitati quæ est secundum dignitatem vel auctoritatem aut potentiam, et non magis concursu qui est secundum adunitionem naturalem, an. sit.

4.– Si quis personis duabus vel etiam subsistentiis quæ sunt in evangelicis vel apostolicis scripturis, impertit voces

---

[60] D. S. 250–251.

aut in Christo a Sanctis dictas aut ab Ipso de se et quasdam velut homini præter ex Deo Verbum specialiter intellecto applicat, quasdam vero velut Deo condecentes soli ex Deo Patre Verbo, an. sit.

5.– Si quis audet dicere deiferum hominem Christum et non magis Deum esse secundum veritatem sicut Filium unum et natura secundum quod factus est caro Verbum et communicavit similiter nobis in sanguine et carne, an. sit.

6.– Si quis dicit Deum aut Dominum esse Christi ex Deo Patre Verbum et non magis eundem confitetur simul Deum et hominem, utpote facto carne Verbo secundum Scripturas, an. sit.

7.– Si quis ait ut hominem operationem suscepisse ex Deo Verbo Iesum et Unigeniti gloriam appositam esse tamquam alteri præter eum exsistenti, an. sit.

8.– Si quis audet dicere adsumptum hominem coadorari oportere Deo Verbo et conglorificari et coappellari Deum ut alter alteri ("co–" enim semper adjectum hoc intelligi cogit) et non magis una adoratione honorificat Emmanuel et unam ei glorificationem refert secundum quod factum est caro Verbum, an. sit.

9.– Si quis ait unum Dominum Iesum Christum glorificatum a Spiritu quasi aliena virtute, quæ per eum est, utens, et ab ipso accepisse operari posse contra spiritus immundos et adimplere in homines deitatis miracula et non magis proprium eius esse Spiritum dicit, per quem et operatus est deitatis signa, an. sit.

10.– Pontificem et Apostolum confessionis nostræ (Heb 3:1) factum Christum divina dicit Scriptura; obtulit etiam semet ipsum in odorem suavitatis Deo (Ef 5:2) et

Patri. si quis ergo Pontificem et Apostolum nostrum fieri dicit non ipsum ex Deo Verbum, quando factum est caro et secundum nos homo, sed ut si alterum præter ipsum specialiter hominem ex muliere, aut si quis dicit et pro se obtulisse semet ipsum sacrificium, et non magis pro nobis tantum (nec enim indiguit sacrificio qui nescit peccatum), an. sit.

11.– Si quis non confitetur Domini carnem vivificatoriam esse et propriam ipsius ex deo Patre Verbi, sed velut alterius præter ipsum, copulati quidem ei secundum dignitatem aut quasi solummodo divinam inhabitationem habentem et non magis vivificatoriam sicut diximus, quia facta est propria Verbi omnia vivificare valentis, an. sit.

12.– Si quis non confitetur Dei Verbum passum carne et crucifixum carne et mortem gustasse carne, factum etiam primogenitum ex mortuis secundum quod vita est et vivificans ut Deus, an. sit".[61]

Las verdades principales que subraya este Concilio son las siguientes:

- Cristo es un solo sujeto (ὑπόστασις) y una sola persona (πρόσοπον).

- El mismo que es Dios es hombre mediante la unión de la naturaleza divina (φύσις) con la humana.

- Por tanto, Santa María es verdadera Madre de Dios porque engendró según la carne al Verbo de Dios hecho carne.

- Cristo es el Hijo de Dios, y no puede afirmarse que el hombre Jesús sea un hombre divinizado e hijo adoptivo de Dios.

---

[61] D. S. 252–263.

- La carne de Cristo –cfr. eucaristía– es vivificadora porque es carne del Verbo.

- Cristo debe ser adorado con una única adoración, y no adorado como Dios y separadamente adorado como hombre.

- Deben atribuirse a la Persona del Verbo no solamente las operaciones divinas, sino también las operaciones y pasiones humanas de Jesús.[62]

En el Concilio de Efeso (431) se condena unilateralmente a Nestorio.[63]

Las circunstancias de la celebración del Concilio produjeron que la controversia en torno a Nestorio y sus seguidores, se agravara.[64] Los hitos más importantes son:

- Envío al Emperador de sendos memorandums por Cirilo y Nestorio.
- Juan de Antioquía entra en Éfeso y condena y depone a Cirilo.
- Llegan a Éfeso los delegados papales, quienes:

  - Confirman a Cirilo.
  - Aprueban al Concilio de Éfeso.
  - Convocan a Juan de Antioquía y lo deponen al no asistir; Juan de Antioquía estaba participando en otro sínodo.

- El Emperador depone a Cirilo y a Nestorio.
- Cirilo maniobra políticamente y con la ayuda de un santo abad convence al Emperador para que deponga a Nestorio y confirme en sus sedes a él mismo y a Juan de Antioquía.

---

[62]F. Ocáriz – L. F. Mateo–Seco – J. A. Riestra: *El Misterio...*, cit., págs. 139–140.

[63]*D. S.* 264.

[64]Los detalles, se pueden seguir en la bibliografía aportada más arriba sobre este concilio. Un buen resumen en Alcántara A. Mens: *Éfeso...*, cit., págs. 356–359.

Como consecuencia, el Oriente se encuentra dividido entre nestorianos, los partidarios de Juan de Antioquía y de Teodoreto de Ciro, y los de San Cirilo.

En el año 433 se produce el Acta de Unión, con el Papa Sixto III, por la cual los obispos todos de la Iglesia de Oriente se unen a la fe de Éfeso: es el *Symbolum Ephesinum*.[65] Juan de Antioquía acepta el Concilio de Éfeso; Teodoreto de Ciro lo hará al año siguiente (434) y el nestorianismo se extendió a Persia–India (los "caldeos"). El contenido de este "Symbolum Ephesinum" es el siguiente:

1. La Virgen es la "Theotokos".

   > "Secundum hanc inconfundibilem unitatem confitemur sanctam Virginem Dei genetricem, quia Deus Verbum incarnatus est et humanatus est et ex ipso conceptu adunivit sibi ex ipsa assumptum templum".[66]

2. La Humanidad de Cristo permanece íntegra y total tras la Encarnación. Se emplea el término "homooúsios" de Nicea para explicar también la consubstancialidad de Cristo con los hombres. Se emplea el término "unión" ("hénosis") y no 'synapheia" para indicar la unidad de las dos naturalezas.

   > "Confitemur igitur Dominum nostrum Iesum Christum filium Dei unigenitum, Deum perfectum et hominem perfectum ex anima rationali et corpore, ante sæcula ex Patre genitum secundum deitatem, in ultimis autem diebus eundem propter nos et propter nostram salutem ex Maria Virgine secundum humanitatem, consubstantialem Patri eundem secundum deitatem et consubstantialem nobis secundum humanita-

---

[65] *D. S.* 271–273.
[66] *D. S.* 272.

tem. Duarum enim naturarum unitas facta est; unde unum Christum, unum filium, unum dominum confitemur".[67]

3. La comunicación de idiomas es válida.

"Evangelicas autem et apostolicas de Domino voces scimus deiloquos viros aliquotiens has consociantes tamquam de una persona dictas, aliquotiens autem dividentes tamquam de duabus naturis et has quidem Deo condecentes secundum deitatem Christi, humiles autem secundum humanitatem tradentes".[68]

4. No se acepta la fórmula de Cirilo μία φύσις τοῦ Θεοῦ λόγου σεσαρκωμένη.

Con todo la controversia no queda zanjada todavía pues no se ha llegado a la fórmula de solución final ("unión hipostática"), y existían expresiones usadas por los Santos Padres que todavía eran muy imprecisas e inducían al error. Así en el Concilio de Constantinopla I, el significado de "hypóstasis" era diferente de "ousía" y se aplicaba a cada una de las personas divinas; en cambio en el Concilio de Éfeso, no hay una clara distinción entre ambos términos, y se entendían con el mismo significado. Por eso San Cirilo piensa en una sola "hypóstasis" y en una sola "ousía"; por su parte Nestorio hablaba, de dos "ousia" y de dos "hypostasis". La terminología de cada autor únicamente podría aclararse con la exposición de sus posiciones teológicas. Solo en el Concilio de Calcedonia (a. 451) se acaba por determinar con precisión el alcance de cada vocablo y, por tanto, facilitar su uso correcto en cristología.

---

[67] *D. S.* 272.
[68] *D. S.* 273.

De esta controversia queda claro que en Cristo hay un solo "Yo"
que es divino, la Virgen María es la "theotokos" y la comunicación de
idiomas es válida en cristología.

3.3.4. La crisis monofisita. El Concilio de Calcedonia (451) y Constantinopla II (553)

La comprensión de la unidad de Cristo no quedaba todavía precisada del todo. En efecto, los conceptos amplios de "hipóstasis" y de "physis" con tan diferente significado para unos y otros, propiciaba por un lado, que al hablar de la única hipóstasis de Cristo se pudiera significar en realidad que el Señor tenía una sola naturaleza; y por otro, que el entendimiento de la "unión en la naturaleza o substancia" se comprendiera como una unión que no se operaba en la "persona" o "subsistencia" (olvidando el prístino sentido de la fórmula usada para rechazar una unión de la humanidad y de la divinidad en Cristo de tipo moral).

La imprecisión conceptual supuso una nueva crisis, la monofisita, lo que impulsó el esfuerzo aclaratorio, por un lado, de las dos escuelas teológicas de la Antigüedad, Alejandría y Antioquía; y, por otro, del de la Iglesia latina, sobre todo por la obra del Papa San León Magno.

Etimológicamente, "monofisismo", significa "una naturaleza" ("mono–physis": μόνος – φύσις). Y tiene su origen en el momento que ahora se estudia: algunos pensadores cristianos, en su esfuerzo por luchar contra el nestorianismo y su negación de la única persona en Cristo, cayeron en el error opuesto: afirmar que en Cristo hay una única naturaleza.

Hay que distinguir entre el *monofisismo real*, que formalmente contradice el dogma del Concilio de Calcedonia de varios modos y que constituye el auténtico pensamiento herético al sostener la única naturaleza en Cristo, del *monofisismo verbal*, que utiliza expresiones inadecuadas, de sabor monofisita, pero que en principio no pretenden

negar la doble naturaleza de Cristo y su real distinción (es el de aquéllos que ponen en Jesucristo, después de la unión, una sola "physis"
o naturaleza, pero que entienden la palabra "physis" en el sentido de
ser concreto, subsistente en sí mismo, sujeto único de atribución, con
el efecto de que el término "naturaleza" —"physis"— se hace sinónimo
de "persona" —"hypóstasis", "prósopon"—).[69]

Eutiques, archimandrita de Constantinopla (378–454)

Eutiques,[70] apoyándose en la aprobación conciliar de Éfeso de las
doctrinas de San Cirilo, sin embargo las interpreta en sentido Apolinarista. Es probable que Eutiques fuera más bien ignorante que malicioso
(el Papa San León le calificó como *multum imprudens et nimis impe-
ritus senex*[71]), y sus doctrinas fueron interpretadas por sus sucesores

---

[69]Se ha distinguido entre un monofisismo verbal ortodoxo, que sería por ejemplo
el de San Cirilo de Alejandría con su famosa fórmula μία φύσις τοῦ Θεοῦ λόγου
σεσαρκωμένη, que él interpretaba en sentido ortodoxo como ya sabemos; y monofisismo verbal heterodoxo, que sería el propio de los nonotelitas, como Severo
de Antioquía: antes de la Encarnación, existía sólo el Verbo; después de ella existe un solo ser concreto, una sola "physis" (naturaleza) compuesta de dos "ousiai"
(esencias). A causa de estas dos esencias diferentes e inconfusas, Cristo es consustancial con el Padre según la divinidad, y consustancial con María y con nosotros
según la humanidad. De la síntesis de estas dos "ousiai" en una única "physis",
con la unidad vital que supone, deduce Severo que, aunque aparentemente se distinguen en Cristo acciones humanas y acciones divinas, sin embargo, todas ellas
provienen de una actividad única, la "enérgeia" del Verbo Encarnado, en quien
todo es humano–divino, teándrico. Con esta concepción, Severo no podía menos
de estar en desacuerdo con el Concilio de Calcedonia y el *Tomo* de San León. Cfr.
J. S. Nadal y Cañellas: *Monofisismo*, en GER, vol. XVI, págs. 216–221; M. Jugie:
Monophysisme, en DTC, XX, 2216–2251.

[70]J. S. Nadal y Cañellas: *Eutiques*, en GER, vol.IX, págs. 580–581 ; M. Jugie:
Eutiches et Eutychianisme, en DTC, vol. V, 1582–1609; Id: *Theologia Dogmatica
Christianorum Orientalium*, V, París, 1935, 397–442; ; J. Lebon: *Le Monophysitis-
me Sevérien*, Lovaina, 1909.

[71]*P. L.* 54, 756.

y enemigos de muy diferente forma, pero realmente se constituyó en el referente de la herejía monofisita.

Históricamente, el monofisimo de Eutiques fue interpretado de las siguientes maneras:[72]

1. Teodoreto de Ciro, en su obra *Eranístes*, contra Eutiques, escrita en 447, supone que éste afirmaba que la humanidad había sido absorbida en la divinidad, a la manera de una transustanciación, "casi como una gota de miel que caída en el mar, se disuelve en él".[73]

2. Juan, obispo de Tomos, en el Ponto, hacia 448, creía que la enseñanza de Eutiques podía resumirse en la afirmación de que la divinidad se disolvía en la humanidad, de modo que el Verbo de tal manera se hacía hombre que dejaba de ser Dios. Este error, del que ciertamente Eutiques estaba inmune, en realidad había sido mantenido por algunos herejes anteriores a él, de los que tenemos noticias por Hilario de Padua en su libro *De Trinitate*,[74] y fue condenado por el sínodo de Sirmio de 351 en su canon 11.[75]

3. San Cirilo en su *Epístola a Acacio*, y Nestorio en el *Libro de Heracles*, nos describe otra forma de monofisismo, que el Pseudo-Zacarías y Miguel Siro atribuyeron después a Eutiques: el Verbo no se había fundido con una carne tomada de mujer, sino que el Verbo mismo, en virtud de su omnipotencia, se había transformado y, por así decir, condensado en carne humana. Es cierto que no fue éste el pensamiento de Eutiques; pero parece que algunos de sus discípulos adoptaron esta concepción, según se desprende de los escritos de Filoxeno y de Severo de Antioquía.

4. La cuarta interpretación es un error excogitado por los docetas, mucho tiempo antes de Eutiques, pero que Timoteo Ærulo le atribuía con estas palabras: "Dios, en su misma esencia, se hizo material y apareció en un cuerpo celeste; de la misma manera que en la cera nada queda del sello que le ha impreso la forma, y en el barro nada resta del anillo de oro que lo ha timbrado, así nada permaneció en Cristo de las cosas humanas".[76]

---

[72]Cfr. J. S. Nadal y Cañellas: *Monofisismo*, cit., págs. 216.

[73]*P. G.* 83, 135. Cfr. G. H. Ettlinger: *Theodoret of Cyrus Eranistes. Critical Text and Prolegomena*, Oxford, 1975.

[74]*P. L.* 10, 383.

[75]*D. S.* 140.

[76]Zacarías el Rector: *Historia eclesiástica*, V, 1, ed. Brooks, 146

5. La quinta forma es la del monofisismo clásico. La Divinidad y la Humanidad de tal manera se han confundido en Cristo que han dado lugar a una tercera naturaleza única, que no es ni Dios ni hombre, sino algo especial, tanto en el ser como en el obrar. También esta interpretación fue atribuida a Eutiques. Parece que la defendió un tal Sergio Gramático, y el Pseudo–Dionisio Areopagita a veces da la impresión de estar de acuerdo con ella.[77]

6. La forma más sutil del monofisimo real considera al Verbo Divino y a la humanidad como dos sustancias incompletas, que se unen sin confundirse para formar una sustancia completa, al modo del alma y el cuerpo. Esta última imagen había sido usada por muchos Padres para ilustrar la Encarnación, sin pretender darle un sentido real; sin embargo, los arrianos y apolinaristas la entendieron a la letra.

7. Finalmente, algunos seguidores de Eutiques, entre ellos el obispo egipcio Isaías y el sacerdote alejandrino Teófilo, parecen haber sostenido que el Verbo solamente *ab extrínseco* y en apariencia se había hecho hombre. Este había sido el error típico de los docetas, por lo cual, los que lo mantuvieron, más tendrían que ser considerados discípulos de Valentín y Apeles que del propio Eutiques.

Para los propósitos del presente manual, baste decir que la Humanidad de Cristo quedaría absorbida por la divinidad en la Encarnación, de tal modo que existiría una única naturaleza en Cristo, que sería la que produce la unión, la divina. Como el agua del mar absorbe una gota de miel, la Humanidad de Cristo, sin ser aniquilada, es absorbida por la divinidad. En este sentido hay "fusión" (χρᾶσις) o "mezcla" (σύγχρασις) de naturalezas en Cristo.

Cristo sería así una Persona de dos naturalezas (antes de la unión) pero no en dos naturalezas (después de la unión). Este sería el sentido de la la fórmula ἕνοσις φυσική.

---

[77] *P. G.* 94, 287ss.

Sucesos previos al Concilio de Calcedonia

Cuando las tesis de Eutiques se hacen públicas, se produce una suerte de reacción en cadena de acontecimientos:

1. Flaviano, Patriarca de Constantinopla (+449) condena y depone a Eutiques en el sínodo celebrado en su ciudad el año 448.

2. Dióscoro, Patriarca de Alejandría y sucesor de San Cirilo, defiende las tesis de Eutiques.

3. En el año 449, el Papa San León Magno responde a las cartas enviadas por Eutiques y por Flaviano con su famoso "Tomus Leonis ad Flavianum":[78]

> "Salva igitur proprietate utriusque naturæ et in unam coeunte personam, suscepta est a maiestate humilitas, a virtute infirmitas, ab æternitate mortalitas, et ad resolvendum condicionis nostræ debitum natura inviolabilis naturæ est unita passibili: ut, quod nostris remediis congruebat, unus atque idem 'mediator Dei et hominum, homo Christus Jesus' (1 Tim 2:5) et mori posset ex uno, et mori non ex altero. In integra ergo veri hominis perfectaque natura verus natus est Deus, totus in suis, totus in nostris —nostra autem dicimus quæ in nobis ab initio Creator condidit at quæ reparanda suscepit; nam illa, quæ deceptor intulit et homo deceptus admisit, nullum habuerunt in salvatore vestigium... Adsumpsit formam servi sine sorde peccati, humana augens, divina non minuens, quia exinanitio

---

[78] D. S. 290–295.

illa, qua se invisibilis visibilem præbuit..., inclinatio
fuit miserationis, non defectio potestatis".[79]

En el 'Tomus", el Papa condena a Eutiques, y afirma la única
Persona de Cristo y la doble naturaleza, unidas, pero quedando
distintas e inconfusas tras la unión, que recogía la teología de
la Iglesia latina, que, de mano de Tertuliano y San Agustín, ya
habían establecido con precisión el sentido de "naturaleza" y de
"persona". Conviene, así, destacar en esta Carta:

- La doctrina de la doble "consubstancialidad" de Cristo, al
  Padre y a nosotros.
- La integridad de las dos naturalezas en Cristo y la unidad de
  su persona, con la expresión que luego asumirá el Concilio
  de Calcedonia: "...permaneciendo íntegras las propiedades
  de una y otra naturaleza y substancia, y confluyendo en
  una sola persona, la majestad ha tomado la humildad".
- Insiste en la comunicación de idiomas como apropiada para
  la teología cristológica.

4. En el mismo año se celebra el llamado "Latrocinio de Éfeso", un
   conciliabulo convocado por Dióscoro de Alejandría y Eutiques
   en rebelión. El emperador Teodosio II patrocinó este sínodo. El
   Papa León I, aunque de mala gana, envió legados, con mensa-
   jes que contenían la misma doctrina expuesta ya en su epístola
   dogmática "Tomus Leonis ad Flavianum". En ese concilio:

   - Se rechaza el "Tomus Leonis", que no fue leído y se condena
     a los "di–fisistas" (los que aceptaban las dos naturalezas en
     Cristo).

---

[79] *D. S.* 293.

- Se silencian a los representantes del Papa.

- Se hace violencia a los obispos ortodoxos.

- Se condenan a varios obispos sin ser escuchados.

- Flaviano es arrastrado por el suelo, y muere pocos días más tarde.

- Terminado el Concilio, el Papa León lo calificó de "Latrocinio de Éfeso" por lo que no tiene valor dogmático al haber sido desautorizado por el Santo Padre. Dióscoro todavía intentó rebelarse, y cuando pasaba por Nicea, excomulgó al Pontífice Romano. Teodosio II, sin embargo, aprobó las actas del Concilio y mandó ejecutar sus decretos.

5. Para poner orden y hacer valer su autoridad, el Papa envió a Constantinopla una legación compuesta de cuatro obispos. Antes de llegar a la ciudad, había muerto el emperador Teodosio II (el 28 julio 450), y su viuda se había casado con el general Marciano al que hizo emperador. Las cosas cambiaron: los decretos del "latrocinio" fueron declarados nulos. Los nuevos emperadores se apresuraron a escribir estos hechos al Papa y comunicarle su acuerdo para la reunión de un nuevo concilio. Este se celebró en octubre del 451 en Calcedonia.

Reacción católica: El Concilio de Calcedonia (451)

Introducción.– El Concilio ortodoxo,[80] convocado por los emperadores Pulqueria y Marciano, con permiso del Papa y garantizando

---

[80]Cfr. Alcántara A. Mens: *Calcedonia, Concilio de*, en GER, vol. IV, págs. 682–684; T. Camelot: o. c., págs. 115–173; A. de Haulleux: *La Définition Christologique à Chalcédoine*, en "Revue Théologique de Louvain" (1976) 3–23; 115–170.

la libertad de los obispos, reunió a 600 obispos.[81] En él se condenará a Eutiques y a Dióscoro (primera y tercera sesiones); se asiente de modo unánime por los padres, a las enseñanzas del Papa Leon Magno en su "Tomus" como verdadera expresión de la fe de la Iglesia, y también a las cartas segunda de San Cirilo a Nestorio y de San Cirilo a Juan de Antioquía, y se recitan los símbolos de Nicea y Constantinopla (segunda sesión); y se compone el famoso símbolo calcedonense: unicidad de persona y dualidad de naturalezas "sin división, sin separación, sin cambio, sin confusión" (sesión quinta). En la sexta sesión, con la presencia de los emperadores, se proclama el símbolo.[82]

Texto.– El Concilio recoge toda la controversia anterior y unifica criterios. El estudio de su contenido teológico, se puede separar en tres partes, subdividiéndolo todo en veintisiete versículos para su posterior profundización:[83]

1. *Una síntesis de los concilios precedentes*: "(Definitio) 1 Sequentes igitur sanctos Patres, 2 unum eundemque confiteri Filium 3 Dominum nostrum Iesum Christum 4 consonanter omnes docemus, 5 eundem perfectum in deitate, 6 eundem perfectum in humanitate, 7 Deum vere et hominem vere, 8 eundem ex anima rationali et corpore, 9 consubstantialem Patri secundum deitatem

---

[81]Se discute el número de los mismos, porque en la época a veces los obispos metropolitanos firmaban la asistencia de los sufragáneos. Cfr. A. A. Mens: *Calcedonia...*, cit., pág. 683.

[82]Una breve historia de estas sesiones en A. Amato: *Jesús...*, cit., págs. 324–327, con la bibliografía allí expuesta. Véase la Encíclica de Pio XII *Sempiernus Rex*, de 8–septiembre–1951, para celebrar el 1500 aniversario de este Concilio

[83]Cfr. A. Amato: *Jesús...*, cit., págs. 331–336, quien recoge una división en 27 versículos de I. Ortiz de Urbina: *Das Symbol von Chalkedon. Sein Text, sein Werden, seine Dogmatische Bedeutung*, en A. Grillmeier y H. Bacht, "Das Kanzil von Chlakedon I: Der Glaube von Chalkedon", Friburgo, 1951, págs. 389ss. La articulación en tres partes dictada por el análisis literario del texto, está señalada por la repetición de la frase que regula toda la definición. *D. S.* 301–303.

10 et consubstantialem nobis eundem secundum humanitatem, 11 'per omnia nobis similem absque peccato' (cf. Heb 4:15); 12 ante sæcula quidem de Patre genitum secundum deitatem, 13 in novissimis autem diebus 14 eundem propter nos et propter nostram salutem 15 ex Maria virgine Dei genetrice secundum humanitatem".

2. *La aportación original del Concilio calcedonense*: "16 Unum eundemque Christum Filium Dominum unigenitum, 17 in duabus naturis inconfuse, 18 immutabiliter, indivise, inseparabiliter agnoscendum, 19 nusquam sublata differentia naturarum propter unitionem 20 magisque salva proprietate utriusque naturæ, 21 et in unam personam atque subsistentiam concurrente, 22 non in duas personas partitum sive divisum, 23 sed unum et eundem Filium unigenitum 24 Deum Verbum Dominum Iesum Christum".

3. *El fundamento de la doctrina en la Sagrada Escritura y la Tradición*: "25 sicut ante Prophetæ de eo 26 et ipse nos Jesus Christus erudivit, 27 et Patrum nobis symbolum tradidit.[84]"[85]

Contenido teológico– Como dice A. Amato[86] el contenido teológico del mismo es el siguiente:

"—Primera parte (v. 1–15).

Siguiendo a los santos padres (v. 1). Los padres de los que habla son los participantes en el concilio de Nicea,

---

[84] D. S. 125, 150.

[85] D. S. 301–302.

[86] Sigue en este estudio a I. Ortíz de Urbina (*Das Symbol*..., cit., págs. 401–412), Camelot (*Éfeso*..., cit., págs. 150ss.) y Sagi–Bunic: *"Duo Perfecta" et "Duæ naturæ" in definitione dogmatica chalcedonensi* en "Laurentianum", 5 (1964) 3–70, 203–244 y 321–361.

Constantinopla y Éfeso. Esta afirmación, situada al comienzo de toda la definición dogmática, quiere hacer ver que la tradición es la fuente y el fundamento de lo que va a ser solemnemente definido, y que es legítimo desarrollar ulteriormente el dato de fe con nuevas precisiones y profundizaciones.[87] Nos dice que la primera parte de la fórmula es una síntesis del dato cristológico de los concilios anteriores.

Enseñamos todos sinfónicamente que se ha de confesar (v. 4,2). Con el término *homologeîn* ("confesar") el concilio señala qué es lo que quiere comunicar. No se trata sólo de "información" o de "automanifestación", sino de "llamada con autoridad" al asentimiento de fe del creyente.

Uno y el mismo (v. 2). Hemos dicho ya que se trata del tema central de la fórmula calcedonense, propuesto tres veces a lo largo de toda la fórmula:"uno y el mismo Hijo Señor nuestro Jesús Cristo" (v. 2–3); "uno y el mismo Cristo, Hijo, Señor, Unigénito" (v. 16); "uno y el mismo él es Hijo y Unigénito, Dios, Verbo y Señor Jesucristo" (v. 23–24). Se trata de afirmar el misterio de la unidad de sujeto en Cristo (la expresión no es sólo "ciriliana"), y de referir a esa unidad las perfecciones de la divinidad y de la humanidad.

Los versículos 5–15 describen, con un estilo lingüístico de gran armonía (lo que indica que la fórmula es un todo homogéneo y "original"), el misterio de la dualidad de

---

[87]¿En qué sentido lo dice A. Amato? Este modo de escribir es un tanto ambiguo y hay que tener cuidado en no interpretarlo con el sentido historicista que emerge de las expresiones de A. Amato, puesto que sus dichos, que responden a su pensamiento, sin embargo no parecen los más adecuados para salvaguardar la inmutabilidad del dogma.

Cristo, mediante cuatro afirmaciones perfectamente equilibradas y que constituyen cuatro variaciones de un mismo tema. Efectivamente, se predica de uno y el mismo Hijo Señor nuestro Jesús Cristo: 1. la *perfección* de su divinidad y de su humanidad (v. 5–6); 2. la *verdad* de su ser "Dios y de su ser hombre, (compuesto) de alma racional y cuerpo" (v. 7–8); 3. su doble *consubstancialidad*, con el Padre según la divinidad, con nosotros según la humanidad, por lo que es "en todo semejante a nosotros excepto en el pecado" (cf. Heb 4:15 v.11); 4. su doble *nacimiento*, en cuanto "engendrado del Padre antes de los siglos según la divinidad" y "en los últimos tiempos de María virgen Madre de Dios según la humanidad" (v. 13, 15). Son evidentes en estas afirmaciones los contenidos antiarrianos (sobre todo con la expresión técnica del *homooúsios* niceno) y antiapolinaristas (con el añadido específico: "compuesto de alma racional y cuerpo"). En las afirmaciones "difisitas", referentes a la perfección y a la integridad de la divinidad y de la humanidad en Cristo, resuena la aportación esencial de la tradición antioquena; así como la alejandrina resuena en la referencia constante a la unidad de Cristo.

Por nosotros y por nuestra salvación (v. 14). La expresión señala claramente el contexto "soteriológico" de esta cuidada exposición "ontológica" del misterio de Cristo.

De Maria virgen Madre de Dios (v. 15). Se refiere a una realidad concreta e histórica de la verdadera Humanidad de Cristo. Y es también la consagración oficial, por parte del cuarto concilio ecuménico, del título efesino *theotókos*, confirmado ya definitivamente como patrimonio de la conciencia de fe de la Iglesia universal. El contenido de esta primera parte, y sobre todo la afirmación de la doble perfección de Cristo, deben llevarnos a reconocerlo como "uno y el mismo Cristo, Hijo, Señor, Unigénito" (v.16).

—Segunda parte (v. 16–24).

Esta parte se considera el culmen de la definición calcedonense, puesto que ofrece la aportación específica y original del concilio. Se introduce y se concluye insistiendo en la unidad e identidad de Cristo (*uno y el mismo*: v. 16, 23). Se la conoce universalmente por las expresiones *hén prósopon–mía hypóstasis, en dúo physesin* (una persona–una hipóstasis–en dos naturalezas), que más adelante se resumen en la fórmula: "una persona–en dos naturalezas". Aquí predominan conceptos y fórmulas abstractas, aunque en realidad se trata de una presentación sintética y técnica de lo que se ha dicho en la primera parte. Finalmente se acuña una fórmula que en pocas palabras aquilata en qué sentido Cristo es "uno" y en qué sentido es "dos". La solución está en que Calcedonia da un significado diferente a los conceptos de *physis* y de *hypóstasis*. Aquí no se define el contenido de estos términos, y no todos los padres verían con claridad la diferencia entre estos dos conceptos. Lo cierto es que se usan de manera bastante diferente, cristológicamente hablando, a como se habían usado hasta entonces. La fórmula afirma que en Cristo la unidad de sujeto hay que aplicarla a la única *hypóstasis* y al único *prósopon*, mientras que la duplicidad de sus perfecciones divinas y humanas ha de aplicarse a sus dos *physeis*. Cristo, por tanto, es "una sola persona y una sola hipóstasis" (v. 21) "en dos naturalezas" (v. 17). Con la distinción entre *hypóstasis* y *physis* se supera de manera definitiva la equivocidad de la fórmula ciriliana y efesina de la *mía physis*.

En dos naturalezas (v. 17). Se corrige la fórmula ambigua "de dos naturalezas", que podía dar lugar a la interpretación eutiquiana. Ésta admitía en Cristo dos naturalezas antes de la unión, pero una sola después de la unión.

Sin confusión ni cambio, sin división ni separación (v. 18). Se trata de adverbios que concretan la relación de las dos naturalezas, afirmando contra Eutiques que no están confundidas y que la naturaleza divina no se cambia en la humana; y señalando contra Nestorio que las dos naturalezas no están divididas ni separadas. Quieren significar la distinción (sin mezcla y sin cambio) y la unión (sin división y sin separación) de las naturalezas. Unidas y distintas.

No habiéndose suprimido la diferencia de las naturalezas por causa de la unión, sino más bien quedando a salvo lo que es propio de una y otra naturalezas (v. 19–20). Las dos naturalezas, unidas pero distintas, mantienen íntegras todas sus perfecciones y propiedades. *Y confluyendo en una sola persona y en una sola hipóstasis* (v. 21). Aquí se consideran substancialmente sinónimos *prósopon* ("persona") e *hypóstasis* ("hipóstasis"). Este es el culmen del misterio de la ontología de Cristo: afirmar la integridad de las dos naturalezas y su unión en una sola persona y subsistencia. En el *Tomus ad Flavianum*, León había ilustrado con ejemplos de la Sagrada Escritura cómo se podían distinguir en Cristo dos tipos de acciones, las divinas y las humanas, refiriéndolas a dos fuentes distintas, la naturaleza divina y la naturaleza humana, pero siempre convergentes en un solo sujeto, el Verbo de Dios encarnado.

No partido ni dividido en dos personas (v. 22). Se reafirma la unidad de persona, que en la práctica significa: uno solo y el mismo Hijo y Unigénito, Dios, Verbo, Señor, Jesús, Cristo (v. 23–24).

—Tercera parte (v. 25–27).

Como desde el principio (nos lo han dicho) los profetas acerca de Él (v. 25). Referencia explícita a la revelación veterotestamentaria, que prepara la Encarnación de Cristo.

Y el mismo Jesucristo nos ha enseñado (v. 26). Los padres insisten en que su fórmula pretende anunciar de nuevo lo que ha sido revelado por el mismo Jesucristo. Se trata de la afirmación explícita de la continuidad que hay entre kerigma neotestamentario y fórmula dogmática.

Y el símbolo de los padres nos lo ha transmitido (v. 27). La fórmula no sólo está en línea con la Escritura, sino también con la tradición fijada solemnemente en el símbolo de fe de Nicea y de Constantinopla.

La conclusión del *hóros* insiste en la coherencia y en el desarrollo que hay de hecho entre Escritura, tradición y dogma. El dogma se fundamenta en la Escritura y en la tradición de los padres. A su vez, la Escritura y la tradición encuentran en las fórmulas dogmáticas precisiones oportunas "inculturadas" en la conciencia de fe eclesial. Se afirma la novedad en la continuidad. Si en Nicea la novedad estaba en el *homooúsios*, en Calcedonia ha estado en las palabras *physis, prósopon, hypóstasis*, y en las fórmulas "hén prósopon, mía hypóstasis en dúo physesin", "asynchytos–adiairétos"...

—Conclusión.

El análisis teológico de la fórmula calcedonense nos lleva a las siguientes conclusiones: *a)* se afirma con equilibrio
la unidad y la dualidad en Cristo: el principio de unidad es
la persona; el principio de dualidad y distinción es la naturaleza; *b)* las expresiones clave de este misterio cristológico
se encuentran en las fórmulas "una persona o hipóstasis en
dos naturalezas" y "sin confusión y sin división"; *c)* se llega por fin en cristología a un uso distinto al que se había
dado hasta entonces de los conceptos de *physis, hypóstasis y prósopon*: la naturaleza concreta (*physis*) es distinta
de la persona subsistente (*hypóstasis*), mientras que *prósopon* queda identificado con *hypóstasis*, designando ya no
la personalidad psicológica o moral, sino una persona subsistente; *d)* los padres afirman explícitamente que tienen
conciencia de la continuidad y de la coherencia que hay
entre pronunciamientos conciliares, kerigma bíblico y tradición eclesial;[88]..."[89]

Resumen de aportes y temas pendientes– Así pues, el Concilio de Calcedonia:

---

[88]Así como aparecen ajustadas estas conclusiones, sin embargo en la última,
A. Amato (*Jesús...*, cit., pág. 336), manifiesta un principio de historicismo muy
en boga actualmente y que llevado a sus lógicas consecuencias, podría poner en
peligro el valor inmutable e imperecedero del Magisterio solemne. Estas son sus
palabras exactas: "...con este *hóros*, finalmente, el concilio no pretende decirlo
todo en el misterio del Verbo encarnado, sino simplemente ofrecer una aclaración
cualificada de la 'quæstio disputata' de cómo se dan en Cristo unidad y dualidad:
'El dogma de Calcedonia es, por tanto, la antigua tradición condensada en una
fórmula que serviría para afrontar las crisis de su época' (A. Grillmeier: Cristo en
la Tradición Cristiana: Desde el Tiempo Apostólico hasta el Concilio de Calcedonia
(451), Sígueme, Salamanca, 1997, I/2, pág. 835)".

[89]A. Amato: *Jesús...*, cit., págs. 331–336.

1. Amplía el *homooúsios* de Nicea: así como Cristo se proclamaba "consubstancial al Padre" (ὁμοούσιον τῷ πατρὶ) en la divinidad, Calcedonia, lo proclama también "consustancial a nosotros" en la humanidad (ὁμοούσιον ἡμῖν).

2. Contra Nestorio: proclama que las naturalezas en Cristo no se pueden separar ni dividir, pues están unidas en el Verbo (persona divina): "sin división" y "sin separación" (ἀδιαιρέτως, "indivise" – ἀχωρίστως, "inseparabiliter").

3. Contra Eutiques: proclama que ambas naturalezas permanecen en mutua coexistencia, conservando cada una sus propias cualidades, aunque estén unidas en el Verbo: "sin cambio" y "sin confusión" (ἀτρέπτως, "inmutabiliter" – ἀσυγχύτως, "inconfuse").

Con todo, todavía hay un problema: no se resuelve definitivamente el modo cómo ambas naturalezas están unidas. Habrá que esperar al Concilio de Constantinopla II (553) para el concepto de "unión hipostática".

Además todavía había suspicacias y malentendidos sobre el significado de los conceptos "physis", "ousia", "prósopon" e "hypóstasis". Por lo que el Concilio no consiguió que se hiciera la paz en el cristianismo, a lo que contribuyeron las disputas políticas y nacionales, además de los intereses personales de monarcas y eclesiásticos. Sobresalen los siguientes datos:[90]

- Continuaron existiendo los monofisitas estrictos —eutiquianos, con el denominado "monofisismo real y herético", divididos en varias facciones—, y los monofisitas mitigados —llamado "monofisismo verbal" de la escuela ciriliana, con sus representantes principales Severo de Antioquía (+ 538), Timoteo Alíouros (+ 477) y Filoxeno de Mabbug de Siria (+523)—. Éstos, mucho más numerosos, sostenían, pretendiendo basarse en la terminología de San

---

[90] A. A. Mens: *Calcedonia...*, cit., pág. 684; A. Amato: *Jesús...*, cit., págs. 349-355; E. Ludwig: *Chalcedon and its Aftermath: Three Unresolved Crises*, en "Laurentianum" 27 (1986) 98–120 con la bibliografía allí expuesta.

Cirilo, que la doctrina proclamada en Calcedonia era nestoriana cuando profesaba dos naturalezas en Cristo. Para Severo, por ejemplo, admitir las dos naturalezas en Cristo suponía aceptar dos "hypóstasis", lo que supondría volver al nestorianismo, por lo que prefería utilizar la fórmula de San Cirilo: "una naturaleza..."

- El asunto se agravó con el *Encyclion*, edicto del emperador usurpador Basiliscos (475), quien, para lograr el apoyo de los monofisitas, promulgó una orden en la que eran reconocidos los tres primeros concilios ecuménicos, pero eran condenados la Epístola dogmática de León I y el concilio de Calcedonia. Esta orden fue firmada por bastantes obispos.

- Pocos años después apareció en escena el llamado *Hentikon* o decreto de unión (482), promulgado por el emperador Zenón e inventado por Acacios, patriarca de Constantinopla, quien después de haber combatido vigorosamente a los monofisitas, buscó, con una finalidad política, ganar su apoyo. Este decreto, aunque profesaba en términos ortodoxos la divinidad y la verdadera Humanidad de Cristo, sin embargo, impuso silencio sobre la fórmula "una persona o hipóstasis en dos naturalezas", además de que indirectamente desaprobó el concilio de Calcedonia con la frase "aun cuando Calcedonia hubiese enseñado lo contrario". La adhesión a este edicto fue impuesta por la fuerza y los obispos recalcitrantes, tanto eutiquianos como católicos, fueron proscritos.

- De aquí resultó una tercera complicación aún más grave: el cisma de Acacios. Habiéndose quejado los obispos perseguidos a Roma, el Papa Félix II rechazó el *Henotikon* y excomulgó a Acacios y a los obispos que eran partidarios suyos. Resultó de esto un cisma que separó durante 35 años (484–519) al Oriente cristiano del Occidente.

- Posteriormente, el emperador jurista Justiniano inagura el llamado "neocalcedonismo" como otro intento de superar el impasse creado, intentando explicar el credo de Calcedonia con las categorías de San Cirilo, buscando superar las diferencias verbales entre los cirilianos ("monofitas verbales") y los calcedonianos ("difisitas"), con fórmulas como:

> "Efectivamente el padre (San Cirilo) ha dicho: 'Después de la unión, no dividimos las naturalezas la una de la otra, ni dividimos en dos hijos al único e indivisible, sino afirmamos un solo Hijo', y ha demostrado que después de la unión no hay que dividir las naturalezas, sino que hay que profesarlas unidas en Cristo. Ellos (los herejes), sin embargo, silencian todo esto y se inventan una sola naturaleza de la carne y de la divinidad. Pero

el beato padre no habla, como ellos fantasean, de una sola naturaleza de la carne y de la divinidad, sino que después de decir
una sola naturaleza del Logos privado de carne, no se ha dete-
nido aquí, sino que ha añadido 'encarnada', para presentarnos
con [el término] 'encarnada' la otra naturaleza, o sea, la humana. Y además no se ha contentado con estas palabras, sino que,
queriendo presentarnos de manera más clara su pensamiento, ha
añadido enseguida un paso que ellos también olvidan: 'Por eso,
pensando y mirando sólo con los ojos del alma cómo el Unigenito se ha hecho hombre, decimos que son dos las naturalezas,
pero es uno solo Cristo Hijo Señor, el Logos de Dios que se ha
hecho hombre y se ha encarnado'[91]."

La teología "neocalcedoniana" tiene como rasgos propios el intentar potenciar el aspecto de la unidad de Cristo, pero conservando la plena validez de
las declaraciones de Calcedonia, por eso, se respeta y afirma la autoridad
de San Cirilo de Alejandría considerando el conjunto de su doctrina y desde
ahí interpretar sus dichos más problemáticos; se usa la doble terminología
de "dos naturalezas" (di–fisita) como de "una naturaleza del Verbo encarnada" (monofisita verbal); se acepta la fórmula teopástica ("unus de Trinitate
passus est") que interpretada rectamente con la doctrina de la comunicación
de idiomas acentúa la unidad del sujeto en Cristo; y se excogita la doctrina
de la "en–hipóstasis" de la naturaleza humana de Cristo en la hipóstasis del
Verbo.[92]

- Los Tres Capítulos (designan aquí tres puntos o *capitula* de un Decreto
  –año 544– del emperador Justiniano, condenando como contrarios a la fe
  a Teodoro de Mopsuestia, Teodoreto de Ciro e Ibas de Edesa[93]), marca el

---

[91] Justiniano: *Contra Monophysitas*, 16–17, cit. por A. Amato: *Jesús...*, cit., pág.
354. Fueron también "neocalcedonianos" Juan de Cesarea, Juan de Escitópolis y
Leoncio de Jerusalén.

[92] Para la precisión sobre el contenido de algunos de estos conceptos, cfr. más
abajo las consideraciones sobre la profundización teológico–filosófica de este periodo.

[93] El primero fue maestro de Nestorio; el segundo, opositor de San Cirilo; el
tercero se había acercado a sus posiciones en su "Carta a Maris de Hardaschir".
Los tres habían sido condenados en el llamado latrocino de Éfeso (a. 449), pero
habían sido rehabilitados en el Concilio de Calcedonia del a. 451.

último intento de llegar a un acuerdo con los monofisitas antes del Concilio de Constantinopla II. Se trata del laborioso y difícil proceso que lleva a la condena después de muertos de esos tres pensadores que habían sido considerados ortodoxos hasta esta fecha, pero vistos con recelo por los monofisitas verbales cirilianos que los tenían por inspiradores de las tesis nestorianas: Justiniano proclamó el edicto de los "Tres Capítulos" en torno al año 544, que suscitó inmediatamente una gran polémica,[94] por lo que convocó el Concilio de Constantinopla II (a. 553) para impulsar la ratificación de los mismos.

Profundización teológico-filosófica: Leoncio de Bizancio, Leóncio de Jerusalén y Boecio

Introducción.

Estos autores profundizarán en los conceptos de "naturaleza" y "persona", y ayudarán a aclarar también la confusión terminológica que existía hasta entonces (para muchos autores orientales, como ya sabemos, el concepto de "hypóstasis" significaba no la persona, sino la naturaleza; para otros el concepto de "própopon" tenía un sabor docetista; etc.).

Distinguen los conceptos de "naturaleza" de "persona" en un mismo ser, por lo que cabrían separarlos; de este modo, deducían que en la realidad de Jesucristo, la naturaleza humana podría separarse de la persona humana, y el lugar de esta persona humana podría ser ocupado por la persona divina del Verbo, sin por ello dejar de ser hombre verdadero. La naturaleza es "lo que un ser es"; la persona indica la subsistencia de esa naturaleza. La persona del Verbo daría la subsistencia a la naturaleza humana de Cristo.

---

[94]Cfr. F. J. Bacchus: *Three Chapters*, en The Catholic Encyclopedia, Vol. XIV, New York: Robert Appleton Company, 1912; É. Amann: *Trois Chapitres* en DTC, XV, 1868–1924.

Leoncio de Bizancio.

Así, por ejemplo, Leoncio de Bizancio (+543) explica a los monofisitas que lo que ellos llaman "carne del Logos" (en la fórmula ciriliana), el concilio de Calcedonia lo denomina la naturaleza humana del Verbo; que no deben de hacer equivalentes los conceptos de naturaleza e hipóstasis a riesgo de no considerar naturaleza humana a la "carne" del Verbo, o atribuirle dos hipóstasis, una por cada naturaleza. También aclara que el hecho de que Cristo tenga una naturaleza humana no implica que tenga que tener una hipóstasis humana, e introduce la distinción entre "hypóstasis" y "enhypóstaton". La primera indicaría la persona, y la segunda la substancia: una naturaleza es una substancia y no puede estar nunca privada de hipóstasis, pero no por eso la naturaleza es una hipóstasis: la hipóstasis es también naturaleza pero la naturaleza no es también hipóstasis. Una naturaleza puede tener la subsistencia de otra hipóstasis, sin que por eso tenga que ser reducida a la categoría de puro accidente, en cuyo caso sería "en–hipóstasis". [95]

Leoncio de Jerusalén.

Leoncio de Jerusalén, también el siglo VI, siguiendo la línea de pensamiento de Leoncio de Bizancio, hace una identificación entre la hipóstasis del Verbo con la hipóstasis de unión, de tal manera que cuando el Verbo se hizo carne, hipostatiza la naturaleza humana en su hipóstasis divina. Como consecuencia la naturaleza humana del Verbo, siendo perfecta, no tiene sin embargo una propia hipóstasis. Para dar este paso, introdujo el concepto de "naturaleza individual" (φυσις ιδιχε) como distinto de la hipóstasis, con lo que excluyó de la hipóstasis toda

---

[95] V. Grumel: *Léonce de Byzance*, en DTC, IX, 400–426; P. Altaner: *Patrología*, 5 ed., Madrid, 1962, págs. 536–537; M. A. Monge: *Leoncio de Bizancio*, en GER, vol. XIV, pág. 174.

propiedad natural.[96] Por eso, la ausencia de la persona humana en el caso de Cristo, no supone imperfección para tal naturaleza humana, sino una verdadera elevación, que le lleva a la plena realización de su ser (su ontología), y de su obrar (la Redención). La naturaleza humana del Verbo no es divinizada por gracia o por participación, sino ontológicamente.

Por eso se puede concluir con A. Amato:

> "Con esto, Leoncio ofrece puntualizaciones significativas al dogma calcedonense. Primero, orienta la búsqueda de la unidad de Cristo en la hypóstasls divina del Logos. Segundo, pone en evidencia la suprema realización ontológica y soteriológica de la naturaleza humana, enhipostáticamente presente en el Logos".[97]

Estos autores consiguen aclarar que *en Cristo habrían dos naturalezas humana y divina, y una persona única, la divina que le da subsistencia a la naturaleza humana. Se precisa que una naturaleza exige la existencia de una persona, pero ésta puede ser realizada por una Persona divina.*

Concilio de Constantinopla II (553): la "unión hipostática"

El Concilio II de Constantinopla estuvo totalmente centrado en la polémica sobre los "Tres Capítulos". Tuvo ocho sesiones entre mayo y junio del año 553. El Papa Vigilio, a la sazón en Constantinopla no quiso participar en las sesiones por no querer condenar postumamente a los anatematizados en los Tres Capítulos alegando que sufriría con

---

[96]Cfr. B. Studer y A. Ortiz: *Dios Salvador en los Padres de la Iglesia...*, cit., pág. 342.

[97]A. Amato: *Jesús...*, cit., pág. 357.

ello la autoridad de Calcedonia y que se debía dejar en paz a los muertos. Pero se adhirió a la condena, ya terminado el Concilio, a finales del año 553. Sólo al año siguiente, el Papa, sin duda para evitar males más graves y viendo a salvo la rehabilitación de las personas decidida en Calcedonia, consintió en aprobar el Concilio (con lo que le convirtió en ecuménico) así como en condenar los errores objetivos emitidos por los autores mencionados. Lo hizo por medio de un *Constitutum* del 23 febrero del 554.[98]

El decreto conciliar tiene dos partes; la primera se refiere a la condena de los "Tres Capítulos" junto con un relato de los hechos ocurridos y una profesión de fe; la segunda, contiene catorce anatemas, los diez primeros dedicados a cuestiones doctrinales y los cuatro últimos a la condena de las personas y escritos de los mencionados pensadores ya fallecidos.[99] Son declaraciones muy extensas y con un lenguaje difícil, que recogen las ideas teológicas de los dos Leoncios.

Los puntos más sobresalientes de su doctrina son:

1. Unidad del Logos, gran preocupación de toda la teología neocalcedonense, se resalta al afirmarse que:

   - El Verbo de Dios se ha encarnado y hecho hombre (aceptando las dos perspectivas, alejandrina y antioquena):

     "Si quis dicit, alium esse Deum Verbum qui miracula fecit, et alium christum qui passus est, vel Deum Verbum cum Christo nascente de muliere, vel in ipso esse ut alterum in altero, et non unum eundemque Dominum nostrum Iesum Christum, Dei

---

[98]A. A. Mens: *Constantinopla, Concilios de*, en GER, vol. VI, págs. 320–321; É. Amann: *Vigile, Pape*, en DTC, XV, 2994–3005 F. X. Murphy y P. Sherwood: *Constantinople II et III*, Paris, Orante, 1974, págs. 13–130.

[99]*D. S.* 421–438.

Verbum incarnatum et hominem factum, et ejus-
dem ipsius miracula et passiones quas voluntarie
carne sustinuit, talis an. s".[100]

- La adoración al Verbo encarnado es una sola:

   "Can. 9. Si quis in duabus naturis adorari dicit
   Christum, ex quo duas adorationes introducunt,
   separatim Deo Verbo, et separatim homini: vel
   si quis ad interemptionem carnis vel confusionem
   deitatis et humanitatis, unam naturam sive substantiam eorum quæ convenerunt introducens, sic
   Christum adorat, sed non una adoratione Deum
   Verbum incarnatum cum propria ipsius carne adorat, sicut ab initio Dei Ecclesiæ traditum est, talis
   an. s".[101]

- La afirmación teopástica:

   "Can. 10. Si quis non confitetur, Dominum nostrum Iesum Christum qui crucifixus est carne,
   Deum esse verum, et Dominum gloriæ, et unum
   de Sancta Trinitate, talis an. s".[102]

2. La unidad de las naturalezas de Cristo "según la hipóstasis" (καθ'
   ὑπόστασιν):

   "Cum enim multis modis unitas intelligitur, qui impietatem Apollinarii et Eutychetis sequuntur, interemptionem eorum quæ convenerunt colentes, unitionem

---

[100] *D. S.* 423.

[101] *D. S.* 431.

[102] *D. S.* 432.

secundum confusionem dicunt. Theodori autem et Ne-
storii sequaces, divisione gaudentes, affectualem unitatem introducunt. Sancta Dei Ecclesia utriusque per-
fidiæ impietatem reiciens, unitionem Dei Verbi ad carnem secundum compositionem confitetur, quod est secundum subsistentiam (καθ' ὑπόστασιν). Unitio enim
per compositionem in mysterio Christi non solum inconfuse ea, quæ convenerunt, conservat, sed nec divi-
sionem suscipit".[103]

3. La interpretación auténtica de la fórmula del Concilio de Calcedonia de "en dos naturalezas":

"Can. 8. Si quis ex duabus naturis deitatis et humanitatis confitens unitatem factam esse, vel unam
naturam Dei Verbi incarnatam dicens, non sic ea ex-
cipit sicut Patres docuerunt, quod ex divina natura et
humana, unitione secundum subsistentiam facta (καθ'
ὑπόστασιν), unus Christus effectus est, sed ex talibus
vocibus unam naturam sive substantiam deitatis et
carnis Christi introducere conatur, talis an. s".[104]

4. Reafirmación del título mariano de la "theotokos":

"Can. 6. Si quis abusive et non vere Dei genitricem
dicit sanctam gloriosam semper Virginem Mariam, vel
secundum relationem, quasi homine puro nato, sed
non Deo Verbo incarnato et nato ex ipsa, referenda
autem, sicut illi dicunt, hominis nativitate ad Deum

---

[103] *D. S.* 425; cfr. también los cánones quinto y octavo: *D. S.* 426 y 429–430.
[104] *D. S.* 429.

Verbum, eo quod cum homine erat nascente, et calum-
niatur sanctam Chalcedonensem Synodum, tamquam
secundum istum impium intellectum, quem Theodo-
rus exsecrandus adinvenit, Dei genitricem Virginem
dicentem, vel qui hominis genitricem vocat, aut "Chri-
stotocon", id est, Christi genitricem, tamquam si Christus Deus non esset, et non proprie et vere Dei genitricem ipsam confitetur, eo quod ipse qui ante sæcula
ex Patre natus est Deus Verbum, in ultimis diebus
ex ipsa incarnatus et natus est, et sic pie et sanctam
Chalcedonensem Synodum eam esse confessam, talis
an. s".[105]

El concilio II de Constantinopla aclara, pues, los puntos contro-
vertidos que habían quedado pendientes en el Concilio de Calcedonia,
evitando una interpretación tanto monofisita como nestoriana, y en-
contrando en la fórmula καθ᾽ ὑπόστασιν del Verbo, el vínculo de unión
ontológica entre las dos naturalezas de Cristo. Para ello se sirve de
los adelantos de la teología de Leoncio de Jerusalén y de Leoncio de
Bizancio.

Es el triunfo de la teología "neocalcedonense" que buscaba salvar
tanto la teología de San Cirilo y la escuela de Alejandría, como los
contenidos plenos de los dogmas del Concilio de Calcedonia.

*En conclusión, tras la controversia monofisita queda claro que la
unión entre las naturalezas no será en la naturaleza, sino en la persona
del Verbo.*

---

[105] *D. S.* 427.

3.3.5. El monotelismo y el monoenergismo. El Concilio de Constantinopla III (681)

Monotelismo y monoenergismo

Las fórmulas del Concilio II de Constantinopla y la teología neo-calcedonense no habían terminado con el problema monofisita, que presentará una nueva vertiente en los inicios del siglo VII: el monoenergismo y el monotelismo.[106] Sus orígenes tuvieron raíces eclesiásticas y también políticas.

En efecto:

1. Desde el punto de vista intræclesial, y para solucionar el problema de los monofisitas que no terminaban de aceptar los Concilios ecuménicos de Calcedonia ni Constantinopla II, el Patriarca de Constantinopla Sergio (+ 638) propuso que más que insistir en la doble naturaleza de Cristo, se hiciera en la única operación de Cristo, que provendría de su única Persona y no de sus naturalezas. Habló de una única operación humano–divina en Cristo, de un único operante (la Persona divina del Verbo encarnado) y de una sola realidad divino–humana en Cristo.

   El Patriarca aceptaba en principio que había en Cristo dos voluntades inconfusas, pero subrayaba que había un solo tipo de operaciones (monoenergismo)..., para acabar atribuyendo a Cristo una sola voluntad (monotelismo). Se basaba para ello, en la necesidad de respetar los dictámenes de los Santos Padres según los cuales en Cristo "la humanidad era instrumento de la divinidad". Y por otro lado, según su parecer, era el modo de defender la

---

[106]Cfr. M. Jugie: *Monothélisme*, en DTC, X, 2307–2323; A. Amann: *Honorius I*, en DTC, VII, 93–132; Llorca–García Villoslada–Montalbán: *Historia de la Iglesia católica*, vol. I, 4 ed. Madrid 1964, 729–752; L. F. Mateo–Seco: *Monotelismo*, en GER, vol. XVI, págs. 232–235.

realidad de la unión hipostática, lo que sería imposible si Cristo tuviera dos voluntades que pudieran ser contradictorias; que una sola persona pudiera querer y no querer al mismo tiempo sería una contradicción, y habría peligro de considerar en Cristo la existencia de dos personas. Además los autores nonotelitas pensaban que si Cristo hubiera tenido una voluntad humana o un obrar libre, se podría poner en peligro la Redención: Cristo, con su voluntad humana podría rebelarse contra los planes divinos y frustrar la Redención, como pareciera ocurrir en la agonía de Getsemani, donde la voluntad de Jesús humana parece querer de modo diferente de la divina. Por eso, en Cristo, el rechazo de la Pasión no proviene de una verdadera voluntad humana, sino solo de la "inclinación natural de la carne".

Un texto claro es el siguiente:

> "La expresión 'dos operaciones', escandaliza a muchos, pues no ha sido pronunciada por ninguno de los santos y elegidos maestros de la Iglesia. De ahí se deriva la afirmación de dos voluntades que se oponen la una a la otra, como si el Dios Logos quisiera realizar la Pasión redentora y su humanidad obstaculizara y estuviera en contra de su voluntad, de manera que habríamos introducido en él dos que quieren cosas contrarias, lo cual es impío, pues es imposible que en un mismo y único sujeto subsistan dos voluntades contrarias al mismo tiempo, la una junto a la otra. La doctrina saludable de los santos padres enseña abiertamente que en ninguna ocasión su carne racionalmente animada ha hecho sentir su inclinación natural separadamente y por propio impulso en contraste con la decisión de Dios

Logos unido a ella en la hipóstasis, sino sólo cuando, cómo y cuánto ha querido el Dios Logos".[107]

2. Desde el punto de vista de la política del momento, el emperador Heraclio I (+ 641) había conquistado territorios de creencia monofisita, y con el fin de unificar su imperio, necesitaba una concordia también a nivel de religión. De ahí su apoyo a los intentos del Patriarca Sergio. Así en el año 638 promulga su *ékthesis*, con tesis nonotelitas. En él, se prohibe hablar de "una o dos energías" y se afirma la existencia en Cristo de una sola voluntad (*thélema*), llamándola "querer hipostático".

Las posiciones de Sergio, fueron refrendadas por el Papa Honorio I al que fue enviado por el Patriarca una copia de su *Pséphos* en el mismo año 633 junto con consideraciones de los buenos resultados de su política de acercamiento a los monofisitas. El Papa entendió la propuesta de Sergio no en el sentido monotelita ni monoenergeta que tenía, sino como que de hecho, en Cristo su voluntad humana aceptaba siempre la voluntad divina, por lo que en la práctica se daba siempre un solo querer y no había contrariedad de voluntades. Tal malentendido le llevó a afirmar la frase "profesamos una sola voluntad en Cristo Jesús" lo que fue declarado herético en el Concilio de Constantinopla III. Materialmente lo era, pero no formalmente:[108]

---

[107]El texto pertenece al *Pséphos* del año 633. Traducción en A. Amato: *Jesús...*, cit., pág. 370.

[108]Así lo explicaba el sucesor de Honorio, Juan IV, y también el redactor de la carta de respuesta de Honorio al *Pséphos* de Sergio: "Nuestro predecesor ha respondido a Sergio que no existían en nuestro Redentor dos voluntades opuestas, es decir, ha negado la existencia de la voluntad viciada de la carne, ya que no se daban en Cristo las consecuencias del pecado original..." Y el abad Symponus, quien redactó la carta de Honorio a Sergio, comentaba: "Hemos dicho que no había más que una voluntad del Señor, no en el sentido de que no hubiese más que una

"Unde et unam voluntatem fatemur Domini nostri Iesu
Christi, quia profecto a divinitate assumpta est nostra natura, non culpa; illa profecto, quæ ante peccatum creata
est, non quæ post prævaricationem vitiata... Quia Dominus Iesus Christus, Filius ac Verbum Dei, 'per quem
facta sunt omnia' (Jn 1:3), ipse sit unus operator divinitatis atque humanitatis, plenæ sunt sacræ litteræ luculentius
demonstrantes. Utrum autem propter opera divinitatis et
humanitatis, una an geminæ operationes debeant derivatæ
dici vel intelligi, ad nos ista pertinere non debent; reliquen-
tes ea grammaticis, qui solent parvulis exquisita derivando
nomina venditare. Nos enim non unam operationem vel
duas Dominum Iesum Christum eiusque Sanctum Spiritum sacris litteris percepimus, sed multiformiter cognovi-
mus operatum".[109]

Reacción ortodoxa

Las posturas de Sergio fueron contestadas por el Patriarca de Jerusalén, San Sofronio (+ 638) por ser contrario a los dictados del Concilio
de Calcedonia.

A nivel teológico sobresalió San Máximo el Confesor (+ 662), quien
tras aprobar en *Pséphos* en un principio, en el año 640 rechaza el
monotelismo sobre la base de la necesidad de afirmar las naturalezas
completas en Cristo y la distinción entre alteridad de voluntades y no

---

sola voluntad de la Divinidad y de la humanidad, ya que nosotros no hablábamos
más que de la voluntad de la humanidad. En efecto, puesto que Sergio había escrito
que algunos enseñaban dos voluntades de Cristo, opuestas éstas la una a la otra,
nosotros hemos respondido que en Cristo no existían dos voluntades opuestas, la
de la carne y la del espíritu..." Cfr. L. F. Mateo–Seco: *Monotelismo*, cit., pág. 234.

[109] *D. S.* 487.

contradicción: en Cristo había dos voluntades perfectas (alteridad), pero su voluntad humana siempre quería seguir los dictados de la divina (no contradicción). Así, en la oración de Getsemani, que eran donde los monotelitas veían afirmadas sus posiciones, San Máximo ve precisamente la realidad de la voluntad humana del Señor, que es distinta de la voluntad divina, pero se pliega a los dictados de ésta. Por eso la fórmula cristológica de San Máximo será: "a partir de las cuales (las dos naturalezas), en las cuales y las cuales es Cristo":

> "Cristo, que es por naturaleza cada una de las dos [naturalezas] —el mismo es por naturaleza Dios y hombre— posee por naturaleza lo que es propio de cada naturaleza: la voluntad y las operaciones divinas y la voluntad y las operaciones humanas, y no una sola excluyendo las dos operaciones naturales, ni otra además de las dos que existen por naturaleza. lo cual daría tres operaciones y tres voluntades".[110]

Por eso, la Redención no se opera solo por la voluntad divina de Cristo, sino también por la humana.

Desde el punto de vista de los concilios provinciales que enfrentan esta crisis, destaca el Concilio Lateranense del año 649, tanto por la profundidad como por la exactitud de sus textos, donde se afirma:

> "et duas eiusdem sicuti naturas unitas inconfuse, ita et duas naturales voluntates, divinam et humanam, in approbatione perfecta et indiminuta eundem veraciter esse perfectum Deum et hominem perfectum secundum veritatem, eundem atque unum Dominum nostrum et Deum

---

[110]Máximo el Confesor: *Ad Catholicos Per Siciliam Constitutos*, en *P. G.* 91, col. 117D.

Iesum Christum, utpote volentem et operantem divine et humane nostram salutem. . ."[111]

Donde queda establecido con claridad:

- Existencia de dos voluntades y operaciones en Cristo.

- La Redención se opera también con la voluntad humana de Cristo.

- Relación entre la ontología y la soteriología de Cristo.

El Concilio Ecuménico de Constantinopla III (680–681)

Es el sexto concilio ecuménico, convocado por el emperador Constantino IV y con la aquiescencia del Papa Agatón, y se celebró entre los años 680 a 681, donde se recoge explícitamente el Concilio de Calcedonia,[112] y se inspira en las doctrinas del concilio lateranense del año 649 y de San Máximo el Confesor.

Interesa su profesión de fe, de gran importancia porque precisa lo dicho en Calcedonia: si allí se proclama la perfección de la humanidad del Verbo, aquí se define la perfección de su voluntad humana; se hace una interpretación más profunda de los textos bíblicos sobre la doble voluntad de Cristo, subrayando cómo la salvación del ser humano fue voluntad de la Trinidad, pero también de la voluntad humana de Jesucristo; la existencia de las dos voluntades no supone, por otro lado, desacuerdo o contradicción de las mismas puesto que están unidas y

---

[111] *D. S.* 500; son palabras que se introdujeron en el Credo de Calcedonia, que aquí se recoge otra vez, entre las palabras 'Iesum Christum:' et 'sicut ante prophetæ.' Esta doctrina se explica en los cánones del Concilio que condenan los errores trinitarios y cristológicos (*D. S.* 501–522).

[112] Junto con los otros concilios ecuménicos, el *Tomo* del Papa San León a Flaviano, las Cartas de San Cirilo contra Nestorio. Cfr. *D. S.* 553–554.

no confundidas o mezcladas, son distintas pero no separadas, por lo que la voluntad humana sigue libremente a la voluntad divina.

1. Dos naturalezas completas y perfectas:

   "...Et duas naturales voluntates in eo, et duas naturales operationes indivise, inconvertibiliter, inseparabiliter, inconfuse secundum sanctorum Patrum doctrinam adæque prædicamus; et duas naturales voluntates non contrarias, absit, juxta quod impii asseruerunt hæretici, sed sequentem eius humanam voluntatem et non resistentem vel eluctantem, sed potius et subjectam divinæ eius atque omnipotenti voluntati. Oportebat enim carnis voluntatem moveri, subici vero voluntati divinæ, juxta sapientissimum Athanasium. Sicut enim eius caro Dei Verbi dicitur et est, ita et naturalis carnis eius voluntas propria Dei Verbi dicitur et est, sicut ipse ait: 'Quia descendi de cælo, non ut faciam voluntatem meam, sed eius qui misit me Patris' (Jn 6:38), suam propriam dicens voluntatem, quæ erat carnis eius. Nam et caro propria eius facta est. Quemadmodum enim sanctissima atque immaculata animata eius caro deificata non est perempta, sed in proprio sui statu et ratione permansit: ita et humana eius voluntas deificata non est perempta, salvata est autem magis, secundum deiloquum Gregorium dicentem: 'Nam illius velle, quod in Salvatore intelligitur, non est contrarium Deo, deificatum totum' (Oratio 30, c.12)".[113]

2. Dos operaciones completas y perfectas:

---

[113] *D. S.* 556.

"Duas vero naturales operationes indivise, inconvertibiliter, inconfuse, inseparabiliter in eodem Domino
nostro Iesu Christo vero Deo nostro glorificamus, hoc
est, divinam operationem et humanam operationem,
secundum divinum prædicatorem Leonem apertisime
asserentem: 'agit enim utraque forma cum alterius
communione quod proprium est, Verbo scilicet operante quod Verbi est, et carne exsequente quod carnis est'.[114]   Nec enim in quoquam unam dabimus
naturalem operationem Dei et creaturæ, ut neque
quod creatum est, in divinam educamus essentiam,
neque quod eximium est divinæ naturæ, ad compe-
tentem creaturis locum deiciamus. Unius enim eiu-
sdemque tam miracula quamque passiones cognosci-
mus, secundum aliud et aliud earum ex quibus est,
naturarum et in quibus habet esse, sicut admirabilis
inquit Cyrillus".[115]

3. Salvación operada también por la voluntad humana
del Verbo:

"Undique igitur inconfusum atque indivisum conser-
vantes, brevi voce cuncta proferimus: unum sanctæ
Trinitatis et post incarnationem Dominum nostrum
Iesum Christum verum Deum nostrum esse creden-
tes, asserimus, duas eius esse naturas in una eius ra-
diantes subsistentia, in qua tam miracula quamque
passiones per omnem sui dispensativam conversatio-
nem, non per phantasiam, sed veraciter demonstravit, ob naturalem differentiam in eadem una subsi-

---

[114]Cfr *D. S.* 294.
[115]*D. S.* 557.

stentia cognoscendam, dum cum alterius communione utraque natura indivise et inconfuse propria vellet atque operaretur: juxta quam rationem et duas naturales voluntates et operationes confitemur, ad salutem humani generis convenienter in eo concurrentes".[116]

4. Valor definitorio y anatemas:

"His igitur cum omni undique cautela atque diligentia a nobis formatis, definimus, aliam fidem nulli licere proferre aut conscribere componerere aut sapere vel etiam aliter docere. Qui vero præsumpserint fidem alteram componere vel proferre vel docere, vel tradere aliud symbolum volentibus converti ad agnitionem veritatis ex gentilitate vel iudaismo aut ex qualibet hæresi: aut qui novitatem vocis, vel sermonis adinventionem ad subversionem eorum, quæ nunc a nobis determinata sunt introducere: hos siquidem episcopi fuerint aut clerici, alienos esse, episcopos quidem ab episcopatu, clericos vero a clero: sin autem monachi fuerint vel laici, etiam anathematizari eos".[117]

El Concilio condenó póstumamente al Papa Honorio por su aceptación de las doctrinas monotelitas; pero habiendo muerto Agatón el 10 de enero, pertenecía a León II (682) confirmar el Concilio, lo que efectivamente hizo. Sin embargo, rectificó con razón la fórmula de condenación de Honorio, enunciándola como sigue: "no habiéndose esforzado para hacer resplandecer" la fe apostólica, "permitió que esta fe inmaculada fuese manchada". Aunque mantenía la

---

[116] *D. S.* 558.
[117] *D. S.* 559.

condena, León concilió así en el infortunado Papa la grave
negligencia con la ortodoxia. Ésta de hecho no puede ser
puesta en duda como ya sabemos.[118]

La controversia dejó claro que la unión de la naturaleza humana
con el "Yo" divino no despoja a la naturaleza humana de ningún as-
pecto sino que la deja como es hasta el último acto de su voluntad.

3.3.6.   La controversia de las imágenes y el realismo de la Encarnación. Nicea II (787)

A comienzos del siglo VIII aparece la controversia de las imágenes,
el problema iconoclasta, que durará durante siglo y medio, y necesitará
otro concilio ecuménico, el II de nicea (a. 787) para resolverlo. No es
de este lugar los antecedentes históricos del mismo, así como sus raíces
teológicas,[119] pero sí sus implicaciones en la Cristología, en concreto
por su reafirmación del realismo de la Encarnación y la aplicación de
las doctrinas de los Concilios anteriores para justificar la validez del
culto a las imágenes.

En los siglos anteriores al Concilio se daba la praxis del culto a las
representaciones de Jesucristo, de la Virgen y de los santos, de muy
variadas maneras, a pesar de la existencia de una doctrina en contra
por parte de algunos Santos Padres antiguos y también de algún con-

---

[118]Cfr. *D. S.* 487–488 fragmentos de sus dos cartas a Sergio; cfr. también *D. S.*
496–498.

[119]Que pueden ser consultadas en I. Ortiz de Urbina: *Nicea II*, en Enciclopedia
Cattolica, VIII, Ciudad del Vaticano 1952, 1832–1834; Id.: *Nicea, Concilios de 2.*
Segundo Concilio de Nicea, en GER, vol. pág.; H. Leclercq: *The Second Council*
of Nicaea, en "The Catholic Encyclopedia" Vol. XI, New York, Robert Appleton
Company, 1911; G. Fritz: *Nicée, II Concile*, en DTC, XI, 417–441; G. Dumeige:
Nicée II, Ed. L'Orante, Paris, 1978.

cilio particular.[120] A raíz de las controversias antiarrianas, nestorianas y monofisitas, Santos Padres del calibre de los Capadocios, San Cirilo de Alejandría y San Máximo el Confesor, subrayaron la importancia de Jesucristo como "imagen del Padre": la unión de la naturaleza humana con el Verbo divino no es extrínseca y accidental, sino intrínseca y personal, de tal manera que a comienzos del siglo VIII las imágenes forman parte del catolicismo de un modo natural y con una tradición desde el comienzo de la Iglesia.[121]

Sin embargo, en torno a esos años, surgen las primeras reacciones en contra de parte de algunos obispos tanto occidentales como orientales. El problema se agravó y extendió al intervenir el poder del Emperador, en concreto en el a. 727 cuando León III el Isáurico ordenó destruir el icono de Cristo que estaba en la puerta del Palacio imperial. Le sigue en sus decisiones, el sucesor, Constantino V. El año 754, un sínodo, que se pretendió ecuménico pero que no lo es, en Hierápolis sostuvo, entre otras cosas, que la divinidad no es representable, que incluso después de la Encarnación la Persona del Verbo no puede ser propiamente representada, que pintar a Cristo supondría negar la unión hipostática al separar la Humanidad de la persona divina, incidiendo en la distinción y separación entre el Hijo de Dios y el hijo de María, y que la única representación válida de los santos es la imitación de sus virtudes.

A raíz de estas decisiones, comenzó una auténtica guerra de destrucción de las imágenes sagradas y de persecución de los cristianos que las defendían. Se enfrentaron contra las ideas iconoclastas grandes figuras del momento, justificando su veneración, como fue el caso de Germán patriarca de Constantinopla (rechazar los iconos suponía

---

[120]Cfr. canon 4 del Concilio de Elvira.

[121]Con los lógicos cambios de motivos de representación, lugares, etc., consecuencia del devenir histórico. Cfr. bibliografía *supra* al respecto.

rechazar la Encarnación), el monje Jorge de Chipre (el rechazo del Antiguo Testamento a los ídolos no es lo mismo que la veneración a las imágenes, por lo que la Iglesia en su larga tradición siempre las aceptó) y sobre todo, San Juan Damasceno (+750).

Con el fin de intentar acabar con la crisis abierta, que volvía a desunir el Imperio de Oriente, la emperatriz Irene, convocó el séptimo Concilio ecuménico en Nicea en el año 787, con la presencia de muchos obispos orientales, dos delegados del Papa y muchos monjes que capitaneaban la defensa del culto a las imágenes.

En este Concilio se confirma todas las verdades sobre Cristo de los Concilios anteriores, y extraen sus lógicas consecuencias. Por lo tanto:

1. La representación del rostro humano de Cristo en una imagen supone confesar la realidad de la Encarnación y de la Redención, así como el misterio de la unión hipostática. La aceptación de la imagen de Cristo supone llevar a sus lógicas consecuencias el realismo (bíblico, teológico y metafísico) de la Encarnación:

   "Imaginis enim honor ad primitivum transit: et qui adorat imaginem, adorat in ea depicti subsistentiam".[122]

2. Se comprende mejor el significado de las prohibiciones del Antiguo Testamento contra las imágenes, con su sentido anti–idolátrico, que aparece superado desde el Nuevo Testamento cuando Dios mismo toma forma humana, visible y representable. El Verbo eterno e infinito, transcendente, se "ha circunscrito"[123] asumiendo una verdadera humanidad, y desde entonces puede ser plasmado en las imágenes, que son símbolos de su realidad:

---

[122] D. S. 601.

[123] Cfr. el significado profundo de esta palabra en Nicéforo de Constantinopla y Teodoro Estudita, así como su rechazo por los iconoclastas un poco más abajo.

.

> "Si quis Christum Deum nostrum circumscriptum non
> confitetur secundum humanitatem, anathema sit".[124]

3. Se subraya que la imagen también desempeña una función de
recuerdo, enseñanza y belleza del ser y de la obra de Cristo, a
quien en verdad se dirige la adoración:

> "Quanto enim frequentius per imaginalem formatio-
> nem videntur, tanto, qui has contemplantur, alacrius
> eriguntur ad primitivorum earum memoriam et de-
> siderium, ad osculum et ad honorariam his adoratio-
> nem tribuendam..."[125]

4. Al igual que se proclama a Cristo con la expresión verbal, se
puede hacer con la expresión pictórica o plástica:

> "Si quis evangelicas historias imaginibus expressas non
> admittit, an. sit".[126]

5. Por eso las imágenes de Cristo, de la Virgen y de los santos han
de ser expuestas para la veneración:

> "...definimus in omni certitudine ac diligentia, si-
> cut figuram pretiosæ ac vivificæ crucis, ita venerabiles
> ac sanctas imagines proponendas tam quæ de colori-
> bus et tessellis, quam quæ ex alia materia congruen-
> ter in sanctis Dei ecclesiis, et sacris vasis et vestibus,
> et in parietibus ac tabulis, domibus et viis: tam vi-
> delicet imaginem Domini Dei et Salvatoris nostri Ie-
> su Christi, quam intemeratæ Dominæ nostræ sanctæ

---

[124] *D. S.* 606.

[125] *D. S.* 601.

[126] *D. S.* 607.

Dei genitricis, honrobiliumque Angelorum, et omnium
Sanctorum simul et almorum virorum".[127]

"Nos venerandas imagines recipimus. Nos (eos),
qui ita non sentiunt, anathemati subiicimus..."[128]

"Si quis ipsas non salutat, cum sint in nomine Domini et Sanctorum eius anathema sit".[129]

El Concilio apoya sus enseñanzas en el valor revelador de la Sagrada Tradición, siendo éste uno de los lugares más señeros del Magisterio
solemne al respecto. En efecto:

"Sic enim robur obtinet sanctorum Patrum nostrorum
doctrina, id est, traditio sanctæ catholicæ Ecclesiæ, quæ
a finibus usque ad fines terræ suscepit evangelium. Sic
Paulum, qui in Christo locutus est (cfr. 2 Cor 2:17), et
omnem divinum apostolicum coetum et paternam sancti-
tatem exsequimur tenentes traditiones (2 Tes 2:15), quas
accepimus".[130]

"Eos ergo, qui audent aliter sapere aut docere aut secundum scelestos hæreticos ecclesiasticas traditiones sper-
nere et novitatem quamlibet excogitare, vel proicere aliquid ex his, quæ sunt Ecclesiæ deputata, sive evangelium,
sive figuram crucis, sive imaginalem picturam, sive sanctas
reliquias martyris;..."[131]

---

[127] *D. S.* 600.

[128] *D. S.* 605.

[129] *D. S.* 608.

[130] *D. S.* 602.

[131] *D. S.* 603.

La teología de las imágenes y su relación con la Cristología todavía se profundizará más a raíz de la polémica que se suscita después del Concilio,[132] sobre todo contra la tesis de los iconoclastas de que Cristo era "aperígraptos", es decir no circunscrito, ya que la naturaleza humana de Cristo al estar unida a su persona divina ontológicamente no podía ser circunscrita, por lo que no podía tampoco representarse en imágenes. Las aclaraciones de Nicéforo de Constantinopla (+ 829) fueron importantes, al sostener que el icono no "circunscribe", sino que "escribe" la realidad de Cristo al igual que se hace con las palabras, pero aquí, con los colores; además de que el icono es una imagen natural y no artificial de Cristo, con un valor intencional y de semejanza, no de copia exacta; por lo demás, el hecho de que Cristo tenga ahora un cuerpo glorioso no impide su representación, porque el cuerpo glorioso sigue siendo corpóreo, como Cristo mismo insiste tras su Resurrección. Por su parte, Teodoro Estudita (+ 826) insiste en que el icono no representa simplemente una naturaleza, sino la persona: y la Persona del Verbo se hizo carne en Jesús, permitiendo que su realidad divina se "circunscribiera" en los rasgos personales de Cristo; además el icono es una sombra de la realidad superior que representa, no teniendo una identidad substancial con lo representado, sino solo una realidad intencional de indicar el misterio.

La crisis inconoclasta se da por terminada con la muerte del último emperador de ese pensamiento, Teodoro. Su sucesor, Miguel, convocó

---

[132]En efecto, a pesar de la aceptación por el Papa del Concilio, sin embargo sus decisiones fueron rechazadas en parte del Oriente —sobre todo con el emperador Leon V el Armenio (+ 820)—, y del Occidente —en este caso, por la teología Carolingia de la Corte de Carlomagno, en las figuras de Alcuino, Teodulfo de Orleans y el mismo Carlomagno—, con lo que continuó la pelémica y las acciones violentas.

un concilio en Constantinopla el año 843 para declarar la legitimidad del culto a las imágenes.[133]

Conviene recordar que los judíos, mahometanos y maniqueos rechazan el culto a las imágenes e insisten en la necesidad de destruirlas.

Dentro del cristianismo, y después del Concilio de Constantinopla del año 843, se vuelve a negar la adoración a las imágenes por:

1. Los albigenses (s. XII).

2. Wiclefitas (s. XV).[134]

3. Calvinistas (s. XVI).

4. Luteranos (s. XVI).[135]

Trento en contra de los protestantes, insistirá en la legitimidad del culto a las imágenes por los prototipos que representan:

> "Imagines porro Christi, Deiparæ Virginis et aliorum Sanctorum, in templis præsertim habendas et retinendas, eisque debitum honorem et venerationem impertiendam, non quod credatur inesse aliqua in iis divinitas vel virtus, propter quam sint colendæ, vel quod ab eis sit aliquid petendum, vel quod ficucia in imaginibus sit figenda, veluti olim fiebat a gentibus, quæ in idolis spem suam collocabant (cf Ps 134:15ss): sed quoniam honos qui eis exhibetur,refertur ad prototypa, quæ illæ repræsentant: ita ut per imagines, quas osculamuret coram quibus caput aperimus et procumbimus, Christum adoremus, et Sanctis, quorum illæ similitudinem gerunt, veneremur. Id quod Conciliorum, præsertim vero secundæ Nicænæ Synodi, decretis contra imaginum oppugnatores est sanctitum".[136]

---

[133] *D. S.* 650–656.

[134] El Concilio de Constanza contra los wiclefitas y los husitas reafirmó la licitud de tener y dar culto a las imágenes. *D. S.* 1269.

[135] Los luteranos aceptan las imágenes solo en privado y para adornar las iglesias, pero no como objeto de culto.

[136] *D. S.* 1823 (cfr. *D. S.* 600ss). Pío IV insistirá en lo mismo (*Profesión de Fe Tridentina*, Bula "Injunctum Nobis", de 13 novembre 1564, *D. S.* 1862). El Código de Derecho Canónico reafirmará la validez del culto a las imágnes en los cánones 1186 al 1190.

3.3.7. El adopcionismo de Elipando de Toledo. El Sínodo de Francfort (794)

El Obispo de Toledo Elipando,[137] y su discípulo Félix de Urgel, en el s. VIII defendieron una forma subrepticia de nestorianismo, al sostener que la naturaleza humana de Cristo no es hijo de Dios por naturaleza, sino por adopción. Así pues, se defendía la existencia de dos hijos: el hombre Cristo, adoptado por la divinidad, y el Hijo de Dios, consustancial con el Padre.

Este adopcionismo español no es la antigua herejía de tipo monarquianista que ya se estudió más arriba, que es propiamente de cuño trinitario, sino una nueva forma de error propiamente cristológico.

Elipando y Félix aceptaban el Concilio de Calcedonia, pero al malentender la doctrina de las dos naturalezas en Cristo, lo acababan interpretando en un sentido que era realmente nestoriano. Su posición hundía sus raíces en una controversia que tuvo Elipando contra la herejía de Migencio quien sostenía que Dios era unipersonal y había aparecido en David como Padre, en Cristo como Hijo y en Pablo como Espíritu Santo. Sin embargo, Elipando, al explicar el sentido de la realidad de Cristo, cayó en un nuevo error.

Elipando basó su posición en algunos testimonios de los Santos Padres, como San Hilario o San Isidoro, y ciertos textos de la liturgia mozárabe, pero malentendiéndolos, pues hablaban en sentido figurado y popular de la adopción de la naturaleza humana por la divinidad queriendo significar la unión con la misma, pero nunca el sentido técnico que le quería dar el obispo de Toledo, es decir, de filiación adoptiva como contradistinta de la filiación natural.

---

[137]M. G. Pillet: *Adoptianisme*, en DTC, I, 1, 403–425; P. Vuillermet: *Élipand de Tolède*, Brignais 1911; É. Amann: *L'Adoptianisme espagnol du VIII siècle*, "Rev. des Sciences Religieuses" 16 (1936) 281–317; J. F. Rivera, *Elipando de Toledo*, Toledo 1940; B. Llorca Vives: *Adopcionismo*, en GER, Vol. I, págs. 246–248.

Su posición, por tanto, suponía que en Cristo habría dos personas diferentes: el Verbo, Hijo natural del Padre, y la naturaleza humana de Cristo, hija adoptiva de Dios. Pero siendo Cristo una sola Persona con relación al mismo Padre, no puede ser al mismo tiempo hijo natural y adoptivo. Tal hipótesis supondría que en Cristo habría dos personas, lo cual implica recaer en el nestorianismo. Así pues, también la naturaleza humana de Cristo es hija natural de Dios, porque tiene por sujeto al Verbo.

La herejía se extendió hasta el Sacro Imperio Romano Germánico de Carlomagno y la Corte de Aquisgrán. Alcuino intervino en varias ocasiones, y también el Papa Adriano I. Después de varios sínodos locales, el sínodo más importante que condena el adopcionismo hispano fue el de Francfort (794):

> "Quod etiam et in sequentibus adjunxistis, in professione Nicæni symboli non invenimus dictum, in Christo duas naturas et tres substantias[138], et 'homo deificus et Deus humanatus'. Quid est natura hominis, nisi anima et corpus? vel quid est inter naturam et substantiam, ut tres substantias necesse sit nobis dicere, et non magis simpliciter, sicut sancti Patres dixerunt, confiteri Dominum nostrum Jesum Christum Deum verum et verum hominem in una persona? Mansit vero persona Filii in sancta Trinitate, cui personæ humana accessit natura, ut esset una persona, Deus et homo, non homo deificus et humanatus Deus, sed Deus homo et homo Deus: propter unitatem personæ unus Dei Filius, et idem hominis Filius, perfectus Deus, perfectus homo. Perfectus homo non est nisi anima et corpore..., nec negamus et nos, Christo hæc tria veraciter inesse, divinitatem scilicet, animam et corpus. Sed quia

---

[138] D. S. 567.

vere Deus et homo dicitur, in Dei nomine totum quod Dei
est designatur, in hominis vero totum quicquid hominis intelligitur. Ideo sufficit, in eo unam perfectam divinitatis
et alteram perfectam humanitatis confiteri substantiam...
Consuetudo ecclesiastica solet in Christo duas substantias
nominare, Dei videlicet et hominis...

...Si ergo Deus verus est, qui de Virgine natus est, quomodo tunc potest adoptivus esse vel servus? Deum enim
nequaquam audetis confiteri servum vel adoptivum: et si
eum propheta servum nominasset, non tamen ex condicio-
ne servitutis, sed ex humilitatis obedientia, qua factus est
Patri 'oboediens usque ad mortem' (Flp 2:8)

Can. 1 ...In primordio capitulorum exortum est de impia
ac nefanda hæresi Eliphandi, Toletanæ sedis episcopi, et
Felicis, Orgellitanæ, eorumque sequacibus, qui male sen-
tientes in Dei Filio asserebant adoptionem: quam omnes
qui supra sanctissimi Patres et respuentes una voce con-
tradixerunt atque hanc hæresim funditus a sancta Ecclesia
eradicandam statuerunt".[139]

---

[139] *D. S.* 613–615.

Condenaron también esta herejía el sínodo de Friuli[140] y el Papa León III, el celebrado en Roma en el a. 799, convocado por Leon III.

El adopcionismo prácticamente no sobrevivió a sus fundadores. Pero el conocimiento de esta herejía sirvió para manifestar todas las implicaciones teológicas del dogma de la unión hipostática.

3.4. Periodo de otras controversias teológicas, con reaparición de algunas herejías antiguas.

Con la superación de la crisis monotelita y del adopcionismo hispano se cierra el periodo de las grandes intervenciones magisteriales sobre el ser de Cristo.

Posteriormente, y hasta el siglo XIX, la teología se concentra en profundizar distintos aspectos del misterio cristológico, siempre dentro de la ortodoxia y con respeto a los dogmas, con amplias polémicas que tendremos ocasión de estudiar. Ciertamente siguen existiendo herejías

---

[140] *D. S.* 619: "De hac autem ineffabili Trinitate sola Verbi Dei persona, i.e. Filius... descendit de cælis, unde numquam recesserat; Incarnatus est de Spiritu Sancto et semper virgine Maria verus homo factus, verusque permanet Deus. Nec obfuit humana et temporalis nativitas divinæ illi et intemporali nativitati, sed in una Christi Iesu persona verus Dei verusque hominis Filius, non alter hominis Filius, alter Dei, sed unus idemque Dei hominisque Filius, in utraque natura, divina scilicet et humana, Deus verus et homo verus, non putativus Dei Filius, sed verus; non adoptivus, sed proprius, quia numquam fuit propter hominem quem adsumpsit a Patre alienus. Solus enim sine peccato natus est homo, quoniam solus est incarnatus de Spiritu Sancto et immaculata Virgine novus homo. Consubstantialis Deo Patri in sua, i.e. divina; consubstantialis etiam matri, sine sorde peccati, in nostra, i.e. humana. et ideo in utraque natura proprium eum et non adoptivum Dei Filium confitemur, quia inconfusibiliter et inseparabiliter adsumpto homine unus idemque est Dei et hominis Filius. Naturaliter Patri secundum divinitatem, naturaliter matri secundum humanitatem; proprius tamen Patri in utroque..."

en el cristianismo, pero afectan más a otros tratados que propiamente a la cristología; o a la cristología, pero de un modo indirecto (la negación de la presencia real eucarística de Jesucristo por Berengario; la naturaleza del pecado original y su relación con la obra salvadora de Cristo; los efectos de la gracia de Cristo; el problema del *filioque*; etc.). En general se da por comúnmente aceptadas las verdades de los grandes concilios cristológicos, y para la cristiandad, es claro que Cristo tiene dos naturalezas completas y distintas, unidas en su Persona divina.

Sin embargo a fines del siglo XVIII y hasta nuestros días, se produce una reaparición de herejías sobre Cristo que podemos afirmar son radicales o globales: no se niega algún aspecto del misterio, sino el mismo misterio. Hay un rechazo de lo que Cristo realmente es y de su obra. En efecto, o se niega que Cristo sea Dios, con una suerte de neo–arrianismo; o se niega que Cristo sea hombre o que incluso haya existido; o se niega que Cristo no sea persona humana, con una especie de neo–nestorianismo; o se entiende la Redención como un hecho universal y objetivo, que alcanza a todos los hombres por el mero hecho de la Encarnación, y sin necesidad de aceptación subjetiva por ellos; o se presupone que no podemos llegar al conocimiento verdadero del Cristo real de la Historia, que sería distinto del Cristo inventado por la Comunidad cristiana primitiva; etc. Hay que señalar la profunda influencia del deismo, del ateísmo en todas su formas, del agnosticismo, de la teología liberal protestante, del movimiento desmitologizador, del subjetivismo teológico, de la escuela histórico–crítica, etc., que encuentra su caldo de cultivo y su forma de propagación en el movimiento Modernista y en la teología Neo–modernista de nuestro tiempo. A ellas hemos hecho mención al inicio de esta obra cuando se describía el panorama de las cristologías del momento, junto con las tendencias y autores en concreto. Allí se puede entender la magnitud del desafío que enfrenta la sana teología.

Baste ahora, a modo de ejemplo, con recordar los intentos de re–definir el Concilio de Calcedonia con categorías de tipo antropológico sobre la base de la acusación a tal Concilio de seguir la filosofía de su tiempo. Esta propuesta del Modernismo, condenada,[141] volvió a ser planteada con ocasión del estudio de la psicología de Cristo, como se verá más adelante, hasta el punto de atribuir a la naturaleza humana de Cristo la categoría de "sujeto" que es difícil de distinguir del de "persona humana",[142] o en las propuestas en contra de la llamada por ellos "cristología ontológica calcedoniana" y en favor de una "no–calcedoniana" que hicieron teólogos holandeses (Hulsbosch, Schoonemberg y Shillebeeckx) y alemanes (K. Rahner) con ocasión de los congresos celebrados para conmemorar el 1500 aniversario de ese Concilio Ecuménico.[143] A algunos de estos intentos se hacía referencia en la Encíclica *Sempiternus Rex* de Pio XII:

> "Repugna también abiertamente con la definición de fe del Concilio de Calcedonia la opinión, bastante difundida fuera del Catolicismo, apoyada en un texto de la Epístola de San Pablo Apóstol a los Filipenses[144], mala y arbitraria-

---

[141] *D. S.* 3431. S. Pío X: Decreto del Santo Oficio "Lamentabili" de 3 de julio de 1907: "Doctrina de Christo, quam tradunt Paulus, Ioannes et Concilia Nicænum, Ephesinum, Chalcedonense, non est ea, quam Jesus docuit, sed quam de Iesu concepit conscientia christiana".

[142] Cfr. el citado documento "Cuestiones Selectas de Cristología" de la Comisión Teológica Internacional.

[143] Cfr. J. Galot: *Cristo Contestato*, Firenze, 1979, págs. 91–106; M. V. Leroy: *Le Christ de Chalcédoine*, en "Revue Thomiste", 73 (1973) 75–93; B. Sesboué: *Le Procés Contemporain de Chalcédoine. Bilan et Persepctives*, en "Recherches de Science Religieuse" 65 (1977) 45–80.

[144] Flp 2:7.

mente interpretado, esto es, la doctrina llamada kenótica, según la cual en Cristo se admite una limitación de la Divinidad del Verbo; invención verdaderamente sacrílega, que, siendo digna de reprobación como el opuesto error de los Docetas, reduce todo el misterio de la Encarnación y de la Redención a una sombra vana y sin cuerpo. 'En la entera y perfecta naturaleza del verdadero hombre, así nos enseña elocuentemente León Magno, nació el verdadero Dios, entero en sus propiedades, entero en las nuestras'.[145]

Si bien nada hay que prohíba escrutar más profundamente la Humanidad de Cristo, aun en el aspecto psicológico, con todo en el arduo campo de tales estudios no faltan quienes abandonan más de lo justo las posiciones antiguas para construir las nuevas, y se sirven de mala manera de la autoridad y de la definición del Concilio Calcedonense para apoyar sus propias elucubraciones.

Estos ensalzan tanto el estado y la condición de la naturaleza humana de Cristo que parece que ella es considerada como sujeto *suis iuris*, como si no subsistiese en la persona del mismo Verbo. Pero el Concilio Calcedonense, en todo conforme con el Efesino, afirma claramente que las dos naturalezas de nuestro Redentor convienen 'en una sola persona y subsistencia' y prohíbe admitir en Cristo dos individuos de manera que al lado del Verbo haya que poner un como 'hombre asumido' dotado de plena autonomía.

San León además no solo abraza la misma doctrina, sino que indica y demuestra también las fuentes, de las que saca estos principios: 'Todo esto, dice él, que hemos escrito,

---

[145]San León Magno: *Ep.* 28, 3 (*P. L.* 54, 763); Cfr. *Serm.* 23, 2 (*P. L.* 54, 201).

se prueba que ha sido tomado de la doctrina apostólica y evangélica' ."[146]

Tal situación se agrava en nuestros tiempos desde un triple punto de vista. Por un lado, las modernas herejías suelen actuar de un modo clandestino dentro de la realidad de la propia Iglesia, no dando la cara abiertamente, pues, imbuidas de historicismo radical, aparecen no como negaciones del Magisterio perenne, sino como un modo nuevo de interpretar el misterio (al fin y al cabo insondable, y nunca comprehensible para el hombre), desde otras perspectivas; se acepta lo vivido y definido en la Iglesia como adecuado para el tiempo en que se producían las declaraciones, pero se prescinde de ellas prácticamente o se re–definen con categorías que en el fondo, acaban negando lo que la Iglesia sostuvo como dogma. A ello se suma la utilización de un lenguaje deliberadamente ambiguo y amplio, sin precisión, que puede ser interpretado de múltiples maneras, con lo que se hace difícil a veces descubrir los errores más o menos disimulados en tales formulaciones. Finalmente, da la impresión de que la reacción por parte del Magisterio actual no ha sido siempre la más pronta y efectiva, con lo que errores graves se han ido propagando con facilidad ante tal pasividad o lentitud.

3.5.   Cuadro final

Se podría construir el siguiente cuadro–resumen de las controversias cristológicas de los nueve primeros siglos:

---

[146]Pio XII: Enc. *Sempiternus Rex*, de 8 de septiembre de 1051.

TENDENCIA ANTIOQUENA	MAGISTERIO PADRES ORTODOXOS	TENDENCIA ALEJANDRINA
		Docetismo
	Ignacio de Antioquia, Clemente de Alejandría, Orígenes, Tertuliano.	
Arrio: El Verbo no es consustancial al Padre, y ocupa la posición del alma de Cristo hombre.		
	Concilio Ecuménico I: Nicea (325): Cristo es de "la misma naturaleza" que el Padre. Cristo es el Verbo "hecho hombre" y "hecho carne". San Atanasio: una "phisis" y dos "ousias".	
		Apolinar de Laodicea (+390): Una "phisis" y una "ousía" ("una naturaleza del Verbo de Dios encarnado"). Cristo hombre no tiene alma espiritual superior.
	Concilio Ecuménico II: Constantinopla I (381), Eustacio de Antioquia, Teodoro de Mopsuestia.	
Diodoro de Tarso (Ob. de Antioquia 378): teoría de los dos hijos: dos "phisis" completas.		
	Concilio Romano del 382.	

Nestorio (Ob. de Cons-
tantinopla 428): dos
"hypostasis" completas
(tres "yo" o "prosopon").
No hay comunicación de
idiomas. La Virgen no es
"Theotokos".

Concilio Ecuménico III:
Éfeso (431): dos "phisis"
y una sola "hypostasis" o
"prosopon". Existe la co-
municación de idiomas. La
Virgen es "theotokos".

San Cirilo de Alejandría:
"unión en la naturaleza divina".

Eutiques, archimandrita
de Constantinopla (378-
454) y Dióscoro de Ale-
jandría: hay "fusión" y
"mezcla" de las dos natu-
ralezas en Cristo, como el
agua del mar absorbe una
gota de miel.

Concilio Ecuménico IV:
Calcedonia (451): dos
"physis" y una sola "hy-
postasis" o "prosopon". El
Verbo es "consustancial al
Padre" y "consustancial a
nosotros". Las dos natu-
ralezas son: "sin división"
y "sin separación" (contra
Nestorio); "sin cambio"
y "sin confusión" (contra
Eutiques).

	Leoncio de Bizancio y Boecio: distinción entre "naturaleza" ("physis" o "ousia") y "persona" ("hypostasis" o "prosopon").	
	Concilio Ecuménico V: Constantinopla II (553): "unión hipostática" (el concepto "union en la naturaleza" no es correcto).	
		Monoteletismo y monoenergismo: unión "natural" de las voluntades y acciones humanas y divina en Cristo.
	Concilio Ecuménico VI: Constantinopla III (681): "dos voluntades naturales y dos energías naturales".	
Elipando de Toledo: adopcionismo: la nat. humana de Cristo es hijo de Dios por adopción y no por naturaleza.		
	Sínodo de Frankfort (794): también la naturaleza humana de Cristo es hijo de Dios por naturaleza.	

4

Cristología y Trinidad

Habiendo indagado los datos que nos aporta sobre Cristo tanto la Revelación como el Magisterio, hay que construir ahora la parte sistemática del tratado, donde se intentará profundizar hasta donde es posible en una triple realidad del Salvador:

1. Su ser (ontología) como *Dios hecho hombre*: naturaleza humana, naturaleza divina y Persona divina como vínculo de unión entre las naturalezas.

2. Su rol, como *El Mediador*: su carácter profético (Verdad), real (Camino) y sacerdotal (Vida).

3. Su obra como *El Redentor*.

Sin embargo es conveniente antes estudiar algunos problemas que se plantean cuando se ponen en relación el presente tratado con el de Dios Uno y Trino, pues el misterio de la Encarnación, el hecho dogmático de que Dios se hiciera hombre, exige formular y responder a varias preguntas que surgen al contrastarlo con los datos que nos proporciona la teología sobre Dios. A saber:

- ¿Cuál fue el *fin último* querido por Dios–Trinidad al encarnarse?

- ¿Qué relación existe entre la *infinita libertad divina* y la Encarnación? ¿La Encarnación fue obra total del amor de Dios, don de su liberrima voluntad divina, o más bien hubo alguna necesidad de que así ocurriera?

- ¿Qué relación existe entre la *eternidad de Dios* y su Encarnación en el tiempo?

- ¿Cómo es posible que la Encarnación en el tiempo se compatibilice con el atributo de la *absoluta inmutabilidad divina*?

- ¿En qué manera la Encarnación está en relación con las *tres Personas divinas*?

- ¿Por qué *se encarnó la Segunda Persona* y no cualquiera de las otras dos?

4.1. El misterio de la Encarnación

La conexión entre el tratado de Trinidad y el de cristología se establece, por lo tanto, cuando se profundiza en el dato esencial de ésta última: el hecho de que Dios se hiciera hombre. Es el misterio de la Encarnación, dogma fundamental de nuestra fe cristiana y al que se ordenan los otros misterios. Así lo hacer ver Santo Tomás de Aquino:

> "Quoniam autem supra, cum de generatione divina ageretur, dictum est Dei filio, domino Iesu Christo, quædam secundum divinam naturam, quædam secundum humanam convenire, quam ex tempore assumendo, Dei æternus filius voluit incarnari: de ipso nunc incarnationis mysterio restat dicendum. Quod quidem inter divina opera maxime

rationem excedit: nihil enim mirabilius excogitari potest divinitus factum quam quod verus Deus, Dei filius, fieret homo verus. Et quia inter omnia mirabilissimum est, consequitur quod ad huius maxime mirabilis fidem omnia alia miracula ordinentur: cum id quod est in unoquoque genere maximum, causa aliorum esse videatur".[1]

4.1.1. Misterio en sentido estricto

El misterio de la Encarnación es un misterio en sentido estricto,[2] es decir, que la razón humana no podría haberlo alcanzado antes de la Revelación, y, después de la misma, tampoco podría demostrar positivamente su posibilidad intrínseca. La unión hipostática entre Dios y la creatura que supone la Encarnación es algo de lo que no hay analogía conocida.

Así aparece en Ef 3: 8–9, donde se dice que es "misterio oculto desde la eternidad" de Dios ("Mihi omnium sanctorum minimo data est gratia hæc: gentibus evangelizare investigabiles divitias Christi, et illuminare omnes, quæ sit dispensatio mysterii absconditi a sæculis in Deo, qui omnia creavit"); y en 1 Tim 3:16, donde San Pablo lo califica como "gran misterio de piedad" ("Et omnium confessione magnum est pietatis mysterium: Qui manifestatus est in carne, iustificatus est in Spiritu, apparuit angelis, prædicatus est in gentibus, creditus est in mundo, assumptus est in gloria").

El Magisterio de la Iglesia ha recogido la misma doctrina. Así Pío IX en su carta "Gravissimas Inter" (a. 1862) señalaba como error los principios del racionalismo aplicados al misterio de la Encarnación:

---

[1]Santo Tomás de Aquino: *Contra Gent.*, lib. IV, cap. 27, n. 1.

[2]Cfr. También M. J. Scheeben: *Los Misterios...*, cit., págs 333–378.

"Namque auctor (Frohschammer) in primis edocet, philosophiam, si recta eius habeatur notio, posse non solum percipere et intelligere ea christiana dogmata, quæ naturalis ratio cum fide habet communia (tamquam commune scilicet perceptionis obiectum), verum etiam ea, quæ christianam religionem fidemque maxime et proprie efficiunt, ipsumque scilicet supernaturalem hominis finem et ea omnia, quæ ad ipsum spectant, atque sacratissimum Dominicæ Incarnationis mysterium ad humanæ rationis et philosophiæ provinciam pertinere rationemque, dato hoc obiecto, suis propriis principiis scienter ad ea posse pervenire. Etsi vero aliquam inter hæc et illa dogmata distinctionem auctor inducat, et hæc ultima minore iure rationi attribuat, tamen clare aperteque docet, etiam hæc contineri inter illa, quæ veram propriamque scientiæ seu philosophiæ materiam constituunt".[3]

Por eso San León Magno declaraba que "el que las dos substancias se unieran en una sola persona no lo puede explicar ningún discurso si la fe no lo mantiene firmemente".[4]

4.1.2. Sagrada Escritura

La gran novedad del cristianismo es la proclamación de que Dios se había hecho hombre para nuestra salvación. Tema central de todo el Nuevo Testamento como ya sabemos.

En el prólogo del Evangelio de San Juan se encuentra la expresión "y el Verbo se hizo carne" (Jn 1:14). El término carne (*sárx*) —muy

---

[3]*D. S.* 2581. Cfr. también *D. S.* 2828 sobre el racionalismo de Günther.

[4]San León Magno: *Sermo*, 29:1; cfr. San Agustín: *De Corrept. et Gratia*, 11:30. Cit. por L. Ott: *Manual...*, cit., pág. 246.

cercano al hebreo *basar*— expresa al hombre en su debilidad, fragilidad, transitoriedad de criatura, que Dios no sólo no ha despreciado, sino que ha elevado, haciéndose *carne* Él mismo; el Verbo que "estaba junto a Dios" y que "era Dios" (cf. Jn 1:1), se hace verdadero hombre, se hace criatura espacio–temporal, visible y palpable (cfr. 1 Jn 1:1; Jn 17: 3–5.24). En San Juan la fe en la Encarnación es criterio de ortodoxia, contra los docetas (que niegan la realidad de la Humanidad de Cristo), y de auténtica comunión con Dios: "todo espíritu que reconoce que Jesucristo ha venido en la carne, es de Dios" (1 Jn 4:2); "porque han aparecido en el mundo muchos farsantes, que no reconocen a Jesús venido en carne" (2 Jn 7).[5]

San Pablo también habla de la Encarnación como el misterio escondido por siglos (Col 1:26; Ef 1:9; 3: 5–6; 6:19), que manifiesta la voluntad de salvación y de amor de Dios: "at ubi venit plenitudo temporis, misit Deus Filium suum, factum ex muliere, factum sub lege, ut eos, qui sub lege erant, redimeret, ut adoptionem filiorum reciperemus" (Ga 4: 4–5). Dios nos ofrece la salvación a través de la entrega de su propio Hijo, y es a nosotros a quienes corresponde recibirla si así lo deseamos (Jn 3: 16–17; 10:36; 17:18; 1 Jn 4:9; Heb 1:6; etc.). En San Pablo también se utiliza la expresión del nacimiento del Hijo de Dios "según la carne" (Cfr. Ro 1:3; 9:5; 1 Tim 3:16), o que en Cristo habita la plenitud de la divinidad "corporalmente" (Col 2:9); Cristo tomó la "forma de siervo" (Flp 2: 6–8; 1 Pe 3:18); y se hace igual a nosotros en todo menos en el pecado (Heb 2:17; 4:15); etc.

---

[5]Cfr. A. Amato: *Jesús...*, cit. pág.439.

4.1.3. Tradición y Magisterio

Los Santos Padres[6] emplearán una variedad de términos para expresar esta verdad central de nuestra fe, que manifiestan la importancia dada a la misma, así como el esfuerzo por comprenderla. Así, por ejemplo:[7]

- *Sárkosis* (Encarnación) o *incarnatio.*

- *Enanthrópeis* (humanización) o *inhumanatio.*

- *Ensomátosis* (in–corporación) o *incorporatio.*

- *Lépsis* (asunción... [de un cuerpo]) o *assumptio.*

- *Parousía* (presencia).

- *Epidemía* (morada).

- *Hénosis* (unión).

- *Krásis* (constitución... [divino–humana]).

- *Oikonomía* (economía).

La Encarnación es el tema central que en las profesiones de fe y en las definiciones conciliares que hemos estado estudiando. La Iglesia enfrentaba sistemáticamente todos los ataques que la verdad esencial de su fe sufría.

Como dice A. Amato:

---

[6]Un elenco de citas de Santos Padres primitivos sobre la Encarnación en M. Cuervo: *Tratado...*, cit., págs. 18–20.

[7]J. L. Oreja: *Terminología patrística de la Encarnación,* en "Helmántica" 2 (1951) 129–160; G. W. H. Lampe: *A Patristic Greek Lexikon,* London, Clarendon Press, 1961; A. Amato: *Jesús...*, cit., pág. 440; A. Michel: *Incarnation,* cit., cols. 1445–1539.

"El misterio de la Encarnación constituye, sin embargo, el dato central del testimonio bíblico y de la profesión de fe cristiana, continuamente defendido y motivado por la bimilenaria tradición eclesial. Superando las concepciones mitológicas del mediador cósmico sin una auténtica historia humana o del redentor exclusivamente humano, la fe cristiana presenta la Encarnación como el descenso existencial e histórico del Hijo de Dios en la realidad de su carne mortal, con todos los acontecimientos esenciales de la vida humana (nacimiento, crecimiento, muerte), y con el acontecimiento decisivo y único de la Resurrección. La Encarnación constituye de esta manera el vértice insuperable y el cumplimiento absoluto de la historia de la salvación. Efectivamente, Jesucristo es la palabra última y definitiva de Dios a la humanidad (Heb 1:2), el único Mediador entre Dios y los hombres (1 Tim 2:5; cf. Heb 8:6; 9:15; 12:24), la fuente de toda salvación presente y futura (cf. Hech 4:12)".[8]

4.2. Fines de la Encarnación

Sabemos por la Revelación que Dios se hizo hombre. Es el misterio cristológico propiamente tal. Pero la teología, prácticamente desde sus inicios, se ha preguntado la razón de la Encarnación, el motivo que llevó a Dios a tomar esa eterna decisión. A este respecto hay que distinguir la cuestión de hecho de la disputa teológica; es decir, aunque es una realidad que de hecho Dios se hizo hombre y nos redimió de nuestros pecados..., sin embargo cabe formular el siguiente teologúmeno: si el hombre no hubiera pecado, ¿Dios se hubiera encarnado de todos modos?

---

[8]A. Amato: *Jesús...*, cit., págs. 443–444.

4.2.1.   El hecho y el teologúmeno

El hecho de la Encarnación para nuestra salvación es un dogma: Dios se hizo hombre para salvar a los hombres, y de hecho, los salvó. En cambio, el teologúmeno[9] se cuestiona sobre la "dependencia" o no de la Encarnación del hecho de que el hombre pecara, es decir, si en el supuesto de que el hombre no hubiera caído, sin embargo Dios se hubiera hecho hombre de la misma manera.

El hecho

Es un dogma que Dios se hizo hombre "por nuestra salvación". Así aparece en todos los grandes credos de la Iglesia, en variados textos magisteriales y, en consecuencia, así se recuerda el Catecismo de la Iglesia Católica:

"I. ¿Por qué el Verbo se hizo carne?

Con el Credo Niceno–Constantinopolitano respondemos confesando: '*Por nosotros los hombres y por nuestra salvación* bajó del cielo, y por obra del Espíritu Santo se encarnó de María la Virgen y se hizo hombre.'[10]

El Verbo se encarnó *para salvarnos reconciliándonos con Dios*: 'Dios nos amó y nos envió a su Hijo como propiciación por nuestros pecados' (1 Jn 4:10). 'El Padre envió a su Hijo para ser salvador del mundo' (1 Jn 4:14). 'Él se manifestó para quitar los pecados' (1 Jn 3:5):

'Nuestra naturaleza enferma exigía ser sanada; desgarrada, ser restablecida; muerta, ser resucitada. Habíamos perdido la posesión del bien,

---

[9]Se entiende por *theologoumenon* en el ámbito ortodoxo generalmente a una opinión teológica que, en los límites señalados por el dogma, se expresa sobre temas sobre los que nunca se ha pronunciado la Iglesia.

[10]*D. S.* 150.

era necesario que se nos devolviera. Encerrados en las tinieblas, hacía falta que nos llegara la luz; estando cautivos, esperábamos un salvador; prisioneros, un socorro; esclavos, un libertador. ¿No tenían importancia estos razonamientos? ¿No merecían conmover a Dios hasta el punto de hacerle bajar hasta nuestra naturaleza humana para visitarla, ya que la humanidad se encontraba en un estado tan miserable y tan desgraciado?'[11].'[12]

---

[11]San Gregorio de Nisa, *Oratio catechetica*, 15: P. G. 45:48B.

[12]*Catecismo de la Iglesia Católica*, nn. 456–457. En los números 458–460 el Catecismo aduce otras tres finalidades: el hacernos partícipes del amor de Dios, ser nuestro modelo de santidad y hacernos partícipes de la naturaleza divina:

"El Verbo se encarnó *para que nosotros conociésemos así el amor de Dios*: 'En esto se manifestó el amor que Dios nos tiene: en que Dios envió al mundo a su Hijo único para que vivamos por medio de él' (1 Jn 4:9). 'Porque tanto amó Dios al mundo que dio a su Hijo único, para que todo el que crea en él no perezca, sino que tenga vida eterna' (Jn 3:16).

El Verbo se encarnó *para ser nuestro modelo de santidad*: 'Tomad sobre vosotros mi yugo, y aprended de mí...' (Mt 11:29). 'Yo soy el Camino, la Verdad y la Vida. Nadie va al Padre sino por mí' (Jn 14:6). Y el Padre, en el monte de la Transfiguración, ordena: 'Escuchadle' (Mc 9:7; cf. De 6: 4–5). Él es, en efecto, el modelo de las bienaventuranzas y la norma de la Ley nueva: 'Amaos los unos a los otros como yo os he amado' (Jn 15:12). Este amor tiene como consecuencia la ofrenda efectiva de sí mismo (cf. Mc 8:34).

El Verbo se encarnó *para hacernos "partícipes de la naturaleza divina"* (2 Pe 1:4): 'Porque tal es la razón por la que el Verbo se hizo hombre, y el Hijo de Dios, Hijo del hombre: para que el hombre al entrar en comunión con el Verbo y al recibir así la filiación divina, se convirtiera en hijo de Dios'[13] 'Porque el Hijo de Dios se hizo hombre para hacernos Dios'[14] 'Unigenitus... Dei Filius, suæ divinitatis volens nos esse participes, naturam nostram assumpsit, ut homines deos faceret factus homo' ('El Hijo Unigénito de Dios, queriendo hacernos partícipes de su divinidad, asumió nuestra naturaleza, para que, habiéndose hecho hombre, hiciera dioses a los hombres'. Cfr. Santo Tomás de Aquino: *Oficio de la festividad del Corpus*, Of. de Maitines, primer Nocturno, Lectura I)."

La Sagrada Escritura también insiste en la finalidad salvadora de
la Venida del Hijo del hombre:

- Para salvarnos de nuestros pecados: Lc 19:10 ("El Hijo del hombre ha venido *a* buscar y *a* salvar lo que estaba perdido"); Jn 3:17
  ("Dios envió a su Hijo al mundo *no para* condenar..., *sino para que* el mundo se salve por Él"); 1 Tim 1:15 ("Jesucristo vino
  al mundo *para* salvar a los pecadores..."); 1 Jn 3:5 ("...Él se
  manifestó *para* quitar los pecados...").

- Para destruir la obra del Maligno, haciéndonos hijos de Dios:
  Ga 4: 4–5 ("...estábamos sujetos como esclavos a los elementos
  del mundo. Pero al llegar la plenitud de los tiempos, envió Dios
  a su Hijo... *para* redimir a los que estaban bajo la Ley, a fin de
  que recibiéramos la adopción de hijos"); 1 Jn 3:8 ("...para esto
  se manifestó el Hijo de Dios: *para* destruir las obras del Diablo").

- Para propiciación por nuestros pecados: 1 Jn 4:10 ("...y envió
  a su Hijo al mundo *como* víctima propiciatoria por nuestros pecados").

- Para salvar al mundo:1 Jn 3:14 ("...el Padre envió a su Hijo
  como salvador del mundo").

- Etc.[15]

Por su parte, los Santos Padres de la Iglesia son contestes en este
hecho. Como hemos visto, un principio de la teología ortodoxa, que
sirvió para todas las controversias sobre la ontología de Cristo, fue
precisamente el argumento de la Redención: "lo que no es asumido, no

---

[15]Cfr. Los capítulos correspondientes a la obra redentora de Cristo.

es sanado".[16] Así pues la Encarnación se relacionaba estrechamente con la función redentora, de modo que el propósito y el efecto de aquélla era precisamente la redención del hombre y la restauración de las condiciones originales que habían sido destruidas por el pecado original y los pecados personales.

Sin embargo el problema que mencionamos de si el decreto de la Encarnación estuvo sujeto o no al pecado de Adán (la cuestión del fin último de la Encarnación y su relación con el propósito original de Dios al crear), no fue tratado explícitamente por los Santos Padres.

Hay que aclarar que el sentido del hecho afirmado por el dogma no es que la realidad de Cristo esté subordinada a los hombres (bien sea que se entienda como un puro medio utilizado por el Padre para la salvación de los seres humanos, o como que Cristo no fue amado por el Padre por Sí mismo), sino que Cristo es la salvación del hombre (cada hombre se puede salvar por su unión con Cristo; la humanidad entera se salva solo por Cristo).[17]

El teologúmeno.

Diferente del hecho de nuestra salvación gracias a la Encarnación es la disputa teológica sobre el fin último de la misma. Lo que históricamente se conoció bajo la polémica de *si Dios se hubiera encarnado en todo caso, incluso aunque el hombre no hubiera pecado*, surge propiamente en la Edad Media.

---

[16] Así vemos esta línea de pensamiento en San Atanasio en sus luchas contra los arrianos, o en San Gregorio Nacianceno, en la suya contra el apolinarismo, o de los otros Santos Padres de los siglos IV y V. Cfr. Fr. George Florovsky: *Cur Deus Homo? The Motive of the Incarnation*, en "Evharisterion: Hamilcar Alivisatos", Atenas, 1957, págs. 70–79.

[17] Teniendo en cuenta, obviamente, siempre la necesidad de la llamada "Redención subjetiva" o aceptación voluntaria por parte de cada ser humano de la "Redención objetiva" lograda por Jesucristo en el Misterio Pascual.

4.2.2.   Historia

Parece que el primero que se plantea la cuestión es el abad Ruperto de Deutz (+ 1135), en su *De Gloria et Honore Fillii Hominis*, l. XIII, quien sostenía que la Encarnación pertenecía a los planes originales de Dios sobre la creación, por lo que sería independiente de la caída de Adán; la Encarnación sería la consumación del propósito original creador de Dios y se hubiera realizado en todo caso, pues no fue un simple remedio a la caída del ser humano.[18] Del mismo modo pensaba Honorio de Autún (+ 1152), según el cual el pecado que es el mayor

---

[18]Rupertus Tuitensis: *De Gloria et honore Filii hominis super Matthæum*, (lib. 13, *P. L.*, 148, 1628): "Lo primero a preguntar aquí es si el Hijo de Dios, de quien trata este discurso, se hubiera hecho hombre, incluso si el pecado a consecuencia del cual todos morimos, no hubiera ocurrido. No hay duda de que Él no hubiera sido mortal y asumido un cuerpo mortal si el pecado no hubiera ocurrido y hecho que el hombre se convirtiera en un ser mortal; únicamente un infiel podría ser tan ignorante para afirmar tal cosa. Pero la pregunta es: ¿si esto hubiera ocurrido, hubiera sido necesario para la humanidad que Dios se hiciera hombre, (Él que es) la Cabeza y el Rey de todos, como es Él ahora mismo? ¿Cuál sería la respuesta?... Pero puesto que no hay duda de que, con relación a los santos y todos los elegidos, todos tendrían que existir, justo hasta el número señalado en los planes de Dios; y que ellos fueron bendecidos antes del pecado con el 'creced y multiplicaos'; y que es absurdo pensar que el pecado fuera necesario para obtener tal número (de elegidos)..., por lo cual se debe pensar que el que es Cabeza y Rey de los elegidos, hombres y ángeles, no tendría una causa necesaria para hacerse hombre como no fuera el hecho de que su amor y sus delicias son estar con los hijos de los hombres (Pr 8:31)". También en su *De Glorificatione Trinitatis* (lib. 3. 20, *P. L.*, 169, 72): "Por tanto decimos con bastante probabilidad que ese hombre fue creado para completar el número de los ángeles (es decir, de aquéllos que habían caído), pero que tanto ángeles como hombres fueron creados a causa de un solo hombre, Jesucristo, de tal modo que, como Él mismo fue engendrado Dios de Dios y se hizo hombre, Él también hubiera preparado una familia en ambos lados... Desde el principio, antes de que Dios hiciera nada, era su plan que la Palabra (Logos) de Dios, el Verbo de Dios, se hiciera carne y viviera entre los hombres, que son sus verdaderas delicias (Pr 8:31), con gran amor y la más profunda humildad".

de los males no puede ser la causa de la Encarnación, sino solo de la Muerte y la condenación de Cristo;[19] y lo mismo Alejandro de Hales[20] y San Alberto Magno.[21] Santo Tomás de Aquino estudió el problema en varios momentos, considerando la fuerza de los argumentos en favor de la Encarnación aunque el hombre no hubiera pecado, pero no pudo encontrar ni en la Escritura ni en los Padres un testimonio definitivo en favor de tal posición, por lo que sostuvo la posición contraria: aunque Dios podría haberse encarnado sin la existencia del pecado, sin embargo sabemos que la Sagrada Escritura da abundantes testimonios de que el pecado del primer hombre fue la causa de la misma, y los misterios insondables de la voluntad divina solo pueden ser conocidos por el hombre mediante la Revelación sobrenatural.[22] San Buenaventura afirma que ambas posiciones suscitan en el ser humano la devoción por motivos diferentes; la afirmación de que la Encarnación no depende del pecado está más en consonancia con el juicio de la razón, y sin embargo la afirmación contraria parece estar más de acuerdo con la piedad de la fe; y es preferible confiar en el testimonio de las Escrituras antes que en el de la pura razón humana.[23] Duns Escoto (+ 1308) fue el que defendió la idea de la Encarnación incluso si no hubiera habido pecado con mayor rigor, puesto que para el Doctor Sutil tal hipótesis sería no ya algo conveniente, sino incluso un presupuesto doctrinal indispensable: la Encarnación del Hijo de Dios sería la razón última de toda la creación, ya que la mayor de las acciones de Dios (la Encarnación) hubiera sido algo meramente accidental u "ocasional" si hubiera dependido de la caída en el pecado del ser humano; por el contrario,

---

[19]Honorio de Autún: *Octo Quæstionum Liber*, c. II, *P. L.*, 172, 1187–1188.

[20]Alejandro de Hales: *Summ. Theol.*, dist. III, q. III, M. XIII.

[21]San Alberto Magno: *In IV Sent.* III, q. XX, a. 4.

[22]Santo Tomás de Aquino: *Summ. Theol.*, IIIª, q. 1, a. 3; *In III Sentent.*, dist. 1, q. 1, a. 3.

[23]San Buenaventura: *In III Sentent.*, dist. 1, q. 2.

Cristo, el Encarnado, fue el primer objeto de la voluntad creadora de Dios, y fue en vista de Cristo que todas las otras cosas fueron creadas; la Encarnación de Cristo no se previó en la mente de Dios desde toda la eternidad de un modo ocasional, sino como el fin inmediato de la misma creación.[24]

4.2.3. Posición escotista

La posición que podemos denominar *escotista* afirma fundamentalmente que Dios es amor, y la obra más grande del amor y de la bondad de Dios en todo el conjunto de la creación, es la Encarnación. Por tanto el decreto de la Encarnación sería anterior al de la creación y al de permitir que el hombre cayera en el pecado.[25] Los decretos de Dios se explicitarían en el siguiente orden lógico para nosotros, aunque en Dios sean un eterno y simplicísimo decreto:

1. Dios es Amor y se ama en Sí mismo.

2. Dios se ama también en los otros.

3. Dios quiere ser amado por otro que esté fuera de Sí y que pueda amarlo de la manera más perfecta.

---

[24]Duns Escoto: *Opus Oxoniense*, 3, dist. 19. Cf. *Reportata Parisiensia*, lib. 3, dist. 7, qu. 4, schol. 2. En general, la posición de Duns Escoto fue seguida por la mayoría de los teólogos de la escuela franciscana, Francisco de Mayronis, P. Auriol, Pedro de Aquila, Bartolomeo de Pisa, San Bernardino de Siena, E. Brulefer, Francisco Felix, L. Bracanti de Laura, etc. y otros muy importantes de otras tendencias, como Dionisio Cartujano, Gabriel Biel, John Wessel, Giacomo Nachianti, Jacobo Naclantus, Francisco de Sales (*Tratado del Amor de Dios*, libro 2, c. 4 y 5) o Malebranche (*Entretiens sur la Metaphysique et sur la Religion*, Edition critique par Armand Cuvillier Paris, 1948, tome 2, *Entretien* 9, 6.) etc. Cfr. M. A. Michel: *Incarnation*, DTC., vol VII, col. 1495.

[25]S. Francisco de Sales: *Tratado del Amor de Dios*, l. II, c. iv.

4. Dios prevé la unión con esta naturaleza que debe amarlo perfectamente (es el decreto de la Encarnación).

5. Dios prevé el decreto de la creación del mundo y particularmente de la creación del hombre.

6. Dios prevé la caída del hombre y, como la gloria de los elegidos depende de la gloria temporal de Cristo en la tierra, Él decreta la venida de Cristo en una carne pasible, como Redentor.

Para Escoto, lo determinante es el amor que Dios se tiene a Sí mismo, que se realiza ante todo en la Encarnación, y después y por el mismo decreto de la Encarnación, en los ángeles y en los hombres, teniendo en cuenta la previsión del pecado y el decreto de salvación mediante la Redención.

Otros autores escotistas señalaban como justificación de sus posturas la excelencia del misterio y de la gloria de Cristo, o la perfección de las obras divinas, o la excelencia del misterio de la Encarnación en relación con la perfección del universo, o la coronación de la obra de creación–glorificación–santificación de los ángeles y de los hombres.[26]

Se aducen además, desde el punto de vista negativo, las múltiples dificultades que se plantean teológicamente en el supuesto de aceptar la hipótesis de la dependencia de la Encarnación de la existencia del pecado de los hombres: ¿Cómo explicar que la obra tan excelsa de la Encarnación sea causada por el pecado? ¿Cómo no reconocer al pecado una utilidad verdadera en la venida del mismo Verbo? ¿Cómo concebir la primacía dada a Cristo por la Sagrada Escritura? ¿Cómo explicar que Cristo sea la Cabeza de toda la Iglesia, es decir incluso de los mismos ángeles, si de la Encarnación no procede, independientemente

---

[26] Así Hurter, Suarez, Tanquery, Sauvé, etc. Para las citas, M. A. Michel: *Incarnation...*, cit., col. 1497.

de la hipótesis de la redención de los hombres? ¿Cuál es la causa de la gracia esencial de los ángeles?

De esta posición se deducen varias consecuencias:

1. De tipo inmediato:

   - Se hace necesario distinguir entre la Encarnación *en su substancia*, y la Encarnación *en una carne pasible y mortal*. Si el hombre no hubiera pecado, el Verbo se hubiera encarnado de todos modos, pero en una carne impasible e inmortal, ya que la muerte viene por el pecado y no sería necesaria la Redención. Como el hombre pecó, el Verbo se encarnó en una carne pasible y mortal para salvarnos por medio del sacrificio redentor.

   - La primacía absoluta de Cristo sobre todas las criaturas brilla con especial claridad: tanto en el pensamiento de Dios (primacía en el orden de la voluntad divina ya que Cristo fue querido antes que cualquier creatura), como en el orden de la gracia (Cristo es el Mediador universal de toda gracia, de modo que los ángeles y los primeros padres en estado de inocencia tuvieron la gracia santificante a través de la mediación de Cristo), como en el orden de la finalidad de la creación (Cristo es el fin de toda la creación, ya que es para glorificar a su Hijo hecho hombre por lo que Dios creó a los ángeles y a los hombres).

2. De tipo mediato:

   - Con relación a la gloria de Cristo, esta posición subraya cómo Cristo recibe una gloria mayor porque toda creatura, ángel u hombre, le debe su creación y su elevación al orden sobrenatural, y además, en la otra vida, el "lumen gloriæ".

- También queda explicada la grandeza de la gloria de la Virgen María, ya que, amada especialmente de Dios, recibe de Cristo una gracia especial, por lo que ha contribuido a merecer con Cristo todos los dones naturales y sobrenaturales que se les han concedido a los hombres. Siendo causa mediadora de la gracia, Ella es la tesorera y dispensadora de la misma. Ella también es la causa secundaria final de la creación, por lo que no contrajo el pecado original ni mancha del mismo.

Para sustentar estas tesis, la posición escotista acude a los textos de la Biblia que atribuyen una finalidad a la Encarnación más amplia que la mera redención de los pecados. En efecto:

1. Pr 8:22, donde se habla de la Sabiduría creada, es decir encarnada, es el principio de todas las obras del Señor.

2. Col 1: 15–21, donde se dice que en Cristo fueron creadas todas las cosas.

3. Ef 1: 3–14, donde se habla de la recapitulación de todas las cosas en Cristo.

4. Heb 2:10, donde se dice que Cristo es el fin de todo.

5. Col 2: 16–17, donde se insiste en la idea anterior.

Y también sustentan su posición en base a textos de los Santos Padres. Y, aunque ciertamente éstos no trataron directamente del problema en cuestión, sin embargo la posición escotista encuentra argumentos en favor de su posición interpretando otras afirmaciones y declaraciones teológicas de los Padres, como por ejemplo, sosteniendo que cuando afirmaron que el Verbo no hubiera venido en la carne si el hombre no hubiera pecado, se referían en realidad a la venida en una *carne mortal*, no que no se hubiera encarnado en absoluto. A esto añaden textos que se sustentarían sobre la base e implicarían la aceptación de la tesis escotista, como son: el que todas las cosas fueron creadas en Cristo; que el hombre creado en estado de justicia original lo fue a imagen de Cristo; que Cristo, el hombre–Dios, se encuentra prefigurado en Adán en estado de inocencia; que Adán en estado de inocencia conoció y profetizó sobre la Encarnación; que la Encarnación es el principio de todas las obras divinas; que Cristo como hombre es el primero de todas las creaturas; que la predestinación de Cristo es la causa de nuestra predestinación hasta el punto de que la gracia de los ángeles y de Adán inocente vendría del Verbo encarnado; que Cristo es la causa final de la creación, etc. . . , todo llevaría a concluir que en la mente de los Santos Padres, la Encarnación debería haber sido independiente de la Redención.[27]

4.2.4. Posición tomista

Esta postura se fundamenta sobre un doble principio:

- Por un lado, el hecho de que los misterios que dependen de la voluntad de Dios insondable solo los podemos conocer por la Revelación, y ésta indica que el motivo de la Encarnación fue nuestra salvación:

  > "Lo que depende sólo de la voluntad de Dios y ante lo que la creatura se encuentra sin ningún derecho, no

---

[27]Para los textos de apoyo de los Santos Padres, cfr. M. A. Michel: *Incarnation*, cit., col. 1491–1494; y P. Chrysostome: *Christus, Alpha et Omega, seu de Christi Universali Regno*, Lille, Berges, 1910; Id.: *Le Motif de l'Incarnation et les Principaux Thomistes Contemporains*, Tours, Cattier, 1921, II parte, c. 1 y 2, págs. 168–202.

podemos conocerlo, sino en la medida en que nos lo enseña la Escritura, a través de la cual conocemos la voluntad divina. Ahora bien, en toda la Sagrada Escritura se indica la caída del primer hombre como motivo de la Encarnación. Conviene, por tanto, decir que la obra de la Encarnación fue ordenada por Dios como remedio del pecado, y que sin el pecado, la Encarnación no hubiera tenido lugar. No obstante, el poder de Dios no tiene límites, pues pudo encarnarse, aunque el hombre no hubiera pecado".[28]

- Por otro lado, el que esta concepción no disminuye la primacía absoluta de Cristo.[29] Y esto, en un cuádruple aspecto:

1. Bien sea en su aspecto de primado *ontológico*: es decir, de perfección, porque Jesucristo en cuanto hombre tiene una primacía absoluta sobre todo ser creado por razón de la unión hipostática.[30]

2. Bien sea del primado *de causalidad*: la predestinación de Cristo permanece como la causa de nuestra predestinación; la filiación natural de Cristo es el modelo de nuestra filiación adoptiva; y la gracia por la que nosotros nos hacemos hijos adoptivos de Dios es una derivación de la gracia de Cristo. Es decir, como causa final de la creación —el orden natural, además del de los ángeles y el de la gracia con la redención del hombre—, todas las cosas están ordenadas a Jesucristo como a su fin, y tienen con respecto a Él, aun en cuanto hombre, una verdadera subordinación con base a la unión

---

[28] Santo Tomás de Aquino: *Summ. Theol.*, III^a, q. 1, a. 3.

[29] Cfr. M. Cuervo: *Tratado del Verbo Encarnado*, cit., págs. 47–63.

[30] Santo Tomás de Aquino: *Summ. Theol.*, III^a, q. 2, a. 9.

hipostática —el orden de la naturaleza se subordina al de la gracia, y éste al hipostático—.[31]

3. Bien se trate del primado *de dignidad*: ya que Cristo no solo es el Salvador, sino el Redentor del género humano, Cabeza universal de los hombres,[32] y de los ángeles,[33] y Juez de vivos y muertos a título propio y de conquista.[34]

4. O finalmente, en cuanto al primado *de gloria*: en cuanto hombre, no solo en el alma sino también en el cuerpo, pues no se puede dar mayor grado de gracia y de gloria que la de Jesucristo.[35]

Para entender la posición de Santo Tomás es necesario subrayar y distinguir, por un lado, *la causa final* de la creación de la *causa material*; y, por otro lado, distinguir el *orden actual* del universo querido por Dios en virtud del decreto eficaz de su voluntad (el orden de la creación–Encarnación–Redención querido y realizado realmente por Dios en nuestro mundo), del orden u *órdenes posibles* que podría haber decretado Dios en virtud de su infinito poder.[36]

---

[31] Santo Tomás de Aquino: *Summ. Theol.*, IIIª, q. 23, a. 3–4.

[32] Santo Tomás de Aquino: *Summ. Theol.*, IIIª, q. 13, a. 2.

[33] Santo Tomás de Aquino: *In Sent.*, IIIª, d. 13, q. 2, a. 2; *De Verit.* q. 29, a. 4 co., y ad 5; q. 13, a. 4.

[34] Santo Tomás de Aquino: *Summ. Theol.*, IIIª, q. 59, a 2 y 3.

[35] Santo Tomás de Aquino: *Summ. Theol.*, IIIª, q. 7, a. 12; q. 10, a. 4 co. y ad. 3.

[36] Dice Santo Tomás, que "la Sabiduría divina no está limitada a un orden, sea el que fuere, de cosas en forma tal que de ella no pueda fluir otro orden distinto". Cfr. *Summ. Theol.*, Iª, q. 25, a. 5. Por la ciencia de simple inteligencia conoció Dios la infinitud de mundos posibles; y de entre todos los posibles, escogió el actual para su realización, con todo lo que lo integra, hasta su último detalle; todo lo cual en concreto estaba contenido en el acto simplicísimo de su voluntad por el cual se determinó a crearlo. Cfr. Juan A. Jorge: *Dios Uno...*, cit., págs. 336–341.

Santo Tomás y los tomistas no niegan que la Encarnación podría no haber dependido de la Redención en otro orden posible que hubiera sido decretado por Dios; pero en el presente orden concreto en el que estamos, la causa material de la Encarnación fue de hecho la Redención de los hombres.

Esta posición parecería la más conforme con los abundantes pasajes de la Sagrada Escritura que vinculan la Encarnación a la Redención, como se ha visto en los textos sobre el hecho de la finalidad salvadora de la Encarnación. Por lo demás, las citas bíblicas aducidas por la escuela escotista no son demostrativas, ya que o bien se refieren a la primacía del Verbo según su divinidad (el caso de Pr 8: 22ss., o los de San Pablo en Col. donde los vv. 15–17 se refieren a su divinidad y no a su humanidad, y solo se refieren a la humanidad a partir del 18); o la recapitulación a que se refieren (vgr. Ef) es al estado primitivo creado, pero no implican por sí misma y necesariamente que el estado de gracia primitivo de la creación haya sido establecido por Dios en Cristo. Por lo mismo, Heb 2:10 no necesariamente ha de ser entendido en sentido escotista.

También hay que tener en cuenta que los testimonios de los Santos Padres también son abrumadores sobre la relación entre Encarnación y pecado. En efecto:

- San Ireneo: "Si el hombre no necesitara ser salvado, de ningún modo el Verbo de Dios se haría hombre".[37]

- Orígenes: "Si no existiera el pecado, no sería necesario que el Hijo se hiciera el Cordero de Dios ni que fuera inmolado en carne humana, sino que permanecería lo que siempre había sido, el Verbo de Dios".[38]

---

[37]San Ireneo: *Adv. Hær.*, 5, 14; *P. G.*, VII, 1161.
[38]Orígenes: *In Num*, hom. 24; *P. G.*, XII, 756.

- San Ambrosio: "El Verbo de ninguna manera se haría hombre si la necesidad de salvar al hombre no lo urgiera".[39]

- San Juan Crisóstomo: "No existe otra causa de la Encarnación sino esta sola: que nos vio perdidos, pereciendo y oprimidos por la tiranía de la muerte, y se compadeció de nosotros".[40]

- San Agustín: "Si el hombre no hubiera perecido, el Hijo del hombre no vendría".[41]

- San Cirilo de Alejandría: "Si no hubiésemos pecado (el Unigénito), no se hubiera hecho semejante a nosotros, y si no fuera semejante a nosotros, tampoco padecería el tormento de la Cruz, ni moriría, ni sería adorado por nosotros y los santos ángeles".[42]

- San León Magno: "Si el hombre, hecho a imagen y semejanza de Dios, permaneciese en el honor de su naturaleza, ni engañado con fraude diabólico desobedeciese por su concupiscencia a la ley que le había sido impuesta, el Creador del mundo no se haría creatura, ni al Sempiterno sobrevendría la temporalidad, ni el Dios Hijo, igual a Dios Padre, tomaría forma de siervo y semejanza de la carne de pecado".[43]

- San Gregorio Magno: "Para librarnos del pecado vino por nosotros el Hijo de Dios al seno de la Virgen, haciéndose hombre allí por nosotros".[44]

---

[39]San Ambrosio: *Adv. Arrianos* orat. 2, 56; *P. G.*, XXVI, 278.

[40]San Juan Crisóstomo: *In Epist. ad Hebr.*, Hom. 5, 1; *P. G.*, LXIII, 47.

[41]San Agustín: *Serm.*, 174, 2, 2; *P. L.*, XXXVIII, 9400.

[42]San Cirilo de Alejandría: *De Sancta et Consubst. Trin.*, dial. 5; *P. G.*, LXXV, 968.

[43]San Leon Magno: *Serm.* 77, 2; *P. L.*, LIV, 412.

[44]San Gregorio Magno: *Moralia*, 17, 30, 46; *P. L.*, LXXVI, 32.

Además la posición tomista enfrenta los textos patrísticos que propone la escotista en defensa de su tesis por ser sacados de contexto y usados en un sentido acomodaticio (por ejemplo, los que se refieren a la primacía de Cristo o a su papel en la creación se escribieron muchas veces en el contexto de las controversias anti–arrianas, para demostrar la consubstancialidad del Hijo con el Padre, y no en el sentido que se les quiere dar en la polémica que ahora tratamos); por lo demás, algunos textos aducidos por los escotistas son explícitamente utilizados por los Padres en sentido verdaderamente contrario a la tesis que pretenden defender.

El escrito fundamental para la posición tomista es el artículo 3 de la cuestión primera de la tercera parte de la *Suma Teológica*, en el que conviene detenerse.

Las objeciones a la tesis tomista, que avalarían la opinión de una Encarnación aunque no hubiera sido necesaria la Redención, son de cinco órdenes:

1. Son muchos los bienes de la Encarnación, además del remedio contra el pecado.

2. La omnipotencia de Dios conviene que se manifieste particularmente en algún efecto infinito. Pero ninguna creatura se puede decir que sea un efecto infinito de Dios, salvo la Encarnación, porque por ella se unen dos seres infinitamente distantes. Por eso, la Encarnación se hubiera producido incluso aunque no hubiera habido pecado.

3. La mayor de las gracias para la naturaleza humana es la de la unión, y Dios no hubiera privado a la naturaleza humana de un bien que fuera capaz, siendo además tan excelso. Luego, Dios se hubiera encarnado aunque Adán no hubiera pecado.

4. La predestinación es eterna en Dios y Cristo fue predestinado a ser hijo de Dios (Ro 1), luego Cristo hubiera existido incluso aunque el pecado no se hubiera dado.

5. Adán conoció el decreto de la Encarnación antes de pecar.[45] Por tanto, la Encarnación se hubiera producido incluso sin el pecado.

"Ad tertium sic proceditur. **Videtur quod**, si homo non peccasset, nihilominus Deus incarnatus fuisset. Manente enim causa, manet effectus. Sed sicut Augustinus dicit, XIII de Trin., alia multa sunt cogitanda in Christi incarnatione præter absolutionem a peccato, de quibus dictum est. Ergo, etiam si homo non peccasset, Deus incarnatus fuisset.

Præterea, ad omnipotentiam divinæ virtutis pertinet ut opera sua perficiat, et se manifestet per aliquem infinitum effectum. Sed nulla pura creatura potest dici infinitus effectus, cum sit finita per suam essentiam. In solo autem opere incarnationis videtur præcipue manifestari infinitus effectus divinæ potentiæ, per hoc quod in infinitum distantia coniunguntur, inquantum factum est quod homo esset Deus. In quo etiam opere maxime videtur perfici universum, per hoc quod ultima creatura, scilicet homo, primo principio coniungitur, scilicet Deo. Ergo, etiam si homo non peccasset, Deus incarnatus fuisset.

Præterea, humana natura per peccatum non est facta capacior gratiæ. Sed post peccatum capax est gratiæ unionis, quæ est maxima gratia. Ergo, si homo non peccasset, humana natura huius gratiæ capax fuisset. Nec Deus subtraxisset naturæ humanæ bonum cuius capax erat. Ergo, si homo non peccasset, Deus incarnatus fuisset.

Præterea, prædestinatio Dei est æterna. Sed dicitur, Rom. I, de Christo, quod prædestinatus est filius Dei in virtute. Ergo etiam ante peccatum necessarium erat filium Dei incarnari, ad hoc quod Dei prædestinatio impleretur.

---

[45]Se sostenía esta tesis en base a la interpretación de algunos Santos Padres que lo afirmaban por el conocimiento que Adán tenía de la mujer como compañera, y que San Pablo aplica a Cristo con su Iglesia.

> Præterea, incarnationis mysterium est primo homini revelatum, ut patet per hoc quod dixit, hoc nunc os ex ossibus meis, etc., quod apostolus dicit esse magnum sacramentum in Christo et Ecclesia, ut patet Ephes. V. Sed homo non potuit esse præscius sui casus, eadem ratione qua nec Angelus, ut Augustinus probat, super Gen. ad Litt. Ergo, etiam si homo non peccasset, Deus incarnatus fuisset".

La respuesta de Santo Tomás es clara: tanto la Sagrada Escritura como la Tradición afirma contundentemente que el Verbo se hizo carne para redimirnos, y los actos de Dios que provienen de su sola voluntad divina no pueden ser conocidos de los hombres, salvo por la Revelación divina, que es clarísima sobre la finalidad esencial de la Encarnación:

> "**En cambio** está lo que dice Agustín en el libro *De verbis Dom.*, exponiendo a Lc 19,10: Vino el Hijo del hombre a buscar y salvar lo que había perecido. Si el hombre no hubiera pecado, el Hijo del hombre no habría venido. Y a propósito de la *1 Tim 1,15: Cristo vino a este mundo para salvar a los pecadores*, dice la Glosa: El motivo de la venida de Cristo el Señor no fue otro que salvar a los pecadores. Suprímanse las enfermedades, quítense las heridas, y no habrá motivo alguno para que exista la medicina.
>
> **Respondo**: Sobre esta cuestión hay distintas opiniones. Unos dicen que el Hijo de Dios se hubiera encarnado aunque el hombre no hubiese pecado. Otros sostienen lo contrario. Y parece más convincente la opinión de estos últimos. Porque las cosas que dependen únicamente de la voluntad divina, fuera de todo derecho por parte de la criatura, sólo podemos conocerlas por medio de la Sagrada Escritura, que es la que nos descubre la voluntad de Dios. Y como todos los pasajes de la Sagrada Escritura señalan como razón de la Encarnación el pecado del primer

hombre, resulta más acertado decir que la Encarnación ha
sido ordenada por Dios para remedio del pecado, de manera que la Encarnación no hubiera tenido lugar de no haber
existido el pecado. Sin embargo, no por esto queda limitado el poder de Dios, ya que hubiera podido encarnarse
aunque no hubiera existido el pecado".[46]

Después el Santo responde a las cinco objeciones:

1. Todos los bienes que nos llegan por la Encarnación dependen del
   rescate del pecado.

2. La manifestación del poder infinito de Dios ya se da en la creación "ex nihilo" y en la ordenación del hombre al fin sobrenatural
   que excede infinitamente al poder del hombre.

3. Hay que distinguir una doble capacidad en la naturaleza humana: una según lo natural de la creatura, que realmente Dios se
   obliga a llenar; y la capacidad sobrenatural, de la que Dios es

---

[46]"**Sed contra** est quod Augustinus dicit, in libro de verbis Dom., exponens
illud quod habetur Luc. XIX, venit filius hominis quærere et salvum facere quod
perierat, si homo non peccasset, filius hominis non venisset. Et I ad Tim. I, super
illud verbum, Christus venit in hunc mundum ut peccatores salvos faceret, dicit
Glossa, nulla causa veniendi fuit Christo domino, nisi peccatores salvos facere.
Tolle morbos, tolle vulnera, et nulla medicinæ est causa.

Respondeo dicendum quod aliqui circa hoc diversimode opinantur. Quidam
enim dicunt quod, etiam si homo non peccasset, Dei filius fuisset incarnatus. Alii
vero contrarium asserunt. Quorum assertioni magis assentiendum videtur. Ea enim
quæ ex sola Dei voluntate proveniunt, supra omne debitum creaturæ, nobis inno-
tescere non possunt nisi quatenus in sacra Scriptura traduntur, per quam divina
voluntas innotescit. Unde, cum in sacra Scriptura ubique incarnationis ratio ex
peccato primi hominis assignetur, convenientius dicitur incarnationis opus ordina-
tum esse a Deo in remedium peccati, ita quod, peccato non existente, incarnatio
non fuisset. Quamvis potentia Dei ad hoc non limitetur, potuisset enim, etiam
peccato non existente, Deus incarnari".

"libre" de completar o no; y en cualquier caso, Dios pudo decidir dar más gracia tras el pecado.

4. La predestinación supone la presciencia de las cosas futuras, y Dios predestinó la obra de la Encarnación como remedio al Pecado.

5. Dios pudo revelar el misterio a Adán, sin revelar la causa.

"Ad primum ergo dicendum quod omnes aliæ causæ quæ sunt assignatæ, pertinent ad remedium peccati. Si enim homo non peccasset, perfusus fuisset lumine divinæ sapientiæ, et iustitiæ rectitudine perfectus a Deo, ad omnia necessaria cognoscenda. Sed quia homo, deserto Deo, ad corporalia collapsus erat, conveniens fuit ut Deus, carne assumpta, etiam per corporalia ei salutis remedium exhiberet. Unde dicit Augustinus, super illud Ioan. I cap., verbum caro factum est, caro te obcæcaverat, caro te sanat, quoniam sic venit Christus ut de carne vitia carnis exstingueret.

Ad secundum dicendum quod in ipso modo productionis rerum ex nihilo divina virtus infinita ostenditur. Ad perfectionem etiam universi sufficit quod naturali modo creatura ordinetur sic in Deum sicut in finem. Hoc autem excedit limites perfectionis naturæ, ut creatura uniatur Deo in persona.

Ad tertium dicendum quod duplex capacitas attendi potest in humana natura. Una quidem secundum ordinem potentiæ naturalis. Quæ a Deo semper impletur, qui dat unicuique rei secundum suam capacitatem naturalem. Alia vero secundum ordinem divinæ potentiæ, cui omnis creatura obedit ad nutum. Et ad hoc pertinet ista capacitas. Non autem Deus omnem talem capacitatem naturæ replet, alioquin, Deus non posset facere in creatura nisi quod facit; quod falsum est, ut in primo habitum est. Nihil autem prohibet ad aliquid maius humanam naturam productam esse post peccatum, Deus enim permittit mala fieri ut inde aliquid melius eliciat. Unde dicitur Rom. V, ubi abundavit iniquitas, superabundavit et gratia. Unde et in benedictione cerei paschalis dicitur, o felix culpa, quæ talem ac tantum meruit habere redemptorem.

Ad quartum dicendum quod prædestinatio præsupponit præscientiam futurorum. Et ideo, sicut Deus prædestinat salutem alicuius hominis per orationem aliorum implendam, ita etiam prædestinavit opus incarnationis in remedium humani peccati.

Ad quintum dicendum quod nihil prohibet alicui revelari effectus cui non revelatur causa. Potuit ergo primo homini revelari incarnationis mysterium sine hoc quod esset præscius sui casus, non enim quicumque cognoscit effectum, cognoscit et causam".

4.2.5.   Cinco respuestas en la historia de la teología

Teniendo en cuenta la historia del problema se pueden detectar cinco grandes respuestas al problema de la relación entre la Encarnación y la Redención:

1. El motivo adecuado para la Encarnación es su misma excelencia, por lo que Dios se habría encarnado incluso aunque el hombre no hubiera pecado (Abad Ruperto y Honorio de Autún).

2. Solamente Dios conoce el motivo real de la Encarnación, pudiendo ser la excelencia de la misma o bien el pecado de los hombres (San Alberto Magno, Alejandro de Hales, Santo Tomás en el *Comentario a las Sentencias*).

3. El pecado del hombre sólo es motivo de que la Encarnación se realizara en carne pasible, pero no de la Encarnación en sí misma que se hubiera realizado en todo caso (Escoto, San Francisco de Sales, Fáber, Gay, Bougaud, etc.).

4. Existen muchos motivos adecuados a la vez (Suárez).

5. En el "orden presente de cosas" realmente querido por Dios, y mediante un "decreto eficaz" de la voluntad divina, el pecado del hombre fue el motivo adecuado de la Encarnación, en base a los

testimonios de la Revelación y de los Santos Padres; de este modo, la Encarnación no se hubiera realizado en el presente orden de cosas si el hombre no hubiera pecado. Dios, sin embargo, podría en otro "orden *distinto*" y en virtud de "otro *distinto* decreto eficaz" de su voluntad, encarnarse por cualquier otro motivo que hubiera elegido (San Buenaventura y Santo Tomás en la *Suma Teológica*).

Descartamos, como heréticas, las posturas siguientes:

- Wiclef: Todas las cosas son producidas por Dios con necesidad absoluta.[47]

- Malebranche y Leibniz: llevados de su optimismo absoluto creacionista sostuvieron que, supuesta la creación, fue necesaria la Encarnación, como razón suprema y suficiente de la misma.[48]

- Hermes, Günther y Rosmini: hay una necesidad moral de Dios de Encarnarse.[49]

4.2.6. La teología neo–modernista y los motivos de la Encarnación

El problema que nos ocupa ha recibido un tratamiento en los últimos tiempos que pretende superar la polémica clásica, usando para

---

[47]Condenado en el Concilio de Constanza. *D. S.* 1177.

[48]Niegan la libertad de Dios al crear, y por tanto se oponen al Vaticano I, *D. S.* 3025.

[49]Condenados en el Breve *Dum Acerbissimas*, *D. S.* 2738-2739; Breve *Eximiam Tuam*, *D. S.* 2828; Decreto *Post Obitum* del Santo Oficio, *D. S.* 3228. Para todo lo relacionado con la libertad de Dios al crear, cfr. Juan A. Jorge: *Tratado de Creación*, Santiago de Chile, 2012, capit. VII, 1.

ello los presupuestos de lo que se ha dado en llamar *la nueva teología* que en muchos casos adolece de los principios del neo–modernismo.[50]

En efecto, partiendo de la afirmación de que la Sagrada Escritura ha de ser entendida de un modo dinámico y no estático como se había hecho hasta ahora, se sostiene que la obra de Cristo no puede ser entendida como un mero restablecimiento del orden perdido en el Paraíso original a consecuencia del pecado, sino más bien como una función escatológica, donde el orden y perfección de la creatura alcanzan su plenitud no en el comienzo sino al final de la Historia. Por eso, se contempla el papel del Verbo encarnado no solo como Redentor del pecado del hombre, sino, con independencia de la caída inicial, como conductor dinámico de la historia hacia la plenitud del hombre y del cosmos.

Podría parecer que nos encontramos ante una nueva apuesta por la solución escotista. Sin embargo los presupuestos teológicos y el contenido de las afirmaciones, más allá de las formulaciones, son profundamente distintos, pues se basan en los principios de la *nueva teología*.

Así, por ejemplo, la Historia de la Salvación se considera como un proceso evolutivo dirigido hacia Cristo en el que todo es a la vez creativo y salvífico. Es la tesis de Teilhard de Chardin en el que los misterios de la creación, Encarnación y Redención son caras complementarias de un mismo proceso de "pleromización crística" y de unificación de todas las cosas en Cristo. En esta visión del famoso "Cristo cósmico" existen "unas relaciones de continuidad que hacen del Cosmos en el que nos movemos un ambiente divinizado por la Encarnación, divi-

---

[50] Cfr. supra *Introducción: Panorama de la Cristología Contemporánea*. Para esta posición, cfr. A. Amato: *Jesús...*, cit., págs. 501–504; M. Bordoni: *Encarnación*, en "Nuevo Diccionario de Teología", ed. Cristiandad, Madrid, 1982, págs. 366–389; J. Meyendorff: *La Teología Bizantina*, Casale, 1984, págs. 197ss.

nizante por la comunión y divinizable por nuestra cooperación".[51] Es también la posición de J. Moltmann, quien sostuvo que la Encarnación y la Redención no son solo remisión de pecados sino sobreabundancia de gracia, lo que significa que el Hijo, imagen del Padre, con su Encarnación realiza la nueva humanidad, el verdadero icono del hombre. Por eso "el Hijo de Dios se ha hecho hombre para llevar a plenitud la creación, es decir, el Hijo se habría hecho hombre incluso si el género humano no hubiera pecado".[52] Así el Verbo se hizo carne como intrínseca potencia que incentiva la realización de las fuerzas físicas, morales y espirituales de la humanidad.[53]

En conclusión, podríamos decir que las tesis de la nueva teología sobre el problema de la relación entre Encarnación y Redención tiene los siguientes rasgos, que los hace completamente diferentes de los presupuestos y afirmaciones de la teología clásica:

1. Se hace una caricatura de las posiciones clásicas (como estáticas o de consideración de la obra de Cristo como un mero restablecimiento de la situación previa al pecado original), lo que en absoluto se condice o está en consonancia con las tesis de la teología perenne, tomista o escotista. No obstante, una vez que se afirma a priori la "distorsión", es fácil proceder a su "corrección" según los presupuestos nuevos.

---

[51]Cfr. Theilhard de Chardin: *La Vita Cosmica*, Milan, 1970, págs. 381ss.; Id.: *Le Coeur de la Matière*, Paris, 1976; A. Amato: *La Cristología Cósmica de Teilhard de Chardin*, en A. Amato, "Problemi Attuali di Cristologia" LAS, Roma, 1975, págs. 95–123.

[52]J. Moltmann: *Trinidad y Reino de Dios. La doctrina sobre Dios*, Salamanca, 1983.

[53]Cfr. J. Galot: *Jesús Liberador*, Madrid, 1982, págs. 2–28, y en concreto pág. 26.

2. Los textos de la nueva teología con gran facilidad caen en la ambigüedad que los hace confusos y permiten pensar que se están sosteniendo doctrinas seguras, cuando en realidad se introduce algo completamente nuevo, donde no se ve precisada la trascendencia de Dios, o se afirma un panteísmo más o menos larvado, o se sostiene la idea de la salvación de toda la humanidad por el hecho mero de la Encarnación sin necesidad de la aceptación personal y libre de la gracia, etc.

3. Se produce un verdadero giro de la perspectiva cristocéntrica a la antropocéntrica y horizontalista. En la teología clásica el interés primero es sobre la grandeza, amor y gloria de Dios en la Encarnación del Verbo, que repercute en la grandeza y salvación del hombre; en la teología moderna, el interés se centra en la plenitud del hombre y del mundo, al que parece subordinarse la obra y el papel del Verbo encarnado.

4. En la nueva teología la realidad del pecado parece más bien secundaria y anecdótica, y su efecto sobre el hombre, la creación y las relaciones con Dios más parece positivo que negativo.[54] En la teología clásica, si bien se canta el "O, Felix Culpa", se subraya con toda claridad la importancia y malicia del pecado como desamor y rebelión contra Dios.

5. En la teología moderna prevalece el sentido historicista (una especie de evolucionismo teológico) que aplica a todo su modo de entender e interpretar la Revelación y el Magisterio, mientras

---

[54]Es sintomático en este sentido la posición de Theilhard de Chardin donde el pecado se concibe más bien como mal físico que moral, algo exterior a la persona y a su libre decisión, y como simple efecto estadístico secundario e inevitable del proceso evolutivo de toda la humanidad en marcha hacia la unificación suprema. Cfr. Theilhard de Chardin: *L'Activation de l'Énergie*, Paris, 1963, págs. 57 y 268.

que en la teología clásica existe una profunda convicción de los límites que imponen tales instituciones.

Baste para terminar con un texto resumen de singular importancia sobre el enfoque de estas nuevas perspectivas:

> "...Pues todo parece indicar que lo que realmente sedujo en el Paraíso a los Padres de toda la Humanidad, no fue tanto el aspecto deleitoso y apetecible del fruto prohibido cuanto la posibilidad que ofrecía de hacerlos iguales a Dios. Y efectivamente, así es como lo presenta la narración del Libro del Génesis: Y dijo la serpiente a la mujer: "No, no moriréis; es que sabe Dios que el día que de él comáis se os abrirán los ojos y seréis como Dios, conocedores del bien y del mal" (Ge 3: 4–5). Y así es como se desemboca en la última razón que lo explica todo: Una vez el hombre se encontró bien instalado en la Ciudad Terrena, gozando de las seducciones del Mundo moderno, no tardó en llegar a la conclusión de que ya no necesitaba para nada a un Dios cuyo papel y funciones él mismo podía desempeñar. Por eso el culto a Dios (en todas sus formas) fue desplazado y sustituido por el culto al Hombre, la Teología fue convertida en Antropología y sometida al juicio definitivo de la razón humana y, en cuanto a la Tradición (que había sostenido la Vida Cristiana durante veinte siglos)..., también fue sometida a un proceso de revisión (que la halló como algo prescindible) según las nuevas exégesis científicas y racionalistas, puestas al día por los protestantes y recogidas con entusiasmo por los corifeos católicos. En conclusión: lo que había comenzado como una actitud de complejo de inferioridad, acabó dando entrada al neomodernismo en el

seno de la Iglesia. Así se dio lugar a millones de deserciones
en la Fe y a la llegada de Tiempos Oscuros cuyo resultado
definitivo queda en las manos de Dios y solamente de Él
es conocido".[55]

4.3.   Libertad de la Encarnación

La Encarnación y la Redención son una obra de Dios que nace de
su absoluta libertad divina, un puro regalo y don para el hombre que
en absoluto es exigible por nada ni por nadie. En este sentido es puro
fruto del Amor Infinito. Así lo dice el mismo Jesús: "tanto amó Dios
al mundo que le entregó a su propio Hijo. . ." (Jn 3: 16–17). Por eso
San Juan recuerda: "En esto se manifestó el amor de Dios: en que Dios
envió a su Hijo Unigénito al mundo para que recibiéramos por Él la
vida" (1 Jn 4:9).

4.3.1.   Cristo, *Supremo Regalo, Don*, de Dios a los hombres

Jesucristo es el Don más perfecto dado por Dios a los hombres. Y
esto en todos los sentidos:

- Por ser la manifestación del *máximo amor*, que como tal lo entrega todo. Deben de recordarse en este momento todas las consideraciones sobre la nota esencial de la entrega total en el amor
  verdadero:

  > "¿Qué significa la expresión amor total, aparente-
  > mente tan sencilla y fácil de explicar? Pues todo indu-
  > ce a pensar que la cualidad de la totalidad, como algo

---

[55]A. Gálvez: *Editorial* de 25 de agosto de 2012, en su pág. Web.

consustancial al fenómeno del Amor, es una verdad definitivamente adquirida... Las dificultades surgen cuando se considera que el amor otorgado por Dios al hombre, tal como ocurre siempre con las cosas creadas, se realiza según diversos modos de analogía; que es lo mismo que decir en variados grados de perfección. El amor conyugal, el amor fraterno, o el amor de amistad, por ejemplo, parecen irreductibles a una significación unívoca.

Sin embargo, parece que, al menos en principio, debe ser normal y hasta necesario considerar la totalidad como ingrediente de todas las formas del amor. Aunque no de la misma manera ni en el mismo grado. Por lo que será necesario admitir una totalidad en sentido amplio, o impropio, y otra en sentido estricto o propio. Lo que nos conducirá a la conclusión de que es en el amor divino—humano donde aparece claramente la cualidad de totalidad; lo que no sucede así en el amor puramente humano (conyugal, paterno–filial, fraterno...), aun en el elevado por la gracia".[56]

- Es también el máximo don de Dios porque nos concede *la salvación, que es el máximo bien* y regalo para el hombre y para la humanidad entera.

- Además le otorga a la *naturaleza humana una dignidad sin igual*, que es, por así decir, envidiada por los propios ángeles, ya que Dios asumió una naturaleza humana y no angélica. La Carta a los Hebreos lo expresa con singular agudeza:

---

[56] A. Gálvez: *Siete...*, cit., págs. 228–229. Cfr. *Disputationes...*, cit., pág. 6.

"Cui enim dixit aliquando angelorum: 'Filius meus es tu; ego hodie genui te' et rursum: 'Ego ero illi in patrem, et ipse erit mihi in filium'? Cum autem iterum introducit primogenitum in orbem terræ, dicit: 'Et adorent eum omnes angeli Dei'. Et ad angelos quidem dicit: 'Qui facit angelos suos spiritus et ministros suos flammam ignis'[57]" (Heb 1: 5–7.)

- Finalmente, es el *máximo acercamiento de Dios a la creatura*.

4.3.2. Libertad absoluta de Dios

Siendo la Encarnación y la Redención puro don y regalo de Dios, y por lo tanto obra de la absoluta libertad divina,[58] hay que sostener consecuentemente que:

1.– No hay obligación alguna de la Encarnación por exigencias de la naturaleza de la salvación operada por Jesús. En efecto, no hay exigencia alguna de que la salvación fuera operada tal y como realmente ocurrió, ya que:

- Dios podría habernos salvado o no.
- Dios podría habernos salvado mediante la Encarnación–Redención, o por cualquier otro medio.
- Dios podría incluso haber decidido realizar una nueva creación del hombre.

---

[57] Recuérdese que para algunos teólogos una de las posibles causas de la rebelión de Satanás contra Dios sería el no querer aceptar el designio de Dios de su Encarnación.

[58] Cfr. para todo este apartado, M. Cuervo: *Tratado del Verbo Encarnado*, cit., págs. 25–41.

No ocurriría así en el caso de que Dios hubiera tenido que perdonar por exigencias de la naturaleza humana porque de alguna manera a tal naturaleza le fuera debido el perdón.[59] No obsta a estos principios el que los Santos Padres, sobre la base de textos bíblicos (cfr. "Et non est in alio aliquo salus, nec enim nomen aliud est sub cælo datum in hominibus, in quo oportet nos salvos fieri" Hech 4:12), insistan en que solo existe un Salvador y no hay otro ya que hablan solo de la cuestión de hecho (en la presente economía de gracia, así es en efecto: solo encontramos la salvación en Jesucristo), y no entran en la cuestión de derecho (si Dios podría habernos salvado de otra manera).

2.– No hay obligación alguna de la Encarnación para satisfacer las exigencias de la justicia divina. En efecto, hemos de tener en cuenta lo siguiente:

- La justicia divina se identifica con la misericordia divina, como se ve en la parábola del hijo pródigo (Lc 15: 11–32), por lo que Dios podría habernos salvado sin exigir satisfacción alguna por nuestra parte. Haciéndolo así, no obra *en contra* de su infinita justicia, sino *sobre* la justicia, que en Dios se identifica con su misericordia:

---

[59]Günther sostenía que supuesta la previsión del pecado y la constitución de la economía en la transmisión de la justicia original y del pecado, Dios estaba obligado a la reparación del hombre. Lo cual es insostenible ya que Dios es absolutamente libre en toda obra fuera del mismo Dios, como dice el Vaticano I (*D. S.* 3025.). El estado de perdición en que el hombre se precipitó por el pecado es debido a su culpa y no al beneficio divino otorgado por Dios de haberlo creado en estado de justicia original con la facultad de transmitir ese estado a su descendencia; a lo único que estaría Dios "obligado", valga la expresión, es a castigar la transgresión que el hombre se merecía, pero no a rescatar al hombre.

"Ad secundum dicendum quod Deus misericorditer agit, non quidem contra iustitiam suam fa-
ciendo, sed aliquid supra iustitiam operando, sicut
si alicui cui debentur centum denarii, aliquis du-
centos det de suo, tamen non contra iustitiam facit, sed liberaliter vel misericorditer operatur. Et
similiter si aliquis offensam in se commissam remit-
tat. Qui enim aliquid remittit, quodammodo do-
nat illud, unde apostolus remissionem donationem
vocat, Ephes. V, donate invicem, sicut et Christus vobis donavit. Ex quo patet quod misericordia non tollit iustitiam, sed est quædam iustitiæ
plenitudo. Unde dicitur Iac. II, quod misericordia
superexaltat iudicium".[60]

- El perdón no es atentado contra la justicia si el ofendido
  perdona sin exigir reparación. Más aún cuando Dios es el
  ofendido y el juez supremo que ha de sentenciar al hombre;
  al contrario de lo que ocurre con los jueces de la tierra,
  quienes no pueden perdonar al reo la pena que le sea debida
  por sus delitos por ser administradores del bien común por
  medio de la ley a la que deben ajustarse, teniendo además
  jefes superiores que les exigen su cumplimiento:

  'Ad tertium dicendum quod hæc etiam iustitia dependet ex voluntate divina ab humano genere satisfactionem pro peccato exigente. Alioquin,
  si voluisset absque omni satisfactione hominem a
  peccato liberare, contra iustitiam non fecisset. Ille
  enim iudex non potest, salva iustitia, culpam sive poenam dimittere, qui habet punire culpam in

---

[60]Santo Tomás de Aquino: *Summ. Theol.* Iª, q. 21, a. 3, ad 2.

alium commissam, puta vel in alium hominem, vel in totam rempublicam, sive in superiorem principem. Sed Deus non habet aliquem superiorem, sed ipse est supremum et commune bonum totius universi. Et ideo, si dimittat peccatum, quod habet rationem culpæ ex eo quod contra ipsum committitur, nulli facit iniuriam, sicut quicumque homo remittit offensam in se commissam absque satisfactione, misericorditer, et non iniuste agit. Et ideo David, misericordiam petens, dicebat, tibi soli peccavi, quasi dicat, potes sine iniustitia mihi dimittere".[61]

- Dios, incluso en el caso de que hubiere decidido perdonar con reparación, podría haberlo hecho con una reparación imperfecta pero suficiente,[62] ya que el que puede lo más (perdonar sin reparación) puede lo menos (la presente hipótesis). En este caso, la satisfacción se basaría no en la justicia, sino en la benevolencia de Dios y en los derechos del amor de amistad. La reparación imperfecta podría haber sido hecha:

---

[61]Santo Tomás de Aquino: *Summ. Theol.*, III^a, q. 46, a. 2, ad 3; II^a–II^æ, q. 67, a. 4.

[62]Al hablar de reparación, satisfacción o redención, hay que distinguir tres modos posibles:

- Reparación "perfecta", es decir igual al daño causado: "ex toto rigore iustitiæ".
- Reparación "imperfecta pero suficiente", es decir, no igual al daño causado pero aceptada por el ofendido.
- Reparación "imperfecta e insuficiente", es decir, no igual al daño causado ni aceptada por el ofendido.

- Por el propio hombre (uno o varios a los que previamente les hubiera otorgado la gracia) por cualquier otro
modo humano (como por ejemplo, la ofrenda de un sacrificio); Dios sería muy libre de señalar el número de
almas por medio de las cuales esta satisfacción sería
posible, así como el tiempo que había de durar.

- Operada por otra creatura, como podría haber sido un
ángel.

- Incluso cabría una satisfacción en justicia y no por pura benevolencia sin recurrir a la Encarnación:[63] la constitución
de un hombre formado directamente por Dios (porque en
caso contrario, también él estaría incurso en el pecado original y necesitaría la Redención), con gracia abundantísima
(porque habiendo de redundar en todos los hombres, tenía
que ser muy abundante),[64] y constituido por Él en cabeza
de todo el género humano en cuanto al mérito y la satisfacción (porque sino la gracia de ese hombre carecería de
la ordenación divina a los fines de la Redención), de modo

---

[63]Sería una Redención fundada en la justicia, desde el punto de vista del mérito,
ya que sería igual al premio, y también desde la perspectiva de la satisfacción a
la ofensa; sin embargo, no habría igualdad entre el que merece y el que premia de
un lado, ni entre el que satisface y el que perdona por otro, ya que el que merece
y satisface (el hombre hipotético) lo hace con lo mismo que recibe del que premia
y perdona (Dios que otorgó su gracia). En este sentido no sería una satisfacción
perfecta y de absoluta justicia, que solo se puede dar con la Encarnación, donde
aquí sí que hay igualdad entre el que merece y premia y entre el que satisface y
perdona, es decir, porque siendo Jesucristo Dios mismo tiene la gracia como suya
propia y no recibida de otro, y al mismo tiempo por ser hombre puede merecer y
satisfacer, ya que Dios de por sí no puede merecer ni satisfacer; así Jesucristo no
merece ni satisface en cuanto Dios, pero sí en cuanto hombre.

[64]Santo Tomás de Aquino: *In Sent*, II, d. 27, q. 1, a. 6.

semejante a Adán, con la misión de redimir al hombre del pecado.[65]

Por eso:

> "Respondeo dicendum quod ad finem aliquem dicitur aliquid esse necessarium dupliciter, uno modo, sine quo aliquid esse non potest, sicut cibus est necessarius ad conservationem humanæ vitæ; alio modo, per quod melius et convenientius pervenitur ad finem, sicut equus necessarius est ad iter. Primo modo Deum incarnari non fuit necessarium ad reparationem humanæ naturæ, Deus enim per suam omnipotentem virtutem poterat humanam naturam multis aliis modis reparare".[66]

3.– **Tampoco exigencia de la Encarnación para obtener la perfección de la obra creadora o para resaltar la primacía de Jesucristo**, como vimos en el estudio sobre los motivos de la Encarnación.

4.3.3. La más conveniente reparación

Bien establecida la libertad absoluta de Dios en relación a la Encarnación y la Redención, se ha de afirmar al mismo tiempo que esa decisión divina fue "la más conveniente reparación", desde los distintos puntos de vista:

---

[65]Para la polémica de si tal satisfacción sería posible o no en la teología de la Escuela, cfr. M. Cuervo: *Tratado...*, cit., págs. 31–40, con el tema conexo de la clase de infinitud que se puede otorgar al pecado del ser humano.

[66]Santo Tomás de Aquino: *Summ. Theol.*, IIIª, q. 1 a. 2 co.

- Desde la perspectiva divina, porque en ellas brillan de un modo total tanto la justicia divina reparada como su amor y misericordia (es Dios el que se encarna y sufre por amor). Además como recuerda M. Cuervo: "Todos los Santos Padres ensalzan con grandes alabanzas esta obra suprema de Dios, tanto por la sublime manifestación de las perfecciones divinas en ella resplandecen, como por el altísimo ejemplo de todas las virtudes que nos dio Jesucristo".[67]

- Desde la perspectiva humana, porque en ellas brillan de un modo singular tanto la justicia humana (porque el propio hombre repara el daño causado), como también su amor (por la entrega total que Jesucristo hombre hace a su Padre Dios).

Además es conveniente la Encarnación por los extremados beneficios que recibe el hombre, no solo para la promoción de su bien, sino también para el alejamiento del mal.

En efecto:

> "Respondeo dicendum quod ad finem aliquem dicitur aliquid esse necessarium dupliciter, uno modo, sine quo aliquid esse non potest, sicut cibus est necessarius ad conservationem humanæ vitæ; alio modo, per quod melius et convenientius pervenitur ad finem, sicut equus necessarius est ad iter. Primo modo Deum incarnari non fuit necessarium ad reparationem humanæ naturæ, Deus enim per suam omnipotentem virtutem poterat humanam naturam multis aliis modis reparare. Secundo autem modo necessarium fuit Deum incarnari ad humanæ naturæ reparationem. Unde dicit Augustinus, XIII de Trin., ostendamus non alium modum possibilem Deo defuisse, cuius potestati omnia æqualiter subiacent, sed sanandæ miseriæ nostræ convenientiorem alium modum non fuisse. Et hoc quidem considerari potest quantum *ad promotionem hominis in bono*. *Primo* quidem,

---

[67]M. Cuervo: *Tratado...*, cit., pág. 41.

quantum ad fidem, quæ magis certificatur ex hoc quod ipsi Deo loquenti credit. Unde Augustinus dicit, XI de Civ. Dei, ut homo fidentius ambularet ad veritatem, ipsa veritas, Dei filius, homine assumpto, constituit atque fundavit fidem. *Secundo*, quantum ad spem, quæ per hoc maxime erigitur. Unde Augustinus dicit, XIII de Trin., nihil tam necessarium fuit ad erigendam spem nostram quam ut demonstraretur nobis quantum diligeret nos Deus. Quid vero huius rei isto indicio manifestius, quam ut Dei filius naturæ nostræ dignatus est inire consortium? *Tertio*, quantum ad caritatem, quæ maxime per hoc excitatur. Unde Augustinus dicit, in libro de catechizandis rudibus, quæ maior causa est adventus domini, nisi ut ostenderet Deus dilectionem suam in nobis? Et postea subdit, si amare pigebat, saltem reamare non pigeat. *Quarto*, quantum ad rectam operationem, in qua nobis exemplum se præbuit. Unde Augustinus dicit, in quodam sermone de nativitate domini, homo sequendus non erat, qui videri poterat, Deus sequendus erat, qui videri non poterat. Ut ergo exhiberetur homini et qui ab homine videretur, et quem homo sequeretur, Deus factus est homo. *Quinto*, quantum ad plenam participationem divinitatis, quæ vere est hominis beatitudo, et finis humanæ vitæ. Et hoc collatum est nobis per Christi humanitatem, dicit enim Augustinus, in quodam sermone de Nativ. domini, factus est Deus homo, ut homo fieret Deus. *Similiter etiam hoc utile fuit ad remotionem mali.* Primo enim per hoc homo instruitur ne sibi Diabolum præferat, et eum veneretur, qui est auctor peccati. Unde dicit Augustinus, XIII de Trin., quando sic Deo coniungi potuit humana natura ut fieret una persona, superbi illi maligni spiritus non ideo se audeant homini præponere quia non habent carnem. *Secundo*, quia per hoc instruimur quanta sit dignitas humanæ naturæ, ne eam inquinemus peccando. Unde dicit Augustinus, in libro de vera religione, demonstravit nobis Deus quam excelsum locum inter creaturas habeat humana natura, in hoc quod hominibus in vero homine apparuit. Et Leo Papa dicit, in sermone de nativitate, agnosce, o Christiane, dignitatem tuam, et divinæ consors factus naturæ, noli in veterem vilitatem degeneri conversatione redire. *Tertio* quia, ad præsumptionem hominis tollendam, gra-

tia Dei, nullis meritis præcedentibus, in homine Christo nobis
commendatur, ut dicitur XIII de Trinitate. Quarto, quia superbia hominis, quæ maximum impedimentum est ne inhæreatur
Deo per tantam Dei humilitatem redargui potest atque sanari,
ut Augustinus dicit ibidem. Quinto, ad liberandum hominem a
servitute. Quod quidem, ut Augustinus dicit, XIII de Trin., fieri
debuit sic ut Diabolus iustitia hominis Iesu Christi superaretur,
quod factum est Christo satisfaciente pro nobis. Homo autem
purus satisfacere non poterat pro toto humano genere; Deus autem satisfacere non debebat; unde oportebat Deum et hominem
esse Iesum Christum. Unde et Leo Papa dicit, in sermone de
Nativ., suscipitur a virtute infirmitas, a maiestate humilitas, ut,
quod nostris remediis congruebat, unus atque idem Dei et hominum mediator et mori ex uno, et resurgere posset ex altero. Nisi
enim esset verus Deus, non afferret remedium, nisi esset homo
verus, non præberet exemplum. Sunt autem et aliæ plurimæ
utilitates quæ consecutæ sunt, supra comprehensionem sensus
humani".[68]

Por eso, se dice que la Encarnación–Redención serían "hipotética-
mente necesarias" solo en el caso de que Dios hubiera decidido una
satisfacción perfecta ("ex toto rigore iustitiæ"), pues se necesitaría la
obra de un hombre–Dios: Dios para darle a la obra un valor infinito (adecuado a la ofensa con efecto infinito que supone el pecado); y
hombre para que el propio hombre reparara la ofensa que había hecho.
Por eso dice Santo Tomás:

"... aliqua satisfactio potest dici sufficiens dupliciter.
Uno modo, perfecte, quia est condigna per quandam adæ-
quationem ad recompensationem commissæ culpæ. Et sic
hominis puri satisfactio sufficiens esse non potuit, quia tota natura humana erat per peccatum corrupta; nec bonum

---

[68]Santo Tomás de Aquino: *Summ. Theol.*, IIIª, q. 1 a. 2 co.

alicuius personæ, vel etiam plurium, poterat per æquiparantiam totius naturæ detrimentum recompensare. Tum etiam quia peccatum contra Deum commissum quandam infinitatem habet ex infinitate divinæ maiestatis, tanto enim offensa est gravior, quanto maior est ille in quem delinquitur. Unde oportuit, ad condignam satisfactionem, ut actio satisfacientis haberet efficaciam infinitam, ut puta Dei et hominis existens. Alio modo potest dici satisfactio sufficiens imperfecte, scilicet secundum acceptationem eius qui est ea contentus, quamvis non sit condigna. Et hoc modo satisfactio puri hominis est sufficiens. Et quia omne imperfectum præsupponit aliquid perfectum, a quo sustentetur, inde est quod omnis puri hominis satisfactio efficaciam habet a satisfactione Christi".[69]

De ahí que el Concilio de Colonia de 1860 declarara:

"Si quería Dios exigir una satisfacción íntegra por el pecado, que al mismo tiempo manifestara su misericordia y su justicia, nadie podía satisfacer por él, a no ser quien al mismo tiempo fuera Dios y hombre".[70]

4.3.4. Errores

Algunos autores sostuvieron que sí había necesidad de la Encarnación, por lo que no sería obra de la libérrima voluntad divina. Basaban su posición en un doble fundamento:

---

[69]Santo Tomás de Aquino: *Summ. Theol.*, IIIª, q. 1, a. 2, ad 2.

[70]Sínodo de Colonia del a. 1860, p. 1, c. 18. Cfr. Catecismo Romano, 1, a. 2, n. 2.

1.- Necesidad metafísica desde el punto de vista del mundo creado. Son aquellos autores ya mencionados que sostenían la necesidad de que Dios creara un mundo perfecto o el mejor de los mundos posibles, siendo la Encarnación la obra máxima de Dios.

Es el llamado "optimismo absoluto creacionista". En el fondo se negaría la total libertad de Dios. Este error fue propugnado por primera vez por Pedro Abelardo en el S. XII, para quien la creación es óptima y éste es el mejor de los mundos posibles. Dios hace siempre lo mejor y no puede hacer otra cosa sino lo que realmente ocurre. Dios no puede ni debe impedir el mal, porque de otra manera no se podría producir la combinación que da lugar a la mejor creación posible.[71] La obra más perfecta de la creación es la unión de la naturaleza creada con la increada.

Sin embargo su forma más conocida y su planteamiento más radical es un producto del racionalismo ya en la Edad Moderna. Spinoza sentó las bases del mismo, en relación con su doctrina panteísta, al concluir que la creación tiene que ser óptima por deducirse con necesidad de la naturaleza perfectísima de Dios:

> "Las cosas son hechas por Dios con la máxima perfección, puesto que se han deducido con necesidad de una naturaleza perfectísima".[72]

Por su parte Malebranche sostenía que la creación y la Encarnación formaban un todo indivisible, siendo la segunda coronación de la primera.[73]

---

[71]Cfr. V. M. Pedrosa, M. L. Navarro, R. Lázaro: *Nuevo Diccionario de Catequética*, San Pablo, Madrid, 1999, pág. 562.

[72]B. Spinoza: *Ethica Ordine Geometrico Demonstrata*, parte I, prop. XXXIII, escol. 2.

[73]Malebranche: *Entretiens sur la Métaphysique et la Religion*, ent. 9, 5; Id.: *Traité de la Nature et de la Grâce*, diss, 1, 2, 3.

Pero fue Leibniz el que le dio la formulación generalmente conocida. En efecto, como dice J. Barrio:

"La doctrina leibniziana a este respecto está contenida en su famosa Teodicea.[74] La ocasión que motivó la aparición de esta obra fue la polémica levantada sobre la conciliación entre la bondad de Dios y la existencia del mal en el mundo, en la que influyó decisivamente el *Dictionnaire Historique et Critique* de P. Bayle, pues el pensador francés expresaba sus dudas sobre la existencia de Dios, basándose en la presencia del mal en el mundo. Leibniz quiere defender y justificar a Dios, de ahí el título, creado por él, de su libro (*Teodicea*, de las voces griegas "theós", Dios, y "dicaía", defensa). Esta justificación la efectúa Leibniz mediante un análisis de la noción del mal y de su relación con el mundo. Son entes posibles, nos dirá, todos aquéllos que no encierran en sí contradicción alguna. Los posibles son esencias que están en la mente divina en una variada multiplicidad. No todos los posibles son compatibles entre sí; un determinado posible es compatible con otros posibles, pero incompatible con los demás. Según esto, los posibles se integran o agrupan en sistemas o conjuntos, que constituyen los diversos mundos posibles radicados en la esencia divina. La formación de estos mundos posibles no depende propiamente de la voluntad divina, ya que la agrupación de los diversos posibles se basa en el principio de contradicción. Lo que sí depende de la voluntad divina es el elegir entre todos estos mundos posibles aquél que recibirá la existencia, es decir, aquél que será creado. Ahora bien, la

---

[74]Leibniz: *Essais de Théodicée sur la Bonté de Dieu, la Liberté de l'Homme et l'Origine du Mal*, Amsterdam 1710.

elección divina no puede ser arbitraria, ya que, de acuerdo
con el principio de razón suficiente, nada se realiza sin una
razón suficiente justificativa. Y ésta, en el caso de la elección divina, no puede ser otra que la máxima perfección
del mundo posible elegido. Por tanto, Dios, entre todos los
mundos posibles, tiene que elegir el mejor. Por ello Leibniz
dirá que este mundo en el que estamos es el mejor de los
mundos posibles. Con ello no es que se niegue la existencia
del mal; lo que sí se afirma es que, aun presente el mal,
Dios ha creado el mejor de los mundos entre los que pueden concebirse dada la compatibilidad e incompatibilidad
de los posibles. Leibniz también justifica la existencia del
mal en el mundo mediante su distinción entre mal metafísico, físico y moral, y llega a esta conclusión: 'Ciertamente
que es posible imaginar mundos posibles sin pecado y sin
dolor... pero esos mismos mundos serían muy inferiores
en bien al nuestro'[75] Por esto hay que admitir que 'existen
razones de la elección de Dios, y estas razones se derivan
de su bondad; de lo que se sigue necesariamente que lo que
Él ha elegido supera en bondad a lo que no ha sido elegido
y, por tanto, que es el mejor de los mundos posibles.' "[76]

Por su parte, Rosmini hablaba de una "necesidad moral" de la
Encarnación, negando la libertad de Dios al encarnarse, ya que la
necesidad moral en un ente perfectísimo siempre se lleva a efecto; solo
en los entes imperfectos la "necesidad moral" deja íntegra la libertad.[77]

---

[75] *Teodicea*, 10.

[76] *Teodicea*, 226. Cfr. J. Barrio Gutiérrez: *Optimismo*, en GER, vol. XVII, págs.
345–346.

[77] Fue condenado por el Magisterio: Decreto del Santo Oficio de 14 de diciembre
de 1887. *D. S.* 3218.

Más modernamente se puede incluir aquí la posición, ya señalada, de Theilhard de Chardin.

Estas teorías no son sostenibles, pues adolecen de los siguientes errores:

1. Niegan la libertad de Dios al crear o al encarnarse y redimirnos.

2. Es un hecho que el mundo actualmente existente no posee la medida más grande concebible de perfecciones.

3. Aplican a Dios criterios que solo sirven para el hombre. El ser humano está sujeto a cambio continuo y a perfeccionamiento, y para él tiene sentido la elección entre lo mejor y lo menos bueno, porque aquél le perfecciona más. Pero en Dios tal distinción no tiene sentido: Dios no se puede deber a Sí mismo el crear el mejor mundo, porque ni las perfecciones divinas ni su felicidad podría incrementarse incluso con la creación del mejor mundo posible.

4. Si uno negara a Dios la libertad de especificación, limitaría la omnipotencia divina, lo que es imposible intrínsecamente.

5. Siguen nociones que son contradictorias:

   - Ya que Dios no puede crear un mundo infinitamente perfecto porque tal mundo, por principio, no podría ser "creado" (el ser creado supone siempre la realidad de un ser limitado, que recibe el "esse" de un Ser Superior).

   - La existencia, además, de dos seres infinitos es contradictoria en sí, ya que la realidad infinita de uno anularía la infinitud del otro, o bien, ambos serían limitados (el uno por el otro), y un ser limitado, de nuevo, no es infinito.

- El mejor de los mundos posibles no puede ser nunca creado, porque en la escala infinita de perfectibles, siempre podríamos encontrar un mundo "un poco" mejor que el que
  pensábamos el mejor de ellos. Por lo cual, Dios no hubiera
  creado nunca nada.

6. Desde el punto de vista moral y escatológico, conviene recordar
   que "no tenemos aquí ciudad permanente. . ." (Heb 13:14) Sólo
   en el Cielo alcanzamos "la ciudad perfecta".

El rechazo del Magisterio a este modo de pensar se basa en que
en el fondo niega la trascendencia y la libertad divinas. No se puede
decir que la Encarnación sea necesaria; lo que sí se puede afirmar que
una vez decidida libremente por Dios la Encarnación, en ésta brillan
claramente la misericordia, la sabiduría y el amor infinitos.

**2.- Necesidad de la Encarnación desde el punto de vista de
la naturaleza divina.** La segunda corriente que niega la libertad de
Dios al encarnarse proviene de la teología que se sustentaba en la filosofía de Hegel y en el movimiento "kenótico" del Siglo XIX,[78] según los
cuales Dios tendría que encarnarse no por necesidad de la perfección
del mundo creado o por la salvación del género humano, sino por necesidad interna del mismo Dios, que llegaría a su perfección a través del
movimiento dialéctico de alienación y recuperación. La Encarnación
le daría a Dios una nueva perfección o sería un avance en la perfección
de Dios, quien no sería perfecto absoluta e inmutablemente, sino en
proceso de perfección.

---

[78]Cfr. A. Gaudel: *Kénose*, en DTC, VIII, 2339–2342; L. F. Mateo–Seco: *Muerte
de Cristo y Teología de la Cruz*, en "Cristo, Hijo de Dios y Redentor del Hombre", III
Simposio Internacional de Teología. L. F. Mateo–Seco et al (dirs.), Pamplona 1982,
págs. 739–742; E. Brito: *La Christologie du Hegel, Verbum Crucis*, Beauchesne,
Paris 1983.

Así lo describe la Comisión Teológica Internacional en su documento "Teología, Cristología, Antropología" de 1982:

"En la teología actual se ponen frecuentemente en duda, por motivos históricos o sistemáticos, la inmutabilidad y la impasibilidad de Dios, sobre todo en el contexto de la teología de la Cruz. De esta manera han nacido diversas concepciones teológicas sobre el 'dolor de Dios'...

1. Los promotores de esta teología dicen que las raíces de sus ideas se encuentran ya en el Antiguo y en el Nuevo Testamento y en algunos Padres. Pero ciertamente el peso de la filosofía moderna, al menos en la construcción de esta teoría, ha tenido una importancia mayor.

1.1. En primer lugar, Hegel postula que la idea de Dios debe incluir el 'dolor de lo negativo' más aún la 'dureza del abandono' (*die Härte der Gottlosigkeit*) para alcanzar su contenido total. En él queda una ambigüedad fundamental: ¿Necesita Dios verdaderamente el trabajo de la evolución del mundo o no? Después de Hegel, los teólogos protestantes llamados de la *kénosis* y numerosos anglicanos desarrollaron sistemas 'staurocéntricos' en los que la Pasión del Hijo afecta, de modo diverso, a toda la Trinidad y especialmente manifiesta el dolor del Padre que abandona al Hijo, que 'no perdonó a su propio Hijo, sino que lo entregó por todos nosotros' (Ro 8:32, cf. Jn 3:16), o también el dolor del Espíritu Santo que abarca en la Pasión la 'distancia' entre el Padre y el Hijo.

1.2. Según muchos autores actuales,[79] este dolor trinitario se funda en la misma esencia divina; según otros, en
una cierta kénosis de Dios que crea y se liga así, de alguna
manera, a la libertad de la creatura; o, finalmente, en una
alianza estipulada por Dios, con la que Dios libremente se
obliga a entregar a su Hijo; de esta entrega dicen que ella
hace el dolor del Padre más profundo que todo dolor del
orden de lo creado.[80]

Muchos autores católicos han hecho suyas recientemente proposiciones parecidas, diciendo que la tarea principal
del Crucificado fue mostrar la Pasión del Padre".

Sobre la teología del sufrimiento de Dios se profundizará al estudiar
la relación entre Encarnación e inmutabilidad divina un poco más
adelante.

---

[79]La identidad y bibliografía sobre estos autores, en C. Porro: *Sviluppi Recenti
della Teologia della Croce*, en "La Scuola Cattolica", 105 (1977) 378–409; P. Se-
queri: *Cristologie nel Quadro della Problematica della Mutabilità e Passibilità di
Dio: Balthasar, Küng, Mühlen, Moltmann, Galot*, en "La Scuola Cattolica", 105
(1977) 114–151; L. Iammarrone: *Il 'Divenire di Dio' e Giovanni Duns Scoto*, en
"Miscellanea Francescana", 77 (1977) 45–93; J. H. Nicolas: *Aimante et Bienhereuse
Trinité*, en "Revue Thomiste", 78 (1978), 271–292.

[80]Por ejemplo, Moltmann coloca la dialéctica en el seno mismo de la Trinidad,
que recuerda a las tesis gnósticas del inicio del cristianismo, pues presenta la Cruz
como suceso interno de la Trinidad que concebida como Absoluto se desarrolla en
la Historia, en un proceso dialéctico de abandono y recuperación de sí mismo. Cfr.
A. Ortiz García: *La Teología de la Cruz en la Teología de Hoy*, en "La Teología de
la Cruz", Salamanca 1979, págs. 10–11; P. Sequery: *Cristologie...*, cit., pág. 142.

4.4. Eternidad divina y Encarnación en el tiempo

4.4.1. La eternidad de Dios

El atributo divino de la eternidad[81] es manifestado en la Biblia con la idea de que Dios no muere nunca, a diferencia de las creaturas (Heb 1:12 "¿No eres tú, Señor, desde el principio, Dios mío, Santo mío? ¡Tú no mueres nunca!"), o de los dioses paganos con sus mitos y teogonías.

La idea de eternidad, no está expresada con lenguaje filosófico abstracto,[82] sino más bien con el modo propio de los hebreos; es decir, en lugar de concebirla como un eterno presente, se entiende como un prolongar indefinidamente la línea del tiempo para atrás y hacia adelante. Así Dios aparece como:

- "El Viviente" (De 5:26; 2 Re 19:4; Sal 42:2) en contra de los ídolos "muertos" o "sin vida" (Je 10: 1ss.; Sal 135: 15–17, "los ídolos de las naciones..., ni siquiera tienen aliento en sus bocas").

- "El que siempre ha existido antes de la creación":

  - Se presupone su existencia (Ge 1: 1–2).

  - El "El–Olam", "El Antiguo".

  - Existe antes que las montañas ("Antes que las montañas se engendrasen era Yo" Sal 90: 2–4; 102:25); o que Abraham ("Antes de que Abraham existiera, Yo soy" Jn 8:58).

  - "Yo, Yahveh, que era el primero y soy siempre" (Is 41:4); "Yo soy el primero y el último" (Is 44:6; 48:12).

---

[81]Cfr. Juan A. Jorge: *Dios Uno...*, cit., págs. 153–154 y 311–315.

[82]Recuérdese, por ejemplo, el concepto de Boecio: "interminabilis vitæ tota simul et perfecta possessio".

- Dios es sin principio: "Desde siempre y para siempre Tú eres Dios" (Sal 90:2).

- Dios es sin sucesión (Sal 2:7).

- El concepto de tiempo para Dios no es como el nuestro: "ante el Señor un día es como mil años, y mil años como un día" (Sal 90: 4ss.; 2 Pe 3:8).

Tanto el espacio como el tiempo manifiestan la limitación del ser material, pues son las medidas de sus límites de extensión y de duración. Dios, en cambio, es ilimitado, no está sometido a las coordinadas del espacio y del tiempo.

Eternidad es la duración sin principio ni final, sin un más pronto ni un más tarde, un permanente "ahora". La esencia de la eternidad es la absoluta falta de sucesión.[83] Siendo el tiempo la medida del movimiento y no existiendo movimiento alguno en Dios, no hay tampoco tiempo en la divinidad. Así Santo Tomás:

> "Respondeo dicendum quod ratio æternitatis consequitur immutabilitatem, sicut ratio temporis consequitur motum, ut ex dictis patet. Unde, cum Deus sit maxime immutabilis, sibi maxime competit esse æternum. Nec solum est æternus, sed est sua æternitas, cum tamen nulla alia res sit sua duratio, quia non est suum esse. Deus autem est suum esse uniforme, unde, sicut est sua essentia, ita est sua æternitas".[84]

---

[83] Boecio decía: "Æternitas est interminabilis vitæ tota simul et perfecta possessio" (*De Consolatione Philosophiæ*, V, 6).

[84] Santo Tomás de Aquino: *Summ. Theol.*, Iª, q. 10, a. 2, co.

De la eternidad propiamente dicha ha de distinguirse la "eviternidad" (*æviternitas*), que es la duración de los espíritus creados que tienen un principio, pero no tienen final.

En efecto:

> "Respondeo dicendum quod ævum differt a tempore et ab æternitate, sicut medium existens inter illa. Sed horum differentiam aliqui sic assignant, dicentes quod æternitas principio et fine caret; ævum habet principium, sed non finem; tempus autem habet principium et finem. Sed hæc differentia est per accidens, sicut supra dictum est, quia si etiam semper æviterna fuissent et semper futura essent, ut aliqui ponunt; vel etiam si quandoque deficerent, quod Deo possibile esset, adhuc ævum distingueretur ab æternitate et tempore. Alii vero assignant differentiam inter hæc tria, per hoc quod æternitas non habet prius et posterius; tempus autem habet prius et posterius cum innovatione et veteratione; ævum habet prius et posterius sine innovatione et veteratione. Sed hæc positio implicat contradictoria. Quod quidem manifeste apparet, si innovatio et veteratio referantur ad ipsam mensuram. Cum enim prius et posterius durationis non possint esse simul, si ævum habet prius et posterius, oportet quod, priore parte ævi recedente, posterior de novo adveniat, et sic erit innovatio in ipso ævo, sicut in tempore. Si vero referantur ad mensurata, adhuc sequitur inconveniens. Ex hoc enim res temporalis inveteratur tempore, quod habet esse transmutabile, et ex transmutabilitate mensurati, est prius et posterius in mensura, ut patet ex IV Physic. Si igitur ipsum æviternum non sit inveterabile nec innovabile, hoc erit quia esse eius est intransmutabile. Mensura ergo eius non habebit prius et posterius. Est ergo dicendum quod, cum æternitas sit mensura esse permanentis, secundum quod aliquid recedit a permanentia essendi, secundum hoc recedit ab æternitate. Quædam autem sic recedunt a permanentia essendi, quod esse eorum est subiectum transmutationis, vel in transmutatione consistit, et huiusmodi mensurantur tempore; sicut omnis motus, et etiam esse omnium corruptibilium. Quædam vero recedunt minus a permanentia essendi, quia esse eorum nec in transmutatione consistit, nec est subiectum transmutationis, tamen habent transmutationem adiunctam, vel in actu vel in potentia. Sicut patet in corporibus cælestibus,

> quorum esse substantiale est intransmutabile; tamen esse intransmu-
> tabile habent cum transmutabilitate secundum locum. Et similiter
> patet de Angelis, quod habent esse intransmutabile cum transmuta-
> bilitate secundum electionem, quantum ad eorum naturam pertinet;
> et cum transmutabilitate intelligentiarum et affectionum, et locorum
> suo modo. Et ideo huiusmodi mensurantur ævo, quod est medium
> inter æternitatem et tempus. Esse autem quod mensurat æterni-
> tas, nec est mutabile, nec mutabilitati adiunctum. Sic ergo tempus
> habet prius et posterius, ævum autem non habet in se prius et poste-
> rius, sed ei coniungi possunt, æternitas autem non habet prius neque
> posterius, neque ea compatitur".[85]

Dios es el único ser eterno (no "eviterno"). No tiene ni principio ni
fin, ni sucesión, sino que vive en un continuo e indivisible presente:

> "Respondeo dicendum quod æternitas vere et proprie in
> solo Deo est. Quia æternitas immutabilitatem consequitur,
> ut ex dictis patet. Solus autem Deus est omnino immuta-
> bilis, ut est superius ostensum. Secundum tamen quod
> aliqua ab ipso immutabilitatem percipiunt, secundum hoc
> aliqua eius æternitatem participant. Quædam ergo quan-
> tum ad hoc immutabilitatem sortiuntur a Deo, quod nun-
> quam esse desinunt, et secundum hoc dicitur Eccle. I de
> terra, quod in æternum stat. Quædam etiam æterna in
> Scripturis dicuntur propter diuturnitatem durationis, licet
> corruptibilia sint, sicut in Psalmo dicuntur montes æterni;
> et Deuter. XXXIII etiam dicitur, de pomis collium æter-
> norum. Quædam autem amplius participant de ratione
> æternitatis, inquantum habent intransmutabilitatem vel
> secundum esse, vel ulterius secundum operationem, sicut
> Angeli et beati, qui verbo fruuntur, quia quantum ad illam

---

[85]Santo Tomás de Aquino: *Summ. Theol.*, I^a, q. 10, a. 5, co.

visionem verbi, non sunt in sanctis volubiles cogitationes, ut dicit Augustinus, XV de Trin. Unde et videntes Deum dicuntur habere vitam æternam, secundum illud Ioann. XVII, hæc est vita æterna, ut cognoscant et cetera".[86]

La Iglesia siempre profesó esta verdad contra las genealogías de los dioses paganos, y en los Concilios Lateranense IV y Vaticano I.[87]

El fundamento último de este atributo lo encontramos de nuevo en el "Ipsum Esse Subsistens". Santo Tomás lo estudia como consecuencia de la inmutabilidad:

"Respondeo dicendum quod ratio æternitatis consequitur immutabilitatem, sicut ratio temporis consequitur motum, ut ex dictis patet. Unde, cum Deus sit maxime immutabilis, sibi maxime competit esse æternum. Nec solum est æternus, sed est sua æternitas, cum tamen nulla alia res sit sua duratio, quia non est suum esse. Deus autem est suum esse uniforme, unde, sicut est sua essentia, ita est sua æternitas".[88]

---

[86]Santo Tomás de Aquino: *Summ. Theol.*, Iª, q. 10, a. 3, co.

[87]*D. S.* 75 (símbolo *Quicumque*: "...unus æternus"); *D. S.* 800; *D. S.* 3001. La tesis "Dios es eterno", es calificada teológicamente por J. Ibáñez y F. Mendoza (*Dios Uno en Esencia*, Madrid, Palabra, 1987, pág. 113), como de fe divina y católica definida, y su censura como herejía.

[88]Santo Tomás de Aquino: *Summ. Theol.*, Iª, q. 10, a. 2, co. En Iª, q. 9, proemium: "Consequenter considerandum est de immutabilitate et æternitate divina, quæ immutabilitatem consequitur..."

4.4.2.   La Encarnación en el tiempo

La Encarnación no supone la pérdida de la eternidad divina, pero sí la manifestación de lo eterno en nuestro tiempo creado. En este sentido, la venida de Jesucristo supone que lo eterno irrumpe en nuestro mundo y en nuestro tiempo creado, y realiza el acontecimiento crucial de toda la Historia del mundo. Literalmente la historia humana se divide en dos: antes y después de Jesucristo.

Hay que aclarar que, desde la perspectiva de Dios, tal actividad es en sí misma eterna, ya que sus acciones "ad extra" (la creación o la Encarnación), se identifican con su esencia. Pero como términos o efectos de esa actividad, sus acciones "ad extra" son temporales, lo que se explica porque el acto creador o el de la Encarnación, son formalmente inmanentes a Dios, pero virtualmente externos al mismo.

La teología de la inmutabilidad divina en la Encarnación puede ser aclarada también si recordamos, por ejemplo, la diferencia entre la generación eterna del Verbo en contraposición con el acto divino de la creación o el de la Encarnación. En aquélla la inmutabilidad no tiene manifestación virtual externa en Dios; en éstas, la inmutabilidad inmanente en Dios, tiene en el mundo creado una manifestación temporal.

Así, por ejemplo, los Santos Padres utilizaban el argumento de la temporalidad de la creación para destacar la singularidad y eternidad de la generación de la Segunda Persona por la Primera.

Arrio intentará buscar un puente entre ambas doctrinas, la neoplatónica y el cristianismo. Como sabemos sus principales ideas eran las siguientes (J. A. Jorge: *Dios Uno y Trino*, cit., pág. 198.):

1. El Verbo es ποίεμα, una cosa hecha, una creatura. Tal afirmación la sostenía sobre la base de algunos textos de la Sagrada Escritura mal entendidos: Jn 14:28, "El Padre es mayor que yo;" Eco 24:9, "antes de los siglos me creó" (le aplicaba al Logos los textos del Antiguo Testamento referidos a la Sabiduría).

2. El Verbo no es eterno: por lo tanto, la paternidad de la Primera Persona tampoco es eterna.

3. El Verbo fue hecho por el Padre en vista de la creación del mundo, haciendo una interpretación extrema e indebida de la distinción patrística entre el Λόγος ἐνδιαθετός y el Λόγος προφορικός, con lo que el Padre y el Hijo sólo se relacionan en el plano "económico" pero no en el inmanente.

4. El Verbo se encarnó haciendo las veces del alma racional de la carne de Cristo, utilizando erróneamente el esquema Λόγος — Σάρξ propio de los alejandrinos. Por eso, el Logos sufrió en su misma naturaleza de Verbo..., lo cual demuestra que su naturaleza divina no es como la del Padre, esto es, inmutable e impasible. El Logos pues, no es consubstancial con el Padre.

5. El Verbo fue generado, y como lo típico de la divinidad es la eternidad, el ser ἀγεννετός (ser "in–engendrado"), el Verbo no puede ser Dios en sentido fuerte, como el Padre. Además entendía la generación con características materiales, por lo que:

   - El Padre no puede propiamente engendrar, ya que supondría división en el seno de la Trinidad.

   - La generación de la Segunda Persona es una obra "ad extra" de Dios, es una creación, por lo que el Verbo es una creatura de Dios.

   - En conclusión, niega Arrio que en Dios pueda haber una procesión inmanente.

Insistamos en los aspectos que hacen referencia a la creación. Los arrianos sostenían una concepción teológica del pensamiento helenista que concebía un dios intermedio supeditado al dios supremo con vistas a la creación. En efecto, como dice J. Ibáñez:

"...(El Hijo fue) creado y producido fuera del tiempo y precisamente para servir al Padre como instrumento en la creación de todas las demás cosas; tanto Arrio como los arrianos pretenden salvar de este modo la enorme desproporción entre el Padre y las criaturas, se acercan así en algún sentido al emanacionismo propio de Plotino. El Verbo, dicen, es la única criatura producida directamente por el Padre, ya que todas las demás son producidas a través de Él. Lo cual supone, en relación con las criaturas, una dignidad superior; y en comparación con el Padre, que no le es consustancial sino desemejante en todo. En la mente de Arrio Dios no fue siempre Padre; existió un tiempo en el que todavía no era Padre; y, por tanto, Dios existía solo. Cuando le plugo crearnos, hizo antes un ser llamado Verbo, Sabiduría, Hijo, para, gracias a Él, producirnos a nosotros. Así, pues, hay dos Sabidurías: la propia y característica de Dios que coexiste con Él; y de la que el Hijo participa siendo así también Él llamado Sabiduría. De modo idéntico, existen dos Verbos; al participar el Hijo del Verbo coexistente con Dios, es llamado Verbo e Hijo no por naturaleza sino gratuitamente".[89]

Por ejemplo, San Basilio contraponía la creación temporal del mundo con la generación eterna del Verbo en plena controversia semiarriana.[90]

Por lo mismo, los Santos Padres distinguían a su vez la generación eterna del Verbo con su nacimiento temporal del seno de la Virgen María.

Es un tema recurrente en el Evangelio el hecho de "la llegada de mi hora" en boca de Jesús, que marca el acontecimiento decisivo del discurrir de la Historia (Mt 26:45; Mc 14:41; Jn 12: 23.27; 13:1; 17:1), al mismo tiempo que, por otro lado, la Carta a los Hebreos nos dice que "Iesus Christus heri et hodie idem, et in sæcula! (Heb 13:8). ¿Cuál es la relación entre Jesús y el conjunto de la Historia humana?

---

[89] J. Ibáñez: *Arrio y Arrianismo*, en GER, vol. III, pág. 72.

[90] Ya antes, en plena controversia trinitaria, San Atanasio (296–373), distinguirá claramente la generación del Verbo de la creación del mundo. En efecto:

1. Mientras que la generación del Verbo es solo del Padre, la creación es propia de las tres divinas Personas.

2. Mientras que la generación del Verbo es propia del ser divino, la creación es propia de la voluntad común a las tres divinas Personas.

3. Mientras que la generación del Verbo es eterna, la creación es temporal.

4. Mientras que la generación del Verbo es necesaria, la creación es contingente.

5. Mientras que la generación del Verbo es inmanente, la creación es trascendente, y marca la diferencia radical entre Dios y las creaturas.

Se puede afirmar que Cristo es la *clave*, el *centro* y el *fin* de la Historia:[91]

1. Cristo es la "clave" de explicación de la Historia, que desde Él no aparece como una historia guiada por el destino ciego, o por la voluntad voluble de los dioses paganos, sino como una auténtica "Historia Salutis" y clave para entender lo que es el hombre en su naturaleza creada por Dios y con un destino de eternidad.

2. Cristo es el "centro" de la Historia también. Es decir, su Encarnación y su obra redentora marcan el centro y cenit de la Historia total. Por eso San Pablo habla de que con Él llegó "la plenitud de los tiempos" (Ga 4:4), no solo en el sentido de realización en el tiempo más adecuado, sino también en el de que Él hizo que aquel momento fuese la plenitud de los tiempos.

Como dice Santo Tomás, no fue conveniente que el Verbo se encarnara antes del pecado de Adán, ni tampoco inmediatamente después del mismo, sino cuando Dios lo dispuso. Y esto por cuatro razones: por la naturaleza del pecado del hombre, que es la soberbia, lo que hacía muy conveniente que el hombre comprobara su debilidad y la necesidad de ser redimido; por el orden de las cosas al bien, que debe proceder de lo imperfecto a lo perfecto; por la dignidad del Verbo encarnado, que exigiría que el hombre lo esperara con ansias; y para que el fervor de la fe no decayera con el excesivo paso del tiempo:

> "Sed contra est quod dicitur Galat. IV, at ubi venit plenitudo temporis, misit Deus filium suum, factum

---

[91]Cfr. sobre el particular, F. Ocáriz–L. F. Mateo–Seco y J. A. Riestra: *Jesucristo...*, cit. págs. 77–80; J. Daniélou: *Cristo e Noi*, ed. Paulina, Alba 1968, págs. 165ss. Cfr. *Gaudium et Spes*, 10.; M. Bordoni: *Gesù di Nazaret. Signore e Cristo*, *III, Il Cristo Anunziato dalla Chiesa*, Roma, 1986, págs. 928–929.

ex muliere, ubi dicit Glossa quod plenitudo temporis est quod præfinitum fuit a Deo patre quando mitteret filium suum. Sed Deus sua sapientia omnia definivit. Ergo convenientissimo tempore Deus est incarnatus. Et sic non fuit conveniens quod a principio humani generis Deus incarnaretur".[92]

"Respondeo dicendum quod, cum opus incarnationis principaliter ordinetur ad reparationem naturæ humanæ per peccati abolitionem manifestum est quod non fuit conveniens a principio humani generis, ante peccatum, Deum incarnatum fuisse, non enim datur medicina nisi iam infirmis. Unde ipse dominus dicit, Matth. IX, non est opus valentibus medicus, sed male habentibus, non enim veni vocare iustos, sed peccatores. Sed non etiam statim post peccatum conveniens fuit Deum incarnari. Primo quidem, propter conditionem humani peccati, quod ex superbia provenerat, unde eo modo erat homo liberandus ut, humiliatus, recognosceret se liberatore indigere. Unde super illud Galat. III, ordinata per Angelos in manu mediatoris, dicit Glossa, magno consilio factum est ut, post hominis casum, non illico Dei filius mitteretur. Reliquit enim Deus prius hominem in libertate arbitrii, in lege naturali, ut sic vires naturæ suæ cognosceret. Ubi cum deficeret, legem accepit. Qua data, invaluit morbus, non legis, sed naturæ vitio, ut ita, cognita sua infirmitate, clamaret ad medicum, et gratiæ quæreret auxilium. Secundo, propter ordinem promotionis in bonum, secundum quem ab imperfecto ad perfectum

---

[92]Santo Tomás de Aquino: *Summ. Theol.*, IIIª, q. 1, a. 5, s. c.

proceditur. Unde apostolus dicit, I ad Cor. XV, non
prius quod spirituale est, sed quod animale, deinde
quod spirituale. Primus homo de terra, terrenus, se-
cundus homo de cælo, cælestis. Tertio, propter dignitatem ipsius verbi incarnati. Quia super illud Galat.
IV, ubi venit plenitudo temporis, dicit Glossa, quanto maior iudex veniebat, tanto præconum series lon-
gior præcedere debebat. Quarto, ne fervor fidei temporis prolixitate tepesceret. Quia circa finem mundi
refrigescet caritas multorum, et Luc. XVIII dicitur,
cum filius hominis veniet, putasne inveniet fidem super
terram?"[93]

Pero tampoco convenía que la Encarnación se hubiera realizado al final de los tiempos. Tres razones teológicas avalan esta
posición: porque el Verbo encarnado es la causa eficiente de la
perfección de la naturaleza humana, por lo que no convenía que
la obra de la Encarnación se defiriera hasta el fin del mundo; por
el efecto en la salvación de la humanidad, evitando que el excesivo paso del tiempo acabara por hacer olvidar a los hombres
toda noticia de Dios y de las buenas costumbres; y por ser lo
más conveniente para manifestar la potencia de la virtud divina
para salvarnos:

"Respondeo dicendum quod, sicut non fuit conveniens Deum incarnari a principio mundi, ita non fuit
conveniens quod incarnatio differretur usque in finem
mundi. Quod quidem apparet, primo, ex unione divinæ et humanæ naturæ. Sicut enim dictum est, perfectum uno modo tempore præcedit imperfectum, in eo

---

[93]Santo Tomás de Aquino: *Summ. Theol.*, IIIª, q. 1, a. 5, co.

enim quod de imperfecto fit perfectum, imperfectum tempore præcedit perfectum; in eo vero quod est perfectionis causa efficiens, perfectum tempore præcedit imperfectum. In opere autem incarnationis utrumque concurrit. Quia natura humana in ipsa incarnatione est perducta ad summam perfectionem, et ideo non decuit quod a principio humani generis incarnatio facta fuisset. Sed ipsum verbum incarnatum est perfectionis humanæ causa efficiens, secundum illud Ioan. I, de plenitudine eius omnes accepimus, et ideo non debuit incarnationis opus usque in finem mundi differri. Sed perfectio gloriæ, ad quam perducenda est ultimo natura humana per verbum incarnatum, erit in fine mundi. Secundo, ex effectu humanæ salutis. Ut enim dicitur in libro de quæst. Nov. et Vet. Test., in potestate dantis est quando vel quantum velit misereri. Venit ergo quando et subveniri debere scivit, et gratum futurum beneficium. Cum enim languore quodam humani generis obsolescere coepisset cognitio Dei inter homines et mores immutarentur, eligere dignatus est Abraham, in quo forma esset renovatæ notitiæ Dei et morum. Et cum adhuc reverentia segnior esset, postea per Moysen legem litteris dedit. Et quia eam gentes spreverunt non se subiicientes ei, neque hi qui acceperunt servaverunt, motus misericordia dominus misit filium suum, qui, data omnibus remissione peccatorum, Deo patri illos iustificatos offerret. Si autem hoc remedium differretur usque in finem mundi, totaliter Dei notitia et reverentia et morum honestas abolita fuisset in terris. Tertio apparet quod hoc non fuisset conveniens ad manifestationem divinæ virtutis, quæ pluribus modis homines salvavit, non solum per fidem futuri, sed etiam per fidem præsentis et præteriti".[94]

Cristo es así, "... Alpha et Omega, principium et finis" (Ap 21:6). La eternidad ha penetrado en el tiempo, y con ello separa lo antiguo de lo nuevo. Es el centro, no en el sentido cronológico, sino cualitativo: separa el Antiguo Testamento del Nuevo Testamento con la Nueva y definitiva Alianza que no será ya abolida. Todo en Cristo es nueva creación: "Si quis ergo in Christo, nova creatura; vetera transierunt, ecce, facta sunt nova" (2 Cor 5:17). Como dice J. M. Casciaro y J. M. Monforte:

> "Jesucristo es el centro del Tiempo y de la Historia. Todo lo que acontece antes de su vida entre los hombres constituye una preparación (*præparatio evangelica*). Todo lo que sucede después de Él viene a ser aplicación y desarrollo de la obra de la Redención, que Él realizó de una vez por todas (Heb 10: 12–14)".[95]

3. Cristo es también "el fin" de la Historia, en un doble sentido:

- Porque con Él se produce la alianza nueva y eterna, y no hay que esperar otra diferente o más perfecta: "... neque per sanguinem hircorum et vitulorum sed per proprium sanguinem introivit semel in Sancta, æterna redemptione inventa" (Heb 9:12).

- Porque Él es la causa final del hombre y de todo lo creado por Dios: "quia in ipso condita sunt universa in cælis et

---

[94]Santo Tomás de Aquino: *Summ. Theol.*, III[a], q. 1, a. 6, co.

[95]J. M. Casciaro y J. M. Monforte: *Jesucristo Salvador de la Humanidad. Panorama Bíblico de la Salvación*, Eunsa, Pamplona, 1996, págs. 591–592.

in terra, visibilia et invisibilia, sive throni sive dominationes sive principatus sive potestates. Omnia per ipsum et in ipsum creata sunt" (Col 1:16); "in dispensationem plenitudinis temporum: recapitulare omnia in Christo, quæ in cælis et quæ in terra, in ipso" (Ef 1:10).

4.5. Encarnación e inmutabilidad divina

Dios es esencial y eternamente un solo o infinito acto de amor, lo que "ad intra" expresa su plenitud de vida, y "ad extra" su autodeterminación libre y eterna. En Dios no hay cambio. Es un puro Acto de Ser.

4.5.1. Sagrada Escritura

Este rasgo aparece en el Antiguo testamento[96]: "Tú eres siempre el mismo. . . "; (Sal 102: 27ss) "Yo, Yahveh, no cambio. . . " (Mal 3:6:); etc.

Normalmente se describe este atributo relacionándolo con el de la "fidelidad":[97] Dios siempre permanece, no cambia. El Sal 102: 26–28 dice: "Ellos (la tierra, los cielos) perecerán, pero tú persistirás; cierto, todos ellos se gastarán cual ropa. . . , mas Tú eres siempre el mismo y tus años no fenecen". Su sabiduría permanece siempre la misma (Sab 7:27).

Como consecuencia, se alaba la inmutabilidad de la voluntad divina: "La palabra de Dios permanece para siempre" (Is 40:8); "Pasarán los cielos como humo. . . , pero mi salvación durará por eternidad y mi justicia no tendrá fin" (Is 51:6).

---

[96]Cfr. Juan A. Jorge. *Dios Uno*. . . , cit., págs. 152–153.

[97]Cfr. también su relación con el concepto de eternidad y el de vida en la naturaleza divina. Cfr. Juan A. Jorge: *Dios Uno*. . . , cit., págs. 311ss., y 378ss.

Además Dios es el infinitamente trascendente al mundo material creado: no está limitado ni por el cosmos (Is 40: 22–26), ni por los santuarios (Is 66: 1–2), ni por actos cultuales. Por lo mismo, transciende el tiempo: No tiene comienzo ni fin (Is 44:6; 41:4; Sal 90:2).

También en el Nuevo Testamento, se habla del "Padre de las luces, en el que no hay variación ni sombra de cambio" (San 1:17). La Carta a los Hebreos dice: "Dios... muestra la inmutabilidad de su plan..." (Heb 6:17). De Jesucristo también se afirma una realidad previa a la Encarnación: "Antes que Abraham existiera, Yo soy" (Jn 8:58; 13:19). Por eso el Prólogo de San Juan establece, desde su inicio, que "En el principio era el Verbo, y el Verbo estaba junto a Dios, y el Verbo era Dios" (Jn 1: 1–2).

La inmutabilidad de Dios es defendida en los primeros siglos de la Iglesia por los Santos Padres, en sus controversias contra las ideas panteístas, politeístas y gnósticas.

Sin embargo, en la Biblia encontramos expresiones también de cambio al tratar de la creación o de la Encarnación. Así por ejemplo: "Et Verbum caro factum est et habitavit in nobis" (Jn 1:14), o "... at ubi venit plenitudo temporis, misit Deus Filium suum, factum ex muliere, factum sub lege" (Ga 4:4).

4.5.2. Aporía

A pesar de esos textos de cambio,[98] tanto la recta razón, como el Magisterio[99] afirman la inmutabilidad de Dios. ¿Cómo se soluciona la aporía?

---

[98]Ya Celso criticaba la Encarnación como opuesta a la inmutabilidad divina, como nos relata Orígenes (*Contra Celsum*, IV, 14.).

[99]Conc. Lateranense IV: "incommutabilis" (*D. S.* 800); Concilio Vaticano I: "simplex omnino et incommutabilis substantia spiritualis", (*D. S.* 3001). Cfr. también, *D. S.* 285, 294, 297, 501, 853, 1330, 2901. La tesis "Dios es absolutamente inmutable", es calificada teológicamente por J. Ibáñez y F. Mendoza (*Dios Uno...*, cit., pág. 109), como de fe divina y católica definida, y su censura como herejía.

4.5.3. Explicación teológica

Antes de nada hay que recordar que, filosóficamente hablando,[100] el pensamiento con base en la fe cristiana presenta un perspectiva muy diferente del de la filosofía pagana del momento, es decir, sobre todo de la griega. En efecto, en aquél la inmutabilidad hace referencia a la absoluta trascendencia divina, a su infinita libertad, a su ser como Señor de la Historia (el Dios bíblico es perfectamente trascendente al mundo: no se identifica con él, aunque sí actúa sobre él, marcando así su esencial diferencia); en cambio las filosofías paganas la entienden como una consecuencia del panteísmo, los ciclos necesarios, la eternidad del mundo, la Historia concebida como un proceso cíclico y determinista, etc.

Santo Tomás de Aquino basa la inmutabilidad de Dios en los siguientes hechos: a) Dios es acto puro (sin "potencialidad" que permitiera cualquier cambio); b) Dios es absolutamente simple (sin "partes" que posibilitaran cualquier cambio); c) y Dios es infinitamente perfecto (no carece de nada que pudiera obtener mediante un cambio):

> "Respondeo dicendum quod ex præmissis ostenditur Deum esse omnino immutabilem. *Primo quidem*, quia supra ostensum est esse aliquod primum ens, quod Deum dicimus, et quod huiusmodi primum ens oportet esse purum actum absque permixtione alicuius potentiæ, eo quod potentia simpliciter est posterior actu. Omne autem quod quocumque modo mutatur, est aliquo modo in potentia. Ex quo patet quod impossibile est Deum aliquo modo mutari. *Secundo*, quia omne quod movetur, quantum ad ali-

---

[100]Sobre este particular, cfr. L. F. Mateo–Seco: *Dios Uno...*, cit., págs. 455–457; J. Morales: *El Misterio...*, cit., págs. 124ss.; Juan A. Jorge: *Dios Uno...*, cit., págs. 308–310.

quid manet, et quantum ad aliquid transit, sicut quod movetur de albedine in nigredinem, manet secundum substantiam. Et sic in omni eo quod movetur, attenditur aliqua compositio. Ostensum est autem supra quod in Deo nulla est compositio, sed est omnino simplex. Unde manifestum est quod Deus moveri non potest. *Tertio,* quia omne quod movetur, motu suo aliquid acquirit, et pertingit ad illud ad quod prius non pertingebat. Deus autem, cum sit infinitus, comprehendens in se omnem plenitudinem perfectionis totius esse, non potest aliquid acquirere, nec extendere se in aliquid ad quod prius non pertingebat. Unde nullo modo sibi competit motus. Et inde est quod quidam antiquorum, quasi ab ipsa veritate coacti, posuerunt primum principium esse immobile".[101]

Como la mutabilidad incluye potencialidad, composición e imperfección, es irreconciliable con Dios. Cuando Dios hace sus obras hacia el exterior (como la creación o la Redención), Dios no se dedica a una actividad nueva que antes no hacía, sino que entra en una nueva realización de los designios eternos de su divina voluntad; por tanto, el designio de crear es tan eterno y tan inmutable como la naturaleza divina con quien de hecho se identifica: solamente en sus efectos, el mundo creado, es temporal y mutable. Para ello hemos de tener en cuenta siempre la existencia de dos planos de la realidad: el mundo de lo sobrenatural donde no hay cambio ni tiempo, y el mundo de lo natural–creado donde tales realidades existen.

Así pues, consideradas en el seno de la Trinidad, las intervenciones libres de Dios en la Historia no son otra cosa que la eterna decisión de Dios, cuyos efectos se van desplegando en el tiempo. Dios no sufre cambio o modificación por el hecho de crear o de encarnarse, no pierde

---

[101]Santo Tomás de Aquino: *Summ. Theol.*, Iª, q. 9, a. 1, co.

ni adquiere ninguna perfección. La expresión teológicamente correcta es decir que las actuaciones "ad extra" de Dios no son nada en Dios y sí en nosotros, que nos otorga la condición o relación creatural o de salvación. La creación es algo real en el ser creado, a modo de relación solamente, porque lo que crea se hace sin movimiento, según el concepto verdadero de creación (en el ser creado, es una relación real al Creador como al principio y origen de su ser); la Encarnación es novedad no para el Verbo, sí para la naturaleza humana asumida por Él. Las relaciones entre Dios y sus creaturas son "de razón" en Dios, es decir, pensadas por nosotros en base a la realidad de la creación y de la Encarnación, pero no realmente existentes en Dios ya que no le modifican realmente en absoluto.

Un corolario de este atributo divino es la afirmación de que en Dios no hay "pasiones". Con propiedad, en Dios no hay *cambio de ánimo*, sino sólo amor indeficiente. Pero sí usamos la analogía a veces en nuestro lenguaje, de tal modo que podemos decir que:

- Se encuentran en Dios "formalmente" las pasiones que no implican imperfección alguna, como el amor, la alegría, el gozo, etc.
- En cambio, se encuentran en Dios sólo "virtualmente" aquellas pasiones que implican una imperfección, como pueden ser el odio, la ira, el dolor.[102]

Por lo demás, cuando se encuentran textos en que aparecen cambios de actitud en Dios, o su "arrepentimiento" por haber hecho ciertas obras (como es el caso de Ex 32: 10–14; Am 7: 3.6; Os 11: 8–9; etc.), ciertamente la doctrina segura nos indica que hay que entenderlos en el sentido de que:

- Son textos que resaltan la infinita misericordia de Dios y el poder de la oración.
- Indican la infinita grandeza de Dios sobre todo intento de conceptualización humano (los hebreos ni se plantean el problema de conciliar textos que parecen decir cosas diferentes).

---

[102]Cfr. el modo de predicar a Dios las perfecciones, puras y mixtas. cfr. Juan A. Jorge: *Dios Uno...*, cit., págs. 283–284.

- Son antropomorfismos o antropopasismos.

Por eso, J. García–López insiste en que en Dios no puede haber cambio alguno. En efecto:

- No tiene cambio local, porque no es material.

- No tiene cambio de cualidad —alteración—, porque no está compuesto de sustancia y accidentes (entre ellos, la cualidad).

- No tiene cambio de cantidad —aumento o disminución—, porque es infinito por esencia y no puede crecer o disminuir.

- No tiene cambio sustancial —generación o corrupción—, porque no se puede corromper o morir.

Con todo, se ha de subrayar, que es necesaria la analogía al aplicar el concepto de inmutabilidad a Dios, ya que en nosotros indica un concepto negativo, mientras que en Dios es manifestación de vida infinita y de perfección suma... Dios es puro acto, ausencia total de potencia alguna. Así pues, la analogía ayuda a equilibrar cualquier mal entendimiento de este atributo divino. En efecto:

1. Por un lado, la corrección de la analogía, impedirá el uso de expresiones que son heréticas, como por ejemplo:

   - Dios no es realmente creador del mundo.
   - El Verbo no tiene en realidad una humanidad unida a Sí.

2. Por otro lado, subraya los límites de nuestro entendimiento, ya que lo afirmado no deja de ser un misterio grande puesto que antes de la Encarnación, el Verbo no era hombre; y después de la Encarnación el Verbo sí es hombre..., y sin embargo no hay cambio en el Verbo.

3. Además, cuando insistimos en la distinción entre relación real (para las creaturas) y de razón (para Dios), queremos subrayar principalmente los siguientes datos teológicos:

- La *inmutabilidad* divina.

- *No añaden perfección* alguna a Dios ni la creación ni la Encarnación.

- *Son gratuitas* totalmente tanto la creación como la Encarnación.

4. En el fondo nos encontramos con el misterio de la relación entre lo natural y lo sobrenatural, lo finito y lo infinito, lo relativo y lo absoluto, lo temporal y lo eterno.

4.5.4. La interpretación neomodernista

Conviene mencionar otros intentos de explicación, que conservando la terminología clásica y ortodoxa, en realidad están imbuidos de los principios de la teología modernista. La perspectiva y el método teológico han cambiado por completo, pues se pregunta: ¿Es posible mantener desde las experiencias y desde la sensibilidad del hombre de hoy las categorías clásicas para explicar el misterio de la Redención? ¿Acaso estas categorías no reflejan la sensibilidad propia y los acentos característicos de la época en que fueron formuladas? ¿Acaso no tiene el hombre de hoy necesidad de que se le presente el rostro de Dios con unos rasgos más humanos?

Estos intentos se enmarcan dentro de la llamada *teología de la Cruz*, o la *teología kenótica* (que se mencionaba al tratar de la libertad de Dios al encarnarse), puesto que, al introducir el dolor de la Cruz en Dios, cuestiona el hecho de su inmutabilidad. La teología clásica explicaba el sufrimiento de Dios en la Cruz a través del experimentado por el Hijo de Dios en su naturaleza humana (en base a la doctrina de la comunicación de idiomas). Sólo en este sentido se puede predicar el sufrimiento a la persona divina del Hijo de Dios. Se salvaba así la inmutabilidad divina y, al mismo tiempo, se respetaba la verdadera doctrina de la unión hipostática ("sin separación, sin división, sin mezcla y sin confusión"). La nueva teología intenta ir más allá y encontrar un modo de hacer llegar el dolor al mismo Dios. En el fondo, se llega a negar la inmutabilidad divina, o se cae en alguna herejía trinitaria (triteísmo, patripasianismo, etc.) o cristológica (sobre todo las que sostienen la mezcla o confusión de las naturalezas de Jesucristo).

Se pueden señalar tres intentos en este sentido, que, repitamos, a pesar de sus aparentes intenciones de sostener la inmutabilidad de Dios, acaban negándola.

A.– El primer caso es el de los que abandonan el problema teológico y metafísico de la inmutabilidad divina, y simplemente se cierran en el dato bíblico interpretándola como pura fidelidad moral a sus promesas, a su actuar de salvación en la Historia y a Sí mismo.[103] El Dios inmutable no es otro que el Dios fiel de la Historia de las alianzas. Se introduce así una contraposición entre el Dios de los filósofos y el Dios de la Bíblia o de la fe, que recuerda a la más prístina teología protestante, en concreto a la "theologia crucis" luterana como opuesta a la "theologia gloriæ", según la cual, estando la razón corrompida por efecto del pecado original, la teología será más verdadera cuanto más

---

[103]Es el caso, por ejemplo de H. Mühlen: *La Mutabilità di Dio como Orizzonte di una Cristologia Futura*, Brescia, Editrice Queriniana, 1974. Cfr. el resumen en E. Benavent Vidal:*El Misterio Pascual en la Teología Reciente*, en "Stauros, Teología de la Cruz" 37 (2002) págs. 5–32. Cfr. también M. Gervais: *Incarnation et Mutabilité Divine*, en "R. Lafamme–M Gervais, Le Christ Hier, Aujourd'hui, et Demain", Quebec, Les Presses de L'Universite Laval, 1976, págs. 205–230.

se aleje de la razón, que no será sino la meretriz de la fe.[104] Como
se ve, se pretende solucionar la aporía entre inmutabilidad divina y
creación o Encarnación, simplemente abandonando una de las afirmaciones: la inmutabilidad de Dios en realidad no significa que Dios sea
inmutable. Manifestación clara del modo de hacer teología por parte
del modernismo.

B.– Un segundo intento es el de Rahner, quien, siguiendo el sistema expositivo habitual en él, primero afirma la inmutabilidad de
Dios, y posteriormente introduce la mutación en el seno de la divinidad mediante un confuso juego de palabras. Para ello se parte de
las afirmaciones de que son la omnipotencia de Dios por un lado y el
amor de entrega total por otro de Dios por el hombre, los que permiten que pueda y quiera experimentar en Sí mismo los sufrimientos
del ser humano. Hay así un verdadero dolor de Dios que afecta a su
propio ser divino. Se quiere hacer compatible el atributo divino de la
inmutabilidad con el hecho de que se vea afectado y se involucre en
los sufrimientos del ser humano:

> "Sigue siendo verdad que *el Logos ha devenido* hom-
> bre; que la historia evolutiva de dicha realidad humana
> llegó a ser *su* propia historia; nuestro tiempo, el tiempo del
> Eterno; nuestra muerte, la muerte del Dios inimortal...
> Si contemplamos sin prejuicios y con claro mirar, el
> hecho de la Encarnación de que da testimonio la fe en el

---

[104]Para la "theologia crucis" de Lutero, cfr. L. F. Mateo–Seco: *Teología de la Cruz*,
cit., pág. 168–171. Así, por ejemplo, Moltmann, desde los principios de la "theologia
crucis" de Lutero llega a afirmar que la tarea de la teología no es interpretar la
Pasión a la luz del ser y de una imagen preconcebida de Dios, sino conocer el
ser de Dios a partir de la Cruz y de la Muerte de Cristo (J. Moltmann: *El Dios
Crucificado*, Salamanca, Sígueme, 1975, p. 299).

dogma fundamental del cristianismo, hemos de decir sobriamente: Dios puede devenir algo, el en Sí mismo inmutable puede ser *él mismo* mudable *en lo otro*...

(El Absoluto e Inmutable, en su libertad) tiene la potestad de devenir lo otro, finito...

Dios sale de sí, él mismo, él en tanto la plenitud que se entrega. Dios puede hacerlo. El poder–devenir–histórico es su libre posibilidad primigenia, ¡no su primigenio tener que!"[105]

Más allá de la dificultad de entender estas afirmaciones, en una página que puede ser buena muestra de la teología rahneriana, se está afirmando la mutación en la propia naturaleza divina.

C.– El tercer intento busca salvar la inmutabilidad de Dios, introduciendo lo mudable (en este caso el dolor de Dios) no en la naturaleza divina, sino en las relaciones intradivinas, en la realidad de las divinas Personas. El problema de esta tendencia de la teología reciente es admitir que en la kénosis fundamental del Hijo de Dios, que es la Encarnación, y en el momento culminante de esta kénosis, que es la Cruz, ha sucedido algo en Dios. Ahora bien, ¿cómo afirmar que en Dios ha sucedido "algo" sin caer en el teopasquismo?[106]

Partiendo de la teología clásica de que el sufrimiento afecta a la naturaleza humana de Cristo, se insiste en que de algún modo, tiene que afectar a la persona del Verbo.[107] Si no se quiere afirmar que "Dios

---

[105] K. Rahner: *Para la Teología de la Encarnación*, en "Escritos de Teología" IV, Madrid, Taurus, 1962, págs. 149–150.

[106] H. U. Von Balthasar: *El Misterio Pascual*, en AA. VV., "Mysterium salutis. Manual de teología como historia de la salvación", vol. III, Madrid, Cristiandad, 1982, pp. 666–814, pp. 675–676; J. Galot: *Il Mistero della Sofferenza di Dio*, Assisi, Cittadella ed., 1975, pág. 42.

[107] J. Moltmann: *El Dios crucificado*, cit., pág. 332.

ha sufrido", para evitar el teopasquismo, habrá que decir, al menos, que el Hijo de Dios, que es Dios, ha sufrido.[108] El sufrimiento de Cristo es un sufrimiento asumido personalmente, un sufrimiento propio del Verbo hecho carne.[109] Ni debe reducirse a la naturaleza humana de Cristo ni hay que atribuirlo a la divinidad en general, sino a la segunda persona de la Trinidad: uno de la Trinidad ha sufrido. El dolor ha afectado a la persona del Verbo.[110] El Hijo, en su calidad de Hijo, ha experimentado el sufrimiento.[111] ¿Afecta el sufrimiento del Hijo al Padre? ¿Cómo están presentes el Padre y el Espíritu en la kénosis y en la Cruz de Cristo? ¿Cómo está presente la Trinidad en la Pasión?

Las respuestas han sido variadas. Un buen resumen nos lo proporciona, E. Benavent Vidal:[112]

> "Aunque la kénosis es algo propio de la segunda perso-
> na de la Trinidad, es también un acontecimiento trinitario.
> En ella, como en todas sus acciones 'ad extra', la Trini-
> dad actúa en comunión. Dios Padre y el Espíritu están
> comprometidos hasta el fondo en el abajamiento del Hijo.
> Esta convicción se ha expresado de distintos modos: para
> H. U. von Baltasar, el Padre está presente en la kénosis
> 'enviando y abandonando; el Espíritu uniendo a través de

---

[108] J. Galot: *Il Mistero della Sofferenza di Dio*, p. 15.

[109] Ibid., p. 21.

[110] Ibid., p. 24.

[111] Ibid., p. 55.

[112] E. Benavent Vidal: *El Misterio...*, cit. Entre los partidarios más próximos de la teología del sufrimiento de Dios, se pueden citar a F. Varillon: *La souffrance de Dieu*, Paris, éditions du Centurion, 1975; D. Gonnet: *Dieu aussi Connaît la Souffrance*, Paris, Cerf, 1990; B. Forte: *Trinidad como historia. Ensayo sobre el Dios cristiano*, Salamanca, Sígueme, 1988; R. Cantalamessa: *La vida en el señorío de Cristo*, Valencia, EDICEP, 1988.

la separación y de la distancia'.[113] Heribert Mühlen parte
del concepto de entrega y de su forma de entender la persona del Espíritu como el 'nosotros' del Padre y del Hijo:
el Padre es quien entrega al Hijo, el Hijo es quien se entrega a sí mismo y el Espíritu es el proceso, rigurosamente
idéntico en el Padre y en el Hijo, de la misma entrega.[114]
Moltmann es el que en términos más atrevidos ha intentado describir la dinámica trinitaria de la Cruz: 'Hay que
hablar trinitariamente para comprender lo que ocurrió en
la Cruz entre Jesús y su Dios y Padre. El Hijo sufre al morir, el Padre sufre en la muerte del Hijo. A la orfandad del
Hijo corresponde la carencia de hijo por parte del Padre,
y si Dios se ha constituido en Padre de Jesucristo, entonces sufre él en la muerte del hijo también la muerte de su
paternidad'. En la Cruz se da, por tanto, un misterio de
'comunión en la separación y separación en la comunión'.
Comunión porque hay una suma identificación en la entrega. Separación porque se vive un real abandono. De este
acontecimiento entre el Padre y el Hijo brota el Espíritu,
que es quien justifica al impío.[115] J. Galot, desde al amor
mutuo entre el Padre y el Hijo y el común amor de ambos
hacia los hombres, piensa que hay que afirmar que el Padre ha sufrido en la muerte del Hijo.[116] Él habla incluso

---

[113]H. U. Von Balthasar: *El Misterio Pascual*, cit., pág. 681.

[114]H. Mühlen: *La Mutabilità...*, cit., pág. 56.

[115]J. Moltmann: *El Dios Crucificado*, cit, págs. 345–346.

[116]J. Galot: *Il Mistero...*, cit., pág. 94. cfr. también sus ensayos: *Neccesità di
una Teologia della Sofferenza di Dio Secondo Uno Studio De J. Maritain*, "En La
Sapienza Della Croce", I, Torino, Leumann, 1976, 356–362; *La Réalité de la Souffrance de Dieu*, "Nouvelle Revue Théologique" 111 (1979) 224–254; *La Révélation
de la Souffrance de Dieu*, "Science et espirt" 31 (1979) 159–171; *Le Dieu trinitai-
re et la Passion du Christ*, "Nouvelle Revue Théologique" 114 (1982) 70–87; *Dio
soffre?*, en "La civiltà cattolica" 141 (1990/1) 533–545.

de una 'compasión' del Padre, en el sentido de que el Padre sufre la Pasión junto con el Hijo, hace propio el dolor del Hijo en la Cruz y, de este modo experimenta también, por un sentimiento paterno, el dolor de la humanidad.[117] La Pasión de Cristo no es más que la revelación del secreto sufrimiento del Padre por los pecados de los hombres, sufrimiento que tiene su origen en su amor hacia ellos.[118] Se puede afirmar, por tanto, que Dios sufre, pero teniendo presente que este sufrimiento no debe ser atribuido a la divinidad en general, como si se tratara de una carencia en Dios. Si hay que hablar de un 'sufrimiento de Dios' en la Cruz, esto sólo puede entenderse en clave trinitaria: desde las Personas divinas entendidas como puras relaciones. Sólo así podemos atisbar cómo puede ser el sufrimiento una realidad vivida y experimentada por Dios mismo sin caer en el teopasquismo".

Conviene insistir en la postura bien conocida de von Balthasar en su *Teodramática*,[119] quien contempla la Encarnación y la Redención desde la perspectiva del amor kenótico inscrito en la Trinidad de las Personas divinas. Considera el amor como desapropiación y renuncia del propio ser, como abandono y entrega al otro. Dios ha querido levantar y sanar al hombre desde dentro, en la pobreza y tristeza de su lejanía de Él. El drama de Cristo, quien sufre lo que el pecador merece (la separación de Dios, hasta la oscuridad de la muerte eterna), no es

---

[117]Ibid., pp. 97ss.

[118]Ibid., págs. 102–104.

[119]H. U. Von Bantahsar: *Teodramática*, 5 vols. Encuentro, Madrid, 1990–1995. Cfr. F. G. Branmbilla: *Redenti nella sua Croce. Soddisfazione Vicaria o Rappresentanza Solidale*, en F. G. Brambilla: y otros: "La Redenzione Nella Morte di Gesù", San Pablo, Cinusello Balsamo, 2001, 15–83.

más que la actuación en la Historia del amor absoluto del Padre que se desprende de su Hijo y le permite experimentar el abandono; del Hijo que se somete con total disponibilidad al querer del Padre; del Espíritu que mantiene la unidad de las dos Personas divinas en su distancia y en su separación en la Historia de la Salvación. Y así, Dios hace suya la contradicción inherente al ser del hombre en su condición de pecado; haciéndose hombre se aleja de sí mismo, y en ello muestra el amor que él mismo es. La propuesta de Von Balthasar no es aceptable, pues cuestiona la noción de inmutabilidad divina, de relación y de persona divina, y podría ser entendida como un velado triteísmo.[120]

4.5.5. El sufrimiento de Dios en Santo Tomás de Aquino

Frente a todas estas teorías, subrayemos la doctrina del Doctor Angélico. E. Zoffoli la estudió con acierto.[121]

El tema hay que enfrentarlo desde la perspectiva del entendimiento del atributo divino de la inmutabilidad. Es necesario partir del principio de la inexistencia de contradicción en la Palabra de Dios cuando afirma, por un lado, que Dios es inmutable y también, por otro, que el Verbo de Dios se encarnó. Esto nos obliga a considerar las acciones "ad extra" de la Trinidad en relación con su absoluta trascendencia,

---

[120]Una crítica en G. Remy: *La Déreliction du Christ: Terme d'une Contradicción ou Mystère de Communion?*, en "Revue Thomiste", 98 (1998) 93ss. Id.: *La Substitution. Pertientia ou non–Pertinentia d'un Concept Theólogique*, en "Revue Thomiste" 94 (1994) 585–596; A. Ducay: *Soteriología y Teología de la Redención: Una Revisión*. Id.: *Revelación y salvación. Incidencia de la noción de revelación en la orientación actual de la teología sobre la Cruz*, in AA.VV., "Cristo y el Dios de los cristianos. Hacia una Comprensión Actual de la Teología", Atti del XVIII Simposio Internacional de Teología dell'Università di Navarra (Pamplona 9-11 aprile 1997), Eunsa, Pamplona 1998, pp. 449-463, en especial, págs. 458–462.

[121]E. Zoffoli: *"Mistero della Sofferenza di Dio"? Il Penisero di S. Tommaso*, Città del Vaticano, Libreria Editrice Vaticana, 1988.

donde hay que sostener que la causalidad de Dios es perfectísima, por lo que puede permanecer inmutable a pesar de su actuación. En este sentido, Dios es capaz de crear, actuar cualquiera de sus facultades, finalizar todo proceso, encarnarse, sin por ello alterar su perfección absoluta. Por tanto:

> "... contra lo que pueda afirmar el hombre desde su punto de vista, la trascendencia de Dios es totalmente cierta a la vez que su esencia es inalterable. Suponer lo contrario es 'subjetivo' como ilusorio es el movimiento del sol visto desde la tierra... Totalmente conceptual (de razón) es, por lo tanto, la relación de Dios con el mundo; mientras realísima es la relación del mundo a Dios".[122]

Hay que evitar al tratar del llamado "sufrimiento de Dios" aplicar a la divinidad, sin el correctivo analógico, categorías de las relaciones interpersonales humanas (*piedad, compasión*, etc.). El amor de Dios tiene unos límites derivados de su naturaleza: Dios no puede amar nada que vaya en contra de Sí mismo, por lo que en ningún caso puede significar una disminución de la vida y felicidad que le corresponde como Acto Puro de ser. La libertad de Dios no puede ser contradictoria: si tuviese la libertad de sufrir equivaldría al absurdo de poder ir contra su mismo Ser.

Para poder afirmar de alguna manera el "sufrimiento de Dios" es necesario hacerlo con la condición de entender la unión hipostática y la "comunicación de idiomas" con valor ontológico, no simplemente gramatical y lógico.[123] Desde estos principios, y en relación con la finalidad de la Encarnación, se puede sostener que:

---

[122] *Ibidem*, pág. 23.

[123] *Ibidem*, pág. 40.

"Para que su amor sea verdadero como eficacísima voluntad de todo el bien posible para el hombre, Dios ha elegido la forma más digna de su infinita sabiduría: la Encarnación del Verbo ha resuelto todo problema al conciliar la trascendencia de su naturaleza con las exigencias del amor humanamente más creíble. Mediante la unión hipostática, en efecto, Dios ha podido sufrir realmente en y por la naturaleza humana hecha propia por Él personalmente".[124]

En virtud de la unión hipostática la Persona del Verbo se apropió la naturaleza humana haciéndola partícipe de su infinito acto de Ser, por el cual subsiste y actúa, de modo que existe un único Sujeto Divino como centro de atribución ontológica de todo lo humano referente a Cristo. Ahora bien, entre finito e infinito no es concebible una unión más profunda que esta.[125]

Es en virtud del prodigio de la unión hipostática como puede afirmarse que el Verbo, que es Dios, ha sufrido personalmente. Ese sufrimiento puede serle atribuido porque tiene una naturaleza humana corpórea, de la cual responde inmediatamente toda vez que es ontológicamente suya. Ahora bien, en cuanto Dios, permanece siempre inalterable e incapaz de sufrir en Sí mismo.

Por eso, el sufrimiento atribuido a Dios:

---

[124] *Ibidem*, pág. 32.

[125] *Ibidem*, pág. 69. Como dice Santo Tomás de Aquino: "Respondeo dicendum quod unio importat coniunctionem aliquorum in aliquo uno. Potest ergo unio incarnationis dupliciter accipi, uno modo, ex parte eorum quæ coniunguntur; et alio modo, ex parte eius in quo coniunguntur. Et ex hac parte huiusmodi unio habet præeminentiam inter alias uniones, nam unitas personæ divinæ, in qua uniuntur duæ naturæ, est maxima. Non autem habet præeminentiam ex parte eorum quæ coniunguntur" (*Summ. Theol.*, III^a, q. 2, a. 9, co.).

"...originado en la infeliz condición del hombre pecador es sólo metafórica, no teniendo otro fundamento real
que el Amor como supremo gesto del Bien, capaz sólo de
comunicarse y no de *alienarse*".[126]

"Es, al menos equivoco hablar de 'sufrimiento de Dios';
el cual tomado en sentido propio, esto es haciendo abstrac-
ción de toda metáfora, no sólo sería un 'misterio' sino un
absurdo".[127]

4.5.6. Conclusión

Estas teorías son rechazables porque, no solo niegan la inmutabilidad divina, sino también la libertad divina en la creación o en la
Encarnación así como la absoluta perfección de Dios, ya que también
supondría olvidar que la creación o la Encarnación no añaden ninguna gloria o perfección a Dios. Recuerdan las tesis gnósticas de las
emanaciones divinas, así como una suerte de monofisismo cristológico,
pues la Encarnación y el sufrimiento de Cristo afectaría a la naturaleza divina, que sería en último término, la que prevalecería sobre la
humana.

Además, otros argumentos en favor de estas teorías, no se sostienen
en absoluto. En efecto, la consideración de que el Bien es "difussivum
sui" se rebate sosteniendo que tal extensión del bien ya se produce en
la comunicación y procesiones intratrinitarias. Por otro lado, la afirmación de que la imagen de un Dios inmutable no es el Dios de la
Biblia, sino el apático dios pagano de los griegos, es un nuevo caso de
la falsa acusación de que la Iglesia helenizó el cristianismo: la inmutabilidad divina está revelada con toda claridad[128] y es absolutamente

---

[126] *Ibidem*, pág. 71.

[127] *Ibidem*, pág. 15.

[128] Cfr. Juan A. Jorge:*Dios Uno*..., cit., págs. 152 y 308ss.

conforme con la metafísica y teología sana y realista; la misma Biblia afirma la capacidad de la mente humana de llegar al conocimiento de Dios (Ro 1:20). Finalmente, como dice L. F. Mateo–Seco:

> "Se pretende así, además, explicar el problema del mal
> y presentar un Dios más 'cercano' al hombre, un Dios 'per-
> sonalmente implicado en el mal en cuanto víctima suya',
> olvidando que un Dios débil hasta ser él mismo víctima del
> poder del mal, ni puede existir, ni debe provocar otra cosa
> que la indignación o la desesperanza".[129]

Tal vez una de las obras que más han acertado en enfrentar todas las teorías del sufrimiento de Dios en sentido modernista sea la de Thomas Wienandy.[130]

Este autor recuerda que cuando la Biblia habla del Ser Supremo como un Dios compasivo, que reacciona, es afectado y sufre por el mal que causan los hombres (textos usados para la interpretación moderna del sufrimiento de Dios), en absoluto está prescindiendo de su trans-cendencia. Ambas realidades han de ser reconocidas y coordinadas:

> "Dios se revela a Sí mismo en el tiempo y la historia,
> y es así que llegó a ser conocido, solo porque Él es el tipo

---

[129]L. F. Mateo–Seco: *Teología de la Cruz*, en "Scripta Theologica" 14 (1982/1) 177; Id.: *Muerte de Cristo y Teología de la Cruz*, en "Cristo, Hijo de Dios y Redentor del Hombre. III Simposio Internacional de Teología", L. F. Mateo-Seco et al. (dirs.), Pamplona 1982, pp. 699–747; L. Iammarrone: o. c.; J. H. Nicolás: o. c. , págs. 271–273.

[130]T. Wienandy: *Does God Suffer?*, Notre Dame, University of Notre Dame Press, 2000. Cfr. el estudio de S. Ramos Mejía: *La Cuestión Del "Sufrimiento" De Dios. Una Aproximación al Pensamiento Teológico Contemporáneo*, Pamplona 2005 (Excerpta e Dissertationibus in Sacra Theologia Vol. XLVIII, n. 4), págs. 192–227. También critican ese modo de hacer teología: J.–H. Nicolas: *Aimante et Bienheureuse Trinité*, cit.; R. Creel: *Divine Impassibility*, Cambridge 1986.

de Dios que es, es decir, como aquél que es trascendente
y a la vez, capaz de actuar a través de las vidas históricas
de personas y naciones. La naturaleza de la inmanencia de
Dios es, por tanto, dependiente de la naturaleza de su trascendencia, y el pueblo Judío llegó a conocer la naturaleza
de la trascendencia de Dios sólo a través de su presencia y
acción inmanente".[131]

No es bíblico un Dios que pierda su transcendencia o su alteridad
en su actuación con los hombres. Además, presentar adecuadamente
la total alteridad de Dios no es necesario sólo para comprender correc-
tamente a Dios como Dios, sino para fundamentar el significado de
su actividad con relación al orden creado. No tendría ninguna ventaja
afirmar la total alteridad de Dios si no fuera el Dios Totalmente Otro
quien estuviera presente y actuara en el orden creado. De todos los
nombres que recibe Dios, los que mejor expresan su realidad transcendente y al mismo tiempo su actuación en favor de los hombres son el
de Uno, Salvador, Creador y Santo.[132]

Ya en el terreno de la teología sistemática, hay una serie de razones
que avalan la posición de que Dios en su naturaleza divina no puede
sufrir, es decir que Dios no siente ningún dolor físico, toda vez que no es
corpóreo, y por lo mismo, tampoco tiene cambios pasibles de estado
como si experimentase alguna forma divina de agitación emocional,
angustia, agonía o aflicción.[133] Con todo hay que afirmar que Dios
se apena y compadece por el pecado y el sufrimiento de los hombres,
pero lo hace de un modo conforme con su naturaleza impasible.[134] En
efecto:

---

[131] *Ibidem*, pág. 42.

[132] *Ibidem*, págs. 54–56.

[133] *Ibidem*, pág. 153.

[134] *Ibidem*, nota al pie de página.

1. *La naturaleza del pecado.* La causa del sufrimiento y del desorden en el hombre es el pecado. Por eso, el mal y el sufrimiento son realidades que se dan en el orden creado, son privaciones y tienen su origen en el mal uso o uso desordenado de lo que es ontológicamente bueno.

2. *La naturaleza de la creación.* El concepto de creación explica muy bien tanto la trascendencia de Dios como la dependencia de todo lo creado del Creador.[135]

3. *El acto creador de Dios no puede producir nada malo.* Más aún, siendo Dios perfectamente bueno y origen del bien, no puede crear algo que sea ontológicamente malo. Dios no puede crear nada que le cause a Él o a los demás el sufrimiento. La causa del sufrimiento –en cuanto privación de un bien– sólo puede tener lugar en el orden creado.

4. *La distinción ontológica entre Dios y el orden creado* previene a Dios de ser afectado por el mal que tiene lugar en el orden creado y por lo tanto le hace inmune al sufrimiento.[136]

5. Concebir a Dios como compartiendo compasivamente el sufrimiento y la pena humanos *exigiría que Dios se situara en el mismo orden ontológico en el cual el mal tiene lugar*, olvidando o negando su transcendencia, con lo que tendríamos una teodicea panteísta,[137] con el olvido del "ex nihilo" y sus consecuencias.[138]

---

[135] *Ibidem*, pág. 153.

[136] *Ibidem*, pág. 153.

[137] *Ibidem*, pág. 154.

[138] De hecho, muchos de los autores de las teologías del sufrimiento de Dios, tienen unas concepciones muy ambiguas de la teología de la creación. *Ibidem*, págs. 155ss.

6. *La naturaleza del sufrimiento* es el de una privación de un bien.
Si esto es así: "Si Dios sufriese, esto significaría que Él fue desprovisto de un bien, pero si Él fue desprovisto de un bien, no
sería totalmente en acto, porque ahora estaría en potencia de
obtener o re-obtener el bien, y si Él no fuese totalmente en acto, como *ipsum esse*, entonces no podría crear, y si no pudiese
crear, no podría tener la relación absolutamente inmediata, su-
premamente dinámica, totalmente íntima e interminablemente
duradera que tiene con la creación y con las personas humanas
que el acto de creación establece".[139]

7. *El concepto de Persona divina.* Las personas de la Trinidad son
relaciones subsistentes totalmente en acto; no pueden ser priva-
das de su bondad y amor perfectos y totalmente en acto: "Para
las personas de la Trinidad, ser relaciones subsistentes totalmente en acto significa que ellas poseen la singular habilidad, com-
plementaria con ser *actus purus*, de relacionar, con el acto de
creación, a las criaturas consigo mismas tal como ellas son en
su mutuo y reciproco amor y bondad, y por tanto, de un modo
inmediato, dinámico, íntimo e inquebrantable".[140] Si las Personas divinas sufrieran ya no serían relaciones subsistentes en acto
puro, por lo que serían incapaces de crear y de relacionar a las
creaturas con Ellas.

8. *La naturaleza del amor.* Si bien en la presente condición humana
el amor implica la buena voluntad de sufrir y se manifiesta totalmente en el sufrimiento, el sufrimiento mismo no es un elemento
constitutivo del amor. En efecto, poner fin al sufrimiento, al mal
y al pecado no significa poner fin o disminuir el amor. Luego el

---

[139] *Ibidem*, pág. 158.
[140] *Ibidem*, pág. 158.

sufrimiento no es un bien en sí mismo ya que siempre tiene origen en la ausencia de algún bien, y un amor que sufre tiene como causa la ausencia de algún bien que la persona amada debería tener: "La razón por la que los seres humanos están dispuestos a sufrir es el bien del amor y de ahí que el sufrimiento, que va unido al amor, sea visto como un bien, pero es precisamente el amor que es un bien y no el sufrimiento en sí mismo".[141]

9. *El amor divino.* Es amor divino se muestra en toda su realidad y con todas sus características de perfección, precisamente por la independencia con respecto al sufrimiento. En efecto:

- Un Dios que no sufre es capaz de amar de un modo absolutamente libre. En efecto, si Dios sufriese, no sólo necesitaría aliviar el sufrimiento de otros sino su propio sufrimiento. Por tanto, podría haber un cierto interés personal de Dios en su amor. Sin embargo, toda vez que Dios no sufre, Él es absolutamente libre en su cuidado y amor por los que sufren.[142]

- Dios, como acto puro y, correlativamente, como Trinidad de personas totalmente en acto, posee un amor que es totalmente en acto. Las personas de la Trinidad son inmutables e impasibles en su amor, no porque éste sea estático o inerte, sino porque es totalmente dinámico y apasionado en su entrega, en la entrega de cada Persona divina a las demás. Por eso, Dios, como Trinidad de personas, no necesita actualizar algunos aspectos del amor, para llegar a amar más. El amor humano adquiere o actualiza diversas facetas de acuerdo con las circunstancias. Así, a veces

---

[141] *Ibidem*, pág. 160.
[142] *Ibidem*, pág. 160.

se manifiesta como un amor compasivo y otras como un amor que reprende y amonesta. El amor de Dios que es totalmente en acto, no necesita actualizar una u otra faceta dependiendo de las circunstancias: "...Eternamente, Dios está adaptado, de un modo inmutable e impasible, a cada situación y circunstancia, no porque su amor sea indiferente o no corresponda, sino porque su amor, con todas sus facetas, es totalmente en acto, y por tanto, Él es suprema y totalmente receptivo a cada situación y circunstancia".[143]

- Algunas facetas del amor, como la compasión, misericordia, aflicción y pena, se atribuyen a Dios de modo metafórico. No obstante, "ellas son, verdadera y realmente, facetas del amor de Dios totalmente en acto y son experimentadas de ese modo por los seres humanos. Dios verdaderamente llora por el pecado y realmente se aflige por la injusticia, no porque Él haya perdido algún bien (lo cual implicaría una pena y aflicción centrada en Sí mismo) y por tanto sufre, sino porque, en su amor, Él sabe que aquél a quien ama está sufriendo debido a la ausencia de algún bien".[144]

En conclusión, la expresión *Dios sufre* sólo podría utilizarse como manera de expresar el repudio de Dios al mal y al pecado y como modo de acentuar el cuidado amoroso que Dios tiene para quien sufre. Sin embargo, no puede utilizarse esta expresión si con ella quiere decirse que Dios experimenta alguna forma de angustia o desgracia interior debida a una injuria personal o a la pérdida de algún bien.[145] Con

---

[143] *Ibidem*. pág. 161.

[144] *Ibidem*, págs. 164ss.

[145] *Ibidem*, pág. 169.

todo, esta expresión se presta más a confusión que a aclarar bien la realidad de Dios, de la creación, de la Encarnación o de la Redención.

4.6. Encarnación: una obra de la Santísima Trinidad

Jesucristo es el Hijo de Dios encarnado. Es Dios verdadero y hombre verdadero. Así aparece con toda claridad en la Revelación, lo ha proclamado el Magisterio y lo ha profundizado la sana teología.

La Encarnación fue la misión que Dios Padre hizo de su Hijo al Mundo para que nos redimiera. Por tanto el que se encarnó fue el Hijo de Dios, no el Padre ni el Espíritu Santo.

Sin embargo la obra de la Encarnación, como obra "ad extra" de Dios, es de toda la Trinidad.

4.6.1. Sagrada Escritura, Tradición y Magisterio

Así se manifiesta en la Sagrada Escritura, la Tradición y el Magisterio:

1. *La Sagrada Escritura* atribuye la obra de la Encarnación a cada una de las tres divinas Personas:

   - Por un lado se atribuye a la Persona del Padre: Heb 10:5, "Ideo ingrediens mundum dicit: 'Hostiam et oblationem noluisti, corpus autem aptasti mihi' "; Ga 4:4, "...at ubi venit plenitudo temporis, misit Deus Filium suum, factum ex muliere, factum sub lege".

   Tal atribución presenta los siguientes rasgos:

   a) Dios es designado como "el Padre de nuestro Señor Jesucristo" (Ro 15:6; 2 Cor 1:3; 11:31).

b) El Padre es quien tiene la iniciativa de la Encarnación:
envía a su Hijo en la plenitud de los tiempos (Ga 4:4);
el Padre realiza, así, en el Hijo el misterio escondido
desde la creación del mundo: recapitular todo en Cristo
(Ef 1: 3–6; Mc 1:15; 1 Cor 2: 7–10; Ef 1:10; Col 1:26;
1 Pe 1:20; Jn 17:24; Ef 3: 3–11; Heb 1:2).

c) Cristo es el "enviado del Padre" (cfr. Mt 10:40; 15:24;
21:37; Mc 9:37; 12:6; Lc 4:43; 9:48; 10:16; 20:22;
Jn 4:34).

d) Cristo realiza la obra del Padre (cf. Jn 5: 17.19.23.24.27.
30.37; 6:38.44; 10: 15–18.25.29.36.38; Hech 3: 13–26).

e) El Padre preside toda la vida y la obra de Cristo: su
Encarnación (Ga 4:4), el Hijo enseña lo que escucha
al Padre (Jn 7:16; 8: 26.38); el Padre es el que rige
la Pasión del Hijo (Jn 10:18; Hech 2:23; Ro 3:25; 8:38;
2 Cor 5:18); resucita al Hijo (Ro 10:9; Flp 2:9); el Padre
le da todo el poder (Jn 3:35; 5: 19.36; 10:17; 14:10.12;
15:9; 17: 23ss; Hech 10:38).

En teología trinitaria, esta actuación del Padre en la Encarnación y obra redentora del Hijo se explica por la teología
de las "misiones".[146] La "misión" del Hijo (Ga 4:4; Jn 3:17;
5:23; 6:57; 17:18) manifiesta hacia el exterior, en la Historia,
lo que Él es en el seno intratrinitario: su generación eterna
del Padre. Como dice el Concilio XI de Toledo:

"Hic igitur Spiritus Sanctus missus ab utrisque
sicut Filius (a Patre) creditur; sed minor a Patre et

---

[146]Se entiende por *envío* o *misión* la intimación o comunicación de la voluntad
(mediante un acto de imperio, mandato, consejo o cualquier otro modo) de una
persona a otra en orden a ejecutar un efecto exterior. Cfr. las explicaciones de J.
Ibáñez y F. Mendoza: *Dios Trino*..., cit., págs. 185–195.

Filio non habetur, sicut Filius propter assumptam carnem minorem se Patre et Spiritu Sancto esse testatur".[147]

Son elementos propios de la misión los siguientes:

a) La procesión o cierta relación u orden del enviado con respecto al que lo envía, como su término "*a quo*". En este sentido, la persona enviada se encuentra en relación de dependencia con respecto a la persona que la envía. Existiendo en Dios unidad de naturaleza, *la dependencia sólo es de origen*.

b) Cierta ordenación de la persona enviada con relación a la finalidad de su misión, como término "*ad quem*". La finalidad de la misión es la presencia del enviado en algún lugar determinado. Siendo la esencia divina omnipresente como sabemos, esta *presencia del enviado no puede ser sino un "nuevo modo de presencia"*.

c) Por eso, las misiones divinas no son sino un reflejo del orden de las procesiones inmanentes u origen de las Personas divinas, por lo que ni la Santísima Trinidad ni el Padre pueden ser enviados, aunque sí pueden "venir", "inhabitar" (Jn 14:23) o "aparecer" (Mt 3:17; 17:5) de un modo sensible.

Por eso se dice que el Padre envía y no es enviado; el Hijo es enviado y envía; el Espíritu Santo es enviado pero no envía. Cristo es el enviado del Padre para cumplir en el mundo la obra del Padre.

- En segundo lugar, la Encarnación se atribuye al Hijo: Flp 2:7, "sed semetipsum exinanivit formam servi accipiens,

---

[147]*D. S.* 527.

in similitudinem hominum factus; et habitu inventus ut homo".

Encontramos los siguientes rasgos:

a) En la Encarnación, es el Hijo el que viene desde la eternidad, desde arriba o desde el cielo al mundo y al tiempo creado (Jn 1:15; 3: 13.31; 5:43; 6:38; 7: 28ss; 8:42; etc.).

b) El Hijo se hace carne, semejante a los hombres (Jn 1:14; Flp 2:7; Heb 10:5).

c) El Hijo del hombre "viene" con una finalidad variada: llamar a los pecadores, traer fuego a la tierra, buscar y salvar lo que estaba perdido, dar cumplimiento a las profecías, dar la vida por muchos, etc. (Mt 5:17; 8:11; 9:13; 20:28; Mc 2:17; 10:52; Lc 5:32; 12:49; 19:10; etc.).

d) Su llegada al mundo, y toda su vida, es acto de obediencia al Padre (Heb 10: 5.7; Jn 3:4; 5:30; 6:38; 8:29; Flp 2:8; Ro 5:19; etc.).

e) El Hijo se encarna en forma da anonadamiento, en "kénosis" (Flp 2: 6–8).

f) La Encarnación y la Redención son misterios intrínsecamente unidos (Mt 1:21; Flp 2:9; Hech 4:12).

- Finalmente, la Encarnación también se atribuye al Espíritu Santo: Lc 1:35, "Spiritus Sanctus superveniet in te, et virtus Altissimi obumbrabit tibi: ideoque et quod nascetur sanctum, vocabitur Filius Dei"; Mt 1:20, "noli timere accipere Mariam coniugem tuam. Quod enim in ea natum est, de Spiritu Sancto est".

Este protagonismo de la tercera Persona trinitaria en la Encarnación se manifiesta de modos diversos:

- La concepción del Hijo de Dios en el seno de María se atribuye al Espíritu Santo, tanto en el Evangelio de San Lucas como en el de San Mateo (Lc 1:35; Mt 1:18).

- De un modo singular se manifiesta la acción del Espíritu en la "unción" de Jesús ("el Cristo"), tal como se manifiesta en la Encarnación y en su bautismo.[148]

- Toda la existencia histórica del Verbo está presidida por la presencia del Espíritu, desde su concepción a su exaltación: bautiza en el Espíritu Santo y fuego; el Espíritu está sobre él de un modo permanente y no transitorio; se le da el Espíritu sin medida; sus palabra son espíritu y vida; promete el don del Espíritu; Jesús entrega su Espíritu; etc. (Lc 1: 15.35.41.67; Mt 1:20; Lc 4:18; Hech 10:38; Jn 1: 32–33; 3: 34ss; 6:63; 7: 37–39; 14: 16.17.26; 15:26; etc.).

- El Espíritu Santo se define no solo por su relación con el Padre (Jn 14: 16.26; 15:26) sino también con el Hijo (Jn 15:26; 16: 7.13–14), como se puede comprobar en toda la teología del "filioque" en el tratado de Trinidad.[149]

Un texto en el que se manifiesta la relación de cada una de las Personas divinas en el hecho de la Encarnación es el de Ga 4: 4–6: "...at ubi venit plenitudo temporis, misit *Deus Filium suum*, factum ex muliere, factum sub lege, ut eos, qui sub lege erant, redimeret, ut adoptionem filiorum reciperemus. Quo-

---

[148]Hay que rechazar las interpretaciones que atribuyen al momento del bautismo del Señor su constitución como Mesías, o como Hijo adoptivo, etc., que se dan desde los comienzos del cristianismo y llegan hasta nuestros días.

[149]Cfr. Juan A. Jorge: *Dios Uno...*, cit., págs. 501–527.

niam autem estis filii, misit Deus *Spiritum Filii* sui in corda
nostra clamantem: 'Abba, Pater'!"

2. *Entre los Santos Padres*, se puede recordar a San Agustín, quien
   recogiendo toda la tradición patrística, concluía: "El hecho de
   que María concibiese y diese a luz es obra de la Trinidad, ya que
   las obras de la Trinidad son inseparables".[150]

3. *El Magisterio* de la Iglesia recogerá y defenderá la misma doctrina:

   - Concilio XI de Toledo, afirma con toda claridad que, aunque
     el encarnado fue solo el Verbo, la Encarnación es obra de
     toda la Trinidad:

     > "Item cum unius substantiæ credamus esse Pa-
     > trem et Filium et Spiritum Sanctum, non tamen
     > dicimus, ut huius Trinitatis unitatem Maria Virgo
     > genuerit, sed tantummodo Filium, qui solus natu-
     > ram nostram in unitate personæ suæ assumpsit.
     >
     > Incarnationem quoque huius Filii Dei tota Tri-
     > nitas operasse credenda est, quia inseparabilia sunt
     > opera Trinitatis. Solus tamen Filius formam servi
     > accepit (cf Flp 2:7) in singularitate personæ, non
     > in unitate divinæ naturæ, in id quod est proprium
     > Filii, non quod commune Trinitati: quæ forma illi
     > ad unitatem personæ coaptata est, id est ut Fi-
     > lius Dei et Filius hominis unus sit Christus. Item
     > idem Christus in his duabus naturis, tribus exstat
     > substantiis: Verbi, quod ad solius Dei essentiam re-

---

[150]San Agustín: *De Trinitate*, II, V, 9. (*P. L.* 42, 850).

ferendum est, corporis et animæ, quod ad verum hominem pertinet".[151]

- Y el Concilio Lateranense IV sostuvo la misma verdad:

   "Et tandem unigenitus Dei Filius Jesus Christus, a tota Trinitate communiter incarnatus, ex Maria semper Virgine Spiritus Sancti cooperatione conceptus, verus homo factus, ex anima rationali et humana carne compositus, una in duabus naturis persona, viam vitæ manifestius demonstravit..."[152]

4.6.2. Consideraciones teológicas

La teología trinitaria establece con toda firmeza que las obras "ad extra" de Dios son comunes a las tres divinas Personas, ya que las personas obran a través de la naturaleza y la naturaleza es una e indivisible, con un único poder común a las tres.[153] Además no es sino un corolario de la llamada ley fundamental de la Trinidad que recoge el Concilio de Florencia: "En Dios todo es uno salvo la oposición de la relación", lo que no se da en las operaciones "ad extra".[154]

No obstante hay que recordar que *el Dios Uno es el Dios Trino*: en toda obra divina operan el Padre, el Hijo y el Espíritu Santo mediante su omnipotencia común.

---

[151] D. S. 535.

[152] D. S. 801.

[153] Para los textos del Magisterio, de los Santos Padres y las razones teológicas, cfr. Juan A. Jorge: *Dios Uno...*, cit., pags. 727–732.

[154] "Omniaque sunt unum, ubi non obviat relationis oppositio" D. S. 1330; Cfr. también Sínodo de Letrán del a. 649 (D. S. 501); Sínodo XI de Toledo (D. S. 531); Concilio IV de Letrán (D. S. 800); *Mystici Corporis*, de Pio XII (D. S. 3814). Cfr. San Gregorio Nacianceno: *Oratio* 20, 31, 34, 41; San Agustín: *De Civitate Dei*, XI, 10.

Por eso, fue obra de las tres divinas personas:

- La formación del cuerpo de Cristo en el seno de la Virgen María.

- La creación de su alma humana.

- La asunción de ese cuerpo y esa alma uniéndolas a la segunda Persona divina.

En cambio, la naturaleza humana de Cristo está unida hipostáticamente solo a la Segunda Persona, y no a la Primera o a la Tercera. Santo Tomás de Aquino lo expresa de un modo claro:

> "Respondeo dicendum quod, sicut dictum est, assumptio duo importat, scilicet actum assumentis, et terminum assumptionis. Actus autem assumentis procedit ex divina virtute, quæ communis est tribus personis, sed terminus assumptionis est persona, sicut dictum est. Et ideo id quod est actionis in assumptione, commune est tribus personis, sed id quod pertinet ad rationem termini, convenit ita uni personæ quod non alii. Tres enim personæ fecerunt ut humana natura uniretur uni personæ filii".[155]

De este mismo principio, según el cual el acto de asumir es propio de la naturaleza divina y por tanto común a las tres divinas Personas, deduce el Santo que podrían haberse encarnado tanto el Padre como el Espíritu Santo:

> "Respondeo dicendum quod, sicut dictum est, assumptio duo importat, scilicet ipsum actum assumentis, et terminum assumptionis. Principium autem actus est virtus

---

[155]Santo Tomás de Aquino: *Summ. Theol.*, IIIª, q. 3, a. 4, co.

divina, terminus autem est persona. Virtus autem divina communiter et indifferenter se habet ad omnes personas. Eadem etiam est communis ratio personalitatis in tribus personis, licet proprietates personales sint differentes. Quandocumque autem virtus aliqua indifferenter se habet ad plura, potest ad quodlibet eorum suam actionem terminare, sicut patet in potentiis rationalibus, quæ se habent ad opposita, quorum utrumque agere possunt. Sic ergo divina virtus potuit naturam humanam unire vel personæ patris vel spiritus sancti, sicut univit eam personæ filii. Et ideo dicendum est quod pater vel spiritus sanctus potuit carnem assumere, sicut et filius".[156]

Con todo, el Santo establece la conveniencia de que fuera el Hijo el que se encarnara. Este último alcance no es compartido por algunos teólogos, como se verá más adelante, quienes afirman que la Encarnación en el Hijo era necesaria y no conveniente, una vez tomado el decreto de la Encarnación por parte de Dios.

Por eso existe una profunda relación entre el misterio trinitario y el cristológico: la Encarnación tiene su fuente y explicación en la Trinidad; y la Trinidad se expresa "ad extra" no solo en la creación, sino también en el misterio de Cristo. Por eso decía Scheeben que:

"Evidentemente el misterio de la Encarnación se halla en la más íntima relación con el de la Trinidad. La Encarnación tiene su explicación y su fuente en la Trinidad; ésta encuentra en aquélla su continuación "ad extra" y su máximo significado para el mundo exterior... Si en Dios mismo no hubiera comunicación y glorificación interiores,

---

[156]Santo Tomás de Aquino: *Summ. Theol.*, IIIª, q. 3, a. 5, co.

infinitas, quedaría suprimido el fundamento para la Encarnación de una Persona divina, no solamente porque así
tampoco habría en Dios más que una sola Persona, sino
principalmente porque así la idea de comunicación y glorificación infinitas de Dios no tendría raíz, no tendría punto
de empalme en el seno de la divinidad. No habría un organismo, del cual pudiese deducirse la idea de la Encarnación
y en el cual pudiese engastarse".[157]

Por eso, la profundización en la realidad ontológica de Jesucristo
nos lleva al misterio trinitario: Jesucristo es la Segunda Persona de la
Santísima Trinidad hecho hombre. Por lo mismo el amor que rige todo
el actuar de Cristo y su obra redentora, nos manifiesta la realidad
del Amor Substancial intra–trinitario. Es por eso, que la revelación
del misterio trinitario se produce solo en el Nuevo Testamento, como
queda claro en el tratado de Trinidad.[158]

Y, sin embargo, es necesario reafirmar lo profundo del Misterio de
la Encarnación, ya que como dicen F. Ocariz, L. F. Mateo–Seco y J.
A. Riestra:

> "... el acto de la Encarnación, siendo una acción *ad ex-
> tra*, tiene su término *ad intra* (dentro de la intimidad trini-
> taria), pues la Humanidad de Jesús es asumida —"introdu-
> cida"— en la Trinidad como humanidad del Hijo, y no del
> Padre o del Espíritu Santo: en Padre envía a su Hijo a la
> humanidad, y el Espíritu Santo es unción perfecta de la
> humanidad del Hijo".[159]

---

[157]M. Scheeben: *Los Misterios del Cristianismo*, Herder, Barcelona 1957, pág.
380.

[158]Cfr. Juan A. Jorge: *Dios Uno...*, cit., págs. 168ss.

[159]F. Ocariz, L. F. Mateo–Seco y J. A. Riestra: *El Misterio...*, cit., págs. 118–
119; cfr. F. Marinelli: *Dimensione Trinitaria dell'Incarnazione*, en "Divinitas" 13
(1969) 271–143; Id.: *L'Incarazione del Loge e lo Spirito Santo*, en "Divinitas" 13
(1969) 497–556.

4.6.3. Reinterpretación neomodernista

La teología de cuño neomodernista recoge el principio que aquí se estudia (la Encarnación como obra de la Trinidad) para insistir en la diferencia entre *Trinidad inmanente* y *Trinidad económica*: la realidad ontológica de la Trinidad (inmanente) se manifiesta en la expresión y manifestación de la misma en la Historia de la Salvación (económica). De ahí se extrae la consecuencia de que la Trinidad inmanente es la económica y viceversa.[160]

En principio no habría mayor inconveniente en tal identidad. De hecho Dios se revela como Trinitario en el Nuevo Testamento, cuando la Segunda Persona se encarna y la Tercera Persona es enviada a la Iglesia. La Iglesia ha ido clarificando su doctrina trinitaria a partir de los textos de la Sagrada Escritura que nos narran las acciones de Dios Trinitario.

Sin embargo hay un peligro en el modo cómo se interpreta esta identidad por parte de la teología neo–modernista:

- En primer lugar, porque se tiende a despreciar la llamada Trinidad ontológica o inmanente como una elucubración eclesial que en el fondo traiciona la Revelación, por lo que se proponen teologías trinitarias pre-nicenas, o bíblicas con una curiosa distinción incluso entre trinidad *pre–* y *post–pascual*, que incidiría en el mencionado principio de que el Magisterio y la teología clásica habrían desvirtuado, manipulado o incluso creado el Misterio Trinitario.

---

[160]Cfr. K. Rahner: *Advertencias sobre el Tratado Dogmático 'De Trinitate'*, en "Escritos de Teología", IV, Madrid, Taurus, 1961, págs. 105–136; J. Meyendorff: *La Teología Bizantina*, Casale, Marietti, M. 1984, págs. 224ss.; W. Kasper: *El Dios de Jesucristo*, Salamanca, Sígueme, 1985, págs. 312ss.

- En segundo lugar, porque siendo absolutamente necesarias las procesiones intradivinas de la generación y de la espiración, se podría dar a entender que los acontecimientos de la Encarnación, la Redención o el envío del Espíritu Santo, también eran necesarios, con lo que se estaría negando la infinita libertad y amor de Dios en su obra salvadora.

- En tercer lugar, la insistencia en la Trinidad económica, puede llevar a una imagen Tri–teísta de la Trinidad, pues marcando con fuerza la obra de cada una de las Personas en la Historia de la Salvación, se puede olvidar o malentender la realidad de la unidad entre las mismas, que expresó tan claramente la teología clásica con las verdades de la identidad de las Personas divinas con la naturaleza divina y la "perichoresis" o "circuminessio".[161]

4.7. Conveniencia de la Encarnación

El hecho de la Encarnación plantea otros tres problemas que involucran la realidad de Dios Uno y Trino y que se estudian bajo el apartado de *la conveniencia de la Encarnación*:

- Desde el punto de vista de la divinidad: ¿es coherente la Encarnación con los atributos y perfecciones divinas?

- Desde el punto de vista del Verbo: ¿fue conveniente que la Encarnación se operara en la Segunda Persona de la Trinidad?

- Desde el punto de vista de la naturaleza humana: ¿es posible que una naturaleza humana fuera asumida por una Persona divina y sin embargo no quedara desvirtuada por tal hecho?

---

[161]Cfr. Juan A. Jorge: *Dios Uno...*, cit., págs. 576ss. y 714–733.

Todos ellos tienen el substrato común del atributo de la Bondad y el amor divinos infinitos. El bien es "difussivum sui", y este principio se manifiesta en el Bien Supremo, Dios, tanto a través de la inefable comunicación de la naturaleza divina en las procesiones intratrinitarias, como en las obras "ad extra" de Dios, donde el amor y la bondad divina se derraman sobre las creaturas.

En esa "comunicación y expansión" que produce el amor y el bien, Dios se comunicó con sus criaturas cada vez de un modo más intenso e inefable, como en graduación de menor a mayor:

1. En primer lugar, en la creación del mundo invisible y visible, donde Dios dejó su "huella" impresa, de modo que a través de las obras de Dios podemos llegar a conocer su eterno poder y divinidad (Ro 1:20), pues Dios es causa eficiente y ejemplar de la creación.[162]

2. En segundo lugar, en la donación de la gracia, una forma de participación en la naturaleza divina, que llega a su máxima expresión en la inhabitación Dios en el justo.[163] Es una unión con el ser humano o angélico que no es hipostática, sino más bien un "vivir en", "habitar" o "inhabitar".

3. En tercer lugar, en la Encarnación del Verbo, donde la unión entre Dios y la creatura humana es hipostática.

Esta última inefable comunicación plantea algunas preguntas sobre la conveniencia de la misma, como ya se indicaba.

---

[162]Cfr. Juan A. Jorge: *Dios Uno...*, cit., págs. 45–80.
[163]Cfr. Juan A. Jorge: *Dios Uno...*, cit., págs. 755ss.

4.7.1. Conveniencia de la Encarnación desde el punto de vista de las perfecciones divinas

Ya hemos visto cómo la teología kenótica y la "theologia crucis" de cuño protestante acepta que la divinidad puede ser afectada por el pecado y el dolor de los hombres, a los que Dios de algún modo hace suyos en su propia naturaleza divina, lo que es inaceptable. También consideramos la recta doctrina al respecto.

Por el contrario, la sana teología muestra cómo en la Encarnación brillan de un modo singular los atributos y perfecciones divinas. En efecto:

1. *El amor divino que perdona* queda extraordinariamente manifiesto. Dios, que es amor (1 Jn 4: 8.16) y que es fiel (1 Tes 5:24), en la Encarnación muestra su amor por nosotros al máximo; como decía el mismo Jesús: "Sic enim dilexit Deus mundum, ut Filium suum unigenitum daret, ut omnis, qui credit in eum, non pereat, sed habeat vitam æternam" (Jn 3:16). Es un amor que supera las consecuencias lógicas del pecado y que desea perdonar (Lc 15: 11–32), reparar el desorden introducido en la creación (Ro 8:19) y engrandecer al ser humano con la invitación a la participación en la naturaleza divina. Esta realidad supera todo lo imaginable por la mente humana y los mitos de las religiones paganas, hasta el punto que el máximo acto de amor, el de la Cruz, fue considerado por los judíos como "escándalo" y por los paganos como "locura": "...nos autem prædicamus Christum crucifixum, Iudæis quidem scandalum, gentibus autem stultitiam" (1 Cor 1:23).[164]

---

[164]Es necesario tener en cuenta que la Redención no se opera automáticamente y universalmente por el hecho de la Encarnación, con la lógica consecuencia de que todos los hombres están salvados con independencia de sus decisiones personales o su rechazo a la Salvación ofrecida por Dios, según sostiene las teorías del *cristianismo anónimo*, siguiendo las tesis de la teología neo–modernista que estudiaremos. Cfr. F. J. Dörmann: *Pope John Paul II Theological Journey*, 3 vols., Angelus Press, Kansas City, 2007.

2. *El poder omnipotente de Dios y su eterna sabiduría* en la Encarnación sobresalen de un modo particular al aunar en esta obra la trascendencia divina infinita (como diría el Concilio de Calcedonia, al tratar de la unión de la naturaleza humana y divina en el Verbo: "sin mezcla, sin confusión") y la máxima comunicación de Dios con la creación (como dice el mismo Concilio: "sin separación, sin división"). La realidad del poder de Dios desmontaba las ideas humanas del panteísmo (Dios mezclado, confundido, unido en su naturaleza con la creatura) y del deísmo (Dios creador, pero dejando a la creación abandonada a su albur).[165]

3. *La infinita justicia y misericordia* de Dios brillan especialmente al comprobar cómo en la Encarnación y en la Redención, Dios ve realizadas las exigencias de su infinita justicia (reparación "ex toto rigore iustitiæ" hecha por un hombre y con un valor infinito) y al mismo tiempo su insondable amor misericordioso, pues la Encarnación es iniciativa del amor del Padre (es Dios mismo el que se Encarna para darle un valor infinito a la reparación operada por el hombre Jesús en nombre de toda la humanidad).[166]

4. *La realidad del Amor Substancial* se manifiesta también en todas sus notas esenciales, como ha manifestado A. Gálvez en sus obras.

---

[165]Cfr. cómo los Santos Padres argumentaban en favor de la omnipotencia de Dios siguiendo este razonamiento: S. Gregorio de Nisa: *Oratio Catechetica Magna*, 24; San Basilio Magno: *In Psalmum 44*, n. 5; L. F. Mateo–Seco: *Estudios de la Cristología de Gregorio de Nisa*, Eunsa, Pamplona, 1978, págs. 101–127; cit. por F. Ocáriz, L. F. Mateo–Seco y J. A. Riestra: *El Misterio...*, cit. pág. 123.

[166]S. Juan Damasceno: *De Fide Orthodoxa*, III, 1 (*P. G.*, 94, 983); San León Magno: *Sermo 21 Ad Nativitate Domini*, 2 (*P. L.*, 44, 191–192); S. Agustín: *De Agone Christiano*, 21, (*P. L.*, 40, 297); Santo Tomás de Aquino: *Summ. Theol.*, IIIª, q. 46, a. 3; Id.: *Summ contra Gent.*, IV, 54. Cit. por F. Ocáriz, L. F. Mateo–Seco y J. A. Riestra: *El Misterio...*, cit. pág. 125.

En efecto, A. Gálvez, a través de la investigación de la relación entre los tres grados del amor (el amor esencial —intradivino—; el analogado principal —el amor divino–humano—; y los analogados secundarios —los amores humanos en sus diferentes manifestaciones: esponsal, fraternal, filial, paternal, de amistad, etc.—), llega a las notas esenciales[167] del amor: bilateralidad, personalidad, entrega total, incondicionalidad, atemporalidad, etc.[168]

En efecto, en la Encarnación se realiza en plenitud y perfección las siguientes notas del Amor:

- La entrega total del amante al amado.

---

[167] A. Gálvez las llama "leyes fundamentales del amor" —*Comentarios*..., cit., vol. I, pág. 104—, o "reglas universales y constantes del amor" —*ibidem*, pág. 100—.

[168] Los textos son contundentes: "La nota esencial de *reciprocidad* inherente al amor..." (A. Gálvez: *Comentarios*..., cit., vol. I, pág. 107, n. 3. A. Gálvez: *Siete*..., cit., págs. 207.211; etc.). La nota de la *totalidad* que "responde a la esencia del amor" (*Ibidem*, pág. 45). La nota de la *inmediatividad*: el amor es intermediario e inmediato al mismo tiempo (*Ibidem*, págs. 47–48). La nota de la *entrega de los amantes*: "lo realmente decisivo, en el verdadero amor, es que los amantes se entreguen el uno al otro en totalidad" (*Ibidem*, pág. 116.). La nota de *la mutua posesión y pertenencia* de los amantes es esencial en el amor: "ser objeto de posesión o pertenencia es precisamente lo primero que desea quien está verdaderamente enamorado" (*Ibidem*, pág. 66). La nota de la *comunión–unión de vidas* y la *identidad* de los amantes: el amor produce la unidad, pero no destruye la realidad de las personas, puesto que de otro modo, se auto–destruiría como tal amor: "...el Amor, que se identifica con el Ser infinito y con el Sumo Bien, es un *ser personal*, en el que se dan, además, pluralidad de personas, sin que eso sea obstáculo a la perfecta simplicidad y a la absoluta unicidad de su esencia..." (*Ibidem*, pág. 112). La nota de *la libertad* y su relación con la nota de posesión (*Ibidem*, pág. 67). La nota de la *patentización*: el amor necesita patentizarse por su propia naturaleza (*Ibidem*, págs. 100–101). La nota de la *plena realización* de cada uno de los amantes: la felicidad se concreta en un estado de excitación y exaltación, producido por una cierta exuberancia de vida, que se traduce a su vez en el sentimiento de una plena actuación de todas las potencias vitales y de que se han alcanzado, por fin, los deseos más íntimos y profundos del corazón; no cabe duda de que se trata de sentimientos que responden adecuada y satisfactoriamente al ansia de vivir (*Ibidem*, pág. 185).

- La unión entre amante y amado.

- La igualdad entre amante y amado.

- La reciprocidad entre amante y amado.

- etc.

Como decía Santo Tomás de Aquino:

> "Cum amicitia in quadam æqualitate consistat, ea quæ multum inæqualia sunt, in amicitia copulari non posse videntur. Ad hoc igitur quod familiarior amicitia esset inter hominem et Deum, expediens fuit homini quod Deus fieret homo, quia etiam naturaliter homo homini amicus est: ut sic, dum visibiliter Deum cognoscimus, in invisibilium amorem rapiamur".[169]

4.7.2. Conveniencia de la Encarnación con relación a la Segunda Persona Trinitaria

Otro aspecto desde el que se puede estudiar la conveniencia de la Encarnación es desde el punto de vista de la Persona que se Encarna. ¿Convenía que la Encarnación, obra de toda la Trinidad, fuera hecha en el Verbo?

El hecho

Hay que afirmar primero la cuestión de hecho: realmente fue la Persona del Hijo la que se unió personalmente a la humanidad. Es una verdad de todo el Nuevo Testamento, que queda resumida con claridad en Heb 1: 1–3 ("Multifariam et multis modis olim Deus locutus patribus in prophetis, in novissimis his diebus locutus est nobis

---

[169]Santo Tomás de Aquino: *Contra Gentiles*, lib. 4, cap. 54, n. 6.

in Filio, quem constituit heredem universorum, per quem fecit et sæcula; qui, cum sit splendor gloriæ et figura substantiæ eius et portet
omnia verbo virtutis suæ, purgatione peccatorum facta, consedit ad
dexteram maiestatis in excelsis. . .”), y en Jn 1:14 (“Et Verbum caro
factum est et habitavit in nobis; et vidimus gloriam eius, gloriam quasi
Unigeniti a Patre, plenum gratiæ et veritatis”).[170] La Iglesia condenó
el sabelianismo o patripasianismo insistiendo en la Encarnación pasiva
del Hijo, y no del Padre o del Espíritu Santo; y al mismo tiempo es
una realidad que se proclama en todos los credos y en las definiciones
dogmáticas sobre Cristo.[171] Conviene citar al Concilio de Reims (a.
1148) donde se confiesa la Encarnación *en el Hijo*, para explicar el
rechazo a las posiciones de Gilberto de Poitiers quien negaba que la
divinidad se encarnara (pues no aceptaba la igualdad entre “divinidad”
y “Dios”):

> “Credimus (et confitemur) ipsam divinitatem, sive sub-
> stantiam divinam sive naturam dicas, incarnatam esse, sed
> in Filio”.[172]

En efecto, a pesar de la consubstancialidad de las tres divinas
Personas, la unión de la naturaleza humana con una Persona divina
no implica que la unión con la Persona del Verbo supusiera la unión con
las otras dos Personas, pues la unión no se hizo en la naturaleza divina,
sino en la Persona del Verbo y las Personas divinas son realmente
distintas entre sí. Como dice L. Ott:

> “La naturaleza divina está unida tan solo indirectamen-
> te con la naturaleza humana mediante la persona del Lo-

---

[170]Cfr. 1 Jn 1:3; Flp 2: 5–8; etc.

[171]Cfr. Concilio de Nicea (*D. S.* 125–126); Constantinopla (*D. S.* 150); Concilio
XI de Toledo (*D. S.* 533–535); profesión de fe de Inocencio III a Valdenses (*D. S.*
791); etc.

[172]Denzinger (ed. anterior a 1956), 392.

gos, realmente idéntica con la naturaleza divina. En consecuencia, sólo en atención a la persona del Logos (*ratione personæ Verbi*) la naturaleza divina puede ser considerada como término de la unión hipostática".[173]

Ya Santo Tomás como se ha indicado, siguiendo la Tradición,[174] insistía en distinguir entre el *acto de la asunción* de la naturaleza humana que procede de la potencia divina común a las tres divinas personas, del *término de la asunción* que es propio de la Persona del Hijo.[175]

Relación con la teología de las misiones

La Encarnación en el Hijo está también relacionada con el envío o misión de Éste por parte del Padre:

> "Respondeo dicendum quod in ratione missionis duo importantur, quorum unum est habitudo missi ad eum a quo mittitur; aliud est habitudo missi ad terminum ad quem mittitur. Per hoc autem quod aliquis mittitur, ostenditur processio quædam missi a mittente; vel secundum imperium, sicut dominus mittit servum; vel secundum consilium, ut si consiliarius mittere dicatur regem ad bellandum; vel secundum originem, ut si dicatur quod flos emittitur ab arbore. Ostenditur etiam habitudo ad terminum

[173]L. Ott: *Manual...*, cit., pág. 250.

[174]Cfr. San Ignacio de Antioquia (*Epist. ad Eph.*, y *Epist. ad Smyrneos, P. G.*, 5, 708), San Justino (*Apologia, P. G.*, 6, 424), San Ireneo (*Ad. Hœr., P. G.*, 7, 549.884.928), Tertuliano (*Adv. Prax., P. L.*, 2, 156.169), San Hipólito (*Adv. Grœc., P. G.*, 10, 824; *Philosophumena, P. G.*, 16, 3. 3347), Clemente de Alejandría (*Protecticus, P. G.*, 8, 61), Orígenes (*Contra Celsum, P. G.*, 11, 1305), etc.

[175]Cfr. supra la cita de Santo Tomás de Aquino: *Summ. Theol.*, IIIª, q. 3, a. 4, co.

ad quem mittitur, ut aliquo modo ibi esse incipiat; vel quia
prius ibi omnino non erat quo mittitur; vel quia incipit ibi
aliquo modo esse, quo prius non erat. Missio igitur divinæ personæ convenire potest, secundum quod importat ex
una parte processionem originis a mittente; et secundum
quod importat ex alia parte novum modum existendi in
aliquo. Sicut filius dicitur esse missus a patre in mundum,
secundum quod incoepit esse in mundo visibiliter per carnem assumptam, et tamen ante in mundo erat, ut dicitur
Ioan. I".[176]

Por eso se dice que el Padre envía y no es enviado; el Hijo es
enviado y envía. Encontramos abundantes textos bíblicos:

- Jn 3: 16–17, "Sic enim dilexit Deus mundum, ut *Filium suum
  unigenitum daret*, ut omnis, qui credit in eum, non pereat, sed
  habeat vitam æternam. Non enim *misit Deus Filium in mundum*,
  ut iudicet mundum, sed ut salvetur mundus per ipsum".

- Jn 5:37, "...et, *qui misit me, Pater*, ipse testimonium perhibuit
  de me. Neque vocem eius umquam audistis neque speciem eius
  vidistis".

- Jn 8:16, "Et si iudico ego, iudicium meum verum est, quia solus
  non sum, sed ego et, qui me misit, Pater". (Cfr. también v. 18.
  29. etc.).

- Jn 6:38, "Ego sum, qui testimonium perhibeo de meipso, et testimonium perhibet de me, qui misit me, Pater".

---

[176]Santo Tomás de Aquino: *Summ. Theol.*, Iª, q. 43, a. 1, co. cfr. Juan A. Jorge:
Dios Uno..., cit., págs. 747–754; J. Ibáñez y F. Mendoza: *Dios Trino...*, cit.,
págs. 185–195; M. Scheeben: *Los Misterios...*, cit., págs. 160–195.

- Jn 17:28, "Exivi a Patre et veni in mundum; iterum relinquo mundum et vado ad Patrem".

- Ga 4:4, "...at ubi venit plenitudo temporis, misit Deus Filium suum, factum ex muliere, factum sub lege..."

- Etc.

La conveniencia de que se operara en el Hijo

Diferente del hecho de la Encarnación en el Hijo, es la indagación de si podría haberse operado en cualquier otra persona divina. La respuesta de Santo Tomás es contundente y afirmativa ya que la Encarnación es obra del poder, del amor y de la libertad absoluta de Dios: la virtud divina pudo haber unido la naturaleza humana a la persona del Padre o la del Espíritu Santo, del mismo modo que la unió a la Persona del Hijo.[177]

Sin embargo, hasta donde alcanza el entendimiento humano, parece que hay razones suficientes para afirmar que la Encarnación en el Verbo fue lo más conveniente. Hay tres argumentos principales para sostenerlo según Santo Tomás. En primer lugar, por razón de la misma unión, donde parece conveniente que se unan los que son similares; siendo el Verbo la causa ejemplar de la Creación —por encontrarse en Él las formas las formas ejemplares de la misma—, lo que hace que exista una similitud con toda creatura, parece conveniente que fuera Él el encargado de restaurar todas las cosas a su perfección original; además, siendo el Verbo la Sabiduría de Dios de la que deriva toda sabiduría humana, clave de la perfección humana, parece conveniente que se encarnara el Verbo para que se consumara la perfección del hombre. En segundo lugar, por razón de la finalidad de la unión, que es

---

[177]Santo Tomás de Aquino: *Summ. Theol.*, III^a, q. 3, a. 5, co. Cfr. el final de esta sección del presente capítulo.

la salvación de los hombres predestinados a ser hechos hijos adoptivos de Dios; por lo que parece conveniente que el Hijo de Dios fuera el que se encarnara, pues en Él somos hechos hijos adoptivos de Dios. Y en tercer lugar, por razón del motivo adecuado de la Encarnación que fue pecado de Adán, que consistió en el apetito desordenado de sabiduría, por lo que parece conveniente que fuera la Sabiduría de Dios la que diera al hombre la ciencia verdaderamente ordenada.

"Respondeo dicendum quod convenientissimum fuit personam filii incarnari.

- *Primo quidem, ex parte unionis.* Convenienter enim ea quæ sunt similia, uniuntur. Ipsius autem personæ filii, qui est verbum Dei, attenditur, uno quidem modo, communis convenientia ad totam creaturam. Quia verbum artificis, idest conceptus eius, est similitudo exemplaris eorum quæ ab artifice fiunt. Unde verbum Dei, quod est æternus conceptus eius, est similitudo exemplaris totius creaturæ. Et ideo, sicut per participationem huius similitudinis creaturæ sunt in propriis speciebus institutæ, sed mobiliter; ita per unionem verbi ad creaturam non participativam sed personalem, conveniens fuit reparari creaturam in ordine ad æternam et immobilem perfectionem, nam et artifex per formam artis conceptam qua artificiatum condidit, ipsum, si collapsum fuerit, restaurat. Alio modo, habet convenientiam specialiter cum humana natura, ex eo quod verbum est conceptus æternæ sapientiæ a qua omnis sapientia hominum derivatur. Et ideo homo per hoc in sapientia proficit, quæ est propria eius perfectio prout est rationalis, quod participat verbum Dei, sicut discipulus instruitur per hoc quod recipit verbum magistri. Unde et Eccli. I dicitur, fons sapientiæ verbum Dei in excelsis. Et ideo, ad consummatam hominis perfectionem, conveniens fuit ut ipsum verbum Dei humanæ naturæ personaliter uniretur.

- *Secundo potest accipi ratio huius congruentiæ ex fine unionis*, qui est impletio prædestinationis, eorum scilicet qui præordinati sunt ad hereditatem cælestem, quæ non debetur nisi filiis, secundum illud Rom. VIII, filii et heredes. Et ideo congruum fuit ut per eum qui est filius naturalis, homines participarent similitudinem huius filiationis secundum adoptionem, sicut apostolus ibidem dicit, quos præscivit et prædestinavit conformes fieri imagini filii eius.

- *Tertio potest accipi ratio huius congruentiæ ex peccato primi parentis*, cui per incarnationem remedium adhibetur. Peccavit enim primus homo appetendo scientiam, ut patet ex verbis serpentis promittentis homini scientiam boni et mali. Unde conveniens fuit ut per verbum veræ sapientiæ homo reduceretur in Deum, qui per inordinatum appetitum scientiæ recesserat a Deo".[178]

Los argumentos principales de Santo Tomás, pueden ser integrados con otras razones de conveniencia clásicas, según el siguiente esquema:[179]

---

[178]Santo Tomás de Aquino: *Summ. Theol.*, III^{a}, q. 3, a. 8, co.; Cfr. Id.: *Sent.* lib. III, dist. 1, q. 2, a. 2; Id: *Contra Gent.*, lib. IV, cap. 42.

[179]Cfr. al respecto, F. Ocariz - L.F. Mateo Seco - J.A. Riestra: *El Misterio...*, cit., págs 126–127.

1. Así como a la Sabiduría o al Verbo la Revelación le asigna un papel fundamental en la creación (Jn 1:3), parece conveniente que lo tenga también en la obra de la "re–creación" que supone la Redención. Es una idea repetida por los Santos Padres, sobre todo los griegos:

"En la inefable unidad de la Trinidad cuyas obras y juicios son comunes en todas las cosas, fue la Persona del Hijo la que propiamente tomó sobre sí la reparación del género humano, puesto que, ya que Él es aquel *por quien han sido hechas todas las cosas y sin el cual no se hizo nada* (Jn 1:3) y el que animó al hombre plasmado del barro de la tierra con el hálito de la vida, (convenía que) Él mismo restituyese a su primitiva dignidad nuestra naturaleza arrojada del alcázar de la inmortalidad y fuese el restaurador de aquello de lo que había sido su hacedor".[180]

Es lo que Santo Tomás proponía como razón de conveniencia primera según el texto que se acaba de citar.[181]

---

[180]San León Magno: *Sermo*, 64, 13, 2 (*P. L.*, 54, 358); cfr. San Ireneo: *Ad. Hær.* V, 1, 3 (*P. G.*, 7, 1120, 1123); San Gregorio de Nisa: *Orat. Catech. Magna* 8 (*P. G.*, 45, 40).

[181]"... Quia verbum artificis, idest conceptus eius, est similitudo exemplaris eorum quæ ab artifice fiunt. Unde verbum Dei, quod est æternus conceptus eius, est similitudo exemplaris totius creaturæ. Et ideo, sicut per participationem huius similitudinis creaturæ sunt in propriis speciebus institutæ, sed mobiliter; ita per unionem verbi ad creaturam non participativam sed personalem, conveniens fuit reparari creaturam in ordine ad æternam et immobilem perfectionem, nam et artifex per formam artis conceptam qua artificiatum condidit, ipsum, si collapsum fuerit, restaurat" (Santo Tomás de Aquino: *Summ. Theol.*, III.ª, q. 3, a. 8, co.).

2. Así como el Verbo es la Imagen de Dios (Heb 1:3), era muy conveniente que se encarnara Él, para:

    a) Restaurar la "imagen de Dios" que es el hombre (Ge 1: 26–27), pero que fue deformada por el pecado, mediante la perfecta Imagen del Padre que es el Hijo. Como dice San Atanasio:

> "No era conveniente que pereciese quien ha sido hecho a imagen de Dios ¿Qué convenía, pues, que hiciese Dios? ¿Qué otra cosa que renovar aquella semejanza según la cual los hombres han sido hechos a imagen de Dios, para que por medio de ella los hombres pudiesen nuevamente conocer a Dios? ¿Quién haría esto, sino la misma imagen de Dios, nuestro Salvador Jesucristo?"[182]

    b) Comunicar la definitiva revelación de Dios, al ser Él su imagen perfecta.

3. Siendo el Verbo el Hijo del Padre, consubstancial a Él, y habiendo Dios destinado a los seres humanos a ser hechos verdaderamente hijos suyos por adopción, era muy conveniente que la Encarnación se operara en el Hijo. Como dice Ga 4: 4–5, "...at ubi venit plenitudo temporis, misit Deus Filium suum, factum ex muliere, factum sub lege, ut eos, qui sub lege erant, redimeret, ut adoptionem filiorum reciperemus".[183] Como insiste San Agustín:

---

[182]San Atanasio: *Orat. de Inacaranatione Verbi*, 13, (*P. G.* 25, 119).

[183]Santo Tomás aludía a esta razón, como se acaba de citar: "...qui est impletio prædestinationis, eorum scilicet qui præordinati sunt ad hereditatem cælestem, quæ non debetur nisi filiis, secundum illud Rom. VIII, filii et heredes. Et ideo congruum fuit ut per eum qui est filius naturalis, homines participent similitudinem huius filiationis secundum adoptionem, sicut apostolus ibidem dicit, quos præscivit et prædestinavit conformes fieri imagini filii eius" (Santo Tomás de Aquino: *Summ. Theol.*, III^a, q. 3, a. 8, co.).

"Dios ha nacido de los hombres para que los hombres naciesen de Dios. Pues Cristo es Dios y Cristo
ha nacido de los hombres... nacido de Dios Aquél por
quien habíamos de ser hechos; nacido de mujer Aquél
por quien debíamos de ser re–hechos. No te extrañes
pues, ¡oh hombre!, de que hayas sido hecho hijo de Dios
por la gracia, porque naces de Dios según su Verbo".[184]

Como señalábamos, para la teología clásica estas son razones de
conveniencia, pero nunca de necesidad. En teoría podría haberse encarnado el Padre o el Espíritu Santo.[185]

La reinterpretación neomodernista

Sin embargo, la teología tomista sufre una reformulación de manos de la neomodernista en nuestro tiempo, al afirmarse que no fue
simplemente conveniente, sino necesario que el Hijo se encarnara. Fue
Rahner el que que insistió en esta idea, quien sobre el presupuesto de

---

[184]San Agustín: *In Joh. Tract.*, 2, 15 (*P. L.*, 35, 1395); Id.: *De Trin.*, 2, 5.7;
4, 20.27; 13, 19.24 (*P. L.*, 42, 248, 906, 1033).

[185]De nuevo, Santo Tomás es muy preciso: "Respondeo dicendum quod, sicut dictum est, assumptio duo importat, scilicet ipsum actum assumentis, et terminum
assumptionis. Principium autem actus est virtus divina, terminus autem est persona. Virtus autem divina communiter et indifferenter se habet ad omnes personas.
Eadem etiam est communis ratio personalitatis in tribus personis, licet proprietates personales sint differentes. Quandocumque autem virtus aliqua indifferenter se
habet ad plura, potest ad quodlibet eorum suam actionem terminare, sicut patet
in potentiis rationalibus, quæ se habent ad opposita, quorum utrumque agere possunt. Sic ergo divina virtus potuit naturam humanam unire vel personæ patris vel
spiritus sancti, sicut univit eam personæ filii. Et ideo dicendum est quod pater vel
spiritus sanctus potuit carnem assumere, sicut et filius" (Santo Tomás de Aquino:
Summ. Theol., IIIª, q. 3, a. 5, co). De hecho, Santo Tomás concede que dos o tres
personas divinas pueden asumir una misma naturaleza individual (a. 6), y una sola
persona muchas naturalezas distintas (a. 7).

que la posición clásica estaría basada en una teología de los posibles, apriorística y contraria a la Revelación bíblica, afirmaba que:

1. Hay razones incuestionables para afirmar la necesidad de la Encarnación en la Segunda Persona, ya que:

   > "Jesús no es solamente el Dios en general, sino el Hijo. La segunda persona divina, el Logos de Dios, es hombre él y solamente él. Hay por tanto, al menos una 'misión', una presencia en el mundo, una realidad económico–salvífica no meramente apropiada a una persona divina determinada, sino peculiar suya".[186]

2. Solo el Hijo podría haberse encarnado porque, como imagen del Padre, es el revelador esencial e irremplazable.

Esta teoría no es aceptable en ningún caso, pues supone el desenfoque de la teología trinitaria en varios puntos:

- Introduce en el seno de la Trinidad una distinción de naturaleza de las tres divinas personas.

- Induce a una teología arriana, donde el Verbo tiene su explicación, como agente del Padre para la creación y la re–creación.

- Supone la negación del atributo divino de la absoluta libertad de Dios en las obras "ad extra".

- Extrapola la teología de las 'misiones' para redefinir la ontología trinitaria.[187]

---

[186]K. Rahner: *Advertencias...*, cit., págs. 117–118.

[187]Son interesantes los estudios sobre la tesis rahneriana y su ambiguedad de J. H. Nicolas (*Synthèse Dogmatique*, ed. Univesitaires Fribourg, Beauchesne, Paris 1986, págs. 170–171 y 254–256), de F. Marinelli (*Dimensione Trinitaria dell'Incarnazione*, en "Divinitas" 13 (1969) 271–343) y de F. Ocáriz, L. F. Mateo–Seco y J. A. Riestra (*El Misterio...*, cit., págs. 129–130).

4.7.3. Conveniencia de la Encarnación con respecto a la humanidad

Problemática

La unión de la divinidad con una naturaleza humana plantea también dificultades desde el punto de vista de la naturaleza asumida, a saber, la humana, entre las que se pueden destacar las siguientes:[188]

1. ¿Puede una naturaleza humana ser asumida por la divinidad sin des–naturalizarse?

2. ¿Puede una naturaleza humana subsistir en una Persona divina?

3. ¿Es conveniente y es posible que Dios se encarnarse en una naturaleza humana caída?

4. ¿Qué momento y lugar de la historia de los hombres es el más adecuado para tal Encarnación?

5. ¿Se encarnó Dios por causa del pecado, o para llevar al máximo el orden y la belleza del universo?

6. Etc.

La exposición más amplia y profunda del tema la hace Santo Tomás quien reúne todas las dificultades sobre la Encarnación desde el punto de vista de la parte asumida en las cuestiones cuarta a séptima de la Tercera Parte de la *Suma Teológica*:

> "Deinde considerandum est de unione ex parte assumpti.[189] Circa quod primo considerandum occurrit de his quæ sunt a verbo Dei assumpta; secundo, de coassumptis, quæ

---

[188]Cfr. A. Michel: *Incarnation*, cit., cols. 1467ss.

[189]Cfr. cuestión 2, introd., de la Tercera Parte de la *Suma*.

sunt perfectiones et defectus.[190] Assumpsit autem filius Dei humanam naturam, et partes eius.

Unde circa primum triplex consideratio occurrit, prima est, quantum ad ipsam naturam humanam; secunda est, quantum ad partes ipsius;[191] tertia, quantum ad ordinem assumptionis.[192]

Circa primum quæruntur sex.

- *Primo*, utrum humana natura fuerit magis assumptibilis a filio Dei quam aliqua alia natura.
- *Secundo*, utrum assumpserit personam.
- *Tertio*, utrum assumpserit hominem.
- *Quarto*, utrum fuisset conveniens quod assumpsisset humanam naturam a singularibus separatam.
- *Quinto*, utrum fuerit conveniens quod assumpsisset humanam naturam in omnibus singularibus.
- *Sexto*, utrum fuerit conveniens quod assumeret humanam naturam in aliquo homine ex stirpe Adæ progenito".[193]

Encarnación en una naturaleza de la estirpe de Adán

Conviene centrarse ahora en los seis artículos de la cuestión cuarta sobre los problemas que surgen al considerar la naturaleza humana misma que había de ser asumida por el Verbo; quedará, por tanto, para más adelante el estudio de las otras cuestiones que serán tratadas en su sede propia.

---

[190] A ello dedicará la cuestión 7 de esta Tercera Parte de la *Suma*.

[191] Cfr. cuestión 5 de la Tercera Parte de la *Suma*.

[192] Cfr. cuestión 6 de la misma Tercera Parte

[193] Santo Tomás de Aquino: *Summ. Theol.*, IIIª, q. 4, pr.

Lo primero que establece el Aquinate es que de todas las naturalezas creadas —irracionales, humana y angélica—, la humana aparece como la más apta para ser asumida por la Persona divina por tener una congruencia para ello *por su dignidad* (por su intelectualidad, que le hace capaz de unirse a Dios no solo entitativamente, sino también operativamente a través de sus actos de inteligencia y voluntad) y por *su necesidad* (porque siendo el pecado original un pecado de naturaleza, era propio que se redimiera por la Encarnación):

> "Respondeo dicendum quod aliquid assumptibile dicitur quasi aptum assumi a divina persona. Quæ quidem aptitudo non potest intelligi secundum potentiam passivam naturalem, quæ non se extendit ad id quod transcendit ordinem naturalem, quem transcendit unio personalis creaturæ ad Deum. Unde relinquitur quod assumptibile aliquid dicatur secundum congruentiam ad unionem prædictam. Quæ quidem congruentia attenditur secundum duo in humana natura, scilicet secundum eius dignitatem; et necessitatem. *Secundum dignitatem quidem*, quia humana natura, inquantum est rationalis et intellectualis, nata est contingere aliqualiter ipsum verbum per suam operationem, cognoscendo scilicet et amando ipsum. *Secundum necessitatem* autem, quia indigebat reparatione, cum subiaceret originali peccato. Hæc autem duo soli humanæ naturæ conveniunt, nam creaturæ irrationali deest congruitas dignitatis; naturæ autem angelicæ deest congruitas prædictæ necessitatis. Unde relinquitur quod sola natura humana sit assumptibilis".[194]

---

[194]Santo Tomás de Aquino: *Summ. Theol.*, III\u1d43, q. 4, a. 1, co. Cfr. *In Sent.*, III, dist. 1, q. 1, a.2; *Cont. Gentes*, IV, 40. 49. 53. 54. 55; *Compend, Theol.*, c. 200. 201.

El desafío fundamental que enfrenta Santo Tomás —una vez que determina que la naturaleza humana fue la más apta para ser asumida por el Verbo—, es el de señalar qué clase de naturaleza humana es propia para ser asumida por Dios. Para ello, hay que indagar en los varios modos en los que la naturaleza humana puede considerarse, a saber:

1. La naturaleza humana ya constituida con su propia persona humana (q. 4, a. 2 y 3). Pero la persona es incomunicable, y por eso no se presupone a la naturaleza humana antes de su asunción por Dios. Si Dios asumiera una naturaleza con su propia persona humana ya constituida previamente, el Verbo tendría que destruir tal persona humana para ocupar su puesto, o bien en Cristo habría dos personas, una humana y otra divina, lo que es nestorianismo.

2. La naturaleza humana separada de todos los individuos, bien sea entendida como esencia universal al modo platónico o como idea divina en la mente de Dios (q. 4, a. 4). Pero esta hipótesis tampoco es sostenible, porque las esencias platónicas carecen de materia, y lo material es esencial en la naturaleza humana; ni tampoco pueden convenirle las acciones propias del mérito y de la satisfacción, para cuya realización fue asumida por el Verbo; ni pueden verse con los sentidos, por lo que no podría Dios hacerse visible en este mundo.

3. La naturaleza humana en cuanto se da en todos los hombres individuales, asumiendo el Verbo el lugar de la persona de cada uno de los individuos (q. 4, a. 5). Pero las asunción del lugar de todas las personas de la naturaleza humana dividida en individuos no es congruente, ya que entonces no habría en el mundo ninguna persona humana, ni Jesucristo podría ser ya el primogénito de

muchos hermanos (Ro 8:29) pues todos los hombres serían igual
en dignidad. Además que parece congruente que así como solo
una persona divina es la que se encarnó, que también una sola
naturaleza humana individual fuera asumida. Además, el para-
lelismo entre Adán y Jesucristo que hace San Pablo quedaría sin
explicación.

4. La naturaleza humana concreta individual creada por Dios sin
   relación a la estirpe de Adán, el hombre caído (q.4, a. 6, obj.
   1–3). Sin embargo, sabemos por Revelación que Dios se encarnó
   en un descendiente de Adán.

5. La naturaleza humana individual de la raza de Adán (q. 4, a. 6,
   co), que fue, en efecto, lo que ocurrió.

El Santo va excluyendo, pues, todos los tipos de naturaleza humana que no corresponden a la asunción por el Verbo (números 1 al
4), hasta aportar el modo propio de la naturaleza asunta, que es la
individual en algún hombre de la estirpe de Adán. Lo que parece más
conveniente por tres razones: por razón de justicia, porque pertenece
a la justicia que satisfaga aquél que pecó; por razón de la dignidad
del hombre, porque es más digno que el vencedor del demonio y del
pecado fuera de la misma estirpe del que fue vencido por el maligno;
y por la manifestación más perfecta del poder de Dios, que exaltó a
una naturaleza tan imperfecta y débil a la dignidad inmensa de la
Encarnación:

> "Respondeo dicendum quod, sicut Augustinus dicit, in
> XIII de Trin., poterat Deus hominem aliunde suscipere,
> non de genere illius Adæ qui suo peccato obligavit genus
> humanum. Sed melius iudicavit et de ipso quod victum
> fuerat genere assumere hominem Deus, per quem generis

humani vinceret inimicum. Et hoc propter tria. Primo quidem, quia hoc videtur ad iustitiam pertinere, ut ille satisfaciat qui peccavit. Et ideo de natura per ipsum corrupta debuit assumi id per quod satisfactio erat implenda pro tota natura. Secundo, hoc etiam pertinet ad maiorem hominis dignitatem, dum ex illo genere victor Diaboli nascitur quod per Diabolum fuerat victum. Tertio, quia per hoc etiam Dei potentia magis ostenditur, dum de natura corrupta et infirma assumpsit id quod in tantam virtutem et dignitatem est promotum".[195]

Y esta conclusión está en perfecta coordinación con los datos de la Biblia, la Tradición y el Magisterio.

- La Biblia dice que un descendiente de la mujer aplastaría la cabeza de la serpiente (Ge 3:15); que el Mesías sería descendiente de Adán (Lc 3:38) Abraham (Ge 3:34, Mt 1:17), de la tribu de Judá (Ge 49:10; Mt 1:17; Ro 9:5), del tronco de Jesé (davídico: Is 11:1; 2 Sam 7:12).

- Los Santos Padres también enseñan esta doctrina.[196]

- Todos los credos y concilios que proclaman el nacimiento de Cristo del seno de la Virgen María, y, en consecuencia la proclaman como "Theotokos".

---

[195]Santo Tomás de Aquino: *Summ. Theol.*, III^a, q. 4, a. 6, co. Cfr. q. 31, a. 1; *In Sent.*, III, dist. 2, q. 1, a. 2, q. 2. 3; *Compend. theol.*, c. 217.

[196]San Ireneo (*Adv. Hœr.* 3, 21, 10, *P. G.*, 7, 995), San Atanasio(*De Incarnatione, contra Arianos, P. G.*, 26, 996), San Gregorio Niseno (*Adv. Apoll, P. G.*, 45, 1156), San Juan Crisóstomo (*In Io. Homil., P. G.*, 59, 350), San Agustín (*Sermones, P. L.*, 38, 940; *De Trin.* 13, 18, *P. L.*, 42, 1032), San Cirilo de Alejandría (*Epis., P. G.*, 77, 176), San Juan Damasceno (*De Fide Orth., P. G.*, 94, 1033).

La Encarnación no des–naturaliza a la naturaleza humana asumida

Ya se estudió cómo la unión hipostática de la divinidad con la naturaleza humana, no des–naturaliza o desvirtúa a la primera haciéndola perder su inmutabilidad o su perfección..., pero tampoco lo hace con respecto a la segunda.

La afirmación de que Dios en la Encarnación des–naturalizaría la humanidad asumida, es la posición del monofisismo en todas sus formas (el propiamente tal y sus manifestaciones de monotelismo y monoenergismo), que el Magisterio de la Iglesia siempre condenó. Es clara la afirmación de la integridad de ambas naturalezas, divina y humana, en la unión hipostática. En efecto, el dogma del Concilio de Calcedonia proclama que la unión de las dos naturalezas en Cristo se hacía "sin confusión, sin cambio, sin división y sin separación": "Unum eundemque Christum Filium Dominum unigenitum, in duabus naturis inconfuse, immutabiliter, indivise, inseparabiliter agnoscendum".[197]

La razón principal para afirmar que la Encarnación no lesiona la naturaleza humana estriba en que Dios, que es causa eficiente y ejemplar de la creación, no podría desvirtuar la naturaleza humana en lo que es su más íntima comunicación con el ser creado: la unión hipostática.[198]

Pero, en cualquier caso hay que tener en cuenta:

- Que la Encarnación es absolutamente gratuita por lo que en ninguna naturaleza creada se da una potencia activa para tal unión, puesto que ésta trasciende a toda naturaleza creada, siendo de un orden totalmente distinto y superior. Por eso dice Santo Tomás:

---

[197]*D. S.* 150.

[198]F. Ocáriz, L. F. Mateo–Seco y J. A. Riestra: *El Misterio...*, cit., pág. 128.

> "...uniri Deo in unitate personæ non fuit conve-
> niens carni humanæ secundum conditionem suæ na-
> turæ, quia hoc erat supra dignitatem ipsius. Con-
> veniens tamen fuit Deo, secundum infinitam excel-
> lentiam bonitatis eius, ut sibi eam uniret pro salute
> humana".[199]

La afirmación del Santo hay que entenderla en el sentido de que
no existe en la naturaleza humana ningún principio ni razón
que la pueda elevar a la dignidad de la unión hipostática. La
Encarnación es un misterio que sobrepasa todas las exigencias
naturales de la humanidad.[200]

- Sin embargo, esto no significa que exista en la naturaleza del
  hombre una repugnancia ontológica a la Encarnación del Verbo en ella. Ni conveniencia, ni repugnancia.[201] La naturaleza
  humana no pierde nada si no hubiera Encarnación; pero una
  vez que Dios la decreta, la naturaleza humana la puede recibir, porque existe en ella una "potencia obediencial pasiva" para
  ser asumida en la unión hipostática, de modo que la unión no
  sea anti–natural, sino sobre–natural, no debida sino gratuita por
  completo.[202]

Si no fuera así, y se afirmara una potencia natural —una potencia obediencial positiva— para ser unida por Dios hipostáticamente, se caería en graves errores, ya que:

---

[199]Santo Tomás de Aquino: *Summ. Theol.*, III^a, q. 1, a. 1, ad. 2.

[200]M. Cuervo: *Tratado...*, cit., pág. 232.

[201]A. Michel: *Incarnation...*, cit., col. 1467.

[202]Cfr. Cayetano: *In I Partem*, q. 1, a. 1, n. 9; M. Cuervo: *Tratado...*, cit., pág. 232.

- Cristo sería más hombre que los demás, y no igual a nosotros.

- Los demás hombres serían hombres incompletos por no tener actualizada su capacidad natural positiva de unirse con la divinidad.

- Dios tendría que haberse encarnado, con lo que la gratuidad y libertad de esa acción divina quedaría en entredicho.[203]

Conviene hacer ver la distinción que existe entre la potencia obediencial de la naturaleza humana con respecto a la gracia santificante y con respecto a la gracia de unión propia de Cristo. La primera tiene por origen (causa de la gracia) a la Trinidad y como término (efecto de esa gracia) a la persona divina del Hijo que es en la que se produce la unión con la naturaleza humana; la segunda, en cambio, tiene por origen y término la Trinidad, ya que es Dios Trinitario el que causa la gracia como una obra "ad extra", y es Dios trinitario el término ya que es una participación de la vida divina trinitaria la que se produce en el ser humano justificado. Como dice Cuervo:

> "Aquí es donde encuentra Santo Tomás la diferencia esencial entre la asunción que causa en nosotros la gracia de la adopción y la propia de la unión hipostática. De la asunción por la gracia de adopción, la Trinidad beatísima es principio, y al mismo tiempo, término, ya que por la gracia de la adopción se nos comunica una participación de la naturaleza divina, según aquello de San Pedro: 'Partícipes de la naturaleza divina' (2 Pe 1:3). En cambio , de la asunción de la naturaleza humana a la unidad de persona

---

[203]Cfr. F. Ocáriz, L. F. Mateo–Seco y J. A. Riestra: *El Misterio...*, cit., pág. 129; A. Michel: *Incarnation*, cit., col. 1467.

con el Hijo de Dios, éste es término, la Trinidad solamente es principio (a. 4, ad. 3)".[204]

La reinterpretación neo–modernista

Es necesario hacer notar, cómo el concepto de potencia obediencial ha sufrido un cambio de sentido radical en la teología neo–modernista, ya que conservando, como suele hacer esta teología, la terminología clásica, sin embargo tal potencia es concebida no como meramente pasiva, sino como capacidad positiva, con lo cual caemos en los errores que se acaban de señalar. Como se verá al tratar de la Persona de Jesucristo, Rahner y el neomodernismo le aplican su famoso "existencial sobrenatural", con lo que caemos, más allá de las declaraciones formales, en una nueva especie de nestorianismo.

Conviene revisar el modo cómo se llegó a interpretar la potencia obediencial como "existencial sobrenatural".[205]

Una condición para hacer que sea posible el sobrenatural por participación es que exista una cierta capacidad o proporción (no igualdad, puesto que hay una infinita distancia entre naturaleza y sobrenaturaleza) entre la creatura y la perfección sobrenatural que se recibe. Las razones que explican lo anterior son las siguientes:

- De otro modo, habría una contradicción esencial entre ambos órdenes (como el caso de un diamante que recibiera la perfección del entendimiento, o un angel que recibiera la cualidad de la extensión o del color); si se produjera una tal contradicción estas cualidades serían "anti–naturales" y no "sobre–naturales".

- Lo sobrenatural por participación es un "accidente" superior: sin la capacidad de la naturaleza creada para recibirlo, habría un positivo rechazo de lo sobrenatural.

La *potentia oboedientialis* es el nombre técnico para este punto de contacto entre la naturaleza y la sobrenaturaleza. Se trata de una potencialidad pasiva

---

[204]M. Cuervo: *Tratado...*, cit., pág. 206.

[205]Cfr. Juan A. Jorge: *Tratado de Creación...*, cit., XIV.3.1.

propia de la creatura para ser elevada por el Creador a un estado sobrenatural de ser o de actividad, y que está fundada en la total dependencia de la creatura con respecto al Creador. No es sino la misma naturaleza creada (absolutamente subordinada a Dios en todo) en la medida en que puede recibir una perfección sobrenatural absoluta.[206]

Se discute la extensión y sentido que Santo Tomás de Aquino le dio a este concepto, si lo aplicaba a la recta relación entre el orden natural y el sobrenatural con relación exclusiva a los seres racionales, o bien si lo utilizaba aplicándolo a toda naturaleza creada en relación con la posibilidad de los milagros, o si lo aplicaba solo a las posibilidades del conocimiento humano. . .[207]

El Aquinate se expresa del siguiente modo:

> "Ad tertium dicendum quod duplex capacitas attendi potest in humana natura. Una quidem secundum ordinem potentiæ naturalis. Quæ a Deo semper impletur, qui dat unicuique rei secundum suam capacitatem naturalem. Alia vero secundum ordinem divinæ potentiæ, cui omnis creatura obedit ad nutum. Et ad hoc pertinet ista capacitas. Non autem Deus omnem talem capacitatem naturæ replet, alioquin, Deus non posset facere in creatura nisi quod facit; quod falsum est, ut in primo habitum est. Nihil autem prohibet ad aliquid maius humanam naturam productam esse post peccatum, Deus enim permittit mala fieri ut inde aliquid melius eliciat. Unde dicitur Rom. V, ubi abundavit iniquitas, superabundavit et gratia. Unde et in benedictione cerei paschalis dicitur, o felix culpa, quæ talem ac tantum meruit habere redemptorem".[208]

---

[206] J. Ibáñez–F. Mendoza: *Dios Santificador: I La Gracia*, Palabra, Madrid, 1983, págs. 116.

[207] Cfr. G. Tenpelman: *The Debate on Nature and Grace Between De Lubac and Rahner and the Role of the* "Potentia Obedientialis" *Within it*, Faculteit der Godgeleerdheid, Amsterdam, 2010. Cfr. John I. Jenkins: *Knowledge and faith in Thomas Aquinas*, Cambridge University Press, Cambridge, 1997, págs. 142–145.

[208] Santo Tomás de Aquino: *Summ. Theol.*, IIIª, q. 1, a. 3, ad 3. La objeción era la siguiente: "Præterea, humana natura per peccatum non est facta capacior gratiæ. Sed post peccatum capax est gratiæ unionis, quæ est maxima gratia. Ergo, si homo non peccasset, humana natura huius gratiæ capax fuisset. Nec Deus subtraxisset naturæ humanæ bonum cuius capax erat. Ergo, si homo non peccasset, Deus incarnatus fuisset".

"Respondeo dicendum quod, sicut prius dictum est, conveniens fuit ut anima Christo per omnia esset perfecta, per hoc quod omnis eius potentialitas sit reducta ad actum. Est autem considerandum quod in anima humana, sicut in qualibet creatura, consideratur duplex potentia passiva, una quidem per comparationem ad agens naturale; alia vero per comparationem ad agens primum, qui potest quamlibet creaturam reducere in actum aliquem altiorem, in quem non reducitur per agens naturale; et hæc consuevit vocari potentia obedientiæ in creatura. Utraque autem potentia animæ Christi fuit reducta in actum secundum hanc scientiam divinitus inditam. Et ideo secundum eam anima Christi primo quidem cognovit quæcumque ab homine cognosci possunt per virtutem luminis intellectus agentis, sicut sunt quæcumque pertinent ad scientias humanas. Secundo vero per hanc scientiam cognovit Christus omnia illa quæ per revelationem divinam hominibus innotescunt, sive pertineant ad donum sapientiæ, sive ad donum prophetiæ, sive ad quodcumque donum spiritus sancti. Omnia enim ista abundantius et plenius ceteris cognovit anima Christi. Ipsam tamen Dei essentiam per hanc scientiam non cognovit, sed solum per primam, de qua supra dictum est".[209]

En cualquier caso, la teología tomista lo consideró como una explicación muy acertada para establecer la relación entre el orden natural y el sobrenatural en el ser humano.

Se trata, pues, de una capacidad natural de recibir,[210] y no de una exigencia (*exigitive*), una parte (*constitutive*), o un efecto (*consecutive*) de la naturaleza. Dios no daría sus dones sobrenaturales a seres que no estuvieran preparados para recibirlos (ej. Diamantes).

Se discute si la potencia obediencial es puramente pasiva (solo recibe) o si es también activa (es capaz de hacer algo que va más allá de sus propias fuerzas). Los tomistas siguen la primera postura; la mayoría de los teólogos, la segunda, basados en el hecho de que, por ejemplo, nuestro intelecto cuando recibe el don sobrenatural de la fe, es capaz de realizar el acto de fe sobrenatural, y cuando recibe

---

[209] Santo Tomás de Aquino: *Summ. Theol.*, IIIª, q. 11, a. 1, co.

[210] Algunos autores incluso, para excluir toda concepción de la misma como "potencia" que esté exigiendo "ser llenada", se la califica más que como capacidad, como *aptitud* para ser elevada.

el don del *lumen gloriæ* es capaz de la visión beatífica. Sin embargo, los tomistas explican estos hechos diciendo que la potencia obediencial es totalmente pasiva; pero cuando el aspecto de la naturaleza humana elevado al orden sobrenatural es una potencia activa que opera por sí misma (ej. el intelecto humano), esa potencia puede operar –con la ayuda de las gracias actuales– en el nuevo orden de gracia que fue recibido; la elevación al orden de la gracia, es siempre gratuita y, por tanto, recibida u pasiva en último término, aunque dentro del regalo divino se incluyan fuerzas operativas activas.[211]

Lo sobrenatural es educido por el poder del Creador a través de la potencia obediencial. Esta doctrina es evidentemente distinta de la enseñanza moderna de la "inmanencia vital" según la cual todo lo religioso se desarrolla a partir de las necesidades de la naturaleza humana de un modo puramente natural.

También es distinta del "existencial sobrenatural" de K. Rahner, quien utilizó el concepto de potencia obediencial para justificar su famoso "existencial". Sin embargo, su entendimiento de la mencionada potencia, no es en absoluto el tomista, sino el propio de su inmanentismo, no debiéndonos dejar confundir con su particular lenguaje y manera de explicar la teología.

Para entender lo que aquí se afirma es necesario recordar su polémica con H. de Lubac, en torno al sobrenatural, el llamado "estado de naturaleza pura" y la potencia obediencial. Es un hecho que ambos teólogos rechazaron hacer teología sobre la base de la hipótesis de la "naturaleza pura"; lo cual lleva a H. de Lubac a no considerar en principio para nada a la potencia obediencial. Sin embargo, Rahner sí parece encontrar un uso a dicha potencia, aunque más parece un intento de justificar su "existencial sobrenatural" con algún texto del Aquinate que una verdadera defensa de la misma.[212]

---

[211] J. Ibáñez–F. Mendoza: *Dios Santificador*..., cit., págs. 116–117.

[212] Es famosa la controversia entre H. de Lubac y K. Rahner con respecto a la conveniencia o no de usar la potencia obediencial para para poder establecer una relación entre los órdenes natural y sobrenatural. Cfr. las posiciones de De Lubac en *The Mystery of the Supernatual*, New York, Herder, 1988; J. Laporta: *La Destinée de la Nature Humaine selon Thomas d'Aquin*, Paris, Libraire Philosophique, 1965. La posición de Rhaner, en S. Long: *Obediental Potency, Human Knowledge and the Natural Desire to Kow*, en "International Philosophical Quarterly", 37 (1997); los artículos de Rahner al respecto son *Eine Antwort*, en "Oriëntierung" 14 (1950) 141–145; y *Über das Verhälmis von Natur und Gnade*, en "Schriften zur Theologie" I, Einsieldeln, Benzinger, 1958, págs. 323–345.

En efecto, H. de Lubac negaba el concepto de "estado de naturaleza pura"[213] por no haberse dado históricamente, y afirmaba que el hombre siempre fue destinado al orden sobrenatural. Si el hombre siempre fue destinado al orden sobrenatural, lo sobrenatural parece algo debido a la naturaleza humana, y por tanto, no se explica bien su gratuidad. El no poder justificar la gratuidad de lo sobrenatural de un modo conveniente fue precisamente la principal crítica que se hizo a su explicación del sobrenatural.

K. Rahner, rechaza también el concepto de "naturaleza pura" por las mismas razones que de Lubac. Según Rahner todo ser humano está naturalmente abierto a Dios, lo cual explica por el "existencial sobrenatural" que está en toda persona humana por el hecho de serlo. Es la apertura a Dios innata al ser humano. Lógicamente incurre en la misma crítica que se hacía al sobrenatural de H. de Lubac (se olvida la gratuidad del orden sobrenatural y el hombre está siempre abierto a Dios lo quiera o no). Para escapar a la misma, Rahner afirma que en el hombre se da también la "potencia obediencial". Mientras el "existencial sobrenatural" es debido a cualquier ser humano (lo quiera o no, es "incondicional" y no puede rechazarlo), en cambio la "potencia obediencial" sería lo propiamente gratuito (sería algo "condicional" y susceptible de ser rechazado por el ser humano), y en este sentido el hombre podría negarse a recibir la gracia divina. ¿Cuál es la diferencia en la naturaleza del "existencial sobrenatural" y la "potencia obediciencial" para Rahner? Él no lo aclara, y a lo más que acierta es a emplear un juego de palabras y de conceptos con contenidos desvahidos, que intentan dar razón de la diferencia, pero que no lo consigue; por el contrario parece más bien lo que se afirmaba antes: un intento de zafarse de la acusación de su negación de la gratuidad de lo sobrenatural mediante malabarismos lingüísticos.[214]

De ahí que en su exposición, no se puede apreciar en realidad diferencia alguna real entre ambos conceptos, con lo que la potencia obediencial acaba interpretándose como una verdadera exigencia de lo sobrenatural por parte del natural. Como dice L. F. Mateo–Seco:

> "... la solución propuesta por K. Rahner causa los mismos problemas que causaría la concepción de la potencia obediencial entendida como una "capacidad positiva" que puede ser llevada a plenitud. El

---

[213]Sobre el particular, baste con recordar ahora que este concepto es fundamental para entender la gratuidad del orden sobrenatural.

[214]Sobre el particular, cfr. G. Tenpelman: *The Debate on Nature and Grace...*, cit.

problema que se sigue del planteamiento rahneriano se aprecia con toda claridad en el terreno cristológico, es decir, en el de la elevación que recibe la naturaleza humana de Nuestro Señor por la unión hipostática".[215]

Recordemos que la teoría del cristianismo anónimo se basa fundamentalmente en este "existencial sobrenatural", con todos los efectos de desfonde en la Antropología, Soteriología y Eclesiología.

4.8.   La Encarnación en A. Gálvez

A. Gálvez ha aportado una nueva perspectiva a la polémica: la importancia de la Humanidad de Cristo para la perfección de la relación de amor divino–humana. Su doctrina se enmarca dentro de los presupuestos de su teoría sobre el amor,[216] y se sustenta sobre varios presupuestos teológicos, que van a ser desarrollados a continuación.

4.8.1.   Los motivos de la Encarnación

En efecto, en primer lugar, dando por supuesta la polémica entre las posturas tomistas y escotistas sobre el motivo determinante de la Encarnación, A. Gálvez sin empequeñecer la posición tomista,[217]

---

[215]L. F. Mateo–Seco: *Obediencial (potencia)*, en "Conceptos Básicos para el Estudio de la Teología", Cristiandad, Madrid, 2010, págs. 361–362. La posición critológica de Rahner es su conocida "Critología Trascendental", que es inaceptable; cfr. F. Ocáriz, L. F. Mateo–Seco, J. A. Riestra: *El Misterio de Jesucristo*, Eunsa, Pamplona, 2004, págs. 301–305 y 338–340.

[216]Cfr. *Presentación* del presente Tratado, nota 1.

[217]Cfr. por ejemplo, A. Gálvez: *El Invierno...*, cit., pág. 334: "La verdad es que, sin corredención, no hay participación en el Sacerdocio de Jesucristo (Heb 9:22); si es que se admite que la Redención constituye el motivo principal de la Encarnación y de la unción de Jesucristo como Sumo y Único Sacerdote. De ahí el importante texto de Col 1:24, al cual se podrían sumar 2 Cor 1: 5.7; Flp 3:10; 1 Pe 4:13; etc".; A. Gálvez: *Esperando...*, cit. pág. 44.

sin embargo parece inclinarse hacia la posición de que la Encarnación
pudo deberse no solo a la redención del pecado:

> "Pero tal vez debiera haber insistido más en las abun-
> dantes, a la vez que complejas y admirables, implicaciones
> del misterio de la Encarnación. Es difícil descartar la idea
> de que la constante y unilateral consideración, en un primer
> plano, de la finalidad fundamental de la Redención puede
> haber contribuido a difuminar otras posibles motivaciones.
> Si es cierto que la exclusiva consideración del dogma de la
> Redención —consideración, por otra parte, tan verdade-
> ra como justificada— ha olvidado resaltar otros aspectos
> también importantes, todo parecería indicar, una vez más,
> que la vista de los árboles ha estorbado la visión del bos-
> que".[218]

> "... [Es necesario] calar en lo profundo del misterio de la
> Encarnación: según el cual, si bien es verdad que el Verbo
> se hizo Hombre para redimir a la humanidad, no es me-
> nos cierto que también hizo posible la verdadera relación
> de amor entre Dios y el hombre. Si los textos hablan de
> una actitud de servicio, por parte del Verbo Encarnado, es
> precisamente para subrayar el salto infinito que, impulsa-
> do por el Amor, hubo de llevar a cabo a fin de tomar para
> sí la naturaleza humana: *semetipsum exinanivit*. Y de ahí
> que sean los mismos textos los que insisten en la paradoja:
> *Me habéis llamado Maestro y Señor, y con razón, porque*

---

[218] A. Gálvez: *Comentarios...*, cit., vol. II, pág. 264, nota 22.

lo soy. Pues si yo, que soy el Señor y el Maestro, os he lavado los pies... [219][220]

4.8.2. La Encarnación y el amor divino–humano

Una vez que Dios quiso establecer con el hombre relaciones de verdadero amor al modo sobrenatural pero también contando con nuestro modo natural de amar, era muy conveniente que Dios se hiciera hombre, de modo que nosotros pudiéramos amarlo al modo divino, pero también al modo humano, donde la presencia del ser amado, el conocimiento cercano y sensorial del mismo, es fundamental. Nosotros no podemos enamorarnos de un ser lejano, puramente espiritual, imposible de visualizar por su infinitud, sino que necesitamos contemplar el "rostro de Dios", rostro que lo tenemos en la bellísima Humanidad de Cristo; contemplando la belleza de la humanidad del Señor, nos enamoramos de su Persona que es divina, y en su Persona llegamos hasta la relación con el Padre en el diálogo vivo intratrinitario:[221]

> "Siento el más profundo respeto por la teoría clásica y tomista acerca de los fines de la Encarnación, y admito como motivo fundamental de ese misterio el de la redención del hombre. Pero confieso también mi simpatía por aquellas formas de pensamiento para las cuales el motivo primordial, aunque no único, de la Encarnación fue el de otorgar al hombre la posibilidad del perfecto amor. Si Dios quería ser correspondido por el hombre con amor de perfección, en reciprocidad perfecta, tal como exige el verda-

---

[219] Jn 13: 13–14.

[220] A. Gálvez: *Siete Cartas...*, cit., pág. 240.

[221] Cfr. A. Gálvez: *Comentarios...*, cit., vol. I, págs. 258–263.

dero amor,[222] tenía que hacerse Él mismo hombre también. Porque el hombre, incluso una vez elevado gratuitamente al orden sobrenatural, no puede amar de otro modo que como hombre, ya que la gracia, como es sabido, eleva la naturaleza pero no la destruye. Desde el momento en que Dios quiso libremente mantener con el hombre relaciones de amor perfecto, tuvo que echar mano para ello de ese necesario instrumento del amor que es el diálogo, porque ahí es precisamente donde tiene lugar la intimidad entre un *tú* y un *yo*. Pero es evidente que el amor no es solamente diálogo. Además, el hombre realiza siempre sus operaciones intelectuales y volitivas a través de los sentidos, siquiera sea para comenzarlas. En realidad nunca prescinde de tales sentidos, y puede decirse con propiedad que ama, como todo lo que hace, según su naturaleza de hombre: con toda su alma..., *y también con todo su cuerpo*, porque, aunque compuesto de espíritu y de materia (de alma y de cuerpo), el hombre es en realidad un todo único y completo. No ama solamente con su alma, ni menos aún solamente con su corazón (si queremos tomar aquí este vocablo como expresión de corporalidad), sino siempre en la totalidad de su ser de hombre. Por eso resulta fácil imaginar que el hombre, para *enamorarse* verdaderamente, necesita que el objeto de su amor sea alguien a quien él pueda percibir por sus sentidos (1 Jn 1:1). Podrá amar a un espíritu puro, pero no quizá *enamorarse* de él con un amor perfecto de reciprocidad, de intimidad y de ternura; y sobre todo no al modo humano, que es su modo propio y perfecto de amar.

---

[222]Aunque esta reciprocidad es *secundum quid*, habida cuenta de que el hombre es una creatura.

De ahí la necesidad de la naturaleza humana de Jesucristo. Otra cosa es que esa naturaleza (un cuerpo y un alma humanos) pertenezca a una Persona (que en este caso es divina). Y el amor, como se sabe, se dirige siempre a una persona, en la totalidad de lo que es y a través de esa totalidad (y por lo tanto incluyendo su cuerpo y su alma). Dios ha querido ser amado por el hombre con un amor total, que agote toda la ternura de la que es capaz un corazón que Él ha hecho para el infinito y ha elevado para ello por la gracia. Por eso decidió tomar una naturaleza humana, a fin de poder ser amado por el hombre de esa manera. El hombre, percibiendo sobrenaturalmente, a través de la fe, la naturaleza humana del Señor, se encuentra con la Persona divina de Jesucristo y se enamora de ella. Después, a través de esa Persona, el hombre entra en contacto con la naturaleza divina, que también pertenece a esa Persona. Por último, en esa naturaleza divina, llega hasta la Persona del Padre. *Per visibilia ad invisibilia.* Por Cristo, en el amor del Espíritu, hasta el Padre. Así queda el ciclo cerrado y se hace posible que el hombre se *enamore* de Dios".[223]

"Si se está dispuesto a admitir que el hombre percibe al *otro* a través de la corporalidad y del alma —del otro, desde luego, pero también de las propias[224]—, lo que parece bastante evidente, se puede llegar a comprender mejor

---

[223] A. Gálvez: *Notes*. . . , cit., pág. 49–50.

[224] Las almas de los bienaventurados, a pesar de que gozan ya de la visión beatífica, no se encuentran todavía en una situación definitiva, al menos en el sentido de que aguardan la Resurrección de los propios cuerpos para llegar a la consumación plena del amor perfecto.

la necesidad de la Humanidad de Cristo, una vez que Dios ha determinado libremente la elevación de la naturaleza humana al plano sobrenatural. Por eso en el caso de que, como dice Duns Scoto, el decreto de la Encarnación fuera anterior a la previsión del pecado del hombre, la Encarnación del Verbo ya no dependería tanto del pecado —con la necesidad de la consiguiente Redención— cuanto del puro Amor.[225] El Verbo se hace carne para redimir al hombre, pero también para que éste sea capaz de amarlo sobrenaturalmente y, además, del modo que es conforme a la naturaleza humana (aunque elevada)".[226]

"... A partir del momento de la Encarnación, el hombre ya puede dirigirse a Dios como tal Dios o como el Verbo hecho Hombre en Jesucristo. Y por supuesto que tanto en un caso como en el otro está tratando con la divinidad; aunque con una importante diferencia que debe tenerse en cuenta, a saber: porque ahora se trata del Dios que se ha hecho a Sí mismo accesible para su creatura, desde el momento en que ha asumido como suya una naturaleza humana. El olvido de algunas de las virtualidades de la Encarnación del Verbo ha podido dar lugar a que ciertas espiritualidades, las cuales gozan por otra parte de entera y total legitimi-

---

[225] Se suele aducir, como razón de la permanencia de los justos del Antiguo Testamento en el seno de Abraham, la necesidad de una Redención que aún no se había llevado a cabo. Pero esta explicación, aunque verdadera, adolece sin embargo por sí sola de un cierto tinte jurídico, cuando en realidad sus raíces más profundas se afianzan en una razón ontológica: sin la Humanidad de Cristo, según lo que acaba de decirse, no hay posibilidad de *beatitudo* sobrenatural para el hombre. Solamente la Persona del Verbo, con y a través de su humanidad asumida, es la que puede abrir para el hombre las *Portæ Æternales*.

[226] A. Gálvez: *Comentarios...*, cit., vol. I, págs. 250–251.

dad, hayan dejado en la sombra, sin proponérselo, algunas de las insondables riquezas del Misterio".[227]

4.8.3. La Encarnación y las notas esenciales del amor

La Encarnación del Verbo resulta inapreciable para poder penetrar en lo más profundo del misterio del amor, que como tal misterio, permaneció más bien oculto a la humanidad hasta la llegada de Jesucristo:

> "Al fin y al cabo, el amor humano es una participación del Amor Divino, cuyo carácter de *semejanza analógica* con el Misterio Trinitario es una realidad que está ahí, sin el conocimiento de la cual hubiera permanecido siempre como el más inexplicable y profundo de los arcanos. Son ya muchos los siglos que han transcurrido para la Humanidad en su empeño de penetrar en el Misterio. Con el resultado de meros atisbos y balbuceos aislados entre un océano de desaciertos (Platón), antes de la Encarnación del Verbo..., o de doctrinas insuficientes, aunque seguras y ya más cercanas a la realidad (San Agustín, Santo Tomás), después de ese acontecimiento".[228]

Por eso, la Encarnación también parece adecuada para entender y hacer posible las notas esenciales del Amor, que es la del *deseo de compartir la existencia de la persona amada*. En efecto:

---

[227] A. Gálvez: *Comentarios...*, cit., vol. II, págs. 268–269.
[228] A. Gálvez: *El Invierno...*, cit., pág. 357.

"Por eso el misterio de la Encarnación del Verbo no es otra cosa que el misterio del Amor. Un misterio que se traduce para el enamorado en el deseo de estar, no ya cerca de la persona amada, sino junto a ella y con ella, compartiendo su vida, llevando a cabo un intercambio de corazones, y haciéndolo todo común en mutua reciprocidad. Aquí hay que decir que, en este sentido, la Encarnación del Verbo es exactamente lo que haría —lo que hizo— un Dios enamorado. El misterio de la Encarnación del Verbo viene a satisfacer así una de las más apremiantes exigencias del amor: la Inmensidad absoluta fue capaz, por amor, de hacer suyas la debilidad y la carencia, con tal de compartir la vida y el destino de la persona amada, o del hombre en este caso. *Tomó sobre sí nuestras flaquezas y cargó con nuestras enfermedades.*[229] La obra de la Creación (el tránsito de las criaturas de la nada al ser, por obra del Poder y del Amor infinitos) no es un misterio mayor que el hecho de que el Ser infinito —un Ser al que nada le falta ni le puede faltar— hiciera suyas la carencia y el no ser por el amor de estar junto a quien ama. Solamente el Amor es capaz de *todo*. Por eso es el Amor la sola fuerza que realmente mueve el Universo:

L'Amor che move il sole e l'altre stelle.[230]"[231]

---

[229]Mt 8:17, citando a Is 53:4. Cf 2 Cor 13:4; Heb 5:2; 4:15.

[230]*El Amor, que mueve al sol y a las demás estrellas.* Dante, *La Divina Comedia*, "Paraíso".

[231]A. Gálvez: *Comentarios...*, cit., vol. I, págs. 75–76. Cfr. A. Gálvez: *Notes...*, cit., págs. 72–73. A. Gálvez: *El Invierno...*, cit., pág. 338: "La Encarnación, o el mayor proyecto de la Omnipotencia y de la Sabiduría de Dios jamás llevado a cabo, es al mismo tiempo el mayor prodigio de anonadamiento y abajamiento al que ha podido conducir el Amor. El misterio como tal, que en ese doble aspecto hubiera sido impensable para el hombre, es en todo caso una manifestación de la infinita magnificencia de la Gloria divina". A. Gálvez: *Esperando...*, cit., pág. 48.

Y también, la Encarnación es la realización de la nota de la *entrega total* del Amante al amado:

> "De este modo el despojo y la entrega que mutuamente se hacen los amantes son tanto mayores cuanto más grande es el amor, llegando hasta la locura y lo inexplicable en la misma medida en que el amor es de locura e inexplicable: *Tanto amó Dios al mundo que le entregó a su Hijo Unigénito.*[232] Lo cual es así porque el amor es tan incomprensible como Dios, por cuanto *Dios es amor.*[233] Y de ahí que la Encarnación, o el *semetipsum exinanivit* —la *kenosis* del Verbo, o la mayor entrega y el más grande de los despojos— de Flp 2:7 haya de ser considerada como el mayor acto de amor y atribuida en su origen al Espíritu Santo (Lc 1:35). El latrocinio y la violencia son aquí de tal guisa que pueden llegar hasta la muerte y convertirla en la mejor epifanía y demostración del amor: *Nadie tiene mayor amor que quien da la vida por sus amigos.*[234]"[235]

La realización de la nota esencial del amor de la entrega total recíproca de los amantes supone la pregunta sobre el modo cómo el Ser Infinito puede recibir algo de la creatura. La respuesta se encuentra en el misterio de la Encarnación:

> "Si Dios ha querido establecer unas *verdaderas relaciones de amor* con el hombre —y nadie pone en duda tal cosa—, ha de haber en ellas un dar y un recibir que, a su vez, tienen que ser mutuos y recíprocos; porque en eso

---

[232] Jn 3:16.

[233] 1 Jn 4:8.

[234] Jn 15:13.

[235] A. Gálvez: *Comentarios...*, cit., Vol. II, págs. 158–159.

consiste el amor. Por lo demás, si bien es cierto que el Ser infinito no puede recibir nada de creatura alguna, también lo es que por eso precisamente se hizo hombre. Para Dios era el modo ideal de ponerse a la altura del hombre, de *compartir* con él los sentimientos propios de la humana naturaleza, e incluso de *aprenderlos* de manera experimental o al modo humano (Heb 5:8). Pero tal vez no se haya tenido en cuenta suficientemente el *semetipsum exinanivit* de Flp 2:7, ni se haya profundizado lo bastante en todas las posibles implicaciones de la Encarnación del Verbo. Un misterio que siempre ha parecido asustar al hombre, hasta el punto de que nunca ha terminado de asimilarlo en la medida en que podía haberlo hecho. De ahí que lo que decía San Pablo a propósito de la Cruz es igualmente aplicable aquí: *Escándalo para los judíos y locura para los gentiles.*[236],[237]

La nota de *igualdad de los amantes en la relación de amor* entendida como contienda de generosidades, como torneo de amor, implica la conveniencia de la Encarnación:

> "Si se admite que Dios ha deseado que su relación amorosa con el hombre se configure bajo la forma de justa o torneo, es de suponer que habrán de darse las condiciones

---

[236] 1 Cor 1:23.

[237] A. Gálvez: *Comentarios...*, cit., Vol. II, pág. 274. Dios se pone a nuestra altura: justo lo contrario de las tesis del Neomodernismo: "Dicho de otra forma, el Modernismo significa la negación, total y absoluta, de todo el mundo de lo sobrenatural. La relación *Dios hecho Hombre*, llevada a cabo en la Encarnación del Verbo y proclamada por la Fe, ha sido invertida por el Modernismo por la del *Hombre hecho Dios*". Cfr. A. Gálvez: *El Invierno...*, cit., pág. 321.

necesarias para que pueda ser calificado el combate como auténtico y justo.

Para lo cual es preciso que ambos contendientes —Dios y el hombre— se encuentren equiparados en igualdad de condiciones. Deponiendo lo que podría suponer ventaja para cualquiera de ellos, tal como exigen las reglas a guardar en la liza entre nobles competidores.[238]

Pero en este caso concreto, el hombre no podía colocarse a la altura y conforme a la situación de Dios. De donde era preciso, por lo tanto, que Dios *descendiera* hasta el nivel y condición del hombre. De este modo se hace posible comprender que las dificultades para entender esta situación —la de una justa de Amor entre Dios y el hombre— no son diferentes, en el fondo, de las surgidas para aceptar el misterio de la Encarnación".[239]

"Dado que el Amor perfecto supone perfecta bilateralidad, igualdad y reciprocidad, Dios quiso ser amado de los hombres con un amor humano, pero *perfecto* como tal amor. Amor de entrega en totalidad por parte de Dios; respuesta de Amor en totalidad por parte del hombre. Por eso se hizo Hombre en Jesucristo, sin dejar de ser Dios. Y a partir de ese momento, el hombre puede amarlo, a su vez, como a su Señor y como al Esposo y Amigo de su alma".[240]

---

[238] *Tampoco el atleta consigue el triunfo si no ha competido reglamentariamente* (2 Tim 2:5).

[239] A. Gálvez: *Siete...*, cit., pág. 407.

[240] A. Gálvez: *Meditaciones...*, cit., pág. 153.

4.8.4. La Encarnación y la posesión de Dios en el Cielo

La Humanidad de Jesucristo también permanece en nuestra visión, posesión y gozo de Dios en el Cielo, sin que pueda ser considerada como "medio interpuesto" entre el ser humano y la divinidad.

> "La Humanidad de Cristo, para estas doctrinas místicas, no es más que un paso, o tal vez un instrumento, del que hay que prescindir una vez que se ha llegado a la pura divinidad. Sin embargo, se mire como se mire, es absolutamente imposible para el hombre llegar a ese punto, o permanecer en él, si no es *por Cristo, con Cristo y en Cristo*: quien a su vez es verdadero Dios y verdadero Hombre. Es difícil de explicar el hecho de que la doctrina olvide este punto fundamental con tanta frecuencia".[241]

La permanencia de la Humanidad de Cristo en el Cielo como objeto de la gozo y posesión de Dios por parte de los bienaventurados, parecería ser otra razón más para afirmar que la Encarnación no estuvo condicionada exclusivamente al hecho de la Redención:

> "Ante todo sería necesario explicar el papel que asume la Humanidad del Señor en el Cielo, después de la Resurrección y Ascensión, donde incluso ha conservado las llagas producidas durante su Pasión. Todo parecería indicar que, una vez llevada a cabo la Redención, su Humanidad quedaría relegada a la función de producir un cierto aumento de felicidad en los bienaventurados. De manera que, una vez cumplida la misión que le había sido encomendada por el Padre, no quedaría para ella otro significado que el

---

[241] A. Gálvez: *Comentarios...*, cit., vol. II, pág. 21, nota 28.

meramente accidental: como un objeto glorioso, o un trofeo de victoria, al que se le asigna en la casa un lugar visible y de función meramente decorativa.

Por otra parte, sería más difícil también explicar la permanencia de los justos del Antiguo Testamento en el Seno de Abraham. De donde no fueron liberados para entrar en el Cielo hasta el momento de la Ascensión; en el que lo hicieron juntamente con Jesucristo, ya resucitado y glorioso. La teoría de la necesidad de la Humanidad del Señor, a fin de hacer posible la visión de Dios, facilita la mejor comprensión de este acontecimiento. Por lo demás tan fundamental en la Historia de la Salvación".[242]

4.8.5. Conclusión

Este aspecto místico y espiritual, basado en la doctrina sobre el Amor de A. Gálvez, es ciertamente novedoso, y aporta una nueva perspectiva a la multisecular polémica que aquí se estudia.

---

[242] A. Gálvez: *Esperando...*, cit., págs. 366–367.

Índice General

Índice general

.

www.ingramcontent.com/pod-product-compliance
Lightning Source LLC
Chambersburg PA
CBHW030640150426
42811CB00048B/107